# 苏永生心理咨询文集

苏永生 著

2012年12月·青岛

# 自　序

　　2003年，国家开始心理咨询师执业资格的鉴定考试，恰在这一年我从原单位"离岗待退"，于是报名参加了青岛康原心理咨询师技能培训中心举办的考试前的培训。经过紧张的学习和考试，我们二三十个人（青岛）幸运地取得了职业资格，成为全国首批心理咨询师。我趁热打铁，于当年11月份开办了自己的心理咨询工作室，开始从业。

　　时间过得飞快，做这项工作也到了第十个年头，而今年又恰逢我正式退休。为了总结这十年来自己从事心理咨询事业的实践，梳理这些年来自己做这一行的感悟和心得，把这期间自己写的有关心理咨询的文章收集起来编成一个集子，既是对从业十年的一个纪念，也想把它献给心理咨询事业以及从事心理咨询的同行师友们。

　　为了方便读者阅读，对这些杂七杂八的文章分为五大类："咨询理论与技术"里的文章，是我学习心理学理论的体会，以及对心理咨询技术的讨论。"心理随笔和漫谈"里的文章则是普及性的，有的曾发表在各种报刊上。"演讲和讲课稿"，包括在不同的场合给公众宣讲心理健康知识，以及给某些单位做专题培训时写的文稿。"咨询案例分析"是我做过的、有一些典型的咨询案例，或可供讨论。而"心理史学与文学"里的文章更杂。有对过去的和现在的知名人物的心理分析，也有书评和文学评论。还有几篇叫做"小说"的东西，是用文学的笔法记录和提炼的心理咨询实践过程中的人和事，当然都做了艺术加工。

　　以上这些文章，多数是我当时写出来以后，发在网络上，供阅读和讨论。这次编入文集，删除了几篇内容重复的文章。再就是对文稿做了一些文字上的编辑和修改。

　　借此机会，我要感谢引领我进入心理咨询的各位老师、前辈，你们的教诲和帮助，使我不断成长，发展。我要感谢心理咨询界的同道，作为同行，我从你们身上学到新的知识和技术。我要感谢心理咨询师协会的朋友们，我们愉快地共事，促进事业发展。我要感谢先后在我的工作室实习和帮助工作的青年同道，你们的热情和好学，给我留下了深刻的印象。我更要感谢这些年来的所有求助者，是你们的信任和真诚，使我们能够有所作为。看到求助者在我们的启发与帮助下，对生活的态度转变得积极，更勇敢真实地面对与处理生活中的矛盾和问题，从而与周围的人有了更好的关系，我们感到无比欣慰。我还要感谢我所在工作单位——青岛市科协的领导和同事们，你们对整个心理咨询事业，当然包括我的工作在内，给予了多方面的支持。我还要感谢另外一些师长和朋友，他们虽然不从事心理咨询工作，但同样对心理咨询工作表现出很好的理解，并尽力支持。我还要感谢我的妻子，感谢女儿一家，他们理解与赞扬这份助人的工作。

　　我要特别感谢我的老朋友、资深编辑周晓方先生。他慨然应允为本书做审读并排版。经他的把关，虽然这是一本自费印刷的非正式读物，但从文字到排版质量，可以说不输正式出版物。还要特别感谢著名画家、书法家刘景曾先生为本书题写书名。

　　当然也有遗憾。不是我谦虚，这么多的文章，没有几篇算得上有水平，充其量是一个较早从事心理咨询工作的人，记下他的体会和感悟，对同行和后来者，或许有一点点可供借鉴之处。除此之处，书中会有一些错误和不妥之处。因此，请求读者朋友们，无论是心理咨询界的师长同行，还是社会各界朋友，阅读后不吝赐教！

　　最后，我还想就心理咨询行业说几句。回首过去的十年，心理咨询事业在曲折中前进，现在人们已越来越接受、甚至可以说越来越喜欢心理咨询了。无论是伴随人们渡过心理上的危机时刻，还是帮助人们心理和精神上成长发展，心理咨询都大有作为。在这样的形势下，我们心理咨询工作者面临更大的考验。唯有不断学习，全面提高自己的素质，刻苦钻研咨询理论与技术，大胆又谨慎地实践，才能适应社会发展。让我们共勉。

苏永生

2012年11月28日 于青岛

# 目　录

# 第一章 咨询理论与技术

## 概谈弗洛伊德学说的科学价值

### 一、弗洛伊德生平简介

西格蒙德·弗洛伊德是19世纪最著名的心理学家、精神分析理论的创始人。他1856年5月6日出生在今属捷克斯洛伐克的小城弗来堡，四岁时随全家迁往维也纳，其后一生大部分时间在那里度过。

弗洛伊德1873年进入维也纳大学医学院学习，专攻神经病学。毕业后继续从事研究，1881年获博士学位，1886年开设私人诊所。在医疗实践中，他的兴趣由临床神经病学转到了临床精神病理学。

1900年，弗洛伊德出版了《梦的解析》一书，标志着精神分析理论的正式创立，此后他不断地探索，一生著述甚丰，形成了独特的理论。1923年，弗洛伊德罹患口腔癌，他生命的最后16年是在同癌魔作斗争中度过的。

1938年，纳粹入侵奥地利。弗洛伊德被迫移居英国。1939年9月23日，这位心理学家逝世于伦敦，享年83岁。

### 二、精神分析理论的主要内容

弗洛伊德精神分析理论主要包括：无意识理论、三部人格结构学说、关于本能的理论、神经症理论以及对文化和文明的看法等。

1.无意识理论、三部人格结构学说

弗洛伊德精神分析理论的核心是无意识理论。他将人的心理活动分为三个层次：意识、前意识、无意识(又译潜意识)。意识是我们能够认知和把握的那一部分，无意识是人的心理的最底层，它容量巨大，但我们平常却感受不到其存在。前意识是介乎意识与无意识之间的那一部分。它的内容有时可以成为意识，有时也可深抑于无意识。

在心理的三个层次中，弗洛伊德重视无意识。他认为无意识所包含的种种力量是我们行动的内驱力，无意识主要包括人的本能以及种种被压抑的心理内容。它们受到前意识和意识的阻挡，不能进入意识来表现自己，但它们从不屈服，而是时时刻刻想冲破防线。无意识的内容常常是与现实社会的道德法则不相容的，所以在正常人的正常生活里，它无法实现变为现实，就只好在暗中发生作用，例如借遗忘、错失行为、梦境来表达自己的愿望。在神经症患者那里，就借症状来表现。故弗洛伊德以释梦、研究日常生活的错失行为、遗忘及神经症患者的症状来探讨人的无意识。

弗洛伊德晚年将无意识理论与人格理论结合起来，形成了他的人格结构理论。

他将人格分为"本我"、"自我"、"超我"三种。本我代表本能(主要是爱恋本能即性本能)，它存在于无意识中，本我只遵循快乐原则，一心满足自己。超我是人格中代表道德和良心的那一部分，自我是与外界接触的人格内容，它像一个调解者，对于本我的要求，它根据客观世界的规则，或予以潜抑，或予以部分实现，它的一切行为都是在超我的严厉审察监督之下进行的。如果自我违拗了超我的意志，超我就用内疚感和罪恶感来惩罚它。

就这样，弗洛伊德将人的心理活动设定在无意识、前意识、意识内以本我、自我、超我之间的斗争进行，这里面充满了潜抑和抗争，也有妥协和调解。来自内部的力与外部世界的原则进行着永恒的斗争。

人的心理为了保持平衡，有自卫防御的功能，主要有：潜抑、升华、外射、内射、反向作用、合理化、仿同等，它们大多在无意识内进行。

2.关于本能的理论

弗洛伊德认为人身上存在着两种本能，即爱恋本能和死亡本能。

爱恋本能主要是性本能，弗洛伊德所说的"性"是一种广义的性，指一切与人的生存生殖有关的要求和冲动。他将性本能的能量称作"力比多"，他认为力比多是一个恒定的量，如正常方面得不到发泄，就会溢往他处。

弗洛伊德把人的性本能的发展与心理发展划分为

几个阶段，这几个阶段人在生理，尤其是在心理上，产生不同的性要求，如能顺利达到最后，即有健全的性活动和性心理，否则就会产生各种变态。弗洛伊德认为性的欲望是与生俱来的，所以他从婴儿期开始性欲阶段划分。

第一阶段是口腔阶段，动情区是嘴。

第二阶段是肛门阶段，动情区是肛门。

第三阶段(3—6岁)男性生殖器崇拜阶段。动情区是生殖器。情感上产生了"俄底浦斯情结"和"阉割情结"。以自居作用战胜这些情结，人格才能发展。这种情感的变化造成的压抑，改塑了幼年的经验记忆，使它朦胧似梦。

第四阶段是生殖阶段，人的性机能成熟了，人将放弃自恋，以一个外来的对象代替自身。

因为在发展中有"固定作用"和"回归作用"，所以会出现性变态，如同性恋等。

弗洛伊德用此来解释人与双亲的关系及情感上变化、男女之间的关系和性格气质上的差异等。

弗洛伊德认为人身上还有另一种本能，就是"死亡本能"，它的目标是将生命拖向死亡，退回岑寂，所有人的贪婪、侵略、破坏、毁灭以至自我毁灭的欲望，都是死亡本能的表现。死亡本能表现为人的进攻性，当它转向内部时，就是严格的超自我。

两种本能表现在情感上就是爱和恨。弗洛伊德认为它们是密不可分的，每一种情感投注都有这两种成分，只是量的不同罢了。

### 3.神经症的发生与治疗

弗洛伊德是一位精神科医生，他的精神分析理论是从治疗精神病人的实践中总结出来的，他认为各种心理—精神疾病是由于人的本能欲望(主要是性本能)与外部现实产生了不可调和的予盾所致。症状是无意识内欲望要求在得不到实现时的替代物。从人格结构上说，各种心理疾病都是病人的"自我"在本我与超我的压迫下，支持不住垮掉所致，而治疗的任务就在于加强病人的自我，使它重新负起责任。

弗洛伊德认为病人的生病源于潜抑到无意识里的欲望，治疗就是帮助病人将无意识内潜抑的内容加以引导使它浮上意识，这样它就不会在暗中捣乱而搅乱人的生活了。

弗洛伊德创造了"自由联想法"以此来治疗心理—精神疾病，治愈了许多人。从对精神病人的心理分析出发来推断，弗氏认为心理正常与不正常之间并无绝对的分界。

### 4.对文化、文明的看法

弗洛伊德认为文化文明的发展必须以牺牲性本能为前提，必须将性本能升华到相关的文化和社会活动，即力比多从性的目标转移到一个社会的目标上去。从这方面讲，文化文明的发展得力于性本能升华，但它又压抑了人的性本能，使大多数人得不到性的享受。

弗洛伊德从这一点出发，批评文明对性生活的种种限制。

对于文学艺术、历史、教育、宗教等许多社会现象，弗洛伊德都进行了评论，提出了一些新颖的观点。弗洛伊德的精神分析理论，从它的广义上讲，几乎成了一种无所不包的哲学。

### 三、弗洛伊德精神分析理论的科学价值

1.它扩大了心理学的研究领域。精神分析理论着重在传统心理学忽视的无意识、梦、错失行为、遗忘的机制、性心理、神经症患者的心理等方面进行探索，结论虽不一定都对，但它却是第一次把以前认为不可理喻的这些现象进行科学的观察和研究。在这之前，这些领域是迷信、巫术所统治的地域，精神分析理论在传统心理学不屑一顾或一筹莫展的地方为科学争得了地盘。对这一点，弗洛伊德自豪地说，只承认意识的心理学从来没有能够解释，明显依赖于意识之外的其他现象，只是停留在那些被割断的阶段上。

诸位如果学过普通心理学著作，那么你在那些教科书上肯定看不到对这些现象的解释。只此一点，即可见弗洛伊德的贡献。

2.精神分析理论关于人的心理结构和动力机制的研究，使心理学的研究层次加深了，正因如此，它被称为一种深层心理学和动力心理学。弗洛伊德从一种动态的意义上去把握人的心灵。它对心理层次的划分、三部人格结构的相互制约、人身上两种本能的此消彼长的斗争、精神的各种防御作用的论断，都试图从深层次上揭示人的心理的运动规律，处处将人的心理描绘成不同力量之间的角斗场，它打破了人的心理无矛盾的旧观念，从而对各种心理现象做出解释。在描述这种动态时，弗洛伊德创造了全新的词汇来构成

全新的理论，使人耳目一新。

  3.促进了心理—精神疾病的防治。各种心理—精神疾病一直是医学上难题，因为它不像器质性病变那样可见，便于研究。人们至今对于心理—精神疾病的发病原因，以及导致人的精神失去常态的途径、手法知之甚少，故治疗效果也不理想。

  弗洛伊德首先探讨了神经症的病源、症状的意义，又创造了独特的治疗手法，并治愈了许多人。更重要的是，他促进了精神分析这种医治人心理疾病的重要科学手段的发展。当今各国心理治疗大多沿着弗洛伊德开创的道路努力去探求病人早期的生活经验，力求找到病源施以根治。手法名称虽不相同，但皆脱不了弗洛伊德的思路。弗洛伊德早就说过，精神分析治疗是一种再教育。此外，他坚定地认为精神疾病是可以治愈的，这一点也鼓舞了后来的医生去做出不懈努力。

  心理疾病日渐增多已成为重大的社会问题，近期世界卫生组织估计，全世界目前至少有四亿人罹患精神或神经疾病和缺陷，可导致严重的病残甚至死亡，造成生活质量下降，从而给家庭和社会带来沉重的负担。弗洛伊德的精神分析理论在防止心理疾病和治疗心理疾病方面，为人类做出了重大的贡献。

  总而言之，弗洛伊德是一位伟大的心理学家，他的精神分析理论在许多方面闪耀着智慧和思辩的光芒，它帮助人们对人的心理这一复杂现象有了更深入的了解。人们会发展和修正他的学说，但不会忘记他作为拓荒者的不懈努力以及他取得的卓越成就。对于他学说中的不足，重要的不是批评它——甚至像某些人那样去贬抑他这个人——而是提出新的正确的见解。

1991年9月23日

1998年7月2日修改

# 当前脑与意识自然科学研究进展与弗洛伊德的无意识理论

最近二三十年来，使用自然科学研究方法对人类的意识与大脑进行研究，已经取得许多有价值的重要成果。当我们用这些成果来验证弗洛伊德无意识理论时，会惊奇地发现，其主要观点大多为实验研究所证实。

一、弗洛伊德无意识理论的主要观点

1.心理过程区分为意识、前意识和无意识，无意识有着比意识更重要的地位

弗洛伊德写道，"心理活动本身是无意识的"（《无意识》）。"在人心深处，有一股潜流存在"（《日常生活的心理奥秘》）。"意识一般说来是一个十分短暂的状态。意识之为意识，只是一时的现象"（《精神分析纲要》）。

2.无意识具有与意识不同的内容和特点

"如果说在人的内心存在着遗传而来的心理构成——与动物本能相似的东西——它们便是无意识系统的核心"（《无意识》）。无意识的操作过程与意识的操作过程有质的不同。它不遵守逻辑的规律，不以语言为其外壳，也无时间性。无意识内包含各种愿望、驱力和动机。无意识内充满着各种各样的冲突。

3.心理内容的流动与审查机制

由于压抑，有些意识的内容沉入无意识。无意识的内容（欲望和冲动）也有进入意识的强烈愿望。无意识的内容要进入意识，必须通过代表现实的自我和代表道德、良心的超我的审查。当人处在清醒状态时，这种审查通常是十分严厉的。无意识的内容须改头换面，借各种"错失"行为进行表现。但在人睡眠时，审查作用减弱，无意识的欲望常借着梦境曲折地表现。此外，精神病人的想法、象征性的艺术作品以及儿童思维的某些方面，也都反映着无意识的内容。

4.无意识内的冲突是各种精神疾病的根源

弗洛伊德认为，各种神经—精神疾病的根源是无意识内的欲望，尤其是性本能的被压抑。被压抑的能量无法通过正常途径释放，因而只能以歪曲的形式表达。

5.无意识理论的更广泛应用

精神分析被应用到宗教史、史前史、神话学、民俗学、文艺评论等方面。精神分析理论由一种治疗精神疾病的技术最终发展成为一种无所不包的人生哲学。[1]

二、弗洛伊德进行无意识研究的过程与方法

1.无意识理论是弗洛伊德长期艰苦研究的结晶

弗洛伊德1881年获得医学博士后，最初在综合医院担任医师并从事脑解剖学与病理学的研究。1886年私人诊所开业后，逐渐放弃治疗器质性精神疾病。而在治疗非器质性精神疾病的过程中，从最初用电疗法和催眠术，到后来使用自创的"自由联想法"为病人进行分析治疗，走上了非药物治疗精神疾病的道路。

通过对大量临床病人的观察、研究，弗洛伊德发现在人的意识背后有一个巨大的无意识存在。1895年与布洛伊尔合作的《癔症研究》出版，1900年《梦的释义》出版，1904年《日常生活中的心理奥秘》出版，1905年《性学三论》出版，标志着无意识理论初步完成。在1916年发表的《精神分析引论》一书中，弗洛伊德全面阐述了无意识理论及其在治疗神经症方面的应用。

1910年发表的《列奥纳多·达·芬奇和他童年时代的一个记忆》，是用精神分析研究文艺作品、文学艺术家的一部力作。全新的视角和手段令人耳目一新。早在《梦的释义》一书中，弗洛伊德就研究了索福克勒斯的剧本《俄底浦斯王》和莎士比亚的剧本《哈姆雷特》，对主人公的"俄底浦斯情结"进行了深入的分析。1913年发表的《图腾与禁忌》是以精神分析的观点对史前史与民俗史进行研究后的结论。1930年发表的《文明及其缺憾》，阐明了人的自由要求与社会的限制之间的矛盾。1939年出版的《摩西

与一神教》阐述了关于宗教的起源和演化的观点。

综上所述，弗洛伊德一生进行科学研究的脉胳是相当清楚的，他从研究无意识出发，小心谨慎地进行观察，逐步"建立新的假设，创造新的概念"（《精神分析纲要》）。他并非一步到位，凭空创造理论，而是经过艰苦的努力，一点一点地取得进步，然后再将研究逐步深入和扩展。弗洛伊德一生的研究，体现着科学家实事求是的作风和严谨的科学态度。

2.弗洛伊德的研究方法

弗洛伊德严格遵循科学研究的规范，他从长期、大量的临床观察、治疗上的探索开始，逐渐积累病例进行归纳，然后小心地进行理论上的综合与命名，从而建立起理论模型。

有人称弗洛伊德的研究方法是内省法或临床法。但据笔者看来，弗洛伊德实际上采取了以自然科学的观察、实验方法为基础的，并融哲学的、社会科学的研究方法于一体的综合研究方法。

弗洛伊德受过长期的物理主义的生物学训练，他认为精神世界同样受物理、化学规律的制约。但一方面，当科技发展的限制，还无法使用"还原论"的实证方法，研究复杂的人的意识和情感时，必须另寻它路。另一方面，人的意识包含形式与内容两部分，不完全遵循物理、化学的规律。所以，不能排除哲学等其它研究方法。这可能是弗洛伊德采取综合的研究方法的原因。

他对每一种方法的运用都是严谨的、坚持不懈的。

大量的临床观察与治疗实践是他理论的源泉。据笔者估算，弗洛伊德一生50年的行医过程，接诊8万-10万人次，如以每个病人诊治10次，则一生诊治8000-10000人，如以每个病人诊治20次，则一生诊治4000-5000人。大量的材料，再加上弗洛伊德科学的态度和严谨的作风，完全可能做到去伪存真，从中发现规律。

为了从哲学方面对人的精神世界进行研究，除去他医学的专长，以及直接从病人身上考察他们的思想、意识、情感之外，弗洛伊德还深入研究了宗教学、神话学、人类学、历史学、语言学、文学艺术等领域，尤其重视这些领域里相关专家的研究成果，做到在广阔的知识背景下，阐述对于人类精神

活动的看法，建立起精神分析的大厦。

三、当代意识与脑科学的自然科学研究

1.对意识、无意识研究的冷落与再度成为热点

意识曾是现代心理学的一个主要研究内容。建立第一个心理学实验室的冯特明确提出心理学是研究意识的科学。随着行为主义心理学兴起，意识研究受到冷落。同时由于技术上的限制，只能从行为水平上对意识进行研究；又由于对意识的研究缺少客观指标而存在很大的争论。上述种种，导致在长时期里意识的研究进展迟缓。

20世纪50～60年代，神经生理学方面的一系列研究发现为意识研究奠定了神经科学的基础。60年代兴起的认知科学，促进了对于神经机制的研究。最近二三十年来，意识与大脑科学研究在当代计算机技术、现代电生理技术和放射影像技术的帮助下，开创了意识研究的新领域，已取得重要的进展。

意识问题也愈来愈受到关注，在神经科学、计算机科学、社会科学学者的协同努力下，意识与脑科学研究正在酝酿着新的突破。

2.意识与脑科学研究的自然科学方法和手段

(1)内省测量与行为测量

这两种方法是传统的心理学的研究与实验方法。在当前新的实验研究设备与研究方法还不足以深入研究意识的更深层次的条件下，仍然受到重视。内省测量是让被试者对自身的知觉经验进行自我报告，并以此作为意识觉知的指标。行为测量是以被试者的分辨能力作为意识觉知的指标。

(2)意识的多导生理记录

多导生理记录系统可记录实验过程中被试者的心电、脑电、肌电、体温、呼吸、脉搏等多项生理指标，用以考察人在不同的意识层次与出现不同的意识内容时的生理反应。

(3)事件相关电位

是测定大脑对刺激的反应时产生的脑电波的一种方法。尽管这种脑电波十分微弱，但经过计算机的处理与放大，可以提取进行研究。它对于弄清楚大脑的工作机制有很大的帮助。

(4)神经影像学

主要是正电子断层扫描术（PET）和功能性磁共振成像(fMRI)。正电子断层扫描技术是将正电子药物注入人体，随血液循环至全身，然后以探测器探测并

拍摄到人在神经活动时的脑三维成像，借以考察人心理活动的神经生理基础。功能性磁共振成像是记录脑内血液的变化，借以考察神经活动在脑的各个系统分别被激起并工作的情况。

后3种是真正客观的测量，无需被试者主观参与，结果可靠。但目前仍无法对诸如情感等高级意识活动进行测量。内省测量与行为测量均依赖于被试者的报告，这种自我报告法，在信度和效度方面存在比较大的争议。

四、当代意识与脑科学研究对弗洛伊德无意识理论的验证

1.无意识是与意识相对又相联系的人的意识的一部分

L.A.珀文在《人格科学》一书中列举了西方科学界通过各种自然科学研究方法，证明无意识存在并起作用的"例证性现象"，此观点代表了当前大多数意识与脑科学工作者和心理学家的意见。[2]

（1）阈下知觉。有充分的证据表明，刺激太弱虽不会引起意识的觉知，但确实对知觉和其它心理过程有影响。

（2）内隐记忆。指对发生的事件或学过的材料被试报告"无记忆"，但却受其影响的效应。

（3）分离现象。指人的机能的主要方面在意识之外或不能与人的其它心理机能整合。

（4）盲视。指眼睛未看却"感知"到了事物。

（5）催眠。在催眠状态下，人的意识发生了某些方面的改变。

（6）阈下听觉。

（7）说出我们所不知。人们做出决定和判断有潜在的或无意识的影响因素，因为他们不能监控某些过程。

（8）无觉知条件作用。这项实验认为通过无意识知觉，人们可以形成意识不能解释的恐惧等其它情感。

（9）自动（例行）加工。即我们常说的下意识做。

（10）压抑。压抑的内容干扰了交流，干扰了行动等。

周昌乐归纳说："今天，我们的当代脑科学研究表明，并非心智的全部活动都与意识有关，在大脑神经活动中存在着大量意识不到的心智活动。现已查明的具有无意识的心智过程包括内隐认知、长时记忆、自动过程、遗忘过程、无注意的刺激、程序记忆（技能获得）、语义记忆、阈下加工、内隐学习和记忆、记忆中的想象、习惯推理、熟睡状态和熟悉感等。"[3]

2. 无意识有着与意识不同的生理基础与运行机制

在当前意识与脑科学的自然科学研究的最前沿，相关领域的专家取得以下与无意识的机制有关的成果。

顾凡及根据对脑电的研究，认为James 提出的"意识是一种过程，或者说是一种在几分之一秒里变化着的流"的观点可能是正确的。[4]Bernard J. Baars也认为应该"把意识看作一个变量"。[5]

陈惟昌分析了近年来对意识清晰度客观定量研究后认为"在信息处理过程中，意识活动是串行处理过程，即一心不能二用。而大量无意识活动是并行的处理过程"。[6]

Carl Sagan 和 Ann Druyan 提出："对生命和性的激情是被建构于我们的生命中，固化的、预先编码的。"所以"我们对我们的情感也是无能为力的。我们对于什么激发了我们也是完全无知的"。[7]

Greenwald 等人于1998年设计了内隐联想测验，并于最近用于种族偏见的研究，证明内隐社会认知与外显社会认知存在不一致的现象。说明内隐社会认知表现为外显社会认知时，经过了审查与修正。[8]

1967年，A. S. Reber提出"内隐学习"一词，此后许多心理学研究实验表明，除了外显的、有意识的、可以内省监控的学习形式，人脑中还存在内隐的、无意识的、难以觉察的学习形式。[9]

罗跃嘉等人写道："不同的意识状态可以在非常短的时间内进行快速的转换。意识的开启就是指从无意识状态向意识状态的转化过程。"[10]

李量论证了在意识的形成过程中"神经门控机制控制着感觉意识加工与非意识性信息加工之间的信息交流，以防止感觉意识的过载与混乱。"[11]

周昌乐写道："意识活动主要确实是体现在以网状结构神经基础的注意机制之上。""只有注意到的刺激才能引起我们的意识，而很多非注意的刺激没能

达到意识水平就不会被意识到。"[12]

唐孝威提出了一种意识涌现的模型，"当脑区的激活态未达到意识涌现的临界条件时，脑保持无意识状态，而在达到意识涌现的临界条件时会发生相变，脑从无意识状态转变为意识状态。"[13]

陈惟昌等根据对脑电的定量测量，指出"只有那些注意程度最高的脑功能活动能进入当前的意识活动领域，而其余的脑功能活动则暂时被意识领域的主导活动所抑制或掩盖。"[14]这可以说是对弗洛伊德在《梦的释义》（1900）中推论"最复杂的心理活动没有意识的合作也有可能发生"，"变成意识的活动依赖于一种确定的精神机能——注意——的介入"的验证。

3.现代科学仍无法对弗洛伊德丰富而深刻的无意识理论进行全面的验证

当前意识与脑科学的自然科学研究虽然取得了很大的进展，但离最终解开人的意识的结构及机制之谜还有相当远的路程。Edward E Smith 写道："当涉及记忆和较高级的认知过程时，我们对任何脑区的功能都几乎一无所知。"[15] Michael S.Gazzaniga 写道："至今仍未发现一种可靠线索，能说明脑如何由神经元构筑自己的特殊功能机制。"[16]这话听起来有点悲观，但如果想想不过是最近二三十年来，借助于技术上的进步，科学家才又一次集中精力开始了向意识的研究领域进军，那么目前的成果也就足以令人自豪了。

弗洛伊德的无意识理论是一个完整的关于人的意识的结构以及有效工作的模型。它不只涵盖了意识的形式方面，更重要的是涉及到它的内容（作为一种观念的、情感的意识）。而这是最难以进行研究的。目前人们还没有找到精确地测量情感、观念的方法和途径。因此，针对弗洛伊德对无意识与意识的动力机制的描述，可以预见，在短时期内仍无法进行实证研究。每一位研究意识的科学家都不得不思考这样的问题：我们是继续等待技术的进步，还是一边等待，一边选择或创造新的研究方法？还有，意识现象究竟应当被看作一个自然科学研究的对象，还是哲学也可以涉足的领域？

五、结论和思考

意识和无意识过程间转化的机制及其脑神经基础，是当代意识与脑科学研究的前沿，也是心理科学、认知科学和哲学关注的焦点。弗洛伊德凭借其深厚的学养和多年艰苦的探索建立的无意识理论，其主要观点已被当今意识和脑科学研究所证实，其理论模型和研究方法应受到更多的重视。

近年来，无创性脑成像研究等严格的自然科学实验方法虽然提供了研究意识及脑机制的有效手段，并取得了丰硕成果，但目前尚难于用其进行高层次意识活动的实证研究。意识与其它自然科学命题不同。单独探讨其物理、化学规律无法深入其"主观性"的内部。正如 Maruin Minsky 在《思想的社会》（The Society of Mind）一书中指出的："人脑整体的工作过程不仅受到物理学规律和化学规律的支配，而且受到思维自身规律的支配。"

我们不但应当进一步重视弗洛伊德的无意识理论本身，还应当借鉴他采用的科学研究方法。在当前意识与脑科学研究中，除了采用信度和效度较高的自然科学研究方法之外，对信度和效度还无法全面验证的内省测量和行为测量以及临床观察的方法也应给以同等的重视。如能集中人力物力，使用足够大量的样本对无意识、意识之间转化的机制等前沿课题采用内省测量、行为测量及临床方法开展研究（在非医学领域，如对内隐学习与外显学习的研究。在医学领域，对精神疾病患者的无意识内容与症状、无意识内容与治疗关系的研究等），有望取得有理论价值和应用价值的结果，同时会大大促进心理学的应用。

写于2004年4-5月

注释：

[1] 车文博.西方心理学史.浙江教育出版社，2001：452

[2] [美]L.A.珀文著，周榕、陈红等译.人格科学.华东师范大学出版社，2002：228~233

[3] [4] [6] [10] [11] [12] [13] [14] 汪云九、杨玉芳等.意识与大脑.人民出版社，2003.

[5] [7] [15] [16] [美]罗伯特·索拉索编，朱滢、陈炬之等译.21世纪的心理科学与脑科学.北京大学出版社，2002.

[8] 侯珂，邹泓，张秋凌.内隐联想测验：信度、效度及原理.心理科学进展，2004，12（2）：223~224

[9] 郭秀艳.内隐学习和外显学习关系评述.心理科学进展，2004，12（2）：185

注：本文收入《2004年中国首届精神分析年会论文集》

# 从2004中国精神分析年会看精神分析理论在
# 中国的传播和应用

　　2004年是精神分析理论的创始人弗洛伊德诞生148周年，逝世65周年，国内对于精神分析理论表现出了浓厚的兴趣，让我们通过回顾2004中国精神分析年会及其它比较大的事件，来对未来做一个粗略的展望。

　　一、2004中国精神分析年会

　　2004年9月1日—3日，在中国上海的华夏宾馆举行了具有重大意义的"2004中国精神分析年会"。本次年会由中国心理卫生协会心理咨询和心理治疗专业委员会主办，上海市精神卫生中心承办。近200位来自中国大陆、台湾、香港、德国、美国、法国、阿根廷等国家和地区从事精神分析研究、教学、心理治疗领域的专家学者参加会议。

　　本次精神分析年会的主题为"精神分析在中国"。会议将63篇中外学者提交的论文编入《2004年中国精神分析年会论文汇编》，提供给参加会议的代表，以供交流讨论。在3天的会议期间，24位论文作者向大会宣读了论文，另有44位论文作者在专题讨论与研讨会上宣读了论文。

　　这次大会的学术气氛非常浓厚，来自国外的10位精神分析资深专家向中国代表介绍了世界范围内精神分析的研究应用进展，使本次学术交流置于一个国际化以及与时代同步的背景之下，这些专家丰富的经验与实践带给代表们许多启示。来自台湾、香港的从事精神分析工作的代表与大陆学者共同研讨各自对精神分析理论的见解与在实际应用中的经验体会，吸收不同文化背景下的研究成果使双方都获益非浅。

　　代表们一致认为：本次会议是中国精神分析史上的一次具有里程碑式的事件，起到了构筑交流平台，国内同道集聚一堂讨论、展望的作用。民主的学术交流，必将促进对精神分析研究的深入研究和在心理咨询与心理治疗方面的应用。

　　这次会议改选组成了新的中国心理卫生协会心理治疗与咨询专业委员会精神分析学组。组长：肖泽萍（上海），副组长：杨蕴萍（北京）、施琪嘉（武汉）、张海音（上海）、苏晓波（哈尔滨）、李晓驷（合肥）、李小龙（昆明）、张天布（西安）、孟宪章（广州）、张同延（杭州）、秘书长：曾奇峰。

　　青岛共有2位代表（苏永生、王辉）参加了本次年会。苏永生向大会提交的论文"当前脑与意识的自然科学研究进展与弗洛伊德的无意识理论"被编入大会论文汇编，并在大会专题讨论与研讨会上宣读。

　　二、简要回顾精神分析在中国大陆的传播

　　精神分析理论在20世纪初传入我国。根据现在发现的史料，知名学者章士钊先生是将弗洛伊德自传译成中文的第一人。在德国时，章与弗洛伊德有书信往来，商务版《菲罗乙德叙传》书前印有弗洛伊德写给章士钊信的手迹照片，译文为：

　　尊敬的教授先生：

　　无论您采用什么方式完成您的设想，无论是在您的祖国——中国开辟心理分析这门学问，还是为我们的《意象》杂志撰文，以贵国语言的材料来衡量我们关于古代表达方式的推测，我都非常满意。我的讲义里引用的中国材料，出自大英百科(第十一版)的一篇辞条。顺致崇高敬意。

弗洛伊德　　1929年5月27日

　　高觉敷先生译的《精神分析引论》于1930年由商务印书馆出版。他是第一个将弗洛伊德的理论译为"精神分析"的，至今已被人们广泛接受。

　　20世纪30年代，在北京协和医院，有一位医师戴秉衡，已经开展了精神分析用于治疗的工作。戴医师很可能是我国医疗领域应用精神分析的第一人。

　　在中国大陆，建国后思想上的禁锢，使精神分析这一学说长时期里受到冷落与批判。

　　在我国台湾，精神分析理论没有停止传播和应用。

尤其是20世纪六七十年代及以后，一批青年学者热情非常高，翻译了一批弗洛伊德的著作。大陆改革开放后出版的弗洛伊德的译著，有一些就是翻印的台湾本子。

谈到精神分析技术的应用，还不能不提到北京的钟友彬先生，他从20世纪70年代开始，就在首钢医院开展了精神分析式的心理治疗，创立了"认识领悟疗法"，为精神分析在中国的大范围应用进行了有益的探讨。

根据北京大学丛中先生的描述：80年代后期，中国出现了一个文化思潮，哲学界的专家们翻译出版了比较多的哲学著作，弗洛伊德等心理治疗的专业书籍被当作哲学著作出版。应该说，这些理论著作的翻译出版，对于后来心理治疗在中国的发展起到了相当大的推动作用，现在我们从事心理治疗的一些中年骨干人员，当初就是先从阅读这些"哲学著作"开始接触心理治疗的。

对于心理治疗实践能力的培训和提高，美国华人曾文星、徐静夫妇也曾在80年代后期来中国讲学，介绍一些心理治疗的实际操作技法，但是不够系统。最主要的培训工作应该说是从中德心理培训项目开始的。由德国的玛佳丽、中国的万文鹏教授（后来主要由赵旭东教授作为中方协调人对此项目进行实际组织）联手举办的"中德心理治疗培训项目"应该说是开了中国心理治疗技能培训的先河。第一次培训，1988年，昆明；第二次培训，1990年，青岛；第三次培训，1995年，杭州。后来就是连续三年六次的系统培训，1996–1999年第一期，分为精神分析组、家庭治疗组、行为治疗与催眠疗法三个组。这就是现在大家口头上经常说的"中德班"。中德班第二期的连续培训是从2000年开始的，现在已经结束。第三期培训，还在策划中。

目前在中国心理咨询与心理治疗界比较活跃和知名人士中许多出自中德班。上海有肖泽萍，她是上海精神卫生中心的主任。施琪嘉、曾奇峰在武汉。丛中、朱建军等人在北京。苏晓波在哈尔滨。

除中德班出身的人以外，申荷永先生在广州建立了广东"东方心理分析研究中心"。受国际分析心理学会（IAAP）支持，曾于1998年和2002年，组织与主持了第一届和第二届"心理分析与中国文化国际研讨会"，并且在筹备2005年"第三届心理分析

与中国文化国际研讨会"。

在成都，有成都精神分析中心的工作。开始于1994年由霍大同先生主持。霍本人在7年的留学法国期间专攻精神分析，回到他的母校四川大学。在成都开始精神分析的临床与教学工作，并开始严格按照国外培养精神分析学家的标准着手培养中国的精神分析学家。2004年6月，成都精神分析中心被正式接受为欧洲精神分析组织间联盟（IAEP）的成员。

在弗洛伊德著作的翻译出版方面，由吉林大学车文博教授主编的8本的《弗洛伊德文集》2004年出版。这是目前收录弗洛伊德著作最多最全的文集。近年中国轻工业出版社翻译出版了《心理咨询与治疗系列丛书》，被认为是比较经典和实用的心理咨询与心理治疗用书。北京大学出版社出版了曾文星先生编著的《心理治疗普及丛书》10本。这些书中均对精神分析和动力学理论及技术进行了重点的阐述。

在青岛，从20世纪90年代开始，笔者开始在市工人文化宫多次举办介绍精神分析理论和弗洛伊德的讲座。2003年随着心理咨询师培训，许多人学习了精神分析理论。2004年，受不同单位和组织的邀请，国内精神分析专家曾奇峰、施琪嘉、朱建军、丛中等来青岛讲学，促进了精神分析理论在我市的传播。

三、对精神分析理论传播与应用的展望

精神分析理论作为一种思想流派在中国已经传播了近百年，尤其是改革开放以来第二次大规模的引入，实际上它的一些基本概念，如潜意识、自我、超我、移情以及子女与异性父母之间的特殊感情等，几乎是尽人皆知，已经成为社会意识或说是社会文化的一部分。

作为一种心理咨询与心理治疗技术的精神分析，由于其本身的科学魅力，今后肯定还会为越来越多的人采用和接受。著名美籍华裔心理治疗专家曾文星先生说："各种学理当中还是以精神分析的学说比较有系统且有深度，是了解人的心理与行为，并且体会到病理的基础，可运用于各种辅导的模式。"（《分析的学理与治疗过程》，北大出版社，1页）

关于精神分析理论在中国的应用前景，《上海精神医学》2003年组织了一个专题讨论。肖泽萍女士说，今年5月举行的美国精神病年会，有来自世界各地的18000多名学者参加，会议的主题是"精神病学、精神分析学、神经科学的整合"。在这次重要学

术会议上，将精神分析学与精神病学、神经科学相提并论，还是第一次。这也表明，精神分析理论引起了科学界的再度重视。有专家认为，精神分析理论在中国难成气候。也有专家相信，精神分析疗法在中国进入临床实际应用的阶段即将到来。曾在德国弗洛伊德研究所接受精神分析治疗培训的肖泽萍说，二战以后，行为治疗、认知治疗等流派在西方占据了上风。但是，今天人们已经意识到，对心灵上的问题、心理上的疾病，采用精神分析治疗，有些患者可能获得根本上的治愈，而不像一些心理治疗方法，只是使症状得到缓解。目前，在德国、奥地利等欧洲国家，精神分析导向的心理治疗和行为认知治疗，是医疗保险付费的两大主导心理治疗方法。青岛新阳光心理研究所的李克富教授分析后认为：看来，在精神病理学的临床实践中，现象学和心理分析有合流的趋势。在未来的理论整合中，经典心理分析中的合理部分将被加以吸收和利用，而所谓超验心理学的概念很可能被抛弃。

其实这一点弗洛伊德早预想过。他在1917年发表的《精神分析引论》中写道："也许不久有一天我们将知道，精神病学如果没有关于精神生活的潜意识历程的知识，就不能算是有科学的基础。"（高觉敷译本，商务印书馆，200页）

我个人认为今后精神分析理论在中国的传播应考虑到两点：

1.从精神分析发展史的角度全面学习、研究、应用精神分析。精神分析理论从弗洛伊德创立以来，经过阿德勒、容格的"背叛"（实际上是一种修正和发展），到霍尼、沙利文、弗洛姆、卡丁纳、埃里克森、赖希等人的新弗洛伊德主义，再发展出自我心理学、客体关系学派等，已远非弗洛伊德当年的样子。这没有什么奇怪，任何一种理论都是时代的产物，也必然随着时代的发展而发展。我们应当广泛地学习各家之长，为我所用。

2.更重要的问题是，如何建立具有中国特色的精神分析咨询治疗方法，培养中国的精神分析师，至于在整个精神医学和心理咨询与心理治疗中，精神分析将占多大的分量，是否会成为一种主流的治疗方法，其实并不重要。

2005年春写，2005年8月修改

# 对心理防御机制几个相关问题的阐释

**摘要：** 心理防御机制主要是在潜意识中应用，以此为标准，目前公认的心理防御机制有20种左右。识别并辅导患者放弃病态或不成熟的心理防御机制，转而采取正常人的应对方式是心理咨询与心理治疗的重要工作之一。作为人的自动心理保护功能的自我防御机制，它的基础——人的精神特性的潜意识工作机制，已经被证实。

**关键词：心理防御机制 潜意识 实证研究**

心理防御机制（defense mechanism）的理论是弗洛伊德于19世纪末提出来的，用来指一个人面对应激、挫折、创伤、丧失、冲突等心理上的种种困难时，其"自我"就潜意识地运用一些心理上的防御措施，来保护自己的机制。[1]认识并处理心理防御机制是弗洛伊德心理治疗的技术组成之一。弗洛伊德去世后，该理论在应用中得到不断充实、修正，目前无论东西方，不仅精神分析和心理动力学派的心理治疗重视心理防御机制的发现和利用，非精神分析学派也给予了相当的重视和关注。

本文对心理防御机制的几个相关问题作一些阐释。

一、为什么精神分析坚持说心理防御机制是潜意识(与"无意识"同义，下文同)的？

1.精神分析产生于弗洛伊德的精神医学和心理治疗实践。当1886年弗洛伊德自己开设精神诊所以后，逐渐将自己的诊疗范围从临床神经病学转到临床精神病学，即不再治疗器质性的神经病，而主要针对癔症、强迫症等神经症患者进行治疗。

弗洛伊德起初采用当时流行的电疗法、催眠法等，尤其热衷于催眠技术，为此还两次专门到法国向这方面的专家学习。在催眠的过程中，他发现病人常常能在催眠的状态下，回忆起清醒时不能记起的生活和情感事件，这促使他思考：很可能在人的意识之后，还有一个相当有力的思想过程尚未被人们发现。

正是沿着这个猜测，弗洛伊德进行了长期的观察和思考。同时，在研究的方法上弗洛伊德突破了前人。在催眠术的应用中，他发现，并不能成功地催眠每一位病人，也不能把个别的病人催眠到所期望的深度。于是他发明了"自由联想法"，来挖掘病人潜意识的秘密。

潜意识的大门被他打开了。随着研究的深入，弗洛伊德又认识到，潜意识里的内容是被压抑而沉入心理的深层的。而当医生试图将这部分心理内容引入意识时，却往往遇到患者的坚决抵抗！

他发现，使病人压抑和产生强烈抵抗的是另外一种心理能量或结构。它的目的是避免痛苦或道德的谴责。压抑和抵抗是人心理产生矛盾斗争的根源，也是癔症、强迫症和各种身体转化症状的原因。由于压抑、抵抗都是在潜意识内进行的，所以我们自身并不知晓。也正因为这样，弗洛伊德写道：全部精神分析理论，事实上是建立在对抵抗的理解基础上的。[2]

2.精神分析理论将人格分为"本我""自我""超我"三部分。心理防御机制主要由"自我"来实施，而"自我"的工作通常都是在潜意识中进行的。所以精神分析理论强调心理防御机制都是潜意识的，是在个人不自知的情况下的应用。当然我们对这一点不能做太机械的理解。意识与潜意识之间，并非有截然不同的鸿沟。根据现代脑科学的研究证明，意识与无意识之间的切换是非常快的。有时它们的分界也不是很清楚。这一切充分反映了人脑和意识的复杂性。

心理防御机制是精神分析最早取得的研究成果，也是最重要的成果。可以说，精神分析就是一门关于"无意识心理过程的科学"。[3]正是在这一点上，精神分析理论与其他的心理学有着本质的不同。当然这也是精神分析理论最受反对的地方。弗洛伊德写道："心理过程主要是潜意识的，至于意识的心理过程仅仅是整个心灵的分离的部分和动作。""精神分析以为心灵包含感情、思想、欲望等等作用，而思想和欲望都可以是潜意识的。"[4]

二、心理防御机制的分类和数量

1.弗洛伊德本人生前没有专门讨论心理防御机制，后来他的女儿安娜·弗洛伊德（Anna Freud，1895–1982）把散见于他父亲著作中的心理防御机制归纳为下述10种：压抑、投射、内向投射、反向形成、升华、认同、合理化、解脱、固着、退行。到20世纪60年代，精神分析家依各种心理防御机制在不同人身上的应用，将其分为自恋（精神病性）、不成熟、神经症性、成熟性四大类心理防御机制。根据人对心理防御机制的选择应用，来评估其心理成熟的程度和心理健康水平。而关于心理防御机制的数量，也有不同的发现和判断。

2.曾文星《分析的学理与治疗过程》一书中，利用一张表列出了四类共20种心理防御机制，以及主要应用的人群，是很方便一般人学习和了解的。作为从事心理咨询与心理治疗的人员来说，掌握常见的一二十种心理防御机制是十分必要的。

这20种心理防御机制是：属于自恋（精神病）性心理防御机制的有否定作用、外射作用、歪曲作用等，属于不成熟的心理防御机制有内射作用、退缩作用、体化作用、幻想作用等，属于神经症性的心理防御机制有潜抑作用、解离作用、转移作用、隔离作用、合理化作用、反向作用、抵销作用、补偿作用、仿同作用，属于成熟的心理防御机制有压抑作用、升华作用、幽默作用、利他作用。

三、评估心理防御机制在心理咨询和心理治疗中的意义和作用

1.心理防御机制是一个人自幼在遗传的基础上，经过与环境的互动而逐渐养成的对外界刺激和内心冲动处理应对的方式，当这种应对方式固定下来后，一方面成为人格的一部分，一方面也会成为一种习惯性的反应，当事人在意识上未必能觉察到。

精神分析取向的心理咨询与心理治疗不以消除当时的症状为满足，而是力图影响和改变来访者应对各种刺激的不够成熟的方式，以及自身不够完善的人格，以提高适应社会与把握自己命运的能力。发现并正确评估来访者的心理防御机制类型和强度，具有重要的意义。

2.心理咨询师或心理治疗师可以使来访者或病人通过咨询与治疗，增加更丰富的体验和更广泛的选择，进而将心理防御模式加以改变。在治疗中，他们逐渐学会根据外界的情势选择一种更合理更有效更成熟的方式，而放弃过去经常采用的幼稚的、不由自主经常弄巧成拙的行为。这一点，正是心理咨询与治疗期望的来访者的成长。

3.心理咨询师或心理治疗师应根据来访者不同的防御类型而采取不同的咨询与治疗手段和方法。美国精神分析家南希·麦克威廉姆斯在其著作《精

神分析案例选析》[5]中，要求治疗师区别来访者的心理防御机制是处理特定生活应激时的情境性的，还是性格性的。如是后者，改变起来无疑更困难，需要的时间会更久。而对防御机制进行治疗和改变，精神分析的方法是"由表及里"地进行处理。即将来访者或病人的心理结构看作是空间上分成不同的层次的。上面的层次是下面层次的防御物。咨询师或治疗师要系统和巧妙地从解释和处理来访者靠近意识的体验入手，逐步消除抵抗，释放心理能量，重新体验情感，提高认识，解决矛盾。一个层次矛盾解决为下一个层次矛盾解决扫清道路。这样就一步步地接触到心理冲突的最底层。来访者的自我不断增强，对心理冲突的承受力持续提高，在承受改变的痛苦和幸福中，解决心理问题。

如果不考虑来访者的承受能力，对其不成熟和病态的心理防御机制进行直接的或过早的正面进攻，有可能使来访者或是在尚未形成可以替代的应对策略之前因焦虑、空虚、失落而不知所措，或者转而放弃向防御方式的进攻而向心理咨询师或心理治疗师进攻，从而彻底破坏治疗联盟。

四、非精神分析人士对心理防御机制的看法及对心理防御机制的实证研究

1.心理防御机制如弗洛伊德其他理论一样，既受到广泛的推崇，也遭到强烈的反对和批评。在科学界，即使同情支持弗洛伊德的人，长久以来也难以将它纳入科学的知识范畴，因为它难以进行实证研究。整个现代自然科学，从根本的方法论上来讲就是一种实验科学或叫实证科学。它的最重要的特点之一是可重复性。心理防御机制是关于人的潜意识动力机制的规律的说明，在不能运用实验的方法进行验证和重复的情况下，科学界只好采取一种矛盾的做法，即一方面不排除精神分析理论和技术的传播和应用，另一方面却也不将其迎入正式的科学的殿堂。人民卫生出版社出版的第4版《精神病学》第十八章"心理治疗"中介绍精神分析治疗时的一段话代表了这种态度：

"经典精神分析是在19世纪由弗洛伊德（S. Freud）创立的，其特征是对于人的潜意识和人格发展，提出了内容十分丰富、复杂的一套心理动力学说。由于缺乏实证研究的可能性，精神分析理论到今天还未能成为公认的科学理论。但尽管如此，它仍然是心理治疗领域里最重要的一个流派，无论是心理治

疗的理论还是技术，都深深地受其影响。"[6]

2.尽管在过去的一个世纪里，科学技术取得一系列惊人的成就，关于人脑、意识的研究方面取得了重大进展，但对于大多数所谓功能性精神障碍还不能找到明确的病因与发病机制。所以，对各种精神障碍的分类，无论是中国的标准还是美国的或国际的标准，只能是建立在描述症状的基础之上。

美国的《精神障碍诊断与统计手册（DSM-Ⅲ）（1980）》，并非是排斥精神分析，因为它仅是一种诊断标准，将各种精神障碍分类并描述其症状，以作为医师诊断的根据，这是它的目的。精神分析的理论和技术是另外的事情。也就是说，非精神分析人士是将心理防御机制作为一种对刺激的"反应"来讨论的。而精神分析家是从精神分析理论来谈的。坚持心理防御机制是潜意识的，显示出精神分析理论的特点和特性。扩大开来谈反应，当然可以将心理防御机制扩展到意识层次。

那么为什么从DSM-Ⅲ-R到DSM-Ⅳ又将"心理防御机制"收入"供进一步研究之用的分类组群与轴向"之下的"防御功能量表"中呢？[6]第一，心理防御机制虽然仍不能被完全实证，但已有足够的证据证实它确实是一种存在。第二，作为一种对精神症状进行描述的标准，借此可以帮助医生进行诊断。

3.再说到关于心理防御机制乃至整个精神分析理论的实证研究。弗洛伊德受过严格的自然科学训练。他有着深厚的物理学、生物学、医学的科学背景。[7]

达尔文的进化论对精神分析学的形成具有重要的影响。弗洛伊德相信人属于动物界的一员，人的心理和行为自然受其动物本能所制约。进化的观点，启发他将人的心理（无论是种族的还是个体的），看作是从低级向高级发展而来的。他接受其老师布吕克的观点，认为在生命系统中，化学、物理的定律同样适用。医学背景使他重视并且擅长对精神疾病症状的观察，以及对发病机理的研究。

他多次表示，精神分析是在大量的、认真严肃的观察基础上，通过推理而提出的。虽然当时的科学实验水平无法对其进行实证，但弗洛伊德坚信心理现象有其生理、神经基础，因而未来科学的实证研究将会证实精神分析的发现。

4.决定对心理防御机制等复杂心理现象能否进行实证研究的关键问题有两点：一是实验工具的发明和进步，二是方法上的突破。

目前，有以下4种自然科学方法或手段应用于心理学的实证研究中：（1）内省测量法与行为测量法。（2）意识的多导生理记录法。（3）测定事件相关电位法。（4）神经影像学，主要是正电子断层扫描术（PET）和功能性磁共振成像(fMRI)的方法。

最近二三十年来，有关认知和情绪的脑神经基础，以及意识、情绪产生和加工的机制研究，作为脑与意识科学研究的前沿问题，受到世界各国科学家的重视，已经陆续取得一大批有价值的成果。比如，有许多临床的观察和正规的实验表明"压抑作用"的存在。"状态依赖记忆"实验证明，人们在一定心境下获得的记忆后来只有在同样的心境状态中才是可唤起的，否则就不可能回忆那些记忆。[8]

有试验证明，我们对别人的印象受潜意识中自我感觉的投射、转移的影响。这种过程是自动而不是意识控制下的。

阈下知觉启动研究发现，当呈现的刺激没有被被试者有意识地知觉到，但却影响到随后的相关刺激的加工。从而证明阈下知觉是一种无意识知觉。[9]这也证明心理防御机制可以发生在潜意识层次。

"今天，我们的当代脑科学研究表明，并非心智的全部活动都与意识有关，在大脑神经活动中存在着大量意识不到的心智活动。现已查明的具有无意识的心智过程包括内隐认知、长时记忆、自动过程、遗忘过程、无注意的刺激、程序记忆（技能获得）、语义记忆、阈下加工、内隐学习和记忆、记忆中的想象、习惯推理、熟睡状态和熟悉感等。"[10]这些无意识心理过程中，有的正是自我心理防御机制的工作过程。

5.弗洛伊德创立精神分析理论时，主要是通过大量的、严肃认真的临床观察和临床试验，又经过他缜密的科学推理而提出。一些人指责精神分析是臆想的产物，其实科学推理正是科学研究的一种重要手段，离开推理科学将无法进行。许多科学知识都是先推理提出，又经过后来的实验验证的。

"如'原子'完全是道尔顿的推理所得，尽管现在我们能够通过电子显微技术来观察原子的结构。冥王星的存在是在其他可见外层星体的轨道的摄动（pertubation）推论出来的。久远的地质年代是从化石和暴露在外的岩石层以及CN的衰变中推理而来的。"[11]

精神分析也是经历了这样一个过程。截止到目前的科学研究，基本可以确定关于心理防御机制的神经生理基础是存在的。

6.唐付民认为"潜意识"机理是这样的：前面曾提到意识分为"显意识"和"潜意识"。如果说网状脑干和弥散丘脑（非特异传入纤维）向皮质中广泛（大面积）输入能量（相对恒定的α波），引起皮质中神经胶质细胞集体或"意识功能体"的大范围（同步）兴奋，是形成"显意识"的生理（物质）机制（原理）。那么，我认为"潜意识"的形成机理是机体（人脑或"意识功能体"）处于非"显意识"条件——如睡眠时，负责感觉信息载体的神经组织和器官，如感受器与丘脑特异传入纤维在皮质（"意识功能体"）中输入（释放）了能量（动作电位或电磁波或电磁场），致使"意识功能体"（皮质胶质神经细胞集体）进入兴奋（活动）状态。由于负责（感觉）信息载体的特异传入神经在皮质中释放的能量不是大面积的，而是"点对点"式的，并且以传入感觉信息的形式，即以有差异或不断变化的频率与波幅进行的，或带着信息或感觉进入的。因此，它能进入并激活"意识功能体（限小范围的皮质神经胶质细胞集体）"，出现有"信息（感觉）"的"意识状态"，但这种"意识状态"是不清醒（苏醒）的，或不受"显意识"支配、调控的。因而是"潜意识"的或"睡眠式"的。"[12]

作为人的自动心理保护功能的自我防御机制，它的基础——人的精神特性的潜意识，已经被科学所证实。这正是弗洛伊德所希望看到的结果。它雄辩地证明了一位科学巨匠所具有的严谨的科学态度、他进行的临床观察和试验的艰苦，以及超人的科学洞察力和前瞻性眼光。

实证科学是一门可以自己纠错的科学，正是在这一点上，显示出它的客观性。对于精神分析，在开始，它不是不友好，而是力不能及。今天，心理学、精神病学不再拒绝精神分析，它也不应该再拒绝了。我们已经、也必须从正面承认精神分析的科学地位。我想，正是这样的理由，所以前面引用的第4版《精神病学》中评论精神分析的一段话，在

最新的《精神病学》（第5版）中被删除了。同时，将第4版中介绍精神分析的10行文字扩展为第5版的30行。这又一次证明了弗洛伊德的预言：精神病学如果没有关于精神生活的潜意识历程的知识，就不能算是有科学的基础。[13]

当然，今天的精神分析必然要适应当今的社会现实，它的理论和技术都应该不断地向前发展。尤其是作为一种心理学理论和技术的精神分析，在不同的国家和地区应该具有不同的文化和人文特色。

改定于2005年1月26日

注释：

[1] 曾文星.分析的学理与治疗过程.北京：北京大学出版社，2004

[2] 弗洛伊德.精神分析引论新讲.合肥：安徽文艺出版社，1987

[3] 弗洛伊德.自传.沈阳：辽宁人民出版社，1987

[4] 弗洛伊德.精神分析引论.北京：商务印书馆，1984

[5] 南希·麦克威廉姆斯.精神分析案例选析.北京：中国轻工业出版社，2004

[6] 郝伟主编.精神病学.北京：人民卫生出版社，2002

[7] 车文博.西方心理学史.杭州：浙江教育出版社，2001

[8] L.A.珀文.人格科学.上海：华东师范大学出版社，2002

[9] 周仁来.阈下知觉研究中觉知状态测量方法的发展与启示.心理科学进展，2004，12(3.：321~327

[10] 周昌乐.从脑功能区动态竞争探讨语言与意识的关系.《意识与大脑》.北京：人民出版社，2003

[11] Bernard J.Baars.感知世界的心理学.《21世纪的心理科学与脑科学》北京.北京大学出版社，2002

[12] 唐付民.论意识的来源与作用.光明网论文发表交流中心，2004.12.4

[13] 弗洛伊德.梦的释义.沈阳：辽宁人民出版社，1987

# 《精神分析引论》导读

西格蒙德·弗洛伊德（Sigmund Freud）的著作《精神分析引论》，出版于1916年。这本书由弗洛伊德1915年—1917年两个冬季在维也纳大学讲授精神分析的三部分讲稿汇编而成，被欧内斯特·琼斯(Ernest Jones)（弗洛伊德的学生和合作者，《弗洛伊德的生平和著作》的作者）评为"开始研究精神分析的一本好书"。中文译本以高觉敷先生的译本为好。高先生本人是讲授、研究心理学的专家，文字功底也好，虽然他的译文最早（1930年出版，经1983年修订），但至今无人超越。本人以为，可以作为弗洛伊德精神分析著作翻译的范本。本导读引用的即是高觉敷先生译，商务印书馆，1984版本，以后不再注出。

《精神分析引论》全书分为过失心理学、梦、神经病通论三部分。前两部分构成精神分析"深层心理学"的核心——潜意识理论。后一部分讲解精神分析对于某些心理—精神疾病的病源、成病机理的探索及结论，又如何加以治疗，精神分析的治疗技术等。

一、第一编过失心理学

这一部分是从观察入手，讲解各种正常人生活中经常出现的过失，如口误、笔误、遗忘等事件，分析其决非是一时精神错乱而是人头脑中两种或多种意念冲突的产物。从而说明：人在表面的意识之下，还有一个巨大的潜意识存在；潜意识内的动机非常强大，虽往往与公开的思想抵触但常借机表现；这些偶然的事件是有意义的。

1.第一讲绪论

这一部分首先阐述了学习分析精神分析理论的困难性。

外在的："因为你们的教育，你们的思想习惯，迫使你们反对精神分析。"弗洛伊德在此先提醒学习者，由于精神分析的许多观点与现在通行的观点相左，故反对的声浪很大。如关于性的观点，

可谓惊世骇俗。

内在的：（1）学习的困难。精神分析研究人的潜意识、人的动机、欲望等，也可以说是研究人的经验，它研究的东西无法观察，教师也不可能指着实物向学生讲解；精神分析的治疗更不能观摩，只能主要靠个人的自省；精神病学主要是描述性的；（2）精神分析的两个信条触怒了全人类。第一，心理过程主要是潜意识的，至于意识的心理过程则仅仅是整个心灵的分离的部分和动作。第二，性的冲动，广义的和狭义的，都是神经病和精神病的重要成因。甚至，这些性的冲动，对人类心灵最高文化的，艺术的和社会的成就做出了最大的贡献。

弗洛伊德认为一切文明的成果，都是"性的精力被升华了，它舍却性的目标，而转向他种较高尚的社会的目标"而得来。但下面接着而来的论述常为人忽视，就是弗洛伊德认为文明由性本能升华而来，但不稳定，永远存在性本能与文明的冲突（此种观点后来在《文明及其缺憾》中表达的最清楚），所以应该节制性本能，不使它泛滥而破坏文明的成果和进展。

面对压力，弗洛伊德表现出科学家的大无畏态度：我们决不因此对这种反对的理念表示退让。

2.第二讲过失心理学

弗洛伊德分析的常见的过失有：舌误、笔误、读误、听错、遗忘。它们指的"大半是暂时的，不重要的，而在生活上没有重大意义的动作。"

针对有人可能认为这些小事不值得研究，弗洛伊德认为见微知著，可以得出在心理—精神领域里的"决定论"观点。

一般认为，疾病以及情绪波动引起注意力分散，从而导致过失行为，但弗洛伊德从正反两方面说明情况不这么简单：某些动作，如走路。甚至熟练的琴师并不需要注意可自动完成动作。有时格外集中注意时，反而出现错误。

弗洛伊德最重视的是为什么人会把话说反了，分

明表示口误是一种有目的的心理过程。它突然闯进语言中，代替了人们期望的语言。如议长宣布开会，误成散会，言外之意开会无用（19页）。

15页的两个例子的口误（呆子殿下、临战而惧的军人），都是表示出说话人对对方的轻蔑或轻视。21、22页引席勒、莎士比亚剧作中人物的口误，也是指出此过失暴露了人物内心的真实情感。

3.第三讲过失心理学（续）

24、25页，引用多个口误的例子说明，说错话往往由于说话人内心有两种不同的意向，产生了混合或冲突。

所以总结出（26页）："过失不是无因而致的事件；乃是重要的心理活动；它们是两种意向同时引起——或互相干涉——的结果；它们是有意义的。"

28页，有人分析这些过失是心理上或情感上的兴奋、分心、注意力不集中等引起。但弗洛伊德打比方，它们是帘子，我们须要看一看帘子后面才对。兴奋或分心究竟是为什么而引起的呢？需要一个动机。

34页讲决心的遗忘。所以遗忘，则往往是不愿意见某人或情感上排斥这个人。36页，某人与妻子不睦遗忘了她送的书，后来又找到。弗洛伊德总结：动机既经消失，失物便可寻得了。37页，琼斯几次忘记寄信。38页、39页女士一时认不出丈夫、忘穿婚衣、丢掉婚戒，男士忘记参加婚礼等，后来婚姻均失败，似乎是预兆，但实则过失背后有心理动机。

4.第四讲过失心理学（续完）

48页上很典型的例子：杀人犯H写信出现错误，暴露他想杀人，但未引起人重视。49页，认错字，实则欲望使人将幻想认作事实。

"甚至一个人自己伤害了自己，或使自己陷于危险，究竟是否偶然，也都可以发生疑问。"（56页）

过失实际上是掩饰真实情感的手段，"如果明白宣示，必将受人谴责，如果巧妙地用过失这一方式，便常可达到目的。"（50页）

"过失是一种调解的办法，两种冲突的意向，在过失里，各有一部分成功和一部分失败。"（45页）

表现出弗洛伊德心理决定论。

结论：过失不是无因而致的事件；乃是重要的心理活动；它们是两种意向同时引起——或互相干涉——的结果。有时是一种倾向完全战胜了另一种倾向（如遗忘），有时是两种倾向互相妥协（说错话、听错）。

表现出精神分析的动力学特点。心灵就是相反冲动决斗竞争的场所。一个特殊倾向的出现，一点也不排除其相反倾向的存在，两者是可以并存的。

二、第二编　梦

1.第五讲 初步的研究及其成果

这一讲弗洛伊德首先阐明梦这种现象（弗洛伊德认为梦是一种心理现象，而非生理现象）的本质和意义。直到今天仍然是非常精辟的见解。

"睡眠的生物学目的似即蛰伏，而其心理学的目的似乎是停止对于外界的兴趣。"（61页）"梦是醒时心理活动的剩余。""心理活动为什么不绝对停止呢？或许是因为有些意念不愿使心灵安静；有些刺激仍对心灵起作用，心灵对于这些刺激，不得不予以反应。所以梦是对于睡眠中的刺激的反应方式。"

"睡眠时的心理历程的性质大大不同于醒时的心理历程。梦中大部分的经历为视像，虽然也混有感情、思想及他种感觉，但总以视像为主要成分。"

2.第六讲 初步的假说与释梦的技术

几个简单的释例见86-90页。

（1）90页一个详细的例子

外显的梦：一个年轻的妇女已于多年前结婚。某夜得梦如下：她和丈夫在剧院内，正厅前排座位有一边还完全空着。她的丈夫对她说爱丽丝和她的未婚夫也要来看戏，可只能以一个半弗洛林（钱币名）买到三个坏座位；他们当然不要了。她说，由她看来，他们并不因此有所损失。

弗洛伊德启发她联想：a.她的丈夫确曾说过与她年龄差不多的友人爱丽丝订婚。b.她订座太早，多付了钱。c.关于钱数。梦中花一个半，嫂嫂花150买珠宝。d,（不太确定）她比爱丽丝大3个月。

弗洛伊德对此梦的分析：a.此梦是对听到爱丽丝订婚的反应；b.基调是太早、太匆忙。真正的意义是我急于结婚未免太傻，迟一些也还能和人订婚。c.一个半、150个钱，喻，爱女以1个半只能买坏座位，则我以150购好嫁妆，可"购"来好丈夫。d.珠宝和坏座位喻丈夫，表明做梦者看不起丈夫，深悔结婚太早而已。

（2）102页，一个老妇人的梦。

关于显梦，本处略去。

细节变为喃喃之声，压抑之故。自我为性欲所支配，为美育和道德所拒斥和制裁。"我们认为与人性不相容的欲望也足以成梦。憎恨无限制地泛滥；复仇的愿望，杀人的愿望也屡见不鲜，更有针对亲人——梦者的父母、姊妹、夫妇及子女等——以他们为对象。这些被禁止的愿望好像被一种恶魔所引起；我们若知道他们的意义，便觉得醒时对于这种愿望虽加以最严酷的制裁也不为过。""心灵内也许有同时容纳两种相反或矛盾的倾向的地方；也许一个倾向的优越而使相反倾向降落到潜意识之内。""精神分析在此也不过是证实柏拉图的格言：恶人亲往犯法，止于梦者是善人。"

结论：梦不是一种躯体现象，乃是一种心理现象。梦是愿望的实现。表现出本我与自我、超我之间的冲突，是冲突的产物。

主要观点：梦的功用在于保护睡眠；梦由两种互相对立的倾向而起，一要睡眠，而一要满足某种心理刺激；梦为富有意义的心理动作；梦有两个主要的特征，即愿望的满足和幻觉的经验。梦乃是用幻觉的满足来消除侵扰睡眠的心理刺激的方法。

欲望的满足在白天，被检查机制所制止和压抑，不得满足；在夜晚当检查的力量减弱时，借助于伪装来表达。

梦的工作：象征、压缩、移置、视象（上文是视像）、润饰。

释梦的工作过程：借助于做梦者的联想，突破反对回忆和联想的抗力，补足外显的梦与内隐的思想之间的空白。

说明两点：

a.人们批评弗洛伊德的"泛性论"。其实他从不认为性是唯一人生动机，他理解的性是广义的。与一般人说到性的狭义（生殖器、性交）不同。

b.其释梦讲到性的原因，也是通过联想证明了的，否则不认为有性的意义。如151页第（九）的例子。

第三编　神经病通论

"神经病"，是很旧的译法了。今天应译为"神经症"或放弃医学观点，译为"心理（疾）病"，因弗洛伊德所论的都是无生理基础的心理—精神疾病。有些可以今天的精神疾病分类命名，如歇斯底里、焦虑症等，有些似难以命名。

这部分导读，不再按照弗洛伊德讲课时所用的第几编讲，而采用归纳的办法。笔者将弗洛伊德"神经病通论"里所讲归为10大问题，分别给以讲解，供读者朋友们学习参考。

1.症候的背后是心理冲突

这一部分是由症状入手，分析确定致病的心理根源，并据此给以精神分析式的治疗。

194页案例（此处略述）。病人为一年轻军官的岳母，丈夫是某大工厂的经理，手下有一少妇。她的女仆某日写一匿名信，诬说女主人的丈夫与少妇私通。她虽理智上认为是女仆嫉妒所为，丈夫也为此解释，开除了女仆，但她仍情绪上不能平息。只要听到那少妇的名字，或在路上遇见那少妇，就会引起怀疑、忧虑和怨骂。

弗洛伊德将症状诊断为"妒忌妄想（a delusions of jealousy）"。

分析的前提："一种妄想既不因实在的事实而消灭，则必定不起源于实在。"注意细节，正是因为前一天该妇人曾告诉女仆，假如她丈夫和一少妇私通，那就是天下最可怕的事了，使女仆起了寄信的邪念。可见妇人的妄想并不因匿名信而存在；"妄想先发于心而成一种惧怕——或者竟成一种愿望吧。"在弗洛伊德诊所，叙述完症状，再请她叙述她的思想、观念、回忆时，她很冷漠地拒绝了。弗洛伊德认为这是"阻抗"的力量。弗洛伊德没有细说，她"偶然地说了几句话"，使弗洛伊德断定她对自己的女婿有一种迷恋！这正是致病根源！

此种情感为道德伦理所不容，并不能进入意识，因此为她所不知。但对她仍是沉重的压力。压力既经产生，便不得不寻求解除。最简单的办法是运用"投射作用（projection）"的防御机制来处理，幻想（妄想）为她丈夫与少妇私通，"那么她便不必因不忠实而受良心的谴责了"，"所以幻想丈夫的不忠实乃是对自己的痛苦伤痕的一副安慰剂"。因为此种动力来源，因而针对表面症状而施以的"理性的说服"，便毫无作用。"妄想起源于欲望，是用以自慰的。"

为什么做这种判断，或说为什么妇人爱上了她的女婿呢？

（1）女性这个年龄（53岁）是一个性欲亢进的时期。

（2）其丈夫的性能力，不能满足妇人的需要。分析其特别爱抚妻子，非常体恤她的精神不安。

（3）母女关系密切。女婿对于女儿的性爱容易转移到她的母亲。

精神分析心理学对"投射作用（projection）"的定义：指把自我不被接受的冲动、意念、态度和行为推向别人或周围的事物上。投射作用把来自本我或超我的危险变成外部危险，因为对自我来说，内部危险比外部危险更难对付。

妇人的症状满足了她两种情感需要：a.借助投射减轻了自我谴责；b.借助症状保留了对女婿的爱。

总结（202页）：神经病的症候，正和过失及梦相同，都各有其意义，而且也像过失和梦，都与病人的内心生活有相当的关系。

2.强迫性神经病（the obsessional neurosis）

一种是强迫的观念如面对犯重罪的诱惑，用种种预防的方法来防止它们的实现。另一种是无益无聊的动作，如上床、洗漱、穿衣等。

为这些观念或动作所苦恼，但情不自禁，似有一种大的力量在控制，非常态精神生活中的力量所能违抗。

案例一（205页）：一个年近三十的女人，一天之内做若干次下面的动作。她常从自己的房间跑入邻室，在室内中央的一张桌旁站定，按电铃召女仆来，或嘱咐她做一件事，或无事挥之使去，然后又跑回自己房间。

据了解，十年前，她嫁给了一个年纪远较她大的男人，但新婚之夜，丈夫未能完成性交。所以弗洛伊德分析，此强迫性行为（仪式）在于向女仆证实，她丈夫完成了性交，有她流在床单上的处女之血为证。

案例二（207页）：19岁女孩每晚上床睡觉前奇怪的"仪式"（此处略去）。弗洛伊德分析：（1）她在压抑自己的性欲（钟表移室外）；（2）想摆脱担心自己结婚时不流血的焦虑（花盆移于室外）；（3）阻止父母交媾怕母亲怀孕（不让长枕靠上床背、开着门等）。她对父亲有强烈的感情。弗洛伊德以自己的解释使该女减少并最终抛弃了全部的仪式。

创伤及执着、潜意识：

上二例中，两位病人都执着于过去的某种情感。第一位执着于已结束了的婚姻和对丈夫的感情。第二例中少女执着于青春期前对父亲的性爱。

弗洛伊德联想到欧战时流行的"创伤性神经病（traunatic neuroses）"（今名"创伤后应激障碍"，post tranmatic stress disorder，PTSD）。弗洛伊德对于此病致病心理根源的分析今天看来还是经典，几乎无可替代。

"就创伤性神经病而言，对于创伤发生之时的执着就是病源所在。"

"一种经验如果在一个很短暂的时期内使心灵受一种最高度的刺激，以致不能用正常的方法谋求适应，从而使心灵的有效能力的分配受到永久的扰乱，我们便称这种经验为创伤。"

"一个人如果不能应付一个强烈的情绪经验，结果便造成了神经病，所以神经病的成因约略类似于创伤病。"

致病的根源——病人执着于某种情感，患者本人并不知道，因为它存在于潜意识之中，而"症状的形成实为潜意识中他事的代替"，"症状就是一种替代物"。

"治疗的工作就是将潜意识的某事转化为意识的某事。""症候不产生于意识的历程，只要潜意识的历程一经成为意识的，症候必将随之而消失。"

症候的意义系由两种因素混合而成：症候所赖以发生的印象和经验；症候所欲达到的目的。

通过自由联想和分析师的解释，在意识的层面上讨论以上两点及他们的联系并加以处理，就可以消除症状。

3.分析的困难——抗拒与压抑

病人为什么会拒绝分析呢？因为"这些人之所以得病是因为现实不容许他们满足""症候是性的满足的代替物"。而这些情感的内容是深藏于潜意识的。"每一心理历程，先存在于潜意识的状态之内，然后发展而变成意识的状态。"以下弗洛伊德阐述了他关于意识三层次的学说——潜意识、前意识、意识。

守门人的比喻。潜意识中的某些想法想进入意识、前意识，必受到检查，有些内容被驱赶回去，所以"症候是被压抑的作用所驱回的某些历程的代替物"。抗拒的力量出自自我。

弗洛伊德接近病人潜意识的技术是"自由联想"。"我们设法使病人处于一种安静的自我观察的境地，不必试想任何事情，然后将内心所觉得的一切如感情、思想、记忆等，依其浮现于心中的先后次序一一报告出来。我们明白警告他，不许对于观念（联想）有所选择或取舍，无论是因为那些观念太讨厌或太无聊而说不出口，或因为他们太不重要，或太无关系或太无意义而没有诉述的价值。"

具体的设置，我们可能都从照片上看到弗洛伊德专门用来引导病人自由联想的沙发床，他让病人躺在床上，自己坐在病人的侧后方，这样他能看到病人的脸而病人看不到医生。他这样做是让病人放松，以免受医生的表情的干扰和影响。当病人说有什么回忆不起来时，弗洛伊德有时就把手放在病人的前额上，暗示他可以想得起来。

弗洛伊德发现了病人抗拒回忆和暴露内心秘密的种种伎俩，有时说想不起来了，有时避重就轻等。但最容易使分析师迷惑的是弗洛伊德称为"移情（transference）"的反应方式。"病人不回忆已往生活中的某种感情和心境，而是将这些感情和心境再行表现出来，复活起来，通过所谓移情作用反抗医生和治疗。"

他们（她们）或将医生认同为自己曾经与他或她经历过感情纠葛的父亲或恋人。对医生或爱或恨，或先爱后恨。以此转移治疗的焦点，将治疗关系变成感情纠葛。医生须清醒地认清此点并利用此点，通过它来下一步了解病人的自我性格和个人态度，帮助他（她）不再重演过去的经历，而是重新开始新的生活。从而克服反抗，收到治疗的效果。

关于移情，下面我们还要专门谈到。

4.性心理——同性恋和各种性变态（物恋、偷窥、性虐等）

倒错的性需求也是一种性的满足。"常态的性的满足的缺乏可以引起神经病。由于这种缺乏的结果，性的需要乃不得不使性的激动寻求变态的发泄。"

以下关于病源的推测，很难被接受。"妄想狂（parannoia）常因企图抑制其强有力的同性恋的倾向而起"。大多数强迫性的动作都是变了样子的手淫。

性倒错起源于儿童期。倒错的性生活意即儿童的性生活。青春期所引起的是生殖机能，这个机能呈现作用之后，乃利用身体和精神中已有的材料以达到其原有的目的，一般人的错误在于分不清性生活和生殖。

力比多（libido）和饥饿相同，是一种力量，本能即借这个力量以完成其目的。

婴儿的吸乳同时满足了生命中两种最大的欲望：饥饿与性满足。吸乳是整个性生活的出发点，是后来各种性的满足的雏型；母亲的乳房是婴儿的第一个性对象。当婴儿体会到吸吮的快感后，就会自吮手指以追求快感。

利用自己的口和唇享受快感，我们便称口唇为性觉区（erotogenic zone）。称儿童性心理的这一时期为口欲期，此为弗洛伊德关于人的性心理发展的第一个时期。

心性发展的第二期为"肛欲期"，借刺激肛门以得到快感的满足。以上利用口、肛门，在成人的性生活中仍保留。区别常态与变态的性生活，是以（1）服从生殖的目的；（2）不同的态度导致不同的判断。

弗洛伊德论述过，儿童的性觉区是分散的，到了成人才集中于一处，但追求快感是一样的。有些人不能随年龄的增长而集中，就成了变态者。而之所以没有跟上大多数人的步伐，有很多的心理原因，也成为许多心理疾病的根源。"正常的性生活乃由儿童的性生活演化而成，其演化的经过是先删消某些无用的成分，然后集合其他成分使之从属于一种新目的即生殖的目的。"

"阉割情结（the castration complex）""阴茎羡慕（Penis envy）"是最受人反对的弗洛伊德的两个概念和思想。被认为是对女性的轻视、歧视和偏见的产物，而不是科学的研究结果。但作为事实在一定程度上是存在的。如果从事实的角度看，这两种观念对男女心理及成就的形成有重要影响，值得关注和研究。

心性发展的第三期至为重要，这就是"俄底浦斯期"。弗洛伊德以"俄底浦斯情结（Oedipus complex）"命名此种情感。俄底浦斯，一译奥狄浦斯。希腊神话中底比斯国王拉伊俄斯的儿子。因为曾预言他将杀父娶母，出生后被其父弃在山崖，但为牧人所救，由科林斯国王收养。长大后，想逃避杀父娶母的命运，却无意中杀死父亲。后因除去怪物斯芬克斯，被底比斯人拥为新王，并娶前王之妻即其生母为妻，生子女四人。弗洛伊德引用这一神话表示男童在这个阶段发生的恋母仇父情感。弗洛伊德非常看重这一发现，认为男女后来发展成不同的性心理、不同的性格特点，均与此有大关系。俄底浦斯情结与人，似幼年形成的一个大的性格背景，此后成长只是一种扩展，逃脱不了此背景的影响。

5.发展的停滞和退化

弗洛伊德说："一种心理的动作本可以成为意识的，但被抑为潜意识而降落入潜意识系统，这种历程叫做抑制。"

就癔病而言，其力比多时常退化到主要以亲属为性的对象。就强迫性神经病而言，力比多回复到从前虐待的，肛门组织的阶段为最明显的因素。

升华作用：性的冲动放弃从前的部分冲动和满足或生殖的满足目的，而采取一种新的目的，这个新目的虽在发生上与第一个目的有关联，但不再被视为性的，在性质上须称之为社会的，这个历程，叫做升华作用（sublimation）。

同样的性的剥夺，有时致病有时无恙，"外部的剥夺必须辅以内部的剥夺，才可成病。"致病的矛盾就是自我本能与性本能的矛盾。

神经病的起因："第一是性的剥夺；第二是力比多的执着；第三是自我的发展既拒斥了力比多的特殊的激动，于是乃产生矛盾的易感性"，再遇有刺激事件，则可能发病。

282页主人的女儿和佣人的女儿，在幼时玩性游戏，长大后不同的心理发展导致了不同的结局。佣人的女儿自然发展，幼时的游戏并未在她心中留下阴影，长大后结婚生子幸福生活；主人之女由于道德的原因，长大后摆脱不了少时的经历，自责而成为创伤，反不能正常享受人生，成为神经病患者。

这一观察分析，说明很多心理疾病患者都是一些道德感较强的人，反受其累。

6.儿童期经验的重要性

"有些例子，起病的原因全在儿童期内的性的经验；这些印象无疑有一种创伤性的效果。""症候在一定程度上重复产生了那种早期婴孩的满足方式。""它们不去改变外界的情境，只在体内求得一种改变；这就是说，以内部的行动代替外部的行动。这是一个很重要的退化作用。"症候的形成与梦的形成一样，有同样的潜意识历程在起作用，即压缩和移置。

儿童的回忆或成人对自己儿童期往事的回忆，不尽可信。有些是幻念。幻念也是现实，即心理的现实。幻念人人都有，是否成病，还要引入经济的观点。"我们甚至可以说，人们的倾向就质说是大家相同的，只是因量而异。一个人是否患神经病，就要看他所有未发泄的而能自由保存的能量究竟有多少，而且究竟能有多么大的部分从性的方面升华而移用于非性的目标之上。"

幻念也有可返回现实的一条路，那便是艺术。艺术家也有一种反求诸己的倾向，和神经病人相距不远。他也为太强烈的本能需要所迫促；他渴望荣誉、权势、财富和妇人的爱；但他缺乏求得这些满足的手段。因此他和有欲望而不能满足的任何人一样，脱离现实，转移他所有的一切兴趣和力比多，构成幻念和生活中的欲望。途径是创作作品，作品成功，他能得到现实世界原先渴望得到的东西。

7.因病获益的观点

创伤性神经病也是自我用来保护自己免受进一步的伤害的手段。如果有他种痛苦超过神经病，则人就可以逃入疾病。306页举一妇女受丈夫暴力虐待而逃入神经病的例子。然而，虽如此，但自我以逃入神经病来解决矛盾，代价太大。随症候而来的痛苦，和症候之前的矛盾，其苦痛程度几乎一样。还有308页的例子。

总之，我们须重视因病获益的事实。所以家庭治疗的兴起与此相关。即一个人的疾病，尤其是心理疾病，往往是与其生活的环境有相当密切的关系，要改变个人，离不开改变环境，甚至更重要的就是改变环境。

弗洛伊德认识到自己提出的观点还只是一种理论上的推导，缺乏生物学上的证据。所以他说："我们所建立起来的精神分析的大厦，实际上只是一种上层建筑，我们迟早还得为它建造有机的基础。"

8.关于焦虑

弗洛伊德重视焦虑，认为"焦虑"这个问题是各种最重要问题的中心，我们若猜破了这个哑谜，便可明了我们整个的心理生活。

出生是焦虑性情感的起源和原型。而神经病人的焦虑：第一，这是一种普遍的忧虑，一种所谓浮动着的焦虑（free floating），易于附着在任何适当的思想之上。可称为期待的恐怖或焦虑性的期望。他们常以种种可能的灾难为虑。第二，对具体事物的恐惧，如对于某些动物的害怕等。第三，常人难以理解的恐惧，如一个强壮的成人在本城内竟怕跨过一条街道或广场。

弗洛伊德对于焦虑，又以性来释。"男人的焦虑性神经病多以不尽兴的交合为原因，女性甚至更是如此。"弗洛伊德的证据是，例如青春期和停经期，力比多的分量异常增加，对于焦虑便不能没有影响。总之，性欲缺乏了，焦虑之感乃代之而起。

9.性本能与自我本能

弗洛伊德说，"假定各人都有一种自由流动的一致的力，投射到客体上，也可凝聚于自我之中。"

被害妄想：这种夸大的幻想乃是由于力比多从客体上撤回，而使自我膨大所致。抑郁症也可用力比多的流动解释，也是把自己的力比多从客体移植到自我之中。自我于是被视为那已被抛弃的客体，那些要加在客体身上的一切报复的凶暴待遇，都改施于自我了。病人对自我的痛恨与对那一既爱又恨的客体的痛恨同样强烈。

弗洛伊德在这里已论述了他以后加以明确的三部人格学说，即本我、自我和超我。以他们的互相制约和平衡来描述人的精神生活。

10.移情作用

移情作用是指受治疗时的情境不能解释这种情感的起源。我们更怀疑这个情感起源于另一方面；即已先形成于病人心内，然后乘治疗的机会而移施于医生。

"要克服他的移情，不如告诉他，他的情感并不起源于目前的情境，也与医生本人无关，只不过是重复呈现了他已往的某种经验而已。因此，我们乃请他将重演化作回忆。""病人若能与医生有常态的关系，摆脱了被压抑的本能倾向的影响，则在离开医生之后，也仍能保持心理上的健康。"

医生要善于辨识和利用移情，来为治疗服务。

正面的移情尤其可贵，应注意保护并巧妙利用。而没有移情或有消极的移情，则于治疗是不利的：信仰起源于爱，最初不需要任何理由。没有爱做后盾，则不足以使病人或一般人受其影响。

只有当力比多投射于客体时，才有受人影响的可能；对于有自恋倾向的人，虽有最优良的技术，也不能有用武之地。

精神分析治疗的特点：

（1）希望病人能够自己解决。但对于年轻或不能自立的人，只得兼为医生及教育家。

（2）在性的方面，努力使病人"在治疗完成之后，能在性的放纵和无条件的禁欲之间选取适中的解决"。

（3）努力去压抑，将致病的矛盾变成一种迟早总得解决的常态的矛盾。

（4）不以消除症状为直接目的，而是远在症状的下层。

（5）与病人的自我合作，去除压抑，消除压抑的动力。

由此可见，精神分析疗法是一种再教育。

治疗的工作在解放力比多，使摆脱先前的迷恋物，而重复服务于自我。这一章节里，弗洛伊德还针对一些人对精神分析疗法的批评甚至诽谤提出辩解和驳斥。他提醒人们精神分析也有可能被误用。但精神分析技术作为一种发展中的技术，有着广阔的应用前景。

写完于2011年3月5日

# 100年后看《释梦》

　　弗洛伊德的梦理论被认为是其精神分析理论的三大基本理论之一（另外两项是潜意识理论和性理论），因此，弗洛伊德本人称得上是一位释梦的大师。

　　《释梦》自1900年出版至今，已过去了一个多世纪。吹尽黄沙始见金，书中的一些观点仍然发人深省。时代在前进，人们在弗洛伊德研究的基础上，推陈出新，又有了许多新的认识。

　　一、弗洛伊德的许多观点闪耀着永恒的光辉

　　弗洛伊德本人非常看重《释梦》。在为德文版第二版写的序言中，弗洛伊德说："从主观上说，不论怎样，它们经受住了时间的考验。"（辽宁人民出版社，1987年本。以下引文，均用此版本）在英文第三版前言中，弗洛伊德骄傲地写道："我认为本书仍包含了我既定要遇到的所有发现中最有价值的部分。这种领悟，一个人命中注定会有，但一生中只会有一次。"

　　首先，弗洛伊德宣称："我必须坚持，梦实际上确实具有一种意义，释梦的科学方法是可能存在的。"

　　"梦是一种愿望的满足。"这是他对于梦的本质的简约的说明。

　　但又不是一种简单的表达。"梦永远是冲突的产物。""在每一个人的心中都存在两种精神力量作为梦形成的主要原因。其中一种构成梦所表达的愿望；而另一种对这个梦愿望实行检查制度，由此造成梦的歪曲。"所以，应该这样更全面地表达这个定义："梦是一种（抑制的、受压抑的）愿望的（伪装的）满足。"

　　那些表现着焦虑的情绪的梦，那些有着令人痛苦内容的梦甚至将梦者惊醒的恶梦，也是一种愿望的满足吗？

　　答案是肯定的。这些梦也表达着愿望，另一方面表达着对愿望的批判和抑制！如果这个愿望过于强烈，"审查机关"费了很大的劲，也无法阻止它，那只好拿出这最后的手段，让梦者从睡梦中醒来。弗洛伊德用这样一个比喻来说明：负有保护小镇居民安睡的巡夜人，当发生特殊情况时，却不得不开枪而惊醒了居民。

　　梦由于是潜意识的工作，受着审查作用的制约和限制，所以不得不采取着特殊的工作方式。弗洛伊德总结为4种：凝缩、移置、象征和润饰。而释梦的方法与过程，理论上讲是这样的："抛弃平时控制着思维的指导性意念，把注意力集中于梦的单个成分上，并记下与此成分有关的不由自主的思想。然后，我们再转向梦内容的下一个成分并重复着这种作法。无论思想向哪一个方向延伸，我们都让自己随同前往，从一个主题跳向另一个主题。同时，我们坚信不疑地认为最终会毫无阻碍地接近使梦产生的梦思想。"弗洛伊德告诉我们，依靠"自由联想"，我们就能够撩开梦的神秘面纱。

　　二、当前科学背景下关于梦的新观点

　　弗洛伊德的释梦，真正是一种拓荒性的工作。在当时，没有前人，没有同伴。有的只是轻蔑和攻击。也许对于任何一种思想，尤其是与当时人们的时代风尚相违背的思想，开始无不遇到激烈的反对。这种反对很少是由于理智，而往往只是由于情感！只有随着时间的推移，情感慢慢消失，人们才会比较公正地评价它。

　　后来的科学工作者在前人的启发下，沿着前人开拓的小径，再开拓再创新。道路逐渐宽广，认识更加深刻。

　　沿着精神分析的释梦，科学家对于梦有了哪些更新更全面的观点呢？

　　首先，今天我们已经不能再将梦理解为单纯的愿望的满足了。梦还有其它的功能，如巩固记忆、解决问题、减少应激、创造或解决冲突、调整情绪等。

　　比如一个人经历了一次创伤性的事件后，在一段时间里会做恶梦，其中的创伤性事件会重复出现。但是不久后梦的内容会发生改变：比如事件发生的地点发生改变，或者梦中有了其他人等。

通过分析这样的梦，我们可以看出，梦具有治疗的作用，它从生活中提取内容，一开始时梦是重复可怕的经历，逐渐通过梦境，创造一些的新的情境，使事件的可怕程度降低，情绪逐渐淡化，最终使可怕的事件和情绪消失，恢复为日常的梦。

因此，我们今天确实可以说，梦是保持心理健康和生理健康的一个关键过程。而当时弗洛伊德还仅仅说梦是睡眠的卫士。

另一方面，今天关于梦的实验研究也取得了许多重要的进展。

1953年美国芝加哥大学Asernsky和Kleitman在睡眠实验室中发现的快速眼动睡眠开创了该领域的研究。

实验研究证明，每一个人都做梦，但只有三分之一的人能报告梦。每晚生动和鲜明的梦（有故事情节和大量内容）大约持续2-3个时间。

梦里以视觉感觉为主导（60%），但也有听觉和本体感觉。梦中可以发现思考过程，它甚至多于感觉和情绪。梦中的情绪和觉醒时的性质相似（如愤怒、烦恼、焦虑、恶心、高兴、哀伤等）。梦里最突出的情绪是愉快感。

白天生活事件的残余是梦中最主要的部分。梦中出现的70%以上的情景是梦之前一周之内的事件。

在对梦的研究中，精神分析家做了一些研究，证明阈下刺激对梦有影响作用。比如在实验中，将图片以8毫秒这样一个超短的时间呈现给被试的人，须知这样的速度，人的意识根本无法感知图片的内容，但接下来的实验表明图片的内容却重现在梦和觉醒时的自由想象之中，当然图片的内容经过了歪曲和加工，这让我们确认潜意识感知到了这些内容，并且对它们进行了必要的加工和改变！

这些有趣的实验证实了弗洛伊德关于潜意识和梦的理论中的一些观点。目前在认知科学研究的领域里，科学家还在不断地努力研究，毫无疑问，将来人们会对梦了解得更多。

三、心理咨询中对来访者梦的分析

经典的精神分析理论重视梦的分析，弗洛伊德把释梦作为了解患者潜意识的工具和过程。但时至今日，经典的精神分析理论早已风光不再，各种动力取向的心理治疗已不再视分析梦为必要的过程了。其原因，可能一则释梦的技术颇难掌握，二则患者也不愿意接受这种特别耗时的分析。三则释梦需要结合患者的日常生活进行合理的推导，也极容易造成臆测，从而失掉心理咨询与治疗的科学性。

我个人在心理咨询中，采取这样一种方法：不主动提出为来访者分析梦，但如来访者提出要求，则试着进行分析，与其讨论。对于具体的梦境，在无特别把握的情况下，不作确定的判断，以免干扰正常的咨询与治疗，而注重在大的原则方面的引导。

比如来访者叙述最近经常做一些带有焦虑情感的梦，那我们就可以告诉他（她）：最近他（她）的心中必有一些比较严重的冲突待解决，应正视这些问题，并找出来在意识层面上进行讨论解决。而来访者做的一些涉及到性的内容的梦，无一不是他（她）潜意识中本能与意识中审查监督机制冲突的产物，给以合理的接受与解释则可。这样就可以使来访者放下对于不可理解的梦的担心和恐惧，可以帮助我们的咨询与治疗。

对于不便解释的形象，则宁可付诸阙如。如一位患者某晚梦见一只狗在追一只鸡，问我作何解释，我则据实以告不知道。也劝他不必在意，未必有什么深意。

总之，100年后看《释梦》，我们既看到弗洛伊德精神分析理论的一些重要观点经受住了时间的考验，也要了解精神分析以及实验科学发现的新的事实。对一位想学习精神分析理论的人来说，学习和理解《释梦》中的基本观点，仍是必不可少的课程。

写于2005年2月15日

# 怎样学习精神分析

各位朋友，利用这个机会，将自己学习弗洛伊德精神分析的一些体会介绍给大家，也许对各位的学习有些许帮助。

一、弗洛伊德其人

精神分析理论是19世纪末由奥地利著名的精神病学家西格蒙德·弗洛伊德创立的心理学和心理哲学的一个流派，也被称为弗洛伊德主义。

精神分析理论在心理学史上和人类思想史上影响巨大。

著名的心理学史专家波林曾写道："谁想在今后三个世纪内写出一部心理学史，而不提弗洛伊德的名字，那就不可能自诩是一部心理学通史了。"（高觉敷译，1981，814页）

《简明不列颠百科全书》在弗洛伊德条目中写道："他的观点不仅在精神病学，也在艺术创造、教育及政治活动等方面得到广泛地运用。""由他所创立的学说，从根本上改变了对人类本性的看法。"

完整的精神分析理论包括三个层次："既是一种神经症的治疗方法和理论，又是一种潜意识心理学体系。到20世纪20年代，这个理论逐渐扩展到社会科学的各个领域，发展成为无所不包的人生哲学。"（《西方心理学史》，车文博主编，浙江教育出版社，2001，452页）

弗洛伊德的精神分析理论已被后人修正、发展。从新精神分析学派到当前的后精神分析学派，可以说是呈现出百家争鸣的局面。但一般认为，这些学派都是在继承弗洛伊德精神分析理论后加以创造发展而成，因此，对于任何一位想学习动力学的心理咨询与治疗技术的人，想学习作为一种重要的心理学流派的精神分析的人，以及想学习作为一种思潮的精神分析的人，学习弗洛伊德的精神分析理论仍是不可缺少的课程。

二、弗洛伊德著作的阅读

弗洛伊德一生著作等身。无论是出于什么目的学习精神分析理论，都离不开阅读他的著作。目前，他的主要著作都已译成中文出版，国内多家出版社出版过弗洛伊德著作的单行本，最全的合集是辽宁人民出版社出版的《弗洛伊德文集》8卷本。国内目前还没有出版弗洛伊德的全集。

弗洛伊德是精神科医生出身，他的心理学和哲学是从观察精神病人的症状开始进行研究和推论的，因而他的著作对于非医学出身的人来讲，涉及到专业的领域时，因缺少相关的知识会不容易读懂。然而他的思想又始终是关于人的心灵世界的内容、机制的研究的，因此任何一位关注自己和他人的精神生活的人都会产生浓厚的兴趣。他的那些心理哲学、人生哲学、人的心理史的著作，与医生、精神科医生的职业学识又相隔甚远，而需要有较深厚的哲学、文学、史学，甚至语言学、民族学、宗教学方面的知识与修养，才能很好地理解。我们说弗洛伊德的思想博大精深是一点也不夸张的。

但我们也不要因此望而生畏，弗洛伊德的许多著作既通俗易懂又蕴藏着极深的道理，更由于他深厚的文学修养，他的文笔简明优美流畅自如，处处洋溢着澎湃的激情。这些与他严谨的逻辑和深刻新颖的哲理浑然天成，读来是一种美的享受。他还曾因其在文学上的成就，获得歌德文学奖。（1930年）

三、心理学与心理治疗的专著

1.《日常生活的心理奥秘》。虽然公认《梦的解析》（或译成《梦的释义》、《释梦》等）是精神分析理论最重要的著作，它的出版也比较早，但由于它比较难读，我还是建议大家先学习《日常生活的心理奥秘》（又译成《日常生活中的心理病理学》）。《日常生活的心理奥秘》出版于1904年，在这本书中，弗洛伊德引用一般人（也包括他自己）在日常生活中时常发生的语误、笔误、失手等错误现象，或动机性的遗忘，去发掘潜意识的存在和了解潜抑作用的功能。通过对这些看似不经意、不由自主的错误，分析解释了人的深层精神活动的奥秘。"可以说是学习精神分析的最好的入门书"。（曾文星为《日常生活的心理奥秘》写的序言，甘肃人民出版社，1987）

2.《梦的解析》。出版于1900年。这是弗洛伊德最重要的著作之一，由于它提出了崭新的关于梦和人的潜意识的理论，被誉为一部"改变历史的书"。弗洛伊德本人也非常看重《梦的解析》。在为德文版第二版写的序言中，弗洛伊德说："从主观上说，不论怎样，它们经受住了时间的考验。"（辽宁人民出版社，1987年本。以下引文，均用此版本）在英文第三版前言中，弗洛伊德骄傲地写道："我认为本书仍包含了我既定要遇到的所有发现中最有价值的部分。这种领悟，一个人命中注定会有，但一生中只会有一次。"

在《梦的解析》一书中，弗洛伊德创建了自己独特的关于梦的理论，涉及到梦的材料、本质、功能、工作方式、象征性、过程、解析方法等。许多观点都是革命性的。比如关于梦的作用，过去人们往往认为梦多影响了睡眠，但弗洛伊德写道："做梦……其目的是通过一种安慰性行动，而挡开往往唤醒睡眠者的内外刺激，以此来保护睡眠不被打断。"

通过研究梦，弗洛伊德阐述了潜意识的特点。冲突、压抑、阻抗，这些深刻的思想包含在梦的形成过程中。"潜意识是真正的精神现实"（《梦的释义》571页），这是弗洛伊德在书中反复阐明的观点。

3.《性学三论》。出版于1905年，是弗洛伊德精神分析理论关于性的理论的代表作，涉及到性的发展、性与人格发展、神经症形成中性的作用等方面。全书体现出弗洛伊德"泛性论"的特点。如弗洛伊德将性的驱力背后的力量称作"力比多"，认为它是推动个体一切行为的原始内驱力。它关于人的心性发展的五个时期（口欲期、肛欲期、性蕾期、潜伏期、生殖器期）是理解人格发展的一种独特的学说，在心理咨询与治疗中有重要的应用价值。也是理解其关于文艺、宗教、史前史等内容的基石。

弗洛伊德本人曾把以下三者作为精神分析理论

的三项奠基石：潜意识的心理机制、抗拒和压抑作用、性的重要性。上面三部著作包含了这些重要的内容。

4.《精神分析引论》。出版于1916年。这部书可以说是对精神分析创立20年来成果的一次全面总结。全书分为过失心理学、梦、神经病通论三部分。"过失心理学"、"梦"这两部分，是先前出版的《日常生活中的心理学奥秘》和《梦的解析》的概括和新阐述。"神经病通论"部分是说明精神分析对于强迫症、焦虑症、癔症等神经症发生的机理和治疗方法的。对于没有心理咨询与治疗实践的人来说，是难以理解的；相反对于心理咨询与治疗从业人员，这却是学习精神分析式的咨询与治疗的教科书。它所阐明的原则和方法（自由联想发现潜意识内各种能量的斗争、消除阻抗、将潜意识内容引入无意识、移情、对自恋性病人的认识与处理、建立起病人对医生的信任等），是那样的精辟，使人有百读不厌的感觉。

5.《超越唯乐原则》、《自我与本我》。分别出版于1920年、1923年。这两部著作发展了他前期关于人的精神结构的学说，即把人格分为本我、自我、超我三部分。以三部分不同的内容之间的矛盾、斗争和平衡，说明人的心理的复杂和变化。提出生与死两种本能的学说，以两种本能的此消彼长描述和解释人生。与其说是心理学著作，不如说是哲学著作，也可以说是心理哲学。生的本能，代表着人类潜伏在生命自身中的一种进取性、建设性和创造性的本能力量；而死的本能，则代表着潜伏在人的生命中的破坏性、攻击性、自毁性的驱力。在解释和理解心理疾病患者的心理方面，很有价值。

6.《精神分析引论新讲》（1932年）。该书是1916年出版的《精神分析引论》的续篇，有许多新颖的内容。比如"女性气质"这一篇，阐述了女性心理、性格的特征和形成，十分有争议又内涵丰富。有些内容更像是社会学方面的著作，如对宗教、马克思主义和苏联实行的制度的评论等。

"宗教信仰是毫无真理性可言的。"

"马克思主义的力量……在于富有远见地指出了人们的经济条件对其理性的、伦理的和艺术的看法具有决定性的影响。这种观点揭示了以前几年完全被忽视的若干种关系及其内涵。然而我们不可能假定，经济动机是决定人们的社会行为的唯一因素。显而易见，在相同的经济条件下，不同的个人、种族和民族具有不同的行为。……在谈论有生命的人类生物的各种反应时，忽视心理因素是完全不可理解的。"

"当理论上的马克思主义在实践中表现为俄国的布尔什维主义时，它获得了一种宇宙观的力量的自足的、排它的特点。但是同时，它也产生了一种与它正在反对的东西的某种不可思议的相似性。虽然马克思主义在运用中最初是科学的一部分，并且是以科学和技术为基础建立起来的，但它却制造了对思想的限制，而且正像宗教过去所做过的那样冷酷无情。对马克思主义的任何批评性考察都被禁止，对它的正确性提出质疑即被宣布为异端邪说，而它采用的方式与天主教教会曾采用过的方式如出一辙。马克思主义的著作取代圣经和古兰经而成为启示的本源，虽然比起过去的宗教书籍来，它们之中的矛盾和晦涩之处似乎亦不相伯仲。"

四、社会文化理论方面的著作

1.《弗洛伊德论美文选》（知识出版社，1987年）。这是中国学者汇编的弗洛伊德精神分析理论中关于文艺创作欣赏和美学方面的论文，在弗洛伊德，是将精神分析应用于这些领域的尝试，影响很大。

《戏剧中的精神变态人物》（1906），《作家与白日梦》（1908）讨论了作家创作与观众欣赏的心理学根源。在作家看来，"一篇创造性作品像一场白日梦一样，是童年时代曾做过的游戏的继续和代替。""现时的强烈经验唤起了作家对早年经验（通常是童年时代的经验）的记忆，现在，从这个记忆中产生了一个愿望，这个愿望又在作品中得到实现。"（36页）

"观众是一个经历不多的人，……他渴望根据自己的愿望去感觉去行动和处理事情，——简而言之，他渴望成为一个英雄。剧作家和演员通过让他以英雄自居而帮助他实现了这一愿望。他们还为他省掉了一些麻烦。因为观众相当清楚地知道，要是不经历痛苦、灾难和强烈的恐怖，剧中的英雄的实际行为对他来说是不可能的，而这些经历几乎会把快乐抵消掉。况且他还知道，他只有一次生命，他也许会在这样一次反抗恶运的斗争中夭折。因此，他的快乐建立在幻觉上。……在这些情况中，他可以充分享受做'一个伟大人物'的快乐，毫不犹豫地释放那些被压抑的冲动，纵情向往在宗教、政治、社会和性事件中的自由，在各种辉煌场面中的每一方面发泄强烈的感情，这些场面正是表现在舞台上的生活的各个部分。"（21页）

《列奥纳多·达·芬奇和他童年的一个记忆》（1910）。这是弗洛伊德利用精神分析理论通过考察达·芬奇的生平、心理发展来理解其作品的一篇力作。意大利文艺复兴时期的著名画家达·芬奇画作中的思想一直被后人做不同的猜测。弗洛伊德从分析达·芬奇童年时代的一个记忆入手，他认为列奥纳多童年时代由于是私生子而被迫由他的母亲单独抚养。母亲由于享受不到丈夫的爱，而给了列奥纳多过多的"补偿的爱"，以至于过早地使他性早熟。由于列奥纳多始终在无意识中摆脱不了恋母情结，所以成年后陷入了同性恋。达·芬奇一生的画作中常以母亲、小男孩为题材，实际上是自己恋母情结固执的表露。弗洛伊德认为，达·芬奇将对于母亲的强烈的眷恋压抑入潜意识，但终其一生，在潜意识中长久地保留着这种爱，并在一定的外界刺激下复活。

他的名作《蒙娜丽莎》是他50岁时，模特吉奥孔多又一次唤醒了他童年时代的记忆，于是将他对母亲那种复杂的感情，融入了蒙娜丽莎的微笑中。

"如果列奥纳多在蒙娜丽莎脸上成功地再现了这个微笑所包含的双重意思：无限温情的允诺和同时存在的邪恶的威胁，那么，在画里他也就真实地保留了他早期记忆的内容"。（39页）

2.《文明及其缺憾》（1930年出版。中文版安徽文艺出版社，1987）。阐述个体的自由要求与社会要求的永无休止的冲突。

决定生活目的的只是快乐原则的意图。

我们受到来自三个方面的痛苦的威胁：来自我们的肉体，它注定要衰老和死亡……；来自外部世界，它可能毫不留情地以摧枯拉朽的破坏势力与我们抗争；来自人际关系。

下面弗洛伊德探讨了无节制地满足、离群索居、致醉物等方法都不可行。

转移力比多，即升华。每个人能达到的程度又有很大的不同。

结论：通向幸福的道路是迥异的。幸福就是个人力比多的有效利用问题。适用于每个人的金钥匙是不存在的，每个人都必须自己寻找能够拯救他的特定方式。

"一个人患神经病是因为不能容忍社会为了它的文化理想而强加在他身上的种种挫折。"（29页）

"人类不是温和的动物，……相反，人类这一动物被认为在其本能的天赋中具有很强大的进攻性"（56页）"由于人类的这一原始的互相敌视的缘故，文明社会永远存在着崩溃的危险。……文明必须尽其最大的努力来对人类的进攻本能加以限制。"（57页）

3.《图腾与塔布》（1913）。这本著作的题目有一个副题"蒙昧人与神经症患者心理生活的某些一致之处"，弗洛伊德自己在为希伯来文本写的前言中说：这是一部"研究宗教和道德起源的著作"。原始人杀死父亲以及对此事件的重复、纪念、否定、追悔，是社会组织、道德戒律和宗教的开端。"我要坚持认为，探究的结果表明，宗教、道德、社会和艺术的开端都集中在俄狄浦斯情结之中，这与我们现在所知的精神分析学在所有神经症中发现的，构成其核心内容的同一种情结是完全一致的。"（《弗洛伊德论宗教》，国际文化出版公司，2001，161页）弗洛伊德认为原始人的恐惧和禁忌，是内心欲望和对欲望的压抑的反应。而神经症患者，他们的症状其实也是内心矛盾的代替物。

4.《摩西与一神教》（1939）。这是一部探讨犹太人民族性格、犹太教基督教形成的著作。如欧内斯特·琼斯所说："是一本想象力极为丰富的著作。"

犹太人两千年来之所以受到迫害，最主要的原因是由于它的一神教信仰，以及当保罗把一种父亲的宗教变成了一种儿子的宗教时，犹太人否认这种宗教，"可怜的犹太人，他们怀着惯常的倔强，继续否认对父亲的谋杀。光阴荏苒，他们为赎罪付出了沉重的代价。"（268页）

弗洛伊德又总结了犹太人遭怨的其他原因：

（1）他们在某些方面不同于居住地的民族；

（2）他们反抗所有的压迫；

（3）犹太人宣称自己是上帝的选民遭到其他民族人的嫉妒；

（4）在其他民族人看来，犹太人那些讨厌而又离奇的风俗；

（5）迫害犹太人的民族接受一神教时间不长，又往往是被迫接受的。因而将怨恨发泄到犹太人身上。

犹太人的民族性格。"犹太人自视很高，他们认为自己更高贵、属于更高档次并且比其他民族优越，——他们的许多风俗也使他们与其他民族大不相同。同时，一种对生活的特殊信仰使他们生气勃勃，这种特殊的信仰来源于他们的一种隐秘而珍贵的天赋，它是一种乐观主义，笃信宗教的人把它称之为上帝的信仰。"（285页）

"缔造了犹太民族的人就是摩西这个人。犹太民族由于他而获得了不屈不挠的生活态度；在很大程度上，也是由于他而招致了他们曾经遭受、现在也还仍然经历着的敌视。"（286页）

"摩西戒律的禁令把上帝抬高到理智的高度，……所有这些理智性的进步的后果是增强了个体的自信心，使他感到自豪，——这样一来，他便感到比那些沉迷于在感官性之中的其他人优越。"

"大约两千多年来，犹太民族的生活中一直重视理智活动。这当然会产生深远的影响，它有助于制止凶残和暴力倾向，而在肌肉力量的发展成为普遍理想的地方，易于出现这种凶残和暴力倾向。"（296页）

五、弗洛伊德的生平和传记

最权威的应该是英国精神分析学家欧内斯特·琼斯的《弗洛伊德的生平和著作》。因琼斯是弗洛伊德最亲密的合作者和忠实的支持者之一，与弗洛伊德关系甚好，在弗洛伊德晚年迁居英国一事上起了关键的作用。由他来写弗洛伊德的生平和著作，首先是资料可信。但对弗洛伊德和精神分析的评价上，有人认为有溢美之处。

中国人写的弗洛伊德的传记我见过两种，书名都叫《弗洛伊德传》，一本是高宣扬编著，作家出版社出版，一本是叶孟理著，中国广播电视出版社出版。个人印象可能编著者限于条件，不太可能亲临实地考察以及访问有关人员，大约只是通过间接的阅读掌握材料，故缺少真情实感。只是从中可以了解到弗洛伊德的生平而已。

美国著名传记作家欧文·斯通撰写的《弗洛伊德传——我心澎湃》是最值得一读的关于弗洛伊德的传

记。中文已有至少两个版本。欧文·斯通用六年的时间为这本传记搜集材料并进行写作，他的创作态度非常严谨，访问了许多与弗洛伊德交往过的当事人或他们的后人，并且实地参观和考察过几乎所有弗洛伊德生前生活和工作过的地方，认真研究学习了弗洛伊德的著作和他的思想，更由于欧文·斯通杰出的文学才能，这部传记既有真实可信的史学价值，又有极高的文学欣赏价值。书中从弗洛伊德到他的家人、学生、同事等，无不个性鲜明，栩栩如生。可以毫不夸张地说，欧文·斯通的《弗洛伊德传》不只是了解弗洛伊德生平的好书，也是学习精神分析理论的有用的教材。

六、精神分析师的培训、接受分析与自我分析

据北京安定医院杨蕴萍教授说："我们国内目前尚不具备资格成立IPA（国际精神分析协会）认可的专业学术组织，也没有经过系统培训的被IPA认可的精神分析师，更没有精神分析培训师。"（《2004中国精神分析年会论文汇编》129页）

但我国已有多个国外的精神分析机构在开展精神分析的培训。

最早开展，也是影响比较大的是中德心理培训项目，习惯上称为中德班。目前在中国心理咨询与心理治疗界比较活跃和知名人士中许多出自中德班。

上海市精神卫生中心从2000年开始与德中心理治疗院合办精神分析治疗师培训项目。

申荷永先生在广州建立了广东"东方心理分析研究中心"，受国际分析心理学会（IAAP）支持。

在成都，有成都精神分析中心的工作，由法国留学回来的霍大同先生主持。近年开始按照国外培养精神分析学家的标准着手培养中国的精神分析学家。2004年6月，成都精神分析中心被正式接受为欧洲精神分析组织间联盟（IAEP）的成员。

参加2004年中国精神分析年会的德国杜伊斯堡-埃森大学（University of Duisburg-Essen）心身疾病、心理治疗系主任沃尔夫冈·森福（Wolfgang Senf）教授在提交年会的论文中针对中国的心理治疗写道："我确信你们会运用西方的理论和实践方法，但总体上中国心理治疗的基本假设和主题与西方国家还是不一样的。中国应该发展自身未来的心理治疗结构，汲取所有方法中最好的方法以及西方

心理治疗中的精髓。"（《2004中国精神分析年会论文汇编》）森福教授的观点值得我们认真思考：为了使精神分析理论更适合中国人的社会和心理实际，我们应当探索中国人在吸收和学习国外精神分析师和精神分析培训方法的基础上，建立自己的培训理论和体系的方法。

每一位学习精神分析理论的人都应该结合学习做严肃的自我分析，这既是学习精神分析的必要过程，也是学习精神分析理论的目的之一。

国际上对于专业精神分析师的培训，均要求接受规定时间的督导分析，即每一位想成为精神分析师的人，首先必须接受已成为精神分析师的专家的分析。这样做的目的，一方面是对于自己的心理形成、自己的心理特点有一个清醒客观的认识；同时，接受分析的过程也是学习和训练的好机会。

接受专家的督导分析代替不了自己进行的自我分析，一个人应该随时随地运用所学的精神分析的理论，对自己的内心活动进行分析。要想了解和理解他人的心理，首先应该对自己有充分的了解。了解自己内心中好的和坏的东西，把握和处理那些矛盾的情感和动机冲突，在认识和解决冲突中使道德提高，心理平衡。

七、精神分析取向的心理咨询与治疗方法

我国知名的心理学家、心理分析家申荷永教授在其著作《心理分析：理解与体验》中，认为精神分析的方法包括：

自由联想、梦的解析、移情与暗示三部分。（三联书店，2004，75页）

著名美籍华人心理治疗专家曾文星在《分析的学理与治疗过程》（北京大学出版社）将精神分析的方法总结为分析的方法、指点的施行、阻抗的处理、工作的修通这样几个步骤和部分。

1.精神的分析方法

·探讨早期的经验（回顾心理发展的各个阶段、探索早年的心理创伤）

·分析原本的精神材料（自由联想、梦、幻想、失语玩笑生气时说的话）

·检讨精神结构与功能（三部人格结构的分析、心理防御机制使用）

·检验转移关系的现象（即观察与判断移情的情况）

·说明动态性的病情（即对患者心理做总体上的判断，为下步治疗做准备）

2.指点解释的施行

·确定指点解释的目标

·指点的要领与方法（患者的自我能力、心理上接受的时机等）

·不同方式的指点（提问式、阐明式、比较式、因果式等）

3.阻抗作用的处理（预防、解释、对抗、等待等）

4.工作修通

·从领悟到情感与行为的转变

·重新面对旧创伤，经历情感矫正

·通过转移关系纠正过去的情结

·向治疗者认同、模仿、学习

·重复改善需要纠正的行为

·善用病识自我引导改进

·促进人格的成熟

精神分析理论的一个基本要求就是要练习成熟。放弃比较幼稚性的反应，学习比较成熟性的适应，追求比较成熟的性格，这是精神分析对人的期待，也是哲学上的追求。（《分析的学理与治疗过程》109页）

案例：

某来访者，女，29岁，已婚。因丈夫半年前交一女网友，两人曾见过面。但丈夫将经过告诉了来访者，并表示自己一开始对此网友确有好感，经过思考，现已放弃了非分之想。来访者从此却放不下此事，总认为丈夫一定还经常与那位女网友见面，并想象他们在一起必会发生性关系等。于是，丈夫上班时，她有机会就到其单位监督，丈夫下班晚回来，其在家就十分焦躁，感觉"人都要发疯了"。

其症状属于妄想。这种妄想不是来源于客观实际则必有另外的原因。结合其生活、工作中情况分析，其自述由于其在单位位置特殊又重要（总经理秘书），故有一中年男性副总对其颇示好感，多次请其吃饭，来访者推不过，曾有一次接受其请吃饭。当来访者生病时，这位副总十分殷勤，问寒问暖。来访者内心也感觉此人有能力、有魄力。分析表明：其对此副总已产生相当好感，但由于自己对

丈夫的忠诚的责任而竭力抗拒。潜意识中的自我保护机制遂将自己的想法投射到丈夫身上，遂产生妄想而不能放弃。弗洛伊德说：妄想起源于欲望，是用以自慰的。

又再讨论她的成长史，她在中学时即与男同学恋爱，后考入不同的学校，一直保持着恋爱的关系，但在两人毕业的那年，男友抛弃了她，这使她非常伤心，情绪也十分低落，到工作单位以后，正碰上现在的丈夫，于是在短时间的交往后，他们就结婚了。感情不是太牢固也是她产生婚外感情（内心里）的原因之一。

再向前追溯，她从小的成长环境不是太好，自述父亲非常严厉，她从小与父亲不亲近。咨询师问她以现在的年龄，又结了婚，与父亲不生活在一起，回家探亲时，与父亲能比较亲近吗（心理上和身体上，比如拥抱一下），她说还是做不到。通过这些我们分析，她由于从小没有通过与父亲的感情的产生与发展，学到与男性正常的交往，所以她对男性没有正常的态度。或非常容易陷入情感，或从内心或行动上拼命抗拒。


咨询与辅导的方向：

1.从近处，启发她明白自己内心情感的投射产生了妄想。这是一种不成熟的反应方式，正确的态度是承认和分析真实的情感，现实地解决问题。

2.从远处，根据其成长中的不足，助其成长，一是在与咨询师的互动中学习，二是到生活实践中学习锻炼，假以时日，期以不断进步。

精神分析是一门深奥的，也是很诱人的学问，每一位学习过精神分析理论的人，都会感受到它在对人的心理的理解方面所达到的高度，不同时代、不同民族、不同性别、不同年龄的人都可以从中得到有益的知识和智慧。

精神分析的内容是这样庞杂，跨越了自然科学和社会科学，将它看作圣经和看作骗术同样是不可取的。我们要学习和研究它，当然更要推进它在新时代的发展。

写完于2005年2月25日

# 曾奇峰在青岛讲到的几个精神分析的命题

上个月，国内知名的心理咨询与心理治疗专家曾奇峰医师应青岛市精神卫生中心邀请来我市讲学，传授精神分析的心理咨询与心理治疗理论与技术。曾医师讲到的几个精神分析的经典命题颇有意思，笔者将听后的体会写出，与各位朋友分享。

一、睡眠与潜意识

在分析一个失眠案例时，曾医师指出：睡眠是潜意识的工作，失眠是不能进入潜意识的。

曾医师在这里阐述了弗洛伊德关于梦的理论。限于时间，他没有展开来谈，但我们有必要复习一下弗洛伊德的论述。

1.梦决非不可理喻的，相反它是正常人精神活动的一部分。弗洛伊德说："梦不是一种病理现象，它并不以任何精神平衡的失调为先决条件。""梦是充满意义的精神活动"。（《梦的释义》）在弗洛伊德之前，梦不被科学重视，成为神秘主义、各种迷信的领地。弗洛伊德以自己的理论研究，为人们理解梦提供了方法和技术。

2.梦是潜意识欲望与检查力量冲突与妥协的结果。"梦中必定存在着两种力量，一种力图表现某物，另一种却竭力阻止前者的表现。梦的构成最常见、最有特色的状况是：上述的冲突以妥协告结。"（《精神分析引论新讲》）这是弗洛伊德对梦的本质的最重要的论述。潜意识内的欲望借着睡眠时自我力量的减弱而得以表现。因了这种表现消耗了欲望的力量，我们才得以安然入睡。

3.失眠是因为上述两种力量不能达成妥协与平衡所致。任何一方的力量太强，不被对方接受，则无法入睡。"扰乱成人睡眠的大半是这些心理的刺激。因为这些刺激往往使人们不能引起睡眠所需的心理情境，——即和外界脱离关系的情境。他们不愿意打断生活。他们宁愿继续正在做的工作，这就是他们不能入睡的原因。"（《精神分析引论》）

从曾医师的讲课及以上的学习我们更坚信，对于失眠者来说，解决心理的冲突是摆脱困境的最有效方法。冲突一旦解决，睡眠才成为可能。

二、心理问题向身体方面的转化

曾医师分析一女孩的病例：这位17岁的女孩与父母有严重的冲突，被迫进了寄宿学校，随后发生经血不止的病症。该女孩经血不止这个现象的背后是其渴望冲破寄宿学校这样一个封闭的环境的潜意识愿望。为了说明，曾医师还举出另外的例子，比如一个人感到工作或生活上压力过大时，可能出现后背沉重的症状，这实也是心理不堪重负转移到身体上所致。

弗洛伊德研究过许多癔症病人，他发现许多病人因了心理的矛盾导致身体的部分器官失去功能。如他在少女杜拉的故事中记述了杜拉因潜意识里有自我惩罚的欲念，所以右边脸出现麻木，潜意识的过程是因为自己曾经伤害过别人（打过别人的左脸），故应该被人打右脸。经弗洛伊德的分析治疗后康复。

此种症状和现象，弗洛伊德认为是潜意识内心理自我防御机制的一种。在我国台湾的心理学著作中，称为"转化症""体化症"或"体化作用"。曾文星先生写道："当一个人面对心理上很重的压力或挫折，无法去面对与招架时，在躯体上发生不适的现象，把所有的关心都转移到自己躯体不适的症状，就称是体化作用。"（《分析的学理与治疗》）

由于中国人对于心理问题的忌讳，在心理咨询中，来访者常最先说出的往往是躯体的症状，而隐藏心理方面的矛盾与冲突。在确认这些症状无生理方面的病因后（必要时请其到医院进行检查以排除其患有生理上的疾病），要引导来访者从关心身体到关心心理，正视与解决心理上的冲突。

三、关于心理咨询与治疗中的"移情"

曾奇峰医师讲到自己治疗过的一个女病人。其系高校老师，患有恐惧症，在讲课时不能自制，由此来求治。经曾医师给以心理分析，患者症状大为改善，其基本已能平静地在学生面前上课了。她自述之所以有进步，是因为时时想到心理治疗师（即曾医师）的鼓励，自以为曾医师就在台下听自己讲课，于是能自如。这是曾医师早年的一个病例，他自述那时从业未久，还没有经验，于是听了病人的叙述后，立即指出，她其实是陷入移情中欺骗自己，病人听医生说破此点，遂气急败坏，不再来治疗，症状又复如初。

根据精神分析的理论，移情就是在治疗过程中，病人过去对于与他有关系的人的感情被唤起，而投射到医师身上，向医师表示了或爱或恨的感情。此种感情并非真实针对医师而起，而是重温了往日的情感经历。医师的责任则在于透过移情的分析，得知他的感情源于何处，并给以针对性的分析与治疗。病人过去的情感往往是被压抑的，通过分析，如能摆脱压抑，则会对医师有正常的情感反应。

心理咨询与心理治疗中，当心理咨询师发现病人出现移情后，一是要能判断出，二是能适时加以引导，使其成为咨询与治疗的帮助手段，而不使它成为治疗的阻力。前面曾医师讲他早期的案例，就在于病人还没有充分的准备时，过早地给她讲明了真相，使病人感到感情上受到伤害，于是将爱转换为恨。一旦变成恨，则对于医师的治疗也不再接受。

四、精神分析的治疗的原则：帮助病人自己解决问题

曾医师谈到治疗时，说他对于病人和来访者坚持约见治疗，不随时为病人提供支持。

精神分析的一个基本理论点是：人们之所以产生各种心理问题和心理障碍，实是由于内心的冲突所致。当内心的欲望被压抑入潜意识，就有可能以反常的症状作为替代。只有病人在咨询师的帮助下，认识到自己潜意识的冲突，将潜意识的内容引入到意识，将那些矛盾与冲突变为意识层面上的冲突而加以解决，则病症自除。所以精神分析是一种对人的再教育。病人或来访者只有在心理咨询师的帮助下，认识到自己的问题并学习采取合适的办法进行处理。而学习的目的是最终让他本人在不需要心理咨询帮助的情况下也能自己解决问题，这样治疗就成功，可以结束了。因此，弗洛伊德指出："我们力求避免扮演导师的角色，我们只希望病人能够自己解决。" "一个受了治疗的神经病人虽然在骨子里依然故我，但也确实变成了一个不同的人物——那就是说，他已经养成了可以在最优良的环境下所能养成的最优良的人格。。"（皆见《精神分析引论》）

五、精神分析的理论对于许多人来说是难以接受的

曾医师在讲课时，多次强调"我这样讲希望你们不至于感到太荒唐"。他深知直到今天，精神分析的观点仍然不容易为人们所接受。

何以如此？

弗洛伊德自己有过解释。他在《精神分析引论》一书中说："精神分析有两个信条足以触怒全人类：其一是它和他们的理性的成见相反；其二则是和他们的道德的或美育的成见相冲突。"弗洛伊德指的精神分析的两个信条即理论，一是指"心理过程主要是潜意识的，至于意识的心理过程则仅仅是整个心灵的分离的部分和动作"。二是"性的冲动，广义的和狭义的，都是神经病和精神病的重要起因，这是前人所没有意识到的。更有甚者，我们认为这些性的冲动，对人类心灵最高文化的、艺术的和社会的成就做出了最大的贡献"。

2004年8月8日

# 弗洛伊德与精神分析理论

西格蒙德·弗洛伊德（Sigmund Freud）创立的精神分析理论是有关人的心理，并扩展讨论包括文明、文学等诸多内容的一个知识体系。由于它对人性阐述的深刻且观点新奇，从19世纪末问世以来，一方面受到人们的欢迎，一方面不断地受到质疑和批评。它从未被正式的科学界和学术界接纳，但也无法被忽视和抛弃。

在今天，至少有两部分人必须向弗洛伊德和精神分析顶礼膜拜。一、学习心理学、精神病学的人；二、对人的深层和细致心理（产生、运作、冲突及与周围环境如他人、社会、文明文化等的关系等）有探求欲望的人。

一、弗洛伊德其人、贡献、影响

精神分析(Psychoanalysis)是19世纪末由奥地利著名的精神病学家西格蒙德·弗洛伊德创立的心理学和心理哲学的一个流派，也被称为弗洛伊德主义。

1.弗洛伊德生平

1856年5月6日，西格蒙德·弗洛伊德诞生在今属捷克的小城弗莱堡（今名普日博尔Freiberg）的一户犹太人家庭。父亲是一位羊毛商人，从他出生一直到长大，他们的家庭属于中等偏下的经济水平。弗洛伊德是他父亲与他的第三任妻子的长子，从小受到双亲的宠爱，这对他自信心的树立是非常关键的。3岁时随全家搬离弗莱堡迁往德国莱比锡，一年后到奥地利首都维也纳定居，其后弗洛伊德一生大部分时间在那里度过。

弗洛伊德在70岁生日那天被授予"维也纳荣誉市民"称号。1930年，为表彰其科学成就，法兰克福市向他颁发了歌德奖。纳粹在德国掌权后，焚烧了他的著作。1938年纳粹侵入奥地利后，在友人（E.琼斯、玛利·波拿巴、美国驻法大使，甚至美国总统罗斯福等）的帮助下，82岁的弗洛伊德举家迁往伦敦，在被癌症折磨了多年并接受了20多次手术之后，弗洛伊德于1939年9月23日逝世于伦敦。

弗洛伊德1873年（17岁）入维也纳大学医学院学习，专攻神经病学。1881年获博士学位，进入维也纳总医院工作。1886年结婚，开设私人诊所。在医疗实践中，他的兴趣由临床神经病学转到了临床精神病理学。

1895年与布洛伊尔合作，出版了《癔病研究》，开创了精神分析法，认为被意识所压抑的心理过程转换成躯体症状而表现出来，则成为癔病，可用精神分析的方法治疗。

1899年，弗洛伊德的《梦的解析》一书出版，首次系统地论述了在人们可把握的意识后面，还有一个巨大的精神空间——潜意识（unconscious, subconscious），而正是它实际上主宰着人们的精神生活。

1904年出版《日常生活的心理奥秘》，1905年出版《性学三论》，较完整地形成了精神分析理论的基础。

1908年成立了维也纳精神分析协会，1910年发展为国际精神分析协会。他的理论经历了最初的冷落和激烈的反对以后，逐渐赢得了大量的支持者，但批评从来没有停止。到20世纪20年代他已经成为世界上最著名的科学家之一了。

在1923年出版的《自我与本我》中，弗洛伊德又提出了本我（id）、自我(ego)和超我（superego）三种结构的理论。1930年出版《文明及其缺憾》，阐述个体的自由要求与社会要求的永无休止的冲突。1939年出版《摩西与一神教》。这部著作探讨的问题更加深刻，展现出人生暮年的弗洛伊德仍具有超人的智慧和想象力。一般人对这部书难以理解。当然更难以表示赞成还是反对。

在生命的最后时刻，弗洛伊德仍然在工作，《精神分析纲要》是他的最后一部著作，也是未完成的著作，是他一生研究创造的结晶和总结。

弗洛伊德出身在正统的犹太人家庭里，但他并不信仰传统的犹太教，也不信其他宗教。犹太教不只是对于上帝的信仰，还是一种生活方式和民族性格。所以，弗洛伊德晚年谈到自己时说："他对圣书的语言已经一无所知，对他祖先的宗教也和对其他宗教一样已完全生疏……但是，他从来没有抛弃掉他的人民，他感到自己在本质上仍然是一个犹太人。"

所以我们理解弗洛伊德的性格应把他放在犹太民族这个大的背景下，古老而又年轻的犹太民族精神中对于精神生活的终极追求，那种乐观、不屈不挠的斗争精神，还有那种与生俱来的优越感，甚至某种带有苦行僧色彩的实干作风，在他身上都体现得非常鲜明。

弗洛伊德一生是与精神分析连在一起的，他留给后人的也正是这样一份庞杂的理论以及独特的心理治疗技术。

关于弗洛伊德的传记，他自己写有《自传》（出版于1925年，1935年补记），是了解他生平和精神分析的主要思想及创立过程的重要文献。

最权威的应该是英国精神分析学家欧内斯特·琼斯的《弗洛伊德的生平和著作》(Ernest. Jones, "Freud's life and work")。

美国著名传记作家欧文·斯通撰写的《弗洛伊德传——我心澎湃》既有真实可信的史学价值，又有极高的文学欣赏价值。

中国人写的弗洛伊德的传记一本是高宣扬编著，作家出版社出版，一本是叶孟理著，中国广播电视出版社出版。这两部弗洛伊德的传记也是了解弗洛伊德生平及工作的重要参考书籍。

2.精神分析的学理与操作技术

主要学理：

就弗洛伊德的精神分析理论来看，相当庞杂而丰富，确实很难完全把握和掌握。弗洛伊德的研究也有一个不断扩大和深入的趋势。他自己在自传中写道："……把意识与无意识划分成各种心理系统——这样精神分析就不再是精神病理学领域内的一种从属性科学了。确切地说，它是一种对于理解正常人的心理活动同样不可或缺的新的深层心理科学的起点，其假设和研究成果可被带入其他心理事件领域之内。"在同一本书中，他还写道："必须

记住：自从我写《释梦》开始，精神分析就不再是一个纯粹的医学主题了。它在德国和法国一出现，就被广泛地应用到文学和美学的各个部门，被应用到宗教史、史前史、神话学、民俗学以及教育界等中也随之开始。"

沈德灿编的《精神分析心理学》将弗洛伊德的精神分析理论（实际只是心理学与心理治疗方面）归纳为以下五大内容：

（1）人格结构理论。本我、自我、超我。潜意识、前意识、意识。

（2）精神动力论。生本能、死本能、力比多。

（3）人格发展理论。心性发展阶段。俄底浦斯情结(Oedipus complex)等。

（4）探索潜意识的方法论。释梦、自由联想等。

（5）人格的适应与心理治疗。人的欲望与文化的冲突。心理治疗的创立与发展。

精神分析取向的心理咨询与治疗方法：

此部分内容请参阅本人另一篇文章《怎样学习精神分析理论》。

3.弗洛伊德的贡献和影响（以下第4条为笔者的评价）

主要贡献：（引用车文博的归纳，见《车文博文集》第六卷《弗洛伊德主义》，首都师范大学出版社，2010年2月第一版，323-333页）

（1）开辟了潜意识心理学研究的新领域，为心理学更深入地研究人的心理活动奠定了基础，指明了方向。潜意识虽非弗洛伊德发现，但真正以潜意识为研究对象，致力于建立潜意识的心理学体系，弗洛伊德做出了巨大的贡献。

关于"微表情"的研究，"微表情是一种持续时间仅为1/25至1/5秒的非常快速的表情，表达了人试图压抑与隐藏的真正情感。"（《心理科学进展》，2010.9）

此外，潜意识研究的成果应用于文艺、教育等领域，都有重要的价值。

（2）弗洛伊德把需要、动机、人格的研究提到首位，开创了动力心理学、人格心理学、变态心理学的新领域。

（3）弗洛伊德突出了心理治疗的价值，创立了一套治疗神经症的方法和理论，不只是当代心理治疗

也是当代医学模式的先驱。他所开创的谈话式治疗神经症和其他心理疾病的方法开了心理治疗的先河。在他之前，对这些疾病只能采取药物(化学药物、草药等)或物理(水疗、电疗)、神秘疗法(催眠术等)。今天无论理论上属于哪个学派，心理咨询心理治疗最主要的方式仍然是谈话为主。

（4）精神分析对人类思想产生了巨大的影响

第一、关于潜意识的思想部分被证实和接受并已进入人们的日常语汇。

关于潜意识的理念是精神分析的核心。它的主要观点是说人并非是一个完全理性的生物体，潜意识内的欲望、冲突在相当程度上控制着人们的情感甚至行动。

情感在一定程度上无法控制。它背后的驱动力正是潜意识心理学研究和精神分析的对象。它不只引起心理学家的兴趣，也是人们苦恼的根源，心理咨询与心理治疗的作用，也常常在于发现和向人们解释情感的动力来源，满足人们了解自己的需要，以及通过释放、重组、引导、延后来使人心理平衡健康。

人们对自我和他人的评价也决非理性的。自我心理学的试验证明：人们倾向于对自己评价高而对他人评价低。潜意识的动机影响人们对信息的采集和使用，影响人们对事物的判断，甚至影响人的行动。

第二、精神分析的理论在广阔的思想领域里发生影响。

2005年，美国《新闻周刊》杂志列出对世界影响巨大的伟人时，把弗洛伊德与马克思一起列入哲学家之列。许多人把弗洛伊德看作是一个文人而不是一个科学家。这也难怪，心理学本身就不是严格意义上的自然科学，它也不可能完全按照自然科学的方法和规律来进行研究。

从精神分析理论诞生以来，它进入电影创作和制作领域，产生了一批心理电影，至今方兴未艾。还有一个领域就是心理史学，即以精神分析的观点和方法对历史事件和历史人物进行研究。人们总是希望对历史事件和历史人物的动机和根源进行探讨，精神分析有自己独特的视野。

《列奥纳多·达·芬奇和他童年的一个记忆》（1910），开创了心理史学，这篇文章使用的精神分析的思想、精神分析的方法，对后来的史学研究，包括对历史人物的研究树立了典范，并对传记、口述历史等有很大影响。表现在：（1）从更多的视角研究一个人，即使是一个伟人；（2）传记作家更重视从个人心理、性格的角度全面认识一个人；（3）以弗洛伊德对人性的理解理论来定义和评价传记文学（重视早年经历、心理创伤等）；（4）弗洛伊德关于内心冲突影响记忆、改变和塑造记忆的理论，指导人们欣赏传记。

如有人研究毛泽东对知识分子的态度，认为其背后的潜意识根源与其未受过正规的大学教育，以及早年在北大的失意和心理伤害有关。有人运用精神分析理论说明鲁迅性格中的攻击性等的起源、表现等。

精神分析在心理学史上和人类思想史上影响巨大。著名科学家爱因斯坦曾称弗洛伊德是"我们这一代人的导师"。

沈德灿主编的《精神分析心理学》中写道："他的一生历尽曲折，却充满顽强拼搏的勇气。从弗洛伊德的传略中看到一个奥地利神经科医生在实现自己理想，探索人类心灵奥秘的过程中，表现出的那种特有的、无与伦比的毅力与智慧品质。"

张春兴《心理学的流变》认为：弗洛伊德对于心理学的贡献是无与伦比的。

4.对弗洛伊德精神分析的批评与置疑

对其学说方面的批评与质疑主要有：

（1）夸大了潜意识的作用。弗洛伊德开创了潜意识的研究，并系统地建立了有关潜意识的理论体系，自然功不可没。但他把潜意识提高到主宰一切的地位，不但实际上忽略了意识的作用，也使潜意识蒙上了神秘不可知的色彩。

（2）过于强调"性"的重要性。如关于"俄底浦斯情结"对人的影响，焦虑症、妄想症的成因等方面，都可能犯了以偏概全的错误。

（3）他的理论呈现出悲观的色彩，过多地看到人性中丑恶的一面。弗洛伊德生活中经历两次世界大战，也许与此有关，他没有把握人类是否能扼制住互相残杀。

对其研究方面最主要的批评和质疑是他的结论所由得出，全部出自他的病人的口述，不是严格意义的科学实验选取的样本。这些人都是有问题或疾病的人，根据他们的叙述来推断健康人、全体人类的特性，有可能陷入主观武断的臆测。

对弗洛伊德的批评和质疑，除了他本身确实具有的一些局限以外，也有关于心理学学科本身的定义、研究领域、研究方法等方面的问题。

比如说，目前的心理学是按照自然科学研究实验的范式开展的。自然科学是研究"物"的，人类无比复杂的心理现象是否完全能以这种实证式的方法进行研究和检验，如不用它用什么，科学界目前也没有找出解决办法。

弗洛伊德是搞神经科学出身，也一直定义自己的研究为科学（自然科学）的一部分，也一直想为精神分析建立"有机的基础"，即设想自己的理论能为生物学的研究（脑科学、神经科学）所证实。目前虽有一些临床意义上的证明，但还相差太远。弗洛伊德理论中的另一些内容，似明显是社会科学范畴的，如关于人的本能的理论、三部人格结构的理论、关于人类学的一些观点等。将其看作是一种哲学，只是提供一种解释，能否证实就无所谓了。

二、精神分析的发展演变

任何一种理论和思想，当他一旦产生和公开，就会被人们赋予不同的意义，给以不同的解释和发展。就不是创始人所能左右。精神分析理论也不例外。其大致的发展演变过程及代表学派如下。

1.弗洛伊德的精神分析理论（经典精神分析）

2.个体心理学与分析心理学

弗洛伊德在世时就有了阿德勒（1870-1937）与容格（1875-1961）两人的自立门户。前者创立了个体心理学，后者创立了分析心理学。虽然对他们的理论弗洛伊德非常不以为然，但事实上，不只在心理学史和精神分析史上自有其相当的地位，即便在今天这两个学派仍然有很大的影响。他们与弗洛伊德的主要分歧就是不像弗洛伊德那样，把性的冲动看作人格的核心和主要动力。容格的理论比较深奥难懂，他首先提出内倾型和外倾型心理类型，今天已成为人们日常语汇。他提出的"集体潜意识"（Collective Unconscioud）概念，说明人的一些观念不是后天习得，而是遗传，对今天也有相当的启发意义。阿德勒的理论核心是自卑与补偿的论述，他关于教育的一些观点在今天仍然显得非常深刻和实用。他首开在学校中设立心理咨询机构（1920年）的先河，在帮助儿童青少年培养健康人格、预防犯罪等方面发挥了很大的作用，提供了有价值的经验。他的重要著作《儿童的人格形成及其培养》至今仍应该是教师和从事儿童青少年心理咨询的人的必读书目。

但现在有些学术书籍，已不将此二人列为精神分析一派了，这正符合弗洛伊德本人意见。

3.新精神分析学派

弗洛伊德1939年去世以后，以霍妮、沙利文、弗洛姆、埃里克森等人为主的新精神分析学派形成。他们主张用社会学而不只是用生物学的观点探索精神现象，所以也被称为精神分析的社会文化学派。

沙利文（1892-1949）是人际关系论的创始人，以人际关系的理念来解释人格发展与心理异常。他改变了弗洛伊德只重视个人自身的研究思路，他将人的发展看成是"关系"的产物，强调心理治疗要引导病人正确认识自己，从人际关系中树立起对前途的信心。

我国著名的心理治疗专家许又新教授非常重视沙利文的学说，其所著《心理治疗基础》一书，开宗名义第一章就讲人际关系。"健康的心理和人格表现为良好的人际关系，或者，反过来说，良好的人际关系是健康的心理和人格之基本的和最重要的表现。与此类似，所有精神障碍都表现有人际关系障碍，甚至可以说，人际关系的困难和麻烦愈多愈严重，精神障碍也就愈严重。"

霍妮在研究神经症方面有很多建树，她认为神经症是文化的产物，应从处理好自我与他人的关系入手来达到自我提升，从而避免或治愈疾病。她对"神经症性人格"（许又新语）的分析，对于我们从事心理咨询的人有很大的实用价值。例如，她分析出"病态的人"的3个特征：幻想多、实际少；以自我为中心；希望不劳而获。

弗洛姆（1900-1980）既是一位哲学家，也是一位精神分析学家，他的理论涉及西方哲学、社会学、人类学、史学和宗教等多种学科，在精神分析学派中独树一帜。弗洛姆关于爱的理论非常深刻富有启发意义。

他认为人缺少爱无法活下去，人生的苦难是由于缺少爱所引起的。

"爱的本质是主动的给予，不是被动的接受。"一个人给予另一个人的是"他生命的活力，他给予另一个人的是他的欢乐、他的旨趣、他的理解、他的知识、他的幽默、他的悲哀，他给予他的生活活力和全部表达方式。……通过提高他自己的生命感，他提高了另一个人的生命感。"

爱还包含其他的基本因素，它们是关心、责任、尊重和认识。"爱是对我们所爱的生命和人或物成长的主动关注。缺乏这种主动关注，就不是爱。"

爱和劳动是不可分的。

爱主要不是和具体的人相联系，爱是一种态度，一种性格取向，这种态度的取向决定一个人和作为一个整体的世界的联系性，而绝非只是和一个爱的对象相联系。如果一个人爱的只是另一个人，对其余的人却是漠不关心，那么他的爱就不是爱，而只是一种共生性依恋，或是一种放大的自我主义。

埃里克森（1902-1994）以提出自我同一性概念而闻名。他将人生命的周期分为八个人格发展的阶段，每一个阶段都有不同的心理困难（发展危机），战胜这些困难，人就健康成长。这八个阶段分别是：（1）婴儿期（0-1.5岁），发展危机是信任对不信任。（2）儿童早期（1.5-3岁），自主独立对羞怯疑虑。（3）学前期（3-6岁），主动对愧疚。（4）学龄期（6-12岁），勤苦对自卑。（5）青年期（12-18岁），自我统合对角色混乱，即建立同一性，这种同一性是青年人对自己的本质、信仰和生活等方面前后一致的自我意识，能将先前各阶段认同整合并达到明确的个人同一。这个阶段是人生的最重要的阶段。（6）成人早期（18-25岁）获得亲密感克服孤独感。（7）成人中期（25-50岁）繁殖对停滞。其繁殖感的人会形成"关心"的品质。（8）成人后期（50岁直到死亡），发展危机是完善无缺对悲观沮丧。具有完善感的人具有"智慧"的品质，他们正视死亡，以超然的态度对待生命本身。

4.自我心理学

代表人物是安娜·弗洛伊德、哈特曼等人。

安娜·弗洛伊德（1895-1982）是弗洛伊德最小的女儿，也是弗洛伊德子女中唯一继承其事业的孩子。她将她父亲的自我心理学思想加以系统化，明确把"自我"作为精神分析的核心予以强调和重视，使自我心理学取得"合法"的地位。她把散见于他父亲著作中的心理防御机制(见安娜的著作《自我和防御机制》The Ego and Mechanisms of Defense)归纳为下述10种：压抑、投射、内向投射、反向形成、升华、认同、合理化、解脱、固着、退行。她自己又提出了五种新的防御机制，分别是：以攻击者自居、利他主义、否认作用、禁欲主义、自我约束作用，从而使心理防御机制的理论明确和清晰化。熟悉主要的心理防御机制是从事心理咨询工作的必备。

哈特曼（1894-1970）一生致力于创建自我心理学，由于他在自我心理学方面的成就，被称为"自我心理学之父"。他指出古典精神分析忽视了没有冲突的心理学领域，把冲突作为自己的惟一研究任务是片面的，其实并非对环境的每一适应过程都是一个冲突，自我的根本机能是适应。

5.客体关系理论

代表人物有克莱因、费尔贝恩、威尼科特等人。

客体关系理论是研究俄狄浦斯情结前期的发展过程和关系的理论。弗洛伊德的客体关系模型要全部放在内驱力的本能框架里面，这是一种生物的模式。而在客体关系学派看来，最根本的问题是儿童从融合和依赖母亲到增加独立性和增加分化。

克莱因（1882-1960）使用弗洛伊德的内驱力概念，但她讲的内驱力是表示关系的。她认为从生命的开始，冲动出现在一个客体关系背景中，并被客体所调整。儿童的客体关系发生在与人之间的包含着爱与恨、焦虑和防御的关系。克莱因是最早为治疗儿童提供精神分析原则的人之一。她用游戏开展儿童的心理治疗。她认为游戏治疗的实质是解释在游戏中表达出来的想象、感觉和焦虑，或者解释儿童虽有能力但却不能参与游戏的障碍。而这种解释是那些压抑的原始情感和冲动的能量的释放。

费尔贝恩（1889-1964）和威尼科特（1896-1971）都强调婴儿与母亲或照料者关系的积极贡献。威尼科特提出了"充分的照料"（或译"足够好的母亲"）概念，说明母亲的干预和婴儿的需要能够密切配合，即要做出适合的反应。

6.自体心理学

创始人和代表人物是科胡特（Heinz Kohut，1913-1981），他把精神分析的研究重点从本能驱力转移到自体上，自体成为"人格的核心"，是人类能动性的中心。他质疑弗洛伊德"自恋"的理论，认为健康正常的自恋表现出内部的稳固和活力，有能力运用才能达到目标。

7.拉康理论

拉康（Jacques Lacan，1901-1981）是法国著名的精神分析学家和后现代精神分析的创立者，他对弗洛伊德的精神分析做出了语言学的解读和重建。他提出了"回归弗洛伊德"的口号。在拉康看来，精神分析既非本能冲突的发掘（如同大多数弗洛伊德主义者的观点），也不是关系的转化（客体关系学者的观点），而是对病人言语中没有蓄意表达的意义的注解。

8.依恋理论

伯尔比（John Bowwlby，1907-1990）建立了依恋理论。理论的重心也是探讨儿童时期的人际关系对人格发展的影响。依恋理论认为，婴儿在6-7个月时，普遍能与母亲形成依恋，但其依恋的性质不同，由此可分为安全型、焦虑—抵抗型、回避型。这种依恋的模式一旦形成，会延续到长大带入与其他人（如同事、恋人）的关系中。一些研究发现，具有安全依恋的孩子比不安全者在以后的生活中更自信、更合作、更友好、更热情、更有好奇心、更有能力，而不安全依恋者多在学前期、学龄期出现退缩、敌意、攻击行为及成人期的婚姻质量低、药物滥用等。依恋理论的研究与在心理治疗中的应用方兴未艾。

对弗洛伊德精神分析理论和技术的继承、抛弃和发展反映出观念的革新与技术的进步。

弗洛伊德有非常强烈的"精英意识"，这既源于他的犹太人传统（对犹太人的压迫，使他们更有优越感、反抗意识更强），也是时代精神的产物。此外，他经历的两次世界大战在他心理上产生的阴影，使他更多地看到人的生物性本能，以及人性中的阴暗面。随着时代的进步，今天的心理咨询工作者更重视和尊重病人，更强调自己不是他人的导师，只是一个平等助人的专业人士。二战后西方社会科技、经济的进步，六七十年没有爆发大规模战争，也使后来的心理学家认识到，人性中追求和平的一面有可能战胜人类的自相残杀而和平共处。

弗洛伊德认为：仇恨植根于人与人之间的一切友爱关系之中。对对象的恨比爱要古老。

亚伯拉罕·马斯洛认为：弗洛伊德对人的描述显然是不恰当的。他剔除了人的理想、可以实现的希望以及他身上所具有的上帝般的品质……他为我们提供了心理的病态的那一半，而我们现在则必须把健康的另一半补上去。

正是从这种信念出发，马斯洛研究人的潜力、人的自我实现的需要。他相信绝大多数人都有创造、自发、关心别人、好奇、不断成长、爱别人和被人爱的能力。马斯洛提出了"积极心理学"的概念。当今，积极心理学已发展成为有影响力的学派。与马斯洛一样是人本主义心理学大师的卡尔·罗杰斯创立的当事人中心疗法的主旨就是摆脱医患地位的不平等，医生不以权威或专家自居，而像一个有专业知识的伙伴或朋友，与病人建立融洽的医患关系，使病人感到温暖并产生信任感。治疗者不对病人发出指令，也不进行调查、解释或分析。因而治疗中既不采集病史，也不下诊断。治疗者不控制治疗的程序及内容，只决定治疗的时间和长短。治疗过程集中在患者的思维和情感上。治疗者耐心倾听病人的陈述，抱着充分理解和宽容的态度，通过重复病人所说的话，对病人陈述中的情感作出反应，以便让病人尽量表达和暴露自己，充分体验到他的情感和自我概念的不协调，将此揭露出来加以改变，就能使病人有所进步。

总之，当今时代的精神分析，关注的主题和治疗方向逐渐趋向人际关系，把依恋和分离看得比驱力和冲突更为重要。

三、精神分析在今天的地位及发展趋势

1.精神分析理论加快发散性发展

弗洛伊德在世时，既把精神分析理论看成是科学的一部分，同时把它视为一种运动。因此，力图保持学说和组织的纯洁性。为此将持不同观点的人驱逐出精神分析队伍。他去世后，"无人再来裁决各种不同观点中哪个才是真正的精神分析。从此，精神分析的思想得到解放，得以更加自然奔涌。原来只有一条道路，而今有了许多。原来只有一种传统，而今是多样的学派、多样的技术术语和多样的临床实践形式。"（《弗洛伊德及其后继者》商务印书馆，2007年9月第一版，7页）

2.对心理学、对人们的思维和生活方式仍发挥着重大影响

弗洛伊德仍被视为科学心理学中最伟大的人物之

一。精神分析已开始被正统的以实证为范式的心理学接纳，如各种心理学、精神病学教科书都介绍精神分析的观点。虽然说明，这仅是"假设""假说"，但可看出精神分析的影响已不容忽视。在心理咨询中，精神分析被视为最完整、最系统的关于人类精神结构、运行机制的模型。

爱因斯坦在弗洛伊德活着时，就称他是"我们这一代人的导师"。今天，弗洛伊德的许多观点已成为人类文化的一部分，如关于潜意识力量、关于性及性欲等的观点，在西方占有主流地位。

3.弗洛伊德的经典观点有些被抛弃，有些成为奠基石

如"俄底浦斯情结"、"阴茎羡慕"等观点都不再完整地被接受。而有些观点，如对于童年生活经验的重视，启发一代又一代的人从此出发，更加专注于某一点，取得成果。如客体关系理论、依恋理论等。再如自由联想，虽很少有人采用，但他的原则仍是心理治疗的重要理念和指导方针。

4.在某些方面，也在与自然科学的研究相融合

据郭本禹在《精神分析运动的百年回眸》（见《精神分析视野下的边缘性人格障碍》2008年1月第一版）"，神经科学与精神分析从20世纪80年代开始结合，形成了一门新的学科——神经精神分析学，试图在弗洛伊德的精神分析的理论指导下，在弗洛伊德关于人的大脑及思维的模型框架内，借助神经学的新的发现及方法的进步，进行心脑关系、认知过程、动机与潜意识、人格结构、睡眠与梦、临床应用等领域进行研究，希望取得成果。

四、精神分析理论的学习与训练

（此部分内容请参阅本人另一篇文章《怎样学习精神分析理论》）

写完于2005年2月25日

修改完于2011年3月3日

# 象征——梦的一种表现方法

象征是梦的一种独特的表现方法。根据精神分析的理论，"梦利用象征来表现其伪装的隐匿思想。"（《释梦》，作家出版社译本，251页）

弗洛伊德通过对史前史的研究，断定象征是史前人类广泛应用在语言中的一种表达方式。象征的内容及运用象征的本领通过遗传一代一代地传了下来。

弗洛伊德写道："原始时代的那些精神沉淀已经成为一种遗传物，每一代新人诞生，都只须重新唤醒它，而不是诞生之后才获得的。这里我们可以用语言象征手法为例来说明，它显然是与生俱来的能力，起源于语言创始时代，所有的幼儿在未经特别训练之前就都具备这种相同的功能，无论操什么语言的民族的幼儿都是如此。"（《摩西与一神教》，三联书店本，121页）

根据弗洛伊德的意见，象征的运用不受民族文化的影响。"象征手法甚至不受各种语言差别的影响，研究可能会表明它是无所不在的；同样，它也不受各种民族差异的影响。"（同上，89页）

容格的思想在这方面与弗洛伊德基本相同。他注意到某些表现在古代神话、部落传说和原始艺术中的意象，曾反复出现在许多不同的文明民族、原始部落乃至精神病人和儿童身上。他认为：在这些共同的神话传说和原始意象后面一定有它们赖以产生的共同心理土壤。它表现出人类远古生活的共同经验。（《神话人格——容格》，长江文艺出版社，75页）

这听起来有些不可思议。容格说的"集体无意识"真是超越不同民族文化的东西？支持的观点认为，正是这种共同的心理基础，才使全世界人，尽管种族、文化不同，能够相互理解和沟通。反对的观点认为，民族文化的差异决定了不同民族具有不同的"国民性"。

精神分析理论表明这样一种观点：人的心理，像身体的进化一样，也是不断进化形成的。可以说，它也经历了幼儿期，并且在我们今天的心理中留下了印痕。从这个意义上说，人无法主宰自身。

写于2004年12月30日

# 心理咨询中的倾诉和移情

一、倾诉

弗洛伊德称为"宣泄法"。它是精神分析式的心理治疗的最重要的方法之一。它的作用是消除压抑作用，使潜意识成为意识。它是重新唤起创伤，甚至是以一种戏剧性的强烈程度释放创伤，及附着于创伤的情感。对于一个念头中原本没有得到释放的情感，心理治疗藉着说话给了这个被扼杀的情绪一个出路，就会起到治疗的作用。原来没有被充分经历过的情感，现在可以在会谈中被充分的经历。例：一个女性微笑着说："我的妈妈今天死了。"这个微笑就是情感，而这个念头是她的母亲死了。微笑和死亡是合不到一起的，所以心理咨询与治疗就是试图唤起她与"我的妈妈死了"搭配的真实情感。所以我们要鼓励病人讲话，帮助病人把隐藏的情感带到光天化日之下，带到充分的意识当中，这就是精神分析以及心理治疗如何治好病人的道理。

病人表达的可能是悲伤、愤怒、哀悼、失落、绝望等。我们是否有耐心、爱心去经验和经历。

Edward Robins写道：我们一定要记住，只要我们的病人还在讲话，只要他们还在说着他们的欲望，说着他们真正想要的，以及他们真实的感觉，那我们就在做着我们的工作。我们一定要让病人知道我们承认他们的情感；我们一定不要说的太多，我们应该不要阻挡病人，只要我们承认他们的情感就已经够了。因为跟着病人鲜活的感觉，这将带领我们去到那些死去的愤怒以及恐怖的感觉。（《2004年中国精神分析年会论文汇编》）

这里有两层意思：一是释放情感，二是寻找真实的情感，发现与病症的联系。

二、移情

曾文星认为：求医者把过去对自己有显著影响和关系的人(如父母或其他养育者)的情感与关系转移到治疗者或医生身上来，直接或间接地影响治疗的关系与辅导过程的现象。（《分析的学理与治疗过程》）

弗洛伊德认为："病人的情感并不起源于目前的情境，也与医生本人无关，只不过是重复呈现了他已往的某种经历而已。因此我们乃请他将重演化作回忆。那时，则常似为治疗的大障碍的移情作用，不论是友爱的或敌视的，都可变成治疗的最便利的工具。

"信仰起源于爱，最初不需要任何理由。没有爱做后盾，则不足以使病人或一般人受其影响。也只有当力比多投资于客体时，才有受人影响的可能；所以我们有理由相信，对于有自恋倾向的人们，虽有最优良的分析技术，也恐不易于有用武之地。

"自恋的神经病人没有移情的能力，就是有也是具体而微。他们离开医生，不是由于敌视，而是由于不感兴趣。"（《精神分析引论》）

习惯上有人把所有发生的转移关系分为正性或负性的转移关系。

咨询师应该掌握和注意的是：

1.及时发现转移关系。病人对咨询师的情感或期待与咨询师的态度没有关系。这时就要警惕是转移关系。然后通过观察来印证。

2.适时的指点与说明。发现病人发生了转移关系后，根据情况适时进行指点与解释。当需要说明时，向病人解释他是在重温旧梦，将过去附着于现实。应该从幻想中清醒过来。对于有担心的病人向他（她）说明心理咨询师是经过训练的专业人士，不会与病人发生私人的关系。

3.引导病人通过向咨询师学习，体验新的关系。经由这样的经验性的学习与改正，纠正过去遗留下来的心理创伤，改变对自己的看法，建立与他人的自然健康的关系。

4.咨询师也要注意发生反移情。咨询师或治疗师凭本身过去对主要人物的关系，转移发生在目前的病人身上。假如对患者总是持有很特殊的感觉与关系，无法了解其原因时，就得考虑是否反移情关系影响而发生。

约写于2006年

# 谈谈宗教与心理治疗

心理咨询与心理治疗向来被认为有着基本相同的内涵和外延，我使用心理治疗这个概念。先说明一下。

### 一、弄清概念，避免无意义的辩论

大家既然讨论宗教与心理治疗，必要先统一概念，否则各有所指，讨论起来不一致，徒然浪费时间。关于宗教，似乎没有歧义。指的是目前世界上主要的宗教，如基督教、天主教、伊斯兰教、佛教等，不包括非主流的教派，更不包括公认的邪教。而关于心理治疗，最少有两种含义：一是指在科学的心理学理论指导下对人的心理施加影响的过程。二是指在任何理论指导下对人的心理施加影响的过程。

如是第一种含义，则不包括宗教。因为科学的心理学一般认为是从德国心理学家冯特1879年建立心理学实验室开始的。现代、科学意义上的心理治疗在其后，一般认为是从弗洛伊德的精神分析开始的。

如第二种含义，则包括宗教，甚至巫术等在内。

在这两个意义上研究宗教与心理治疗都是有意义的。有人认为宗教是心理治疗是从第一种含义来说的，而有人不同意，是从第二种含义说的。

个人以为，讨论之前，应该先对自己谈的心理治疗加以界定，以避免无意义的争论。孔子曰：名不正则言不顺。古时候有一个笑话，讲几个近视眼远远地望着一块匾争论写的到底是什么字，争得面红耳赤，走近一看，根本就没有什么匾！

我们不要做这些近视眼了。

我们目前所讲的心理治疗，一般指上面说的第一种含义。个人认为研究第二种含义的心理治疗并非全然没有意义。西方有位哲人说过：凡是现实的即是合理的，凡是合理的即是现实的。宗教等既然发挥着一定的心理治疗的作用，对这种现象进行研究也无不可。科学无禁区。从"知己知彼"的角度，研究其发生、存在的规律，也可以起到借鉴的作用。

### 二、科学心理治疗怎样对待宗教？

大家知道，精神分析的创始人弗洛伊德是反宗教的。但他又不是一个简单的反宗教人士。他从发生学的角度研究了宗教产生的原因和过程，自有其独到的发现。他反宗教的前提是不能容忍宗教干预科学。他反对的是宗教的宇宙观，但并没有论及到宗教的伦理观和倡导的生活方式。我觉得他对于宗教发生、本质的理论是非常深刻的，值得每一位关心人类思想发展史的人认真研究学习。

而另一位心理学大师容格是赞成和推崇宗教的。他甚至说："宗教是最精致的一种精神治疗法，其中包含有伟大、真实的哲理。"（《分析心理学的理论与实践》）

但容格说的宗教，似乎又不是某一种具体的宗教，而仅指一种"宗教性的人生观"。当然容格的思想非常深刻，其中神秘主义的东西不少，许多地方不太好理解。

目前西方心理治疗与宗教的关系，许多朋友在文章里讲过。我个人认为我们应当这样处理二者的关系：

第一，不认为、不接受、不承认宗教属于科学的心理治疗的一部分。毕竟我们是以科学的心理学理论为指导下的心理治疗，它是以对人的心理规律的认识为基础的，在这方面，科学在一点点地取得进步。

第二，心理咨询与心理治疗工作者本人可以有宗教的信仰或这方面的背景，但不应当把宗教整个的体系作为治疗的手段和方法。因为这样做首先违背了"价值中立"的原则。如果你打出宗教的旗号，倡导宗教的教义，客观上会拒绝不信教的人，也会让人有将信仰强加于人的感觉。

第三，应该涉猎宗教的知识，吸收其合理之处。一切人类的思想都是全人类的共同财富，我们不应当因为不赞成宗教的宇宙观、世界观而不承认它在伦理观和生活方式上的有价值之处。

三、我的做法

我没有宗教的信仰。职业的学习和锻炼使我对宗教保持一种理解与接纳的态度。在心理咨询与心理治疗过程中，我不会主动用宗教的思想、《圣经》或佛经中的语句来指导辅导来访者；但如果来访者本人声明或提到自己信仰宗教，如果需要的话，我就会试着做一些这方面的沟通。

比如对于夫妻关系，《圣经·创世记》中说："耶和华神就用那人身上所取的肋骨造成一个女人，领她到那人面前。那人说这是我骨中的骨，肉中的肉……因此人要离开父母与妻子连合，二人成为一体。"抛开它神话的内容不说，对于夫妻关系的论述实在是非常深刻。对于那些信基督教、天主教因夫妻不和而来求助的来访者，我常以此话"以其人之道还治其人之身"，辅导他们彼此爱护宽容，常能起到强烈的震撼作用。

再比如对于因亲人去世而悲伤情绪不容易平息的求助者，在辅导他们完成"哀伤"的过程中，如果知道他（她）有宗教的信仰，我有时也会引用大卫王的故事（见《圣经·撒母耳记下》）：爱子病危，大卫"为孩子恳求神，而且禁食，进入内室，终夜躺在地上。他家中的老臣来到他旁边，要把他从地上扶起来，他却不肯起来，也不同他们吃饭。"孩子不幸死了，人们不敢告诉大卫王怕他更难过。但大卫得知孩子死了以后，却"从地上起来，沐浴、抹膏，换了衣裳"，敬拜了神，吃饭了。臣仆不理解。大卫说："孩子活着，我禁食哭泣，因为我想或者耶和华怜恤我，使孩子不死也未可知。孩子死了，我何必禁食？我岂能使他返回呢？我必往他那里去，他却不能回我这里来。"古犹太人的这种豁达的生死观，对于亲人去世悲恸不已的人是有帮助的。

但我们不应当厚彼薄此。科学心理学产生的时间很短，但心理学思想无论是东西方都产生得很早。西方的苏格拉底等不说了。即我们中国的孔子，也有许多合理的心理学思想。如他谈到人要控制情绪不要做冲动的事时说："一朝之忿，忘其身及其亲，不亦惑乎（一时愤怒做出冲动的事，忘记了自身和亲人的安危，这不就是迷惑吗）（笔者译，下同）？"他讲的"三人行必有我师"，"君子周而不比，小人比而不周（君子与大多数人关系融洽但不搞小团体，小人搞小团体但与大多数人关系不融洽）"，涉及到人心理上接受他人影响、与人搞好关系。都可以适时地用于心理治疗。也可以说与现代心理治疗的思想和原则是相通的。

总之，作为心理咨询与心理治疗工作者应该像许又新教授希望的做一个心理上的开放者，而不是一个封闭者。"对立的社会意识形态（例如唯物主义和唯心主义，某种宗教信仰和无神论，集体主义和个人主义等）在开放者的心里是互相沟通的，可以对话的，而在封闭者的心里却是彼此孤立和互相排斥的。"（许又新《心理治疗基础》）

无论是个人的认识还是做法，都未必合理合适。新时代了，同行是朋友。贡献出自己的一得之见，供朋友们参考。谢谢阅读。并欢迎阅读本人的其他文章，可访问青岛心理咨询网（www.qdxlzx.com）。

2006年4月19日

# 针对注意缺失与多动儿童的训练

**一、怎样理解和看待多动症？**

多动症，医学上称为"注意缺陷与多动障碍"（ADHD）。我们认为它是一种生理性的疾病。孩子以行为表现此疾病的症状，行为本身大多没有故意或不敬的意思，孩子是无法控制而非不合作。

1.ADHD儿童缺乏控制的能力。对自己，他们比一般孩子难以配合信号而中断进行中的行动。原因是他们的中枢神经抑制系统的功能不足。完成外部任务时，他们缺乏行为组织的能力。

2.ADHD儿童的行为技巧不足。不会仔细听、理解指示并且按照可行的程序完成、有目标的接收信息处理信息、对事物进行比较等。大一些的孩子，不能运用行为记忆、无法适当地从自己的经验或观察中演绎出一般规则，不会运用内化的语言，难以处理依序呈现的信息、缺乏时间感以及社交同理能力不足等。

ADHD是由长期的"负面增强"造成的。

儿童不专注（注意力缺失）、无法控制过多的精力（多动）、干扰或冲动行为，不符合正常的期待；父母的厌恶回应（尝试通过处罚性的威胁，以及讽刺等）强化了孩子的问题。

老师和同伴的反应：在学校常被处罚，由于不会与同伴相处而不受欢迎。

在以上的过程中，ADHD儿童的好行为很少得到奖赏，尤其是即时的奖赏，若是再加上家庭的负担（经济困难、夫妻冲突等），情况持续恶化，理性和良好行为也越来越不可能出现。

ADHD 是一个明显的发展危机。国外对ADHD儿童的长期追踪研究显示：孩童发现的问题会持续存在，并经由学习困扰、社交冲突、社会行为问题、自我价值、人格与适应问题使之复杂化。

可惜的是，注意力缺失与多动的问题往往发现太晚，诊断不够精确，太偏爱药物治疗，以及未使用系统且有效的方法进行治疗。

**二、治疗与训练的问题**

有针对性的训练。根据行为理论，治疗儿童的基础是：注意力等同于行为。

注意力缺失被视为行为问题。那么，针对儿童。着重于受限的功能，通过有目标的训练来改善。重点在于提高行为能力（自控能力与基础的技巧）。

与父母和老师一同投入。向他们传授导致注意力缺失的知识，合作训练儿童。

训练的原则。不以减少负面行为来达到效果，而主要以建立替代行为的正面增强为目标。

训练的技巧。逐步建立系统延迟奖励的增强模式，以逐渐提升儿童的自我控制能力。

训练的模式。小班。分为10人（最多）一班和4人（最多）一班。最少配备2名老师。

**三、关于《儿童注意能力提高训练课程》**

这套训练课程由上海市教育局组织全国数十位儿童心理、教育专家历经四年共同研发而成，体现出上述关于ADHD最新的理论进展及高水平的实践训练能力。并藉由我们受过正规心理学学习和训练的老师，在充分领会教材的基础上，创造性地组织教学与训练。另外，由于我们是心理机构，对儿童的个性化诊断与训练、帮助解决家庭中的问题等，有独特的优势。

教材编排合理。十二个课程，大约二十六小时。其中包括：注意力广度训练、注意力集中性训练、注意力稳定性训练、注意力转移和分配训练、注意力与动作控制训练、注意力与形象思维、抽象思维训练、注意力与记忆力训练、注意力与平衡协调训练等。

家长配合方面。家庭作业，每天的共同训练，有利于亲子关系的改善等。

举例和示范课内容：

注意追视训练。视觉追踪能力是儿童在追视、检视视觉线索时所表现出来的维持注意和抗干扰的能力。要求头不动，眼睛注视一个活动的物体，完成追踪。它在学习上的意义，正确地掌握用眼睛扫读文字的方法才能提高阅读效率，增强阅读水平。

增强和提高儿童的两个能力（自控与基础技巧）体现在课程中。如何达到自控，对期许行为的塑造与强化，对不被期许的行为适度惩罚。

最后说一点ADHD儿童训练的困难。第一，它是一种新事物，可能被人怀疑是否有用？对新的理念抗拒是人的本性。第二，是环境的问题。试想，如果在我们这里塑造一个好的行为，但在学校、家庭、同伴面前得不到强化，甚至是反面，会怎样？第三，见效果需要一定时长和系统的训练。这需要耐心和恒心。而ADHD是有遗传倾向的。也许ADHD儿童的父或母本人就有同样的问题，又怎么能期望他投入这种费时费力又只能是一点一滴进步的过程中呢？当然，也不用讳言，我们本身的学识、技术也需要不断地提高与改进。

我们只能说，我们有对ADHD儿童及家庭强烈的关注与同情之心，我们有职业的训练和能力，我们在不断地加强业务学习，期望家长朋友与我们共同协作，更加了解ADHD儿童，一起为他们加油！

2009年7月

# 贺法国南特市精神分析师来青

11月6日《青岛早报》刊登记者李晓丽采写的报道《大夫提示：看"心理感冒"不丢人》。从这篇报道中得知，近日法国南特市（Nantes）的5名精神分析师应青岛市卫生局的邀请，来到青岛精神卫生中心"参与临床接诊和学术交流活动"，并将与该中心"建立中外心理医生联诊机制，探索心理治疗的最新方法"等等。

此一新闻对于普通市民来讲，或许没有什么，但对于心理咨询心理治疗界却是一件大事，值得一评。

第一，我个人也许孤陋寡闻，凭印象，国外的心理专家来青岛进行学术交流，包括分析一些典型案例等，可能有许多次了。由国外的心理医生直接接诊，直接对病人进行心理分析治疗，在青岛是不是第一次，本人不在其中，不敢臆测，但我是第一次看到，觉得此种形式的交流，非常有意义，非常值得祝贺！其意义至少有：（1）促进中国心理医生的成长；（2）改变人们的观念，比如据报道，法国的专家告诉中国的病人，在法国看心理医生是一种非常正常的事，就连心理医生也有自己的心理医生；（3）普及精神分析的思想及治疗方法。

第二，法国的精神分析师的治疗应该运用比较经典的精神分析技术。不过据说，判断一种治疗方式是不是经典的精神分析，很重要的是是否使用弗洛伊德式的沙发床。这点，报道中没有说。不过我们也不必这么拘泥于形式，记者报道：法国医生几乎全部是用"聊天"的方式，范围包括了患者小时候的经历、成长的过程，甚至还有患者的梦境等。这种"聊天"的方法，来源于精神分析的理论，即在精神领域里从来没有偶然的东西，今天的一切问题（症状）皆有原因，而这种原因最主要的是早年的被压抑的"创伤"。要重新发现压抑的内容，须借助于自由联想，对梦的分析等。压抑的东西一旦"复活"进入意识，变为可以讨论的内容，则曲折地、借由症状表达的欲望失去其力量，病人才有痊愈的可能。

第三，报道说，和中国的心理治疗相比，法国的治疗方法比较少地使用药物。据我所知，在西方，心理治疗根本就不能使用药物。反过来说，使用药物的就不是心理治疗。此一点，我国的台湾省也是这样规定的（"《心理师法》"第十八条　心理师执行业务时，不得施行手术、电疗、使用药品或其它医疗行为）。只有在中国大陆，精神医学的治疗与心理咨询、心理治疗混在一起。此一点，与国际通行的做法想悖，非常不利于心理咨询与治疗的发展。

第四，法国专家来青岛，其意义更主要的是传达一种理念及方法。文化差异无疑会给治疗关系、治疗效果带来影响。因为心理咨询心理治疗是双方的情感体验，法国专家是否熟谙中国文化，如否，恐怕难以与来访者建立起好的治疗联盟。说这一点，决不是否定法国专家来青的意义及作用。相反，是在充分肯定这种作用的同时，想阐明：发展中国的心理咨询与心理治疗，最终还要靠本土的心理咨询与心理治疗工作者。个人觉得，今天的不少心理咨询工作者对于学习西方的理论与方法非常有兴趣，也下了很多功夫，这是很需要的。但同样也不能忽视了对中国文化的学习理解，不能忽视了对中国人人性的把握与探求，不能忽视了对中国社会历史与现状的调查与分析。

（本文写作过程中，得到刘佩琛老师的指教，特此致谢！）

2008年11月8日

# 青少年网络成瘾问题的研究与矫治

一、现状与危害

我国青少年网络成瘾问题十分严重。据中国青少年网络协会发布的《中国青少年网瘾数据报告（2007版）》显示，实地调查9.72%的青少年上网成瘾，网络调查的同一数据是11.06%。综合两种调查，目前我国青少年的上网成瘾比例约为10%。虽然已明显低于2005年报告中13.2%的上网成瘾比例，但对我国5800万的青少年网民来说，上网成瘾的人数就是580万之多。这其中13-17岁未成年人上网成瘾者的比例最高。

沉迷于上网，尤其是沉迷于黄色网站，危害极大。它会使人迷失于虚拟世界，自我封闭，与现实世界产生隔阂，严重影响学习，甚至中断学业。久而久之，还会影响正常认知、情感和心理定位，导致人格的偏离，甚至发生意想不到的可怕后果。有的因上网成瘾，神情恍惚，人格扭曲，无心读书，中途辍学；有的无钱上网，拦路抢劫，偷窃财物，导致违法犯罪；还有的连续几天几夜泡在"网吧"，不思食寝，过度疲劳，猝死在"网吧"。

笔者在心理咨询的工作中，接触过不少上网成瘾青少年的案例，为他们因为痴迷于网络给自己、家庭和社会造成的危害深感痛心。有一位初一的学生，父亲自己开工厂做生意，母亲是医院的大夫。他因为上网与父母冲突，几次离家出走。开始家长把他找回来后，硬的办法打他骂他，软的方面好话说尽。但都没有效果，限制他去上网，他就以跳楼自杀威胁父母。父母不给钱，他把妈妈的手饰偷出去卖。父亲没有办法，把他带到自己开的工厂里，加强管理。但他又以不吃饭对抗。没有钱，就拿工厂的钢筋去卖，有人干涉，他就暴跳如雷，拿刀子要与人拼命。

二、网瘾的研究

1.网瘾的定义

"网瘾"的概念，最初由美国心理学家格登博格(Goldberg)提出，随后，匹兹堡大学的金伯利·扬博士(Dr. Kimberly Young)发展完善了这一概念。

"网络成瘾"(internet addiction，简称 IA)、"网络成瘾症"(internet addiction disorder，简称 IAD)或"病态网络使用"(pathological internet use，简称 PIU)，指在无成瘾物质作用下的上网行为冲动失控，表现为由于过度使用互联网而导致个体明显的社会、心理功能损害。

国外对是否用"成瘾"来定义因特网的过度使用仍存在争议。一些学者认为，没有对物质的生理依赖也可以使用"成瘾"术语，像前述的美国的学者。而Walker（1989）等学者则认为，只有对某种物质有生理上的依赖性时才能称为"成瘾"，建议将"网络成瘾"一词改为"病态网络使用"

2.网瘾的界定

目前国际上通行的网络成瘾的研究方法多采用问卷法配合在线调查或纸笔调查的方式，也有采用访谈法配合个案调查的方式，但使用观察法和实验法的很少。

国外对网络成瘾的判断提出了具体的诊断标准，但实际中对调查对象进行诊断时，主要是靠各种量表。目前国内外尚无一个公认的测量网络成瘾的量表，但比较有代表性的是以下4种：

美国匹兹堡大学金伯利·扬对病态赌博的诊断标准加以修订，形成的《网络成瘾测验》。该问卷有8个题项，如果被试者对其中的5个题项给予肯定回答，就被诊断为网络成瘾。

加拿大学者Davis编制出的《Davis在线认知量表》该量表包含5个因素：安全感，社会化，冲动性，压力应对，孤独与现实，共36个题项，是一种7级自陈量表，如果被试测出的总分超过100或任一维度上的得分达到或者超过24，则认为网络成瘾。

台湾学者Chou翻译了Brenner编制的《互联网相关成瘾行为量表》，其内容包括过度使用网络导致的消极影响，如失去工作、婚姻破裂、经济债务、学业荒废等。

台湾学者陈淑惠以大学生为样本，编制出了《中文网络成瘾量表》，该量表包含如下5个因素：强迫性上网行为，戒断行为与退瘾反应，网络成瘾耐受性，时间管理问题，人际及健康问题，共26个题项，是一种4级自评量表，总分代表个人网络成瘾的程度，分数越高就表示网络成瘾倾向越高。

《中国青少年网瘾数据报告》对网瘾的界定是：

一个前提（即必要条件）：上网给青少年的学习、工作或现实中的人际交往带来不良影响。

三个条件（满足其中一项即可）：（1）觉得在网上比在现实生活中更快乐或更能实现自我；（2）每当因特网的线路被掐断或由于其他原因不能上网时会感到烦躁不安、情绪低落或无所适从；（3）向亲人隐瞒了自己的上网时间。

3.青少年上网成瘾的原因

笔者研究了各方面的看法，综合如下：

（1）网络本身的问题。如网络游戏开发商不择手段以赢利为目的不断推陈出新开发出各种游戏，投合青少年争强好胜、对异性好奇的心理，在游戏中强化这方面的内容。再如网站为增加点击量，针对青少年喜欢猎奇的心理，大量刊载、炒作奇闻逸事等。

（2）国家和政府有关部门对网络管理方面存在的漏洞，如网吧不执行限制未成年人上网、上网时间的规定等。

（3）学校方面的问题。如单纯追求考试成绩，放松对青少年道德品质、心理健康教育。教师责任心及责任。对家庭有缺陷心理有问题学生的管理帮助不够或者放弃。教学制度教学方法的陈旧等。

（4）家庭方面。单亲家庭、生活困难家庭、父母不和的家庭、父母特别忙顾不上孩子的家庭、特别富裕的家庭、父母心理有问题的家庭（如过于望子成龙，期望孩子完成自己未了心愿的父母）等。这些家庭的孩子容易出现心理和行为问题。

（5）青少年本身的问题。从心理方面看，自控能力欠缺、认知能力有限，青春期人格整合出现的矛盾、冲突、对抗与失落、孤独感，学习压力，各种挫折产生的挫败感等。网络世界的虚拟特点，正好为青少年对安全、自尊、平等、好胜、好奇，以及审美的需要，提供了满足的可能。有的研究者认为，某些青少年属于"上瘾人格"，表现在容易对某一事物过度迷恋。

（6）关于网络上瘾的生理与神经方面的原因。英国科学家格里菲斯博士对常赌博的人研究后发现发生赌博行为后受到刺激心跳加快，当心跳加快时，体内就会产生"内啡肽"。内啡肽会激活情绪和表情，产生异常兴奋的快感。因此格里菲斯博士认为，由于经常参加赌博的人在赌博结束以后会迅速丧失这种快感，故需要重返赌，以获得新的快感。对于终日沉溺于互联网的人，其行为与吸毒、抽烟、赌博而成瘾者类似，一接触互联网就兴奋异常，对周围发生的一切一无所知，也漠不关心；下网后则焦躁不安或者情绪低落。

同时有研究表明，长时间上网会使人脑中的化学物质多巴胺水平升高，这种神经递质使个体呈现短时间的高度兴奋，沉溺于因特网的虚拟世界不能自拔，但之后沮丧感会较前更为严重，时间更长，会引起一系列复杂的生理和生化变化，这可能在一定程度上揭示了因特网成瘾的医学和生理学基础。

三、对网络成瘾青少年的矫治

1.医学与准医学的模式

北京军区总医院网络依赖治疗中心自2004年开始收治网络成瘾者，中心主任陶然介绍说，他们的治疗技术已经非常成熟，治愈率达到百分之八十至九十。他们采取的是一种综合式治疗：军训+医学+心理疏导+物理疗法+教育。其中药物治疗是中西医结合治疗。心理疏导的方法有：积极的沟通、正确的引导、心理干预，外出参观、运动、旅游等手段，使患者接触现实生活，培养更多的网络外的爱好。物理疗法是采用物理仪器，调整患者体内的内分泌平衡，从而逐步恢复体内"奖赏系统"的平衡。军事训练，通过传授军事知识，研讨军事策略，进行实战军事演习，体验真正军营生活，规范日常行为，锻炼意志力和勇气，增强纪律性和自制力，培养团队精神和爱国主义，引领积极向上的心灵。还根据不同青少年的教育程度和需求安排单科或多科的辅导课。

山东省内建有山东省心理卫生协会网瘾康复培训基地，采用军训管理、心理矫正、认知教育、电脑竞技、文化补习、家庭亲情关怀等"六位一体"的手段对网络成瘾的学生进行矫治。可看作是一种准医学模式。

医学和准医学模式对网络成瘾者进行矫治，针对的是严重网络成瘾者，是运用心理辅导、思想教育工作、家长权威与社会力量干预无效的情况下，运用的"最后"手段。从目前公布的数据来看，效果不错，恐怕暂时没有更好的方法来矫治这些严重网瘾者。但也有质疑的声音，主要集中在收费高和用药的安全性方面。

2.一种综合矫治方法

由于种种原因，即使严重网络成瘾者，也只有一小部分进入专门的机构进行戒除网瘾。另外，《中国青少年网瘾报告》中列举，在非网瘾群体中，另有约13%的青少年存在网瘾倾向。对这部分人更需要加强预防和采取矫治措施，否则，他们的网瘾倾向可能加重，对本人、家庭和社会造成更大的损失。

排除严重网络成瘾者，针对中、轻度网瘾和存在网瘾倾向的青少年，本人设想如下的综合矫治方法，现提出讨论。

（1）设置：这种综合方法是以心理咨询机构、网瘾青少年家长和学校三方组成心理咨询与辅导联盟，开展对网瘾青少年的矫治。心理咨询机构一方指定有相关经验的心理咨询师参加矫治，并承担牵头的任务，学校一方由该学生的班主任或心理咨询老师参加。家长一方必须父母同时参加。

为什么要由心理咨询机构指定专门的心理咨询师牵头呢？因为心理咨询机构是收费而提供心理辅导的专业组织，由它来牵头一是专业，二是符合市场经济的原则，有后续的动力。

（2）工作程序：可参考心理咨询的程序。第一步，由心理咨询师接触网瘾青少年，对其网瘾程度、类型、特点、原因等进行初步判断。第二步，分别约见家长和学校老师，进一步了解和确认家庭和学校在网瘾形成方面可能存在的问题。第三步，以心理咨询师为主制定矫治方案，征求各方包括网瘾青少年本人的意见后确定。第四步，实施各项矫治措施。心理咨询师负责对各方的监督与协调。第五步，方案实施结束后的总结，以及矫治过程结束后进一步的追踪。

（3）矫治方案的主要内容：对该青少年网瘾形成原因的分析，本人、家长、学校老师需要改变的具体行为与认知，各方的责任，心理咨询与辅导

的时间、次数、内容，矫治时间安排等。

四、陶宏开教授戒除网瘾实践带给我们的思考

陶宏开，"中国戒网瘾第一人"。他率先关注研究并努力解决青少年上网成瘾问题，在社会上引发了声势浩大的"挽救上网成瘾者行动"。目前已经在全国70多个城市开展活动，做了近千场报告，亲自挽救了500多名上网成瘾的青少年，培训了上万名志愿者，影响了数十万家长。2004年底，共青团中央聘请陶宏开教授为首位"青少年网络文明爱心大使"。接着，陶教授被评为2004年度央视"十大新闻人物"，武汉市"十大新闻人物"；2005年获国务院颁发的中国政府"友谊奖"，受到温家宝总理、吴仪副总理等中央领导人接见；2006年初，获共青团中央、中央文明办等五部委颁发的"杰出贡献奖"，山东电视台评为"十大感动人物"。

1.陶教授的"三心四步"大有借鉴之处

三心是：利用爱心、耐心和诚心就能解开孩子心中的"结"。耐心地用真诚的爱去感动他们，让孩子接受一些朴素的道理，也就是如何爱自己、爱父母、爱祖国、先苦后甜等这些最简单的道理。当与孩子进行交谈时，态度一定要真诚，切记不要做作，特别是语速、语态或是肢体语言，甚至是一个眼神，都要让孩子感觉到你和他是平等的，是真正和他来交流的，而不是来训斥、敷衍他的，这样孩子才会向你打开心扉。

四步：第一步是选择合适的地点，让有网瘾的孩子认同、不反感。一般来说，上网成瘾者主要集中于１１岁至２５岁这一年龄段。他们共同的特征是"没有理想，敌视父母，不爱学习"。一旦与他们交谈时，最好不要直接和孩子谈上网、游戏的话题，而是选他们感兴趣的话题，逐渐过渡到中心问题。但是每个孩子的情况都有所不同，所以要具体问题具体分析。

第二步，在确定了孩子对自己已经认同后，要把这种认同感转移到孩子的父母身上。在陶教授接待的这些孩子中，不少都已经和家里闹翻，与父母的关系也处于僵持状态。而陶宏开教授在和孩子细致入微的谈话中，常常会以"你觉得父母这样做错了吗？""他们这样做是为了爱你还是为了害你？"等问题来让孩子自我反省自己对于家长的态度的对错。

第三步，将孩子对父母的这种认同感再转移到对学习重要性的认同上来，从而激发孩子们对学习的兴趣，鼓励他们多读对自己有意义的书。

最后，孩子们会自我认识到上网成瘾的坏处而自觉地将其戒除。当然，这需要一个过程，孩子能够脱离网瘾，不仅在于孩子自身的决心，还在于家长的配合。许多家长需要改变教育方法，赢得孩子的信任和尊敬，不要过多地去干预孩子，否则会让孩子反感。更多的是要理解、关爱孩子，建立起良好的亲情关系。

2.帮助青少年戒除网瘾需要全社会共同努力

陶教授的实践主要是针对家长的，他认为，网瘾青少年的背后是家长的教育方式有问题。因此，他立足于说服家长在理解孩子的基础上，加强与孩子的沟通，引导孩子正确对待网络。他表示过，对于社会和学校的责任，他改变不了。因此应当规范电子游戏市场，创建良好的社会文化环境。增加对未成年人的教育投入。加快少年宫、科技馆等活动场所的建设。学校、教师有目的、有计划地组织学生上网。现在许多学校都建立了校园网，教师可充分利用这些资源，通过组织上网等形式既满足学生追求时尚的心理又保证他们的安全；同时教师也可以把优秀的网站或网页介绍给学生。

3.对青岛市青少年心理健康研究会的几项具体建议：

（1）继续开展对青少年网络成瘾问题的理论研究与交流；

（2）组织对此有研究的会员经常到学校、社区等宣讲网瘾的危害，指导青少年正确利用网络；

（3）建立帮助青少年合理上网远离网瘾的志愿者组织，开展相关活动；

（4）针对家长和学校老师，开展培训，内容是关于网瘾的预防和对网瘾青少年帮助的方法等。

2008年4月27日完稿

# 精神分析别掺和中国哲学

任何科学只要一进入中国，有些"哲学家"就急不可耐地把它与"中国哲学"往一块掺和。那大意无非是说，这种东西很不错，但经过我们的研究，实在是肇始于中国古老哲学的，比如说《易经》（或老、庄等）里就写过了，所以中国哲学实在伟大，科学应该接受中国哲学的指导云云。

精神分析也难逃这种命运。有些人已经开始这种"研究"并且已经"斐然有成"了。那方法是将所谓中国哲学与精神分析掺和起来，创出一些莫名其妙的名词，提出一些似是而非的理论。或美其名曰：精神分析与中国传统文化结合。恕我直言，结合是结合了，——然而，已经不是科学了。称之为一种心理玄学或许还有些道理。

中国人的骨子里就有根深蒂固的老庄思想，"玄之又玄，众妙之门"。以其"艰深"，故有吸引力。看到人性的贪婪，就容易与老庄的颓废共鸣。"绝圣弃智"。"复归于婴儿"。最后的结局是退到结绳而治。

这不是弗洛伊德的意思。弗洛伊德尽管批判社会，也表示过对社会文明的一定程度上的失望。注意，他经历了第一次世界大战的战火，又是在二次世界大战的阴云下发出这种感慨的。即便如此，他也不赞成任何颓唐的哲学。在《文明及其缺憾》中，他写道：

"人们可能想要通过影响本能冲动来摆脱一部分痛苦。这种防备痛苦的方式是扼杀本能，这就像东方处世哲学所说的和瑜珈术所实行的一样。如果这种方法成功了，主体实际上也就放弃了其他一切活动，他已经牺牲了他的生活。"

写于2004年10月4日

# 听张侃教授学术报告有感

中国科学院心理研究所所长、中国心理学会理事长、著名心理学家张侃教授2008年10月14日下午，应邀在青岛市第七届学术年会上作了主题报告，题目是"心理学与社会发展"。我有幸聆听了张教授的报告，收获颇多。

作为青岛市一级的学术年会，至今已是第七届，主题报告讲心理学，这还是第一次！它说明了社会更深刻的认识到心理科学的社会责任与贡献，此事对我们心理工作者、心理咨询工作者极具鼓舞的力量，而我们也应就此向年会的组织者表达敬意与感谢。

年会对张教授的介绍，说他"致力于应用心理学的研究与心理学的应用"。这也是我个人非常钦佩张教授的地方。我认为，比较于心理学的基础研究，我国应更强调心理学的应用。我国处在这样一个社会激烈变革的大时代，各种社会问题社会矛盾层出不穷，人们的心理与精神承受着变革带来的巨大冲击，非常需要心理科学提供解释与帮助。青岛市第七届学术年会的主题就是"科学发展与社会责任"。落实科学发展观，建设和谐社会，心理工作者肩上的担子很重，责无旁贷。

张侃教授以他的报告，说明了心理学在社会发展中应该也可以发挥的重要作用，说一句套话：为我们心理工作者、心理咨询工作者指明了努力的方向。

下面是我对张教授报告中几个印象较深的地方的体会与感想：

1.今年是科学的心理学诞生129周年。心理学的思想产生虽很久，但科学心理学一般公认是自1879年冯特在莱比锡建立第一个心理实验室开始。有时我们会觉得心理学解释不了的东西太多太多，但如果想一想，它不过才有100多年的历史，回头看，却又感到信心倍增。明年是130周年，我们应当好好纪念一下啊。

2.心理学的经典案例：（1）暴力行为对儿童行为的影响。（2）你会援救别人吗？（3）谁是疯子？（4）拥挤行为变异。（5）期望的影响（皮格马利翁效应，Pygmalion Effect）。（6）我们需要爱。张教授谈的是案例，实际上是心理学针对人在不同环境与条件下行为的研究，而取得的研究成果和结论，这些成果都应当在教育、城市管理、精神文明建设等方面作为借鉴。

比如，今天读到了一篇文章[1]，谈有些地方建设高教园区引起的弊端，其中就谈到了由于人多拥挤引发的问题。文章写道：

高教园区大多有多所学校组成。这些院校高度集中，不同层次的学生接触的机会增大。这一情况的出现客观上促进了学生之间的相互交往，但也不可避免带来了消极的影响。首先，不同层次院校学生的相互比较及其产生的不良影响。在高教园区中，名校和普通院校以及高职院校之间的学生通过相互比较，名校学生会助长自傲心理，而一般的高职院校和大专院校学生则相当自卑，少数甚至出现逆反和反抗心理。其次，不同经济条件的学生在相处中出现的不和谐因素。在高教园区，寝室是统一规划的，收费没有差别，大多是1200元/年，不同经济条件的学生共处一室，对于经济条件较为困难的学生更容易因自己的家境困难而相形见绌，助长自卑情结，马加爵的个案值得深思。第三，高教园区人口密度过高，容易引起烦躁、冷漠等不良心理。高教园区的人口密度非常大，这在进行有序的教学和生活中并不会引起学生的烦躁和冷漠心理，但在无序的某些活动中，拥挤则导致了很多的学生不良情绪。在高教园区，很多配套设施并不健全，交通、金融、娱乐场所平时冷冷清清，周末则人满为患。一到周末，进城的公交线路则超负荷运转，拥挤不堪，另外，高校组织的文娱活动也会人山人海。环境医学和社会心理学的研究都认为，拥挤对人体健康的威胁已成为城市的一大公害，拥挤会导致精神紧张，情绪不愉快，心情烦躁，控制能力减弱以及信息超载等不良心理。第四，人口密度大导致小道消息广泛传播，造成了一定程度的恐慌的案例。由于人口密度大，不良信息和情绪传递都相当迅速，一旦有危机事件发生，常迅速造成公众性的心理恐慌。

3.1921年中国心理学会成立。1921年8月，中国心理学会的前身中华心理学会成立。在南京高等师范学校组织暑期教育讲习会结束时，参加心理学课程的学员认为心理学与教育有很大的重要关系，因而发起组织中华心理学会。当时有北京高等师范学校张耀翔（1893-1964，1920年留美回国，任该校心理学教授兼教育研究科主任）和南京高等师范学校陆志韦、陈鹤琴、廖世承等赞助，并草定了中华心理学会简章，在南京高师临时大礼堂召开成立大会。选举张耀翔为会长兼编辑股主任，总会及编辑股办公处设在北高师；选举陈鹤琴、陆志韦分别为总务股和研究股主任，办公处设在南高师。中华心理学会在1927年以后，因经济困难、时局不宁而停止活动，"九一八"事变后国难当头即不复存在。1934-1936年间，北京、上海各大学的心理学者采取各种聚会方式讨论有关中国心理学的问题。在1935年11月的一次聚会上，由陆志韦发起组织中国心理学会，经过一年筹备，于1936年11月由北京、上海、南京等地心理学者共34人联名发出正式通知，于1937年1月24日在南京国立编译馆礼堂举行中国心理学会成立大会。选举陆志韦为主席及理事七人，出版委员五人。不久因"七七"事变抗日战争爆发，中国心理学会停止活动。新中国建立后，中国心理学会（重建）筹备委员会于1950年8月成立，中国心理学会于1955年8月在北京正式成立，并举行第一次全国代表大会，选出第一届理事会成员17人。潘菽（1897-1988，留美，1927年回国）为理事长、曹日昌（1911-1969，留英，1948年回国）为副理事长。丁瓒（1910-1968，1947年赴美进修后回国）为秘书长。至今中国心理学会已是第七届理事会，全国会员4000余人。中国心理学会的机构设置反映了各主要心理学分支领域。总会下设12个专业委员会、4个工作委员会、2个编委会，设有办事机构秘书处，挂靠在中国科学院心理研究所。还有30个省、自治区、直辖市的心理学会在业务上受中国心理学会的指导。中国心理学会已有80年的历史。它在各方面所做的大量卓有成效的工作，为促进中国心理科学的发展做出了重要贡献。

（资料来源：陈永明、张侃等文《二十世纪影响中国心理学发展的十件大事》）

4.中国科学院心理研究所在应用心理学方面最新的研究课题及成果。张教授介绍了近年来中科院心理研究所进行的几项调查与研究课题。如《2007年我国国民心理健康状况研究报告》、《2007年我国民众心理和谐状况研究报告》、《我国老年人生活满意度状况研究及相关政策建议》、《面对南方雨雪灾情中科院专家建议要重视危机沟通和受灾群众的社会心理》、《关于建立国家社会预警系统的建议》、《心理所专家积极开展奥运安全相关问题研究》等。

以上这些研究成果的基本数据在公开出版发行的媒体上有一些介绍和披露，个人感觉有些数据应通过更大范围的宣传和普及，为广大人民群众掌握和了解，以便指导行动。如关于心理健康与休闲方式的研究证明，有运动而又与他人结伴进行的活动最有利于心理健康。对于儿童的被扶养与心理健康的关系，父母亲自带是最有利，而单亲父亲单亲母亲祖父母带都不利等。

对于心理咨询工作者，或者想做一些研究工作的人，张教授他们采取的标准和方法也许更有启发意义。如将"心理和谐满意度"设定为"自我状态""家庭氛围""人际关系""社会态度"等4个维度。将"心理健康"设定为"认知功能正常""情绪体验稳定""自我认识恰当""人际交往和谐""环境适应良好"等5个维度。

5.应用心理学今后重点关注的6个领域：工作、教育、健康、安全、毕生发展、药物滥用。

心理科学还是一门非常年轻的科学，它的发展正方兴未艾，在为人们谋求福祉方面大可有所作为。我们应当永不停下前进的脚步。

2008年10月16日

注释：

[1] 作者：zjvcc，来源：新语丝

# “精神分析基础理论与咨询技术”讲座讲义

## 第一讲 梦与错失行为的分析

一、为什么要研究梦及错失行为（与意识相违背的动作、行为，动机性遗忘等）？

1.认为在人所能把握的意识的后面还有一个巨大的心理内容 —— 潜意识，它是精神分析理论的基石。“心理过程主要是潜意识的，至于意识的心理过程则仅仅是整个心灵的分离的部分和动作。我们要记得我们从前常以为心理的就是意识的。意识好像正是心理生活的特征，而心理学则被认为是研究意识内容的科学。这种看法是如此明显，任何反对都会被认为是胡闹。然而精神分析却不得不和这个成见相抵触，不得不否认‘心理的即意识的’说法。精神分析以为心灵包含有感情、思想、欲望等等作用，而思想和欲望都可以是潜意识的。”（《精神分析引论》8页，商务印书馆，1984）

2.如何证明潜意识的存在？精神分析经过研究发现：精神病人的症状、梦的工作、一般健康人经常发生的一些错失行为、生气时开玩笑时说的话等都是观察和发现潜意识的绝好领域。所以有必要对梦与错失行为进行研究。

二、错失行为的分析

1.语误（听说读写出现错误等）、遗忘等错失行为，有时是由于肌体的疲劳、意识状态下的注意的扰乱等原因。但值得注意的是，许多动作不必注意却可以成功，如走路、弹琴等。过于注意，反而导致错误。因而精神分析提出一部分错失行为是有意义的。

“过失不是无因而致的事件，乃是重要的心理活动，它们是两种意向同时引起 —— 或互相干涉 —— 的结果。它们是有意义的。”（《精神分析引论》26页）

2.几种错失行为的分析：

语误可解释为两种不同说话的意向的混合或冲突。或一个意向完全排斥另一个意向，或只歪曲更改了其意向。

决心的遗忘是由于一种相反的意向，阻止了决心的实行。如果他明白宣示，必将受人谴责，如果用遗忘这一过失的方式便可达到目的。有些事件或名字的遗忘是由于避免痛苦（例如悲哀和羞辱）的倾向。

误取物件、动作错误、失手、自己对自己的伤害等，都有潜意识的动机可寻。

3.为什么人们总是把错失行为看作是偶然的、无意义的现象呢？主要是人自卫防御机制自动地在发挥作用，保护自己的心理不受伤害。人总是努力掩盖那些与社会的道德习俗不相容的想法和心理。这是问题的根源。

三、梦的理论和分析技术

1.梦不是一种躯体的现象，乃是一种心理的现象。古人以为梦有重大意义和实际的价值，他们都从梦里寻求将来的预兆。弗洛伊德创立精神分析的梦理论，将科学引入对梦的解释中。睡眠的心理学目的是停止对于外界的兴趣。睡眠中仍有心理活动的残余。“心理活动为什么不绝对停止呢？或许是因为有些意念不愿意使心灵安静；有些刺激仍对心灵起作用，心灵对于这些刺激，不得不予以反应。”（《精神分析引论》62页）

2.“梦不仅使一个思想有表示的机会，而且借幻觉经验的方式，以表示愿望的满足。”（《精神分析引论》95页）“其被牵制的倾向当然只是睡眠的倾向，而牵制的倾向乃是一种心理刺激，我们称之为（力求满足的）愿望。”（同上书，96页）“梦乃是用幻觉的满足来消除侵扰睡眠的心理刺激的方法。”（同上书，101页）用我们的话来说，梦是潜意识的愿望与检查作用冲突、妥协的结果。

3.梦的象征。给梦的元素一种固定的解释。梦中的象征多是性的。关于象征的知识是潜意识的。弗洛伊德这一点颇为人诟病，也很晦涩。

4.梦的工作机制和方法（隐意是怎样变为显梦的）。“任何正在形成过程中的梦都借助于无意识对

'自我'提出一种要求——如果这个梦是起源于'本我'的，就是要求满足某种本能；如果这个梦是起源于醒着时的前意识活动的残余，则是要求解决某种冲突，消除某种疑惑，或形成某种意图。然而，睡眠中的'自我'却一心只想维持睡眠；它感到这种要求是一个干扰，因而，竭力设法摆脱这个干扰。'自我'通过一种似乎是顺从的行为成功地做到了这一点：它以那种在特定情况下毫无害处的实现愿望的方式去满足这一要求，从而将它摆脱。"（《精神分析纲要》，安徽文艺出版社，33页）

压缩：意即显梦的内容比隐梦简单。隐梦的许多情节中，只有一个情节侵入梦中。压缩的各部分彼此混合之后，常常形成一种模糊的图片，好像几个影像同时投影于一个感光片上。

移置：以他物代此物。或以一物中不重要的部分代替重要的部分。

视像化：将思想变为视像。如将破坏婚约的观念用断臂或断腿表示。

润饰：将梦的直接产物合成一个联贯的整体。

5.释梦的方法。自由联想和运用象征。

6.举例。《梦的释义》（辽宁人民出版社，97页）中弗洛伊德本人关于伊玛的梦及分析解释。

7.结论。梦是潜意识的工作，它是为表达愿望，不是为人所理解而作。因而，一方面它能够获得醒时不可能涉及的幼年时期的内容（这也是为什么精神分析重视梦的分析的原因）；另一方面，它会不受限制的使用语言符号。所以，梦有时难以理解。

8.释梦的意义。梦的解释是达到对我们精神生活中潜意识成分的认识的道路。许多早年没有解决的冲突、愿望仍然活跃在潜意识的领域，我们认为它早就消失了。但实际情况不是这样，它们隐藏在意识底层，并且时刻想进入意识，它们时刻在寻找表现的时机。梦正是潜意识愿望与检查作用妥协的结果。透过分析梦，可以了解到丰富的潜意识内容。

今天我们已经不能再将梦理解为单纯的愿望的满足了。梦还有其它的功能，如巩固记忆、解决问题、减少应激、创造或解决冲突、调整情绪等。

2005年3月

## 第二讲 以潜意识理论为基础的三部人格结构

1.弗洛伊德潜意识理论的主要观点

(1)心理过程区分为意识、前意识和潜意识，潜意识有着比意识更重要的地位

前面说过，将意识区分为意识与潜意识是精神分析的基本前提。弗洛伊德写道，"心理活动本身是潜意识的。"（《潜意识》）"在人心深处，有一股潜流存在。"（《日常生活的心理奥秘》）"意识一般说来是一个十分短暂的状态。意识之为意识，只是一时的现象。"（《精神分析纲要》）对这三个层次，不可太机械地看。它们随时在切换、流动；而且是你中有我，我中有你。

(2)潜意识具有与意识不同的内容和特点

潜意识的内容一是本能的东西，如两种本能（生本能与死本能）。二是潜抑的欲望或冲动。

潜意识的操作过程与意识的操作过程有质的不同。它不遵守逻辑的规律。不以语言为外壳。无时间性。各种矛盾的东西并存。此种运行的方式，被称为原初过程，以区别于意识遵循的原则。后者被称为继发过程。

(3)心理内容的流动与审查机制

由于压抑，有些意识的内容沉入潜意识。潜意识的内容（欲望和冲动）也有进入意识的强烈愿望。潜意识的内容要进入意识，必须经过前意识和意识的审查。通常斗争是难免的。

压抑、抗拒是精神分析重要的概念。

"我们把观念在成为意识之前所处的状态称为压抑。"（《自我与本我》）"我们坚持把实行压抑和保持压抑的力理解为抗拒。"（引文同上）

精神分析理论始终将心理看作是某种能量、某种力，在永恒地斗争、流动和改变。此一点正是它被称为动力学派的地方。

(4)潜意识内的冲突是各种精神疾病的根源

弗洛伊德认为，各种神经—精神疾病的根源是潜意识内的欲望，尤其是性本能的被压抑。被压抑的能

量无法通过正常途径释放，因而只能以歪曲的形式表达。

(5)潜意识理论的更广泛应用

精神分析被应用到宗教史、史前史、神话学、民俗学、文艺评论等方面。精神分析由一种治疗精神疾病的技术最终发展成为一种无所不包的人生哲学。

2.人格结构

精神分析将人的全部精神生活（人格）区分为不同的功能区域：本我、自我、超我。

(1)本我：它是我们精神区域中最原始的部分。它是两种本能的混合体。充满着各种欲望和冲动。既有本能的东西，也有压抑的内容。它没有时间概念。"时间无法改变被压抑物"。（《引论新讲》82页）它只遵循快乐享受原则，不考虑可能带来的危险，所以它像一个任性的孩子。本我的工作方式是一种"原始性思考程序"。对于各种感情均未有仔细的分化（没有获得统一的意志），常以单纯且极端的感情代表所有类似之一群情感。不善于以语言表达情感，而是以行动。本我无法与现实直接接触。

(2)自我：自我是与现实接触的那一部分心理区域。它遵循现实原则，它对于本我提出的要求，在衡量客观现实的情况之后，以安全为第一位的考虑，而决定是否执行、不执行或延迟执行。自我遵循"继发性思考程序"。自我"其构造功能在于在本能的要求和满足这种要求之间插入思维活动。"（《纲要》70页）有了语言和正常的思维。特点是重理性轻情感。

自我代表了理性和机智，而本我只代表不驯服的热情。

(3)超我：人在父母和其他权威的影响下（以及通过遗传继承的种族的、文化的影响）建立起来的那一部分心理区域。按照弗洛伊德的看法，它是俄狄浦斯情结的继承者。它遵循完美道德原则，良心、道德至上。它监视、监督自我的工作。当自我违背了它的意志，它就用内疚感来惩罚。而当自我很好地满足了它的要求，它也乐意进行表彰和奖赏。

本我、自我、超我三者和谐共处，一个人的内心世界就平静正常，没有大冲突。

自我是最艰难的。它要协调本我的无休止的要求，要面对现实世界的危险，要服从超我提出的标准。人们感叹生活的不容易正源于此。而心理、精神上出问题，也往往是这几方面的矛盾得不到好的协调。可以说，得病是由于自我在几方面的联合夹攻下被击倒，不能执行正常的功能。心理咨询与治疗的任务是援助陷于困境中的自我，使其恢复发挥作用。

2005年3月

## 第三讲 精神分析的性理论及对心理咨询的指导

一、精神分析性理论的主要观点

1.建立了性的发展过程的理论。精神分析的性理论将人的性（功能、心理）发展看作是一个从孩童到成人的有秩序的发展过程。而不是像过去的理论那样，将人的性活动理解成长大后突然冒出来的东西（其实青春期所引起的是生殖机能，而性生活早开始了）。"正常的性生活乃由婴儿的性生活演化而成，其演化的经过是先删消某些无用的成分，然后集合其他成分使从属于一种新目的即生殖的目的。"（引论）"性生活并不是非得到青春期才开始的，而是在婴儿出生后不久就明显地表现其开端的。"（《纲要》11页）

2.性生活在早期是自恋式的、是将力比多（性本能背后的动力）分散于多物而寻求满足的（如婴儿期用嘴，幼儿期在肛门等），身体的不同区域均可获得快感，只有到后来才集中于生殖器。而且在早期，它不承担繁衍的功能，只有后来才承担。但有些人或一时或终生不能将性与繁衍统一。可以说，儿童的性生活是倒错的。3.必须清楚地区分"性的"和"生殖器的"这两个概念，前者是一个更广泛的概念，包含了许多与生殖器无关的活动，如生命之力、生命的激情等。精神分析认为，所有爱情、友谊等感情都是性本能的衍生物，性本能的压抑和升华为人类文化和文明的发展提供了动力。正因如此，精神分析的性理论常被人称为"泛性论"。

二、精神分析的心性发展学说

精神分析的心性发展学说是就性的角度来解释人格的发展（弗洛伊德本人称做性本能的发展）。它将人的心性发展按序区别为：口欲期、肛门期、性蕾期、潜伏期、生殖期。

1.口欲期：0－1岁左右的婴儿。在吸乳的同时获得快感。这个时期由于个体没有自我生存的能力，要依赖他人，故与抚养人能否建立亲密和合适的关系至关重要。

2.肛门期：2－3岁左右的幼儿。此期的幼儿，被训练自我欲望及冲动的控制。性虐待与被虐待的倾向源于此时期养成。

3.性蕾期：4－5岁左右的儿童。随着认知力的发展，孩童对异性的差别开始认识，并与同性或异性的父母发生喜爱或排斥的微妙三角关系情感。

弗洛伊德以"俄狄浦斯情结"命名此种情感。弗洛伊德引用这一神话表示男童在这个阶段发生的恋母仇父情感。

4.潜伏期：到了少年期，刚刚萌芽的对性的兴趣被搁置（或潜抑），这个阶段大约等于小学一年级到五六年级的时期。原因在男孩是"阉割情结"，在女孩是"阳具羡慕情结"。孩子开始向同性父母认同。这个过程，人的情感要经受打击，承受挫折。对于情感的压抑导致了成年以后对此阶段的遗忘。

5.生殖期：到了青春期，被一时搁置或包藏的对异性的兴趣又复燃，随着生理的发展，逐渐进入可生殖的阶段，故叫做生殖期。这个时期相当于小学六年级或初中一二年级青春期发育以后的阶段。

心性阶段发展的学说体现出精神分析理论的特点，即重视性生活在人格形成中的作用（该理论将此看作是决定性的），重视幼年时期的心性发展。此一观点被近年来的动物行为实验研究证实，称为"铭印作用"与"关键期"。

三、将人的某些精神疾病、性格上的缺陷看作是性本能发展不正常所致

并非每一个人都能顺利地发展（即使顺利发展，早期的东西也常有留存），有的人在发展的过程中出现"固置"和"倒退"，这就是各种神经精神病症和人格不健全的原因。

"一个人从青春期就必须致力于摆脱父母的束缚，只有当这种摆脱有所成就之后，他才不再是一个孩子，而成为社会中的一员了。"（引论）

"俄狄浦斯情结确定可视为神经病的主因""压抑作用乃是神经病的最重要的特征。""致病的矛盾就是自我本能与性本能的矛盾。"（三句话均见《引论》）

同性恋由于未能摆脱自恋，或者由于未能战胜"俄狄浦斯情结"。

各种性变态是由于未能将性本能统一于生殖器。

女性的自卑很大程度上是由于"阴茎羡慕"。可一变而为对失去爱的恐惧。弗洛伊德认为女性"羡慕和嫉妒在女人心灵生活中要比在男人心灵生活中作用更大"的原因也在于此。

男、女性在选择爱人、配偶时，在家庭关系中无不罩上"俄狄浦斯情结"的影子，但这些影响都是发生在潜意识中，自己有时并不知道。

"如果女孩继续存在于对父亲的依恋中即俄狄浦斯情结中，她的选择遵循的就是类似于父亲的模式。"（《引论》）

请参见我的几篇文章，是将精神分析的性理论用于心理咨询中的例证。

1.健康正常的爱情是情与欲的结合。"健康正常的爱情，需依赖两种感情的结合——一方面是柔情的、挚爱的情，一方面是肉感的欲，但在这些病例里，这两种感情之流不会汇合。"（弗洛伊德《爱情心理学》）

2.男性性心理：情多反而欲少？男性的性心理与主动性联系在一起。这主动性里混合着攻击性的成分，要完成性行为，没有一定的攻击性是不行的。性心理没有正常成长的男性恰恰缺少这一点，而没有摆脱"恋母情结"的人在他所尊崇敬爱的女性面前，也会失掉攻击性。

3.女性性心理：对男性的臣服与敌视。当一个女童发现自己没有男孩的性器官后，就陷入严重的自卑心理，感到上帝或父母对自己不公，她总是渴望变成一个男孩，由此对男性有了一种强烈的认同感与服从感。这种情结可以终其一生，当她结婚后，则转变为对丈夫臣服的心理。女性对男性的敌视心理主要也来源于男性夺取她童贞时使她受到的痛苦与伤害。初次性生活对肉体造成的痛苦是不言而喻的，在有些女性心理上会激起夸张的反应。此外就是对她心理上的伤害，如果她太看重童贞的价值，达到一种自恋的程度，则对此的剥夺无疑会激起她的仇恨。

4.男性婚姻心理：亦真亦幻的"俄底浦斯情结"。弗洛伊德写道：如果妻子不能成功地使她的丈夫也处于她儿子的地位，成功地以母亲的身份对待她的丈夫，她的婚姻就会是不牢靠的。

5.女性婚姻心理：女儿与父亲。那些"俄底浦斯情结"比较重的女性，会在选择丈夫时，潜意识里以父亲的形象特征作为标准（无论父亲好与坏）。她们结婚，经历了长大成人后经历的种种艰辛，幻想着重温当年在父亲那里得到的无比温情的爱。

2005年3月

## 第四讲 心理防御机制的理论及应用

心理防御机制指一个人在面对应激、挫折、创伤、丧失、冲突等心理上的种种困难时，潜意识中运用的一些防御和保护的措施。它是一种妥协。冲动或欲望（主要来自潜意识的）受到社会要求和责任的压制和阻抗，不得不以伪装的形式出现。其通过改变自己与现实的关系，疏导自己的欲望或冲动，改变对心理困难的感受与态度，使得自我能处理与面对所遭遇的困苦。

以下讲义主要引自曾文星的《分析的学理与治疗过程》一书。

1.否定：因受不了挫折或打击的痛苦，把事实加以否定、抹杀或遗忘。

2.外射：将自己无法接受的欲望或意念投射到别人身上。外射让我们能利用别人做替罪羊，而把自己的事实伪装起来。属于一种妄想的病态。轻微者可心理治疗。

3.歪曲：对事实加以曲解，以保护自己。如受母亲责备的女孩就想自己不是她的亲生女儿。所以她对自己不好，自己也就应该怨恨她。

4.内射：把别人的想法、意念或欲望吸收到自己身上，变成自己的精神活动的内容。人一生就是这样一个不断同化的过程。极端化就是病态。

5.退缩：在与他人接触时，因感到威胁或不自信，不知不觉地萎缩而躲起来，不敢与人接触。严重者与世隔绝。

6.体化：将心理上的压力转化成躯体上的病。或仅是注意力的转移。是疑病症常用的心理防御机制。

7.幻想：这是比较幼稚的心理防御机制。面对心理上的挫折时，无法应付就在幻想中把事实改变。

8.潜抑：将意识层面不好处理的困难或冲突放入潜意识。表面上得到安宁，实则埋下祸根。人们利用它隐藏那些社会不允许的深层愿望及欲望。它帮助人们保持自己的意识影像不被败坏和玷污。潜抑作用是各种神经症发生的病理基础，在辅导上也是阻抗现象发生的机制。

9.解离：当面对无法接受的严重打击或创伤后，进入精神恍惚，非全部性跟事实接触，以便保护自我。

10.转移：将无法接受的欲望或冲动转变对象去发泄、表现或满足。常见于强迫症或恐惧症。

11.隔离：将认知与感情隔离。本来二者是应该统一的。如因喜而乐，因悲而哭，因内疚而伤感，因愤怒而形于色。强迫症者是只能采取行动（只认知）而没有感觉到所做事情有关的情感。恐惧症者是只知感觉情感而不能认知。

12.合理化：自圆其说。正常人也用，是在承认事实基础上采取的手段。而有心理障碍的人意识上已否认事实，成为一种单纯的妄想，或发展为强迫的意念或行为。

13.反向：以相反的方式表达某种欲望或意念。常见于强迫症患者。如明明喜欢一位异性，反而表达为强烈的反感或行为上的打击。

14.抵消：试图以某种行为抵消发生的事实。如做了不该做的事就拼命去洗手。

15.补偿：当一个人在某方面得不到满足时，就不知不觉地用一些方法来弥补其缺点。如身材不高就拼命学习来补偿其自卑。对自己没有信心就拼命靠整形改善外观，以至屡次做不必要的整形。

16.仿同：模仿特写的对象（一般是模仿仰慕的人，如女孩从小学习妈妈照顾婴儿，成人对电影明星的模仿等），以便达到心理上的需要。分为两种，一是向下面的榜样仿同，二是向强大的权威仿同。

17.压抑：对不符合社会规范或个人道德要求的想法、欲望或感情，就加以控制并压下去，不让在脑子里出现。这是比较意识性而理智性的处理方法。

18.升华：将低级欲望的动力化为对高尚目标的追求。如有对权力的追求欲望，就从事政治或服务于公众事务。

19.幽默：将重大的事情化为比较不值得重视的问题而说出或看待。是一种举重若轻的方法，表现出人的意志坚定、胸襟宽广以及驾驭语言的较高能力等。

20.利他：将自己的欲望或冲动使用在他人的利益上，得到社会的好处。如自己孤单长大的人，对小孩感到特别有兴趣，长大后从事幼儿园或托儿所的工作。

21.情感矛盾：精神分析认为我们难得有完全的爱，并且相信只有不完全的爱才是真实而可能有的。一个人可能会对同一个人或事物同时产生两种相反而冲突的感觉。爱和恨同时存在于同一个人的潜意识心理中，而两种相反的感觉系针对着相同的目标。

22.被潜抑事物的重复出现：被排斥于意识之外的欲望、想法，经过伪装重现于意识中。

23.冲突：心理上任何相反力量的竞争。也可能在意识中，也可能在潜意识中。这场争斗愈接近潜意识愈厉害，在人格上产生的结果也愈猛烈。

曾文星认为：对心理防御机制的观念与了解，可以帮助我们对来访者的心理与行为加深了解，进而提高辅导的水准。

2005年3月16日

## 第五讲　自由联想、移情、指点与修通

一、自由联想

精神分析的一个基本假设就是潜意识中压抑的内容是致病的根源。因此，将这些内容从潜意识中引入意识中讨论，就可以消除其能量，除去症状。但潜意识的内容要进入意识，通常会受到"自我"的强烈的阻抗。为了战胜这种阻抗，在长期的探索中，弗洛伊德发明了"自由联想法"。

具体做法就是："改变那种鼓励患者就某一特殊主题进行叙述的方法，而是让他们进入一种'自由联想'的过程，就是说，脑子里出现什么就说什么，不给患者的思路以任何有意识的引导。但是关键的是，患者应该保证逐字逐句地说出他自我知觉到的一切事情，不能以某些联想不够重要或者不相干或者根本没有意义为理由而企图将其搁置一边。"（《自传》52页）

患者的叙述会不会完全漫无边际，而与分析毫无用处呢？不会的。

"自由联想并非真正的自由，即使患者并不把他的心理活动引向某一特写主题，但他仍然处于那种分析的情境的影响之下。我们完全有理由假定，与这一分析情境没有任何关系的事情决不会进入他的联想之中。"（同上）

患者真正能够做到自由联想，咨询师努力创造出"分析的情境"是非常重要的。这种分析的情境包括：咨询师的权威、榜样、接纳、善意、体察的个人形象，以及安全舒适的环境气氛等。

患者的自由联想不是一次完成的。第一，接近意识的内容先出现，前面的内容往往是后面内容的遮蔽物。出现的内容被接受，附着在上的感情得到释放，后面的内容才会出现，一步一步地会深入下去。第二，越是与意识冲突的东西，在联想中越容易变形为"替代联想"，这其实是一种歪曲和幻想。咨询师要有耐心。"成功的分析需要有机智和熟练。"（同上书53页）

二、移情

咨询师应该掌握和注意的是：

1.及时发现移情关系。病人对咨询师的情感或期待与咨询师的态度没有关系。这时就要警惕是转移移情关系。然后通过观察来印证。

2.适时的指点与说明。发现病人发生了转移关系后，根据情况适时进行指点与解释。当需要说明时，向病人解释他是在重温旧梦，将过去附着于现实（"在他的移情定势中，他正在重新体验儿童时期的被压抑期间产生于他的最早对象之中的一些情绪关系"，《自传》，56页），应该从幻想中清醒过来。

3.引导病人通过向咨询师学习，体验新的关系。

4.咨询师也要注意发生反移情。

三、指点解释的施行

确定好指点解释的目标、方法与时机。

根据患者的领悟力等确定指点解释的目标。有些人只可就事论事，有些人可深入讨论到人格、人生观等。对于对方的价值观，一般不做严厉的批评与强求。但也要强调法律的约束和普世价值观的宣传和影响。

方法：直接指点。讲故事，打比方、引用他人的事例等侧面的方法等。

适时。过早，可能造成求助者丧失信心并从而向咨询师攻击。过迟，不利于求助者的成长提高。

## 四、修通

修通是指求助者在治疗者的帮助下，完成情感的倾诉、宣泄、矫正，改变错误的认知，改善和纠正不适合的行为模式，达到与现实环境的相容，并人格上更加成熟和完美的这样一种过程。

重复改善需要纠正的行为。一个人原本的情感与行为模式不是容易改变的，需要重复尝试与练习才能更改一个人的心理、感情、与行为。治疗者的作用就是帮助求助者，供给支持，随时鼓励，并且监督其改善。

曾文星写道：精神分析的一个基本要求就是练习成熟。放弃比较幼稚性的反应，学习比较成熟的适应，追求比较成熟的性格，是最终的课题。在咨询与辅导的过程里，时时地检讨是否变得比较成熟些，接近比较完满的人格。这是精神分析对人的期待，也是哲学上的追求。

2005年3月

# 第六讲　案例分析

**【案例1】**

某男性案例（略）。

**【案例2】**

基本情况：女性，20岁，某大学二年级学生。家在农村，有父母和一个弟弟。父亲常年在外地打工，母亲在家种地，弟弟上高三。家庭生活比较困难。本人约1.60米身高，体形适中。面容姣好。戴近视眼镜，但观察可见近视程度不重。

初步精神状况的判断：听别人讲话认真，反应适当。说话口齿清楚，语速较快，逻辑清晰，表达意思明确。

自述的主要问题：上课看书不能集中精力，以致学习成绩不好，考试时勉强及格。一看书就脖子发硬、头痛。嗜睡。与人不能交流，没有朋友。

咨询主要过程及分析：

一、首先排除其有否躯体方面疾病

问她是否近期做过体检。答曾到医院检查过，身体没有什么毛病。各项指标正常。眼镜是最近新配的，也没有问题。观察其脸色，也是健康的样子。总之，基本可判断目前没有躯体方面的疾病。

二、排除是否精神方面疾病或抑郁症

与咨询师对话，逻辑思维正常，排除精神分裂症一类精神疾病。考虑抑郁症，经向其询问，不符合抑郁症的特征。比如，其并非持续性的情绪低落，也无睡眠不好表现。她并不是对任何事情没有兴趣，其述半年前借到一本书《生命的重建》爱不释手，抄下了书中的许多内容。到了4个月的最长借书期，不得不还等。判断属于一种以焦虑为主，亦有抑郁倾向的情绪障碍，但不严重。人格可以确定是完整的，但是否有偏离，尚需随后观察确定。初步判定其主要问题仍是心理方面的。

三、经采用自由联想的原则，向其成长过程追溯寻找原因

1.经过犹豫，其说出从小受到母亲严厉、甚至可以说是粗暴的对待。她是家中第一个孩子，出生前，父母爷爷奶奶都盼望是个男孩，她出生后所有的人都不喜欢她。母亲脾气暴躁，又与公公婆婆关系不好。小时候，父母经常吵架。母亲动辄对她非打即骂（直到目前仍经常骂她）。偏向弟弟。她做什么也是错。不让她出外与同伴玩。很小时，把她一个人锁在家里，从炕上掉下来，摔破了头，现在还有伤疤。她与母亲没有感情，恨母亲，放假也不想回家。但与父亲关系还好。

由此，她养成从来不与人交往的习惯。自述现在与同宿舍的人也不大说话，没有任何朋友等。

在叙述的过程中，几次伤心痛哭。

咨询与辅导方向：她只有与母亲和解，没有另外的路子。母亲对她的伤害造成了她性格中有强烈的自卑感，必须自己在生活中通过思考和学习，能够战胜和升华。她自述通过读《生命的重建》以及接触基督教，读《圣经》，心灵受到很大的震动，深感应自己振作起来，改变性格中不好的东西，从过去的伤感和不幸中摆脱出来。

启发：她母亲是一个没有多少知识的妇女，应该体谅她的苦难，理解痛苦的生活对她心理的扭曲。

2.考虑到她自述从不与男生接触交往，咨询师觉得除了其母亲的影响，也许还有其他的伤害和痛苦。于是，加以引导。她自己也慢慢地克服了阻抗。开始

叙述对她来说更惨痛的创伤。

初三、高一时，班上三个男生向老师告发，说该女孩上课看他们。老师遂严厉地批评了她。另有一个年轻的男老师也向别人说，该女孩上课时只看他不听课，并广为散播这个消息。于是校园内大家对她另眼相看，她走到哪里都有恶意的眼光和指指点点的评论。母亲、弟弟听到这些，也骂她，说怎么我们家出这么一个不要脸的人等。

她自觉从来没有多看过男生和男老师。但她又不敢反抗，只能默默忍受。有时甚至自己想，难道我真是看他们了吗？从此，上课她不再抬头，只是自己看书自学。开始有了嗜睡的毛病。但老师也不再管她。

上课时她有时就趴在桌子上睡着了。她想转学，但父母说没有能力帮她办。她在学校成了一个另类的人。被歧视，在别人的污蔑污辱中生活。内心无比苦闷。但她十分爱学习，只能在屈辱中发奋学习。

本以为考上大学离开家乡就好了。但大学里有她就读的中学考来的男生，又在学校里散播她所谓过去的不光彩的事。她有点绝望了。她好想报复这些人，想用炸弹炸掉给自己带来伤害的中学……

讲这些事情时，她大声痛哭，因情绪极度悲愤而抽搐不止。她哭道："我不知道他们为什么这样对待我？"

听来让人感觉到不像是发生在21世纪的事。也不像是现实生活中。似曾相见在中世纪为时代背景的小说或电影中。自述自从9岁时，一次父母吵架她吓得大哭，被母亲严厉斥责不准哭，至今再也不会哭了。大学后与同学看电影看到悲惨情节时，自己想哭却怎么也哭不出来。在咨询过程中的哭，可以说是一种倾泄式的哭、一种压抑已久而终于爆发的哭。

到此我们可以明白，她为什么不能集中精力学习和读书了：过去的心理创伤没有消失，新的伤害仍然存在并威胁着她。这一切已经扭曲了她的性格和一定程度上扭曲了她的行为。

咨询与辅导方向：

第一，从心理学上认识到他们所以这样攻击你，是为一种变态的欲求所驱使，是出于一种得不到某种东西就要毁灭这种东西的罪恶和变态的心理。关于老是看男生的谣言，是这些人心理投射所致。

第二，不能再忍受下去，必须与这种对个人的欺负和侮辱做直接的斗争！忍让和软弱，只能使这些人更加肆无忌惮。

第三，报复不要仅止于幻想中。要付诸实际的和主动的行动！但报复不要过度。要有利有节。

第四，有破有立。在同坏男生斗争的同时，也要交往好男生。发展正常的异性交往。

第五，嗜睡是潜意识中运用自我防御机制中的"退行作用"、"体化作用"所致。

四、尚需进一步搞清的问题

其叙述颇情绪化，情感充沛，语言表达好，声情并茂，有戏剧化特点。自述现在经常上网。当问其上网的钱怎么来，她自说别的地方节省。尽管其家庭如此困难，其穿戴虽不奢华，但也不土气，一副城市小姑娘打扮。人也比较大方。推测是否过去行为有不适合当的习俗之处。有否偏执性人格异常和表演性人格异常的倾向。但不能下结论，需进一步观察。

精神分析认为人是一个复杂的个体，尤其是在潜意识中，高尚和邪恶可以并存，只是量的多少不同。

2005年3月

# 对许又新教授《神经症》一书再版的建议



一、总的建议

许又新教授这本著作（《神经症》）在学理及治疗技术的总结阐述上具有里程碑式的意义和价值，在大的方面不需作大改动，只需补充从此书写成到现在约20年来在神经症理论和治疗技术方面的进展即可。

如果教授本人不能亲自做修改，不宜由他人操刀，以免破坏此书的风格。可否这样处理：在每一章之后，加上一段述评，这段文字可由许教授确定总的思路及指定材料，由他人（或他的学生）写成。

本书原文的个别文字，可做适当修改。

二、具体建议

（一）关于神经症病因方面。一是神经生理学最新的发现，尽管许多这方面的发现还不是肯定的意见，但神经症是否具有器质性的病因，已是科学的发展必须回答的问题。如能有选择地加以介绍和评论，可以扩大读者的视野。二是关于神经症起病的心理社会因素以及患者的病前人格研究。精神病学界最近一二十年来，做过大量的具有统计学意义的调查与研究，如能对此进行总结归纳是非常有意义的。

（二）关于治疗方面。药物治疗方面：新药的效用、用药的选择等；心理治疗方面：各种流派的融合、心理治疗人员的培养、重视心理因素的医学模式的转变等；精神卫生心理健康知识普及方面的发展：如国家和各地推出的精神卫生方面的计划、措施，以及政府的财政投入等。

（三）22-23页，36页，"把歇斯底里从神经症里区分出去"，CCMD-3已这样做了。可修改或在述评中说明。

（四）26页"交流情报"，"情报"可改"信息"。

（五）132页，现在对精神外科治疗的评价，临床上的应用情况等。

（六）140页，"讥抱病工作者为'极左'"，"极左"一词，现代人不好理解，可换掉。

（七）162页介绍了"无聊神经症"，确如许教授所推断，现在社会这种病人在增加，有一些退休人士变成了这样的病人。同时，在激烈的竞争下，也有一些人退回家庭，自闭起来，自愿与社会隔绝。据笔者观察与咨询中所见，这些人以中年的下岗工人和青年人中的独生子女为多。他们由于缺少一定的技能而找不到合适的工作，当然也有他们自身拈轻怕重的心理，于是变成"啃老"一族或单纯依靠社会救济者不乏其人。他们不同于以往诊断的自闭症、孤独症，是社会大环境与个人人格缺陷合并造成的一类"病人"。有无必要命名这样的病人，并提出病因学方面的解释及治疗的办法？

（八）192页，社会致病的宏观分析，针对目前中国存在的贫富差距、社会保障的不足、信仰与道德方面的问题等，可否加以论述。

（九）194页"对于我们每一个人来说，社会是最大恩人……"这一段，似有点愤世嫉俗的味道，许教授的思想是非常深刻的，也是出于大的善心来写的，但恐怕平庸的读者不易理解他的苦心，可否改得平淡一些。这样虽会使本书的特点被抹杀一些，但会使这一段的意义更积极。

（十）222页心理治疗，可否增加两方面的内容，一是关于心理治疗与文化的问题，其实这个问题在许教授的书中已解决了，但现在似又有过于重视西方治疗理论与方法的问题，因为将西方理论与中国文化与中国人国民性结合，是费时费力的事，不如照搬他人理论省事。二是心理治疗专业人员的培养及管理（无法规，多头管理），与心理治疗的研究。

2007年1月5日

注：本文应北大出版社要求而作。《神经症》一书再版之前，出版社按许教授要求，征求部分读者意见。

# 中国心理医生的必读书
## ——学习许又新教授著《心理治疗基础》的体会

北京大学精神卫生研究所的许又新教授是我国最知名的心理学专家、精神病学专家、心理治疗与心理咨询专家之一，他长期担任中国心理卫生协会心理治疗与心理咨询专业委员会主任。这位大师级前辈的著作，我个人认为最具代表性的是写给心理医生和精神病医生的以下三本书（当然非心理医生和精神病医生的读者有一定相关知识也完全可以通过阅读学习，从而加深对人的心灵和精神世界的理解）：

《神经症》，1998年湖南科学技术出版社出版。

《精神病理学：精神症状的分析》，1998年湖南科学技术出版社出版。

《心理治疗基础》，1999年贵州教育出版社出版。

我今天来谈一点学习许又新教授《心理治疗基础》一书的初步体会，不妥和错误之处，请同行朋友们批评。

一、《心理治疗基础》一书的特色

我以"理论精华与实践经验在中国文化框架内的完美结合"来概括此书最主要的特色。

心理咨询与心理治疗，肇始于西方，其理论主要有精神分析、行为主义、人本主义等诸多流派，许教授在精研各派学说的基础上，融会贯通，将各家精华取来，加上自己在长期的心理咨询与心理治疗实践中的丰富经验，又细致考察中国文化和中国人人格之特点，终于成自己"一家之言"。这个"家"是"大家"之"家"，所谓"出乎其类，拔乎其萃"，此等水平，依本人浅见，国内尚无人企及。

例如，本书将"人际关系"置于全书第一章。开宗明义即讲："健康的心理和人格表现为良好的人际关系，或者，反过来说，良好的人际关系是健康的心理和人格之基本的和最重要的表现。与其类似，所有精神障碍都表现有人际关系障碍，甚至可以说，人际关系的困难和麻烦愈多愈严重，精神障碍也就愈严重。"

这真是一语中的。让所有学习心理咨询与治疗做心理医生的人，一下子就能抓住根本。试想面对病人或来访者，如果我们能从"人际关系"的角度开始进行考察和处理，则一切变得何等的简洁和有条理！

能抓住这样根本性的问题，又论述得这样简明，非有精研理论并有丰富的实践经验不可。

二、完备与逻辑性

作为一本主要给从事心理治疗与咨询的人提供相关知识和技术的一本教材性书籍（中科院心理研究所和北京大学的心理教学长期以来一直使用此书作为教材），《心理治疗基础》一书理论的介绍和技术的传授做到了全面完整，而在编排上又独具匠心，使全书体现出严密的逻辑性，使人能由浅入深地学习和掌握，并且让人感受到兴味盎然。

第一章人际关系，是提纲挈领，让人能一下子抓住人际关系这一根本，正所谓纲举目张，前文已述及，此处不多说了。第二章讲心理冲突。许教授将常见的心理冲突列举为"应该之暴虐、被爱的渴求、自卑情结、不安全感、违禁性罪感、个人耻感等"多种，分别予以说明。对这些病态的心理冲突（许教授称之为神经症性心理冲突）产生的心理根源及矫治办法的理解和掌握，是做心理医生的基本技能。

后面几章是防御机制、行为研究、适应与调节、系统理论、各种心理治疗简介、起作用的共同因素等。介绍任何一种理论时，许教授不是照本宣科，而是在忠实阐述其主要观点的同时，提出自己的见解。比如对于弗洛伊德的精神分析理论，对于弗氏自己十分看重的"生之本能""死之本能""潜意识"等，本书很少使用术语介绍，而是将其思想融入行文中，并单列一章介绍其"防御机制"，我想这既是符合时代发展学术界对弗氏思想的认识的变化，也是本书作为"心理治疗基础"写作目的的需要。

从本书涉及的理论和技术的全面、准确、公允和具有的把握全局的高度来看，《心理治疗基础》一书不但是必读书，更是应该反复研读的一部"宝书"。

### 三、文笔流畅简洁

《心理治疗基础》一书的文字风格也很突出，那就是流畅简洁。现在各种心理咨询与治疗图书很多，有中国人写的，也有翻译作品。我觉得有两大弊病，一是多人编写，从思想到材料的组织再到文章风格都不统一，显得杂乱无章；二是语言不够简洁，有意或无意地追求繁杂和臃肿，动辄几十万字，甚至上百万字，而许教授此书只有13万字！但可以说是字字珠玑，以一当十。

我们来看第五章"适应与调节"中的一段话：

"神经症病人很少能体会到交谈本身的意义和乐趣。如果是和医生交谈，病人一心想得到的只是关于诊断和治疗方面的帮助，他们的心灵似乎是一栋紧锁着大门无人居住的空房屋；或者，他们的面具已经和皮肤长到一起而撕不下来了，所以，医生只能跟病人角色打交道，接触不到他们真正的自我。这是心理治疗的困难所在。治疗者唯有真诚坦率，才可望逐渐发展心理治疗关系。"

这就是许教授此书的语言特色，它完全是自己的话语，不是转述别人的。它的语言平实，但言简意赅，发人深省。这须有精深的学理和高超的语言本领才能做到。

### 四、哲学的高度

孟子曰："梓匠轮舆能与人规矩，不能使人巧。"心理咨询与治疗的对象是活生生的人，因而有再高的技术却没有对人的大仁大爱，没有对中国人民族性格的充分理解也是做不好的。

本书中许教授对于中国人好面子，不尊重个人权利，不重视儿童游戏等弊端的批评，对于心理治疗的最终目的的阐述等方面，从思想性讲都是非常有深度的。这种从社会学角度看问题论述问题的方法，使本书超出了一本技术性书籍的局限，而对于提高心理咨询与治疗者的个人素养很有帮助。

在各种心理治疗方法中，看得出许教授对于"存在主义的心理治疗"情有独钟，我想也许是因为"存在主义的心理治疗"如一些专家说的与其说是一种心理治疗方法，更不如说是一种对人的教育，一种人生观的指导。请看下面一段话，这是许教授对"存在主义心理治疗"作的解释和说明：

"信守对爱的承诺，就是要经常重新决定爱的言语和行动。没有任何一次性的行动能够把对生活的承诺永远维持下去。神经症性不忠实于生活的主要特点，就是把流动性变成凝固性。生活所提出的问题没有任何外在的和超个人的解答。只有行动才能创造价值并将它注入世界。人生除了行动以外，别无他途，而每一具体的行动都是我的自由选择。因此，我有无法逃避的责任。唯一使人勇敢地活下去的是负责任的行动。现象学关于人生的断言并非宣扬悲观主义，而是为了清晰明确，它意味着坚韧，不愿意使自己迷惑和犹豫，不愿意无所作为地等待，不愿意怀抱美好的幻想，这样，倒使人安详。……心理治疗之最神圣的任务，就是促进人的成长和发展。"

尽管许教授一再说他不涉及哲学的领域，但谁又能说以上的话不是一种哲学的语言，而心理治疗又怎么能离开对于人的哲学的理解和表述？

我自从得到《心理治疗基础》一书，已认真地研读了三遍，每一遍都有新的收获。但仍有许多地方理解得不深，随着对心理学理论的继续学习和心理咨询实践的积累，我会再学三遍，甚至三十遍。

最后还有一点小小的希望：这本书毕竟出版多年，而写成的时间恐怕还要早。如果许教授能修改一下再版就好了。比如，现在出现了诸如网络成瘾、网恋、离婚率升高、职业压力大、经济上两极分化的扩大等新问题，如能加上对这些社会现象的心理学解释以及矫治方法的讨论，对于我们这些心理咨询与心理治疗从业者来说，不啻久旱而天降甘霖。

写于2006年2月24日

# 《心理分析：理解与体验》的读后体会

一

申荷永教授是具有国际分析心理学会心理分析家资格的心理专家，现任华南师范大学心理分析方向博士生导师。

他曾出版《心理场论》、《心理教育》、《理解心理学》、《中国文化心理学心要》、《充满张力的生话空间》、《灵性：分析与体验》等专著。获得过国际富布莱特学者奖（1996）；瑞士爱诺思基金会圆桌研讨会主讲（1997）。组织并主持了第一届（1998）与第二届（2002）"心理分析与中国文化"国际研讨会。

申荷永先生的新著《心理分析：理解与体验》今年七月由三联书店出版。

据作者自述，他写这本书的目的是，试图在中国传统文化的基础上，发展出一种有效的心理分析理论，包括方法与技术。这种心理分析不仅可以运用在个体临床上，起到基本的心理治疗的作用；而且能够帮助人们心理的发展与创造，增进心理健康，发挥其心理教育的意义；同时心理分析还可以在认识自我与领悟人生意义方面，获得自性化体验与"天人合一"的感受。

分析心理学是容格在脱离弗洛伊德的精神分析运动以后创立的一种学派，虽可说它渊源于弗洛伊德，但却是"对古典精神分析的选择性发展"（车文博《西方心理学史》），在心理学发展史上，自有其重要的地位和价值。

申教授的这部力作是他多年辛勤探索的结晶，包括许多深刻的内容，对每一位读者都会有一定的启迪作用。就我本人来说，最有收获的是书中关于弗洛伊德精神分析的介绍（第二章）和关于心理分析的方法与技术（第五章）的阐述。

弗洛伊德本人的著作国内出版的不少，传记也有了至少两种。申教授的著作中却有自己独到的体会与表达。

第二章"弗洛伊德印象"一篇中，他以"俄狄浦斯的化身"、"单纯固执的性格"、"工作、爱情与希望"3篇文章概括了弗洛伊德的生平和人格。申教授将弗洛伊德与《大西洋海底来的人》中的麦克和电影中的"超人"类比："他们都不太理解世俗的理念，更不用说世俗的规范了；他们都有着一份固有的坦然，凭着自己的良知和本性来表现真实的自我，他们都有着一份天真，自信而固执地坚持己见；他们都有着一份同样的热情，不管是对于真理的追求还是对于人类的责任。""当有人要他展望人类的未来，表达他的理解与期望的时候，弗洛伊德深情地说：'爱与工作，这是我的希望。'"申教授的字里行间表达出对这位伟人的敬爱与认同，读后令人感动。

申教授以"潜意识与心理结构"、"抵抗与压抑"、"性与神经症"概括了精神分析的主要内容，以"自由联想"、"梦的解析"、"移情与暗示"概括精神分析的方法，也是很得其精要的。对这一点大家恐怕没有异议，即弗洛伊德的精神分析理论博大精深，也可以说是相当芜杂。我想申教授还是从狭义上来阐释精神分析的，对于弗洛伊德的哲学层面的思想未予讨论。

第五章写心理分析的方法与技术，申教授又不囿于一家之成见，而是博采众长，集中了分析学派各家之长，内容非常适合从事心理咨询与治疗的人理解和学习分析的技术。申教授的解释又是深入浅出，处处抓住每种方法的精髓。如在讲解"共情"的方法时，先释义："共情所表达的是一种设身处地的同感，也即一种能够感受到别人感受的能力。"进而阐明"真正的共情不是任何技巧性的刻意表达，也不属于任何语言的技能，而是一种专业的素养和真诚的态度。"并引阿德勒的话"穿上病人的鞋子来感受与观察病人的体验"来说明。

对我来说，通过申教授的书，得以更深入、准确地理解和学习到精神分析的理论与心理治疗技术，可以说是获益匪浅。

二

申教授书中以中国文化来融合、阐释心理分析，我感觉自己中国文化和西方心理学的修养和学识都不够来评论的资格，老实说在这方面，我的思想还不能达到深入和明晰，只是说出一点感想。

申教授说的中国文化似乎就是《易经》和老、庄，心理治疗如果以这些思想为指导，会不会引人"出世"？如果心理治疗后的人都成了"此亦一是非，彼亦一是非"，无可无不可的"真人"，对社会是有益还是无益？

还有一点，如果我们把心理治疗作为一种自然科学，则似乎无须与中国文化（也无须与任何文化）相结合。从精神分析或心理分析的技术来说，它只是克服阻抗发现潜意识内容并将其引导到意识层面进行讨论的一种工具。仅此而已。如果我们把心理分析与某种文化，例如中国文化结合起来，形成为一种技术和方法，会不会是一种宗教或准宗教？

将宗教与心理分析结合，也许正是容格的本义。

他说过："治疗可以被称为是一个宗教问题。"

"我治疗了几百个病人……他们当中没有一个人在重新获得宗教世界观之前就被真正治愈了。当然，这与某种特定的教义或者教籍无关。"以上两段引文见《未发现的自我》。

在这个问题上，容格与弗洛伊德的分歧是很大的。他们在同一个点出发，却各自走上了不同的道路。

写于2004年月10月15日

# 马斯洛《存在心理学探索》读后感想

我读到的是云南人民出版社1987年8月第一版第二次印刷的版本，〔美〕A.H.马斯洛著，李文湉译，林方校。

虽然译者介绍，此书是"关于人性与社会关系的研究"的著作，不过我觉得以心理学的术语，也是用马斯洛自己的话，此书是阐明他的"成长理论和自我实现理论"的。

人人几乎都知道马斯洛的"需要层次论"和他的"自我实现理论"。但如果一个人不满足于从别人的综述中学得一知半解，那就非得读一读马斯洛的《存在心理学探索》不可。

一

马斯洛建立他的理论是从批判弗洛伊德的经典精神分析开始的，他在本书中写道："弗洛伊德对于人的描述显然是不合适的，他没有考虑人的志气、人的可以实现的希望、人的神圣的品质。弗洛伊德给我们提供了心理病理和心理治疗的最全面的体系……""弗洛伊德向我们提供了心理疾病的一半，而我们现在必须用心理健康这一半使之完成。"

从以上的话我们可以看出，马斯洛对人性的研究也是"动力"一派的。不过他不是像弗洛伊德一样将动力归之于"本能""性本能"，他提出了动机背后的需要，这才是人生的真正动力之源泉。

他的关于需要的理论是深刻而细致的。前面讲过，一般人常常只了解到"生理需要""安全需要""归属与爱的需要""尊重需要""自我实现需要"等几种需要，用它们来解释人类活动的动机。读过此书，才会学习到马斯洛更深刻的论述。

首先，他是将5种需要分为"基本需要"与"成长需要"两大类的。前4种需要属于基本需要，最后一种才是成长需要。

第二，基本需要与成长需要的根本区别在哪里呢？马斯洛将基本需要看作一种"缺失性需要"，反过来说，这些需要缺失人就会得病。不过不是生理疾病，而是精神和心理方面的疾病。这就是马斯洛的精神病理学。他写道："神经病从其核心和起源来看，似乎是一种缺失性疾病；它起源于没有在一定程度上满足我称之为需要的东西，这些需要是和对于氨基酸和钙的需要是一样的，即它们的缺失就会引起疾病。"马斯洛的这些观点，不但具有理论和哲学上的意义，对于我们从事心理咨询与心理治疗的人来说，更具有指导实践的重要意义。

第三，马斯洛更推崇和看重成长需要。在他看来，基本需要的满足仅仅是使人不得病，而追求成长需要才能使一个人更健康。基本需要的满足需要依赖一系列客观条件，有许多是人无法左右的。只有成长需要——自我实现，才完全是从内心而来的动机，几乎不需要外部的条件就可以实现。有这种需要的人，更重视精神领域的价值的追求，更能摆脱世俗的名利羁绊，心态更平和，胸怀更宽广，生活更有目标。

第四，需要的满足必须是一层一层进行的。所以马斯洛的发展心理学强调必须关注儿童的基本需要的满足，需要的缺失就会使儿童的人格受损。他说："只有感到安全的儿童才敢于健康地成长，他的安全需要必须得到满足。""低级需要自身充分满足已经实现的基础上会浮现出新的高级需要的倾向。有幸正常生长的儿童，需要获得了满足，当他充分尝到的快乐厌烦了，会热切地继续寻求更高级的、更复杂的快乐，只要这些快乐对他来说已经变得可以得到而又无危险和威胁。"

二

马斯洛对于自我实现和高峰体验的论述是激动人心的。我认为这些论述是他的心理学理论中最令人感动，也是最有价值的部分之一。这是一种纯粹精神上的体验，它具有高山仰止般的道德高度。"任何人在高峰体验时，都暂时具有了我在自我实现个体中发现的许多特征。也就是说，这时他们变成了自我实现的人。如果我们愿意的话，我们可以认为这是一时的性格上的变化，而不仅仅是情绪与认知的表现状态。在这时候，不仅是他最快乐和最激动的时刻，而且也是他最成熟、最个体化、最完美的时刻——一句话，是他最健康的时刻。"

不要以为马斯洛的高峰体验是一种玄学式的论述，只可意会不可言传。他从认知、情绪、对同一性的体验等几个大的方面，说明了高峰体验的特征。总之，高峰体验虽然不可人为地召之即来，但它并非不可理解。它是长期追求后的一次飞跃，是经历长时培养后的必然结果。

"高峰体验时刻的人，成为一个更纯粹精神的而较少世故的人。""他摆脱了阻碍、抑制、谨慎、畏惧、怀疑……""他是更有创造性的。""高峰体验仅仅是善的和合乎需要的，而且从来没有被体验为恶的和不合乎需要的。这种体验从本质上就是正当的。这种体验是完美的、全面的。"

三

中国古代对于人性的理解有"人性本善"与"人性本恶"两派。如果这样简单地分类，那马斯洛是属于相信"人性本善"的。他对世界和人的根本看法是乐观的，在这一点上与弗洛伊德似乎是相信人性本恶迥然不同。

马斯洛这样表明着自己的观点："似乎大多数的心理学家都认为，邪恶行为是反应性的而不是本能性的。这种看法包含有这样的意思，虽然'恶的'行为是非常深地置根于人性之中，而且是从来不可能完全消除的，但是，当人格成熟和社会改善时，仍然可以期望缩小恶。"

所以，"专业的心理治疗家每天都在转变和改变着人性，每天都在帮助人变成更强大、更有道德、更有创造性、更和蔼的、更热爱的、更利他的、更安祥的人。"

我国古代伟大的史学家、文学家司马迁在《史记·孔子世家》中写道："《诗》有之曰：'高山仰止，景行行止'。虽不能至，然心向往之。余读孔氏书，想见其为人。适鲁，观仲尼庙堂车服礼器，诸生以时习礼其家，余低回留之不能去云。"

我们大可不必学马迁那样的伤感和多情。需要的是学马斯洛等心理学大师们的榜样，在自己不断成长的同时，以大爱之心帮助那些基本需要缺失的人，帮助他们找回生命和生活的意义。心理咨询与治疗是一种助人自助的行业，帮助别人的实践也是个人自我实现的过程。

2007年6月28日

# 一部不同寻常的"笔记"——《许又新文集》

我了解许教授，是从阅读他的《精神病理学：精神症状的分析》一书开始的，许教授对于列出的精神症状的分析和把握，每每能抓住实质，言简意赅地描述出其特征，并进一步给出其主要表现，再进而旁征博引，加以论述，使读者对这一症状有深刻的了解与把握。

比如，关于"紧张"，许教授写道："紧张状态意味着张弛自调节的障碍，病人无法使自己松弛。所谓过度紧张，与其说是紧张程度的过分，毋宁说是丧失了自我松弛的能力。"这是非常富有哲理的论述，非精研理论并有相当丰富的临床经验不能写出的。

后来有一次参加青岛心理卫生协会的活动，得到了一本翻印的《心理治疗基础》。

我结合自己的心理咨询实践，把《心理治疗基础》读了几遍后，确实感到此书非常实用。所以2006年2月，我写过一篇文章"中国心理医生的必读书——学习许又新教授著《心理治疗基础》的体会"，向读者，尤其是心理咨询的同行朋友介绍许教授《心理治疗基础》及其他著作。

我的体会发在网上以后，2006年底，北京大学医学出版社的一位编辑看到后与我联系，说他们要再版许教授的著作和文章，许教授同意但要求出版社征求一下心理咨询心理治疗工作者对于他出版的著作的意见和建议，并且该编辑指定我针对许教授的《神经症》一书提些看法，许教授的这本书出版于多年以前，我曾从一位同行那里借到一本并比较快地读过，那是我刚开始从事心理咨询的时候，所得印象不深刻，原因是许多地方我看不懂。北京大学医学出版社的编辑很快给我寄来了《神经症》一书的复印本。这次我认真地读过两遍，不自量力，写了一点所谓的"意见和建议"发给出版社，他们随后转给了许教授。这也是我感到不胜荣幸与自豪的地方，愚者千虑，必有一得，我的意见也许有那么一点点可供参考的价值吧。

这是我读许教授的3部著作的经过情况。后来我就关注许教授著作的重印与出版。没有看到《神经症》一书再版，前几个月，倒是看到《许又新文集》出版的消息。立即通过网上买了一本，现在已经读了两遍，可以再来谈点体会了。

首先，让我们庆祝和祝贺《许又新文集》的出版。至此，许教授除了已出版的专著，从事精神医学、心理治疗工作50多年来发表的论文也汇集成册，对于指导当前的精神医学及心理治疗工作有重要的意义和价值。此外，也为研究许教授学术思想和临床实践的学者提供了方便。

第二，《许又新文集》一书的价值。虽然许教授在"作者自序"中自谦为"这本集子里的文章只是一个临床精神科医生基于临床实践和个人生活经历以及阅读文献所写的笔记，谈不上什么科学研究和学术价值"，但学术界和读者不会因此而忽略它的巨大价值。

以我的浅见，许教授的学术成就有三点：1.在精神病理学方面，它对于精神症状精神疾病的分类和描述；2.在心理治疗方面综合中外多家观点，结合中国文化和中国人的人性特点提出的治疗思想；3.对于精神医学和心理治疗的趋势的把握和预测。

我认为，趁现在《许又新文集》出版的契机，亟应由精神医学、心理咨询与治疗方面的学术组织，比如中华医学会精神病学分会、中国心理卫生协会心理咨询与心理治疗专业委员会等，举办一次"许又新教授精神医学与心理治疗成就学术研讨会"，发动本领域的专家学者集中研讨许教授宝贵的学术思想学术风格及丰富的临床经验，这对于指导当前的精神医学与心理咨询心理治疗工作，早日形成符合中国特色的规范科学的心理咨询与治疗的理论与技术，是非常有促进意义的，更可以借此表达对于这位孜孜不倦于精神疾病研究与治疗50多年，筚路蓝缕开拓中国精神医学与心理治疗之路的大科学家的敬意。

2007年8月11日

# 森田正马著《神经衰弱和强迫观念的根治法》读后

　　《神经衰弱和强迫观念的根治法》由人民卫生出版社出版。我读到的是2002年3月第一版第3次印刷的版本。 森田正马(1874年–1938年)，日本著名精神科医生，森田疗法的创建者。据说森田疗法(森田本人不称它为"森田疗法"，而称之为"神经质的特殊疗法")是在1920年前后创建的。

　　当时，"神经症"这个词在日本还没确立，普遍使用的用语是"神经衰弱"。其含义是指由于过度劳累所引起的神经系统的疲劳。森田使用"神经质"来替代神经衰弱。

　　一般认为，森田所创立的森田疗法是日本独创的一种心理治疗方法。森田也是经过长达十多年的反复摸索，搜集了国内外有关文献资料，并经过一番推敲和亲身实践，多次改进之后，才逐步形成了这套独特的疗法。

　　据出版者的介绍，《神经衰弱和强迫观念的根治法》一书是森田疗法的主要著作之一，其内容注重理论联系实际，系统地、浅显易懂地说明了有关症状的发病过程与治疗问题，既可作为精神、神经科及其他医务工作者研究和使用森田疗法的工具，也是被神经质苦恼着的人们自我治疗的学习参考书。

　　在书中，虽然森田先生声明不赞成弗洛伊德的潜意识理论，但我以为在许多方面仍有暗合之处，也许他们走的是一条殊途同归的道路，发现的是同一个真理。比如他分析神经质的病人思想的核心是以自我为中心的个人主义，表面上他们厌恶症状，实则是回避痛苦、贪求安乐。他要求病人加强内省，自己承认错误，然后才能加以改正。这种分析与精神分析的挖掘潜意识没有什么不同了。一个病人如果不了解自己具有的心思，则这种心思必然是存在于潜意识无疑。还有森田先生讲到人在日常生活中发生的一些错失行为时，也与弗洛伊德在《日常生活的心理奥秘》中论述的相像。比如他讲到一个少女在为一位显要人物倒茶时，越是怕出差错越出差错，是由于头脑中担心出错的念头干扰了想做好的意志，那么，担心的念头，以及由此开始的联想明显的是在潜意识层次上运行了。当然这只是我个人的一些浅见。

　　森田正马先生是一位伟大的心理学家与精神病学家，他的著作具有永恒的魅力。他创立的以"顺其自然""为所当为"等原则为指导思想的森田疗法，具有不可忽视的理论价值和治疗作用。

作于2005年春

---

（上接67页）

式窗棂，红油漆的小拉门，前檐悬着一块黑漆金字匾，写的是馆阁体信远斋三个字。在初冬下午的阳光斜照中，鲁迅先生提着几包桃脯、杏脯之类的蜜饯，在店主萧掌柜拉门送客，'您慢点儿走……回见……'声中走出来，坐上车，回到城里西四宫门口家中。这普普通通的一点情景，谁能想到这就是鲁迅先生最后一次告别自己多年来不知徜徉过多少趟的琉璃厂呢？ 此情此景，应该早已和琉璃厂的气氛融合在一起了吧。"

　　写作专家说，写散文要"形散神不散"，而我这篇小文，恐怕是形散神也散了吧。落笔在心理咨询，扯到鲁迅先生有什么用呢？ 可我斗胆为自己辩白几句：心理咨询的最终目的在于帮助来访者心灵的净化与人格的完善，而阅读好的作品，不失为一条有用之途。关于这个题目，可谈的还很多，留待下次再与朋友们分享吧。

写于2005年8月14日

# 《弗洛伊德别传》读后

《弗洛伊德别传》，又名《弗洛伊德和他的病人们的日常生活》（法国作家丽迪娅·弗莱姆著，中文本戎容译，文化艺术出版社2002年10月第一版）。

弗氏的传记，可能写得最好的是美国著名传记作家欧文·斯通的《弗洛伊德传——我心澎湃》。那丰富翔实的材料，饱含激情的描写，流畅的语言，自是显示出斯通这位传记大师高超的技艺。鲁迅先生赞扬《史记》"史家之绝唱，无韵之离骚"的话，移来称斯通的《弗洛伊德传》可能也差不太远。

但这本《弗洛伊德别传》也是颇有特点的一本书。作者在引言中写道：

"这本书既不是创始人传记，也不是关于精神分析起源的学术评论，它有意邀上读者，来到生活里的弗洛伊德身边，也随着几个在那张铺有东方织毯的长沙发上躺过的人，同去做一番游历。"

接下来，这位女作家，植根于事实的基础上，展开她想象的翅膀，用诗一样带有些许感伤的笔触，描述弗洛伊德和他的病人们的"生活枝蔓"，再现当年维也纳贝格街19号弗洛伊德诊所的气氛。那"彩釉陶火炉里面的木柴在长沙发脚下劈剥有声，雪茄烟的气味馨香醉人，诊室内里半明半暗的光线呈彩虹的颜色，外面的街道上瑞雪皑皑，咖啡色的玻璃窗后，坐着等待就诊的病人们，还有那个医生家的女仆，总是来给病人开门……"

本书更多的是向我们展现弗洛伊德的病人、学生、朋友、家人，以及弗洛伊德与这些人交往的故事……作家可以说是擅长白描的高手，往往几笔就把一个人的特点写出来，使人物栩栩如生。杜拉、小汉斯、狼人、伊尔玛、艾玛……特别是弗氏生活中的女性，母亲艾梅莉，保姆娜尼，妹妹安娜，儿时女友吉瑟拉，妻子玛尔塔，长女玛蒂尔达，次女苏菲，小女儿安妮儿，妻妹敏娜。还有希腊公主玛丽·波拿巴，医生露易丝，歌手伊薇特，患者希尔达·杜丽特尔……

读着这本书，真有如穿越了时空隧道，随着作者的带领和指引，我们来到了19世纪末20世纪早期的维也纳，来到弗洛伊德的诊所，亲身观察感受那个时代的风貌习俗和弗洛伊德这位心理学大师的仪容风范。

许多传记读完以后，让我们觉得主人公像教堂里高高在上的圣像，高不可攀，可望而不可即。他们能激励我们去奋斗，但让我们不敢亲近。唯有从写大师生活细节、小事入手的作品，把大师从天上，从高处带回到人间，带回到普通人中间。让我们感到：哦！原来他们是这样生活和工作啊，从而能更好地理解他们的思想和人格。

所以希望对精神分析和弗洛伊德感兴趣的朋友们，来读一读这本别具一格的、风格鲜明而又笔触轻松的书。

中国的此类书中，我读过已去世的著名文史专家邓云乡先生写的《鲁迅与北京风土》。从书名大家也就可以想到是一本什么样的书了。我们来引书中的两段话吧。

在"广和居"（鲁迅时代北京一家著名的中国式饭庄——本文作者注）条目下，邓先生写道："曾经有过一条僻处宣南的普通胡同，一所古老的北京式的大院子里，开过一家著名的饭庄，有过一位给时代留下巨大影响的人，在这家饭庄进出过，饮宴过，谈笑过。曾作为一个初到北京的异乡口音的官吏，在这古老的酒肆中，自斟自饮，享用过他到北京后的第一次小酌；也曾作为一个别离多年的老主顾，旧地重游，在问候寒暄中，举杯小饮，吃过离开北京的最后一杯饯别酒。……广和居是没有了，但那老屋子，可能还在北半截胡同，过往行人，是否有风景不殊之感呢？"

在写"琉璃厂"一节的最后，作者写1932年鲁迅回到北京，到琉璃厂。"在东琉璃厂进口不远路南，那小小的两间门面的信远斋，嵌着玻璃的绿油漆的老

（下转66页）

# 治疗焦虑的有益读物：《解除焦虑》

正如作者在前言中写的："焦虑是每个人每天都会遇到的问题。在日常的恐惧和困扰与严重的焦虑之间没有一个清楚的界限。"但达不到严重的影响到人的正常工作和生活时，不需要治疗；反过来说，如果焦虑持续的时间比较长，程度也比较重，那就只有在专业人员，例如心理咨询师或心理治疗师的帮助下，才能走出困难的境地。这时候是越早越好。

作者麦克斯先生是美国一位精神病学家，他在长期的治疗焦虑症的实践中，有自己的宝贵心得。在他的语汇中，焦虑与恐惧是同义词。他认为，这两种情绪非常相似。所以他在书中，涉及到了集会恐惧、社交恐惧、疾病恐惧、创伤后心理压力障碍、强迫症、性焦虑等。

他认为，治疗焦虑和恐惧最有效的方法是属于行为疗法(虽然他也谈到认知疗法)之一的"暴露疗法"。"如果我们刻意地暴露我们的恐惧，恐惧就会消失的。""暴露疗法也被称为对抗疗法，一旦我们用足够长的时间坚决地面对我们恐惧的情况或事情，恐惧就会一点一点地消失。"

当然，这位治疗焦虑和恐惧症的权威专家也一再指出，明确的诊断、合适的治疗方案的制定，以及耐心的指导与操作是成功的保障。对于患者来说，缺乏的常常是耐心和信心。

不相信、不依靠专业人员的指导，患者自己的努力在初时的努力失败后，往往丧失继续努力的信心，所以青岛市博文汇心理咨询工作室和我本人善意地提醒患有焦虑症、恐惧症的朋友们，最好是在心理咨询师的帮助下，依靠科学的训练方法和途径战胜疾病。

《解除焦虑》一书写得深入浅出，当然翻译的功劳也功不可没。这本书对心理咨询师提高业务水平是很有帮助的。

《解除焦虑》一书中文译本,中国妇女出版社2006年1月第1版。

2006年6月

# 弗洛伊德的一段讲话译稿

本人在国际精神分析协会的网站下载了S.弗洛伊德的一段视频。应该是弗洛伊德晚年的一些影像，弥足珍贵。配合影像还有弗洛伊德的英文讲话，是他的"原音重现"，听这位伟大学说的创始人自己讲一讲自己的工作与成就，是非常有意思的。但讲话与影像并不是统一的场景。不过，在这段视频里，弗洛伊德的讲话是打出字幕的。我本人不怕英文水平低下，翻译出来并贴在这里，一方面供大家参考，另一方面也是希望读者能指出我翻译的错误，以便改正。

I discovered some important new facts about unconscious and psychic life, the role of instinctual urges and so on. Out of this findings grew a new science, Psychoanalysis, a part of psychology, as the new method of treatment of the neurosis. I had to pay heavily for this bit of good luck. People did not believe in my facts and thought my theories unsavory. Resistance was strong and unrelenting. In the end I succeeded in acquiring pupils, and bringing up an International Psychoanalytic Association. But the struggle is not yet over.

I started my professional activity as a neurologist. Trying to bring relief to my neurotic patients.

我发现了一些关于潜意识、心理过程，以及本能驱力作用的新的重要的事实，根据这些发现建立起一门新的科学——精神分析。它既是心理学的一部分，也是一种治疗神经症的新方法。我为此付出了艰巨的努力，也有一点好运气。人们起初不相信我的发现，认为我的理论令人厌恶。这种抗拒非常强烈，并一直延续至今。但最后，我成功地让大批人接受精神分析，在此基础上建立了国际精神分析协会。尽管这样，与反对精神分析的势力进行的战斗还远远没有结束。

我是以一个神经学家的身份开始职业生涯的，我一直在为减轻神经病人的痛苦而工作。

# 《三种心理学》学习札记之一

中国轻工业出版社今年1月出版了《三种心理学》，它的作者是美国学者罗伯特 D.纳（Robert D.Nye），翻译者：石林、袁坤。

这是一本非常好的心理学书籍。说它好，一是原作好。心理学理论和治疗技术林林总总，作者选取了弗洛伊德、斯金纳、罗杰斯三位来介绍。据作者在前言中说，不只是因为这三位"在对人类行为的探索领域中，他们的贡献为心理学留下了一笔巨大的财富"，而且"这三位心理学家在八十高龄仍然保持着高度的活力和创造力来推动他们的观点的发展"。并且作者的写法是"比较式"的，说这本书是一本比较心理学的著作也未尝不可。二是翻译好。主要翻译者石林是北京师范大学的心理学教授，译文准确流畅，可读性强。

弗洛伊德、斯金纳、罗杰斯这三位大师著作多、理论丰富，非有深厚的学术功力，否则不能用一本书来准确介绍和比较他们的学术成果。但作者做到了。所以本书不只是心理学初学者的一本学习这三位学者理论的入门书，而且即使是有一定专业修养的心理学者和心理咨询工作者，也可以起到温故而知新的作用。 前面说过了，本书的特色在于"比较"，为此，作者在前几章分别介绍了三位伟大的心理学家之后，单写了最后一章"比较、对比、批评和结束语"。分别从"人类本性理论""人性发展理论""心理失调及其治疗理论"等方面，比较三种理论的异同，让人在比较中看到三位观察和提出问题的不同视角，他们三位在所阐述的那些困扰人类的问题方面达到了多么深的层次，在某种意义上可以说是像黑暗中的明灯，为人类的思想和行为指明了方向。

说他们的理论有偏颇也好，不全面也好，然而正如作者罗伯特 D.纳（Robert D.Nye）在结束语中所说："目前，每个理论家都应因其贡献而受到崇敬。弗洛伊德致力于人类功能的很多方面，而这些方面以往并未得到系统整理：恐惧、狂想症、梦幻、性冲突、心理失调、童年神经症等。他的想法虽涉猎广泛但内容详细。斯金纳发展了其设想的广泛适用性。他对环境影响行为的强调保证了对外界影响的重视度。罗杰斯有助于引导对自我构想的兴趣，强调独一无二的人类素质。""每一种观点都促进了心理学和行为科学的进步。"

2010年11月21日

# 《三种心理学》学习札记之二：弗洛伊德

《三种心理学》写道："弗洛伊德是严格的决定论者，他坚定地相信所有的行为都有原因。行动以及思想和感觉都不会偶然发生。失言、梦、幻视幻听、遗忘、选择、愿望……以及所有其他的行为都被认为是可以解释的。"

用什么来解释呢？大家知道，弗洛伊德是以人潜意识内部的冲突来解释。详细的情况现在已经成为几乎人人皆知的理论，我就不解释了。既然以科学的心理学来解释，那从反面就与其他，如宗教的理论和不可知论的神秘观点划清了界线。

弗洛伊德说："没有任何知识产生于神的启示、直觉或本能的预知。"（引文见《精神分析引论新讲》，中译本安徽文艺出版社，1987年1月第1版，苏晓离、刘福堂译。以下引文均出自此书）

弗洛伊德认为宗教有三种功能，第一满足人们对知识的渴求，第二当人们面临生活中的危险和变动感受到恐惧时提供安慰，第三发布戒律。

弗洛伊德反对宗教的理由之一，或者说是他对宗教最不能容忍的是宗教为保护自己而颁布的对思想的禁戒。弗洛伊德接着写到了对于马克思主义的评价，"它的力量在于富有远见地指出了人们的经济条件对其理性的、伦理的和艺术的看法的具有决定性的影响。然而我们不可能假定，经济动机是决定人们的社会行为的唯一因素。显而易见，在相同的经济条件下，不同的个人、种族和民族具有不同的行为。在谈论有生命的人类生物的各种反应时，忽视心理因素是完全不可理解的。"

接下去，弗洛伊德对于苏联的评价表现出一个伟大的心理学家对于政治的关心，以及他睿智的头脑和远见卓识。今天我们读一读他写于20世纪30年代的这些文字，尤其是我们这些经历过中国毛泽东时代思想禁锢现实的人，除了钦佩作者的思想外，还会更清醒地认识到真理。所以我不厌其烦地抄下来以下段落和内容。

"当理念上的马克思主义在实践中表现为布尔什维克主义时，它获得了一种宇宙观的力量和自足的、排他的特点。但是同时，它也产生了一种与它正在反对的东西的某种不可思议的相似性。虽然马克思主义在运用中最初是科学的一部分，并且是以科学和技术为基础建立起来的，但它却制造了对思想的限制，而且正像宗教过去所做的那样冷酷无情。对马克思主义的任何批评性考察都遭到禁止，对它的正确性提出质疑即被宣布为异端邪说，而它采用的方式与天主教教会曾采用过的方式如出一辙。马克思的著作取代古兰经而成为新的启示的本源，虽然比起过去的宗教书籍来，它们之中的矛盾和晦涩之处似乎亦不相伯仲。"

当然，《三种心理学》一书作者并没有介绍这些内容，不仅是这本书，几乎所有评价弗洛伊德心理学的书中也鲜有人论及于此。或许人们谁也不愿意（尤其是心理学家）去碰政治。

2010年11月27日

# 《三种心理学》学习札记之三：斯金纳

谈到行为主义的心理学，尤其是激进的行为主义心理学，它的奠基人约翰.B.华生的那句名言就不得不说："给我任何一个健全的婴儿，通过提供合适的环境，我能把他训练成我所选定的任何类型人物——医生、律师、艺术家、乞丐或小偷。"

而斯金纳，通常人们把他视为华生的继承人。不过，他的观点与华生还是有一些区别，比如华生强烈断言心理学不是研究心理的科学，而是研究行为的科学。斯金纳却说，现代激进的行为主义确实考虑情感、思维和其他内部活动，尽管没有作为行为的原因；确实承认基因禀赋在决定行为方面的重要性；而且确实考虑诸如自知、创造性之类的主题，尽管未用传统的方式。但他与华生的差异可以说只是在描述的方式上或者说是在一些细节方面，在本原上，他虽然承认应该研究情感等内部的因素，但他坚定地认为，我们所处的环境的社会和物理条件在决定我们的行为方面是至关重要的。不是内部的"驱力"或"动机"等决定我们的行为，正好相反，是外部的环境控制我们内部的心理！

这简直有点像是"先有鸡还是先有蛋"的争论。如果我们把焦点总是放在他激进的主张上，就有可能忽视了斯金纳在理论和应用行为主义的技术方面的巨大成功。

运用操作行为技术，如强化、惩罚等控制行为的方法，在学校里可以使学生更好地学习和掌握知识，正如《三种心理学》一书中介绍的斯金纳的主张，斯金纳曾大力倡导使用程序化教学，在这种教学方式中将知识学习细分为一系列过程，所有下一个过程的复杂程度都比上一个过程深。每一次的学习知识量都比较合适。学生每次的量不大，学习由易到难，内容环环相扣，这样循序渐进使得学生学习起来不会出现过多的困惑。这样的学习使学生做出正确反应的比率会比较高，就可以逐步强化复杂的反应。

斯金纳对于自我控制的研究和他的观点在今天也有指导意义，如近年来比较受到关注的儿童专注能力提高的研究和实践。儿童专注能力的高低直接影响到学习的质量，严重的专注能力品质不高如再加上冲动等症状被列入"多动症"的疾病分类之中，对如何培养和强化这些孩子的自我控制能力，是教育界医学界关心的大问题。近年来，对儿童多动行为的训练改变，对孤独症儿童的训练改变，理论上看都是行为主义的。因为对于儿童，不管我们是什么学派，他或她的内部心理都还是不成熟的，有些儿童如孤独症患者，他们的心理诸因素本身就是发育有问题，即使我们重视研究心理也起不到什么作用。所以，唯一有效的方法就是行为训练。其他还有对于某些神经过敏者如失眠、疑病症、强迫症等一批不善于自省的、性格上有严重缺陷影响到生活和工作的人，行为训练——通过行为来改变他们的内心，事实证明是可行的。所以行为主义，无论如何还是有相当的价值。弗洛伊德对于主观动力的重视与斯金纳对于行为的重视，也许正是一枚硬币的两面，合在一起才是全部。从应用方面讲，总是有适应的一部分人。对于这些人来说，孔子的话说得好："求仁得仁又何怨？"

不管什么方法，解决问题才是好方法。

2010年12月18日

# 《三种心理学》学习札记之四：罗杰斯

本书将罗杰斯的心理学称为"人文主义现象学"，这也是本书的独到之处。罗杰斯在心理学和心理治疗领域里的伟大贡献至少有以下几点：

1.是他开启了"积极心理学"。当今心理学界积极心理学的发展方兴未艾，有着广阔的发展前景。与以往的心理学主要关注的是人的弱点、人的病态相比，积极心理学更多的是关注人的积极一面：人固然有许多先天和后天的不足和缺陷，但心理的积极力量或说是积极的心理力量有时会更强大。它论述道，当人们面对困难和问题时，抱持着积极的态度与消极的心态，发展的方向会截然不同。这种理论的发源正是罗杰斯理论中对人的潜能的重视与理解。罗杰斯认为，如果人们从悲观的社会影响中解放出来，就能够获取高层次的个体和人际的功能，并能避免妨碍进一步成长和实现的现实扭曲。

2.他提出的"无条件积极尊重"是培养人的健全人格的极重要的原则与方法。罗杰斯指出，当自我发展时，个体要求被爱与被接受，有一种他人对自己积极尊重的需要。由于这种需要，孩子生活中的某些人（如父母）就显出巨大的重要性。这些有影响的人能够通过给予或者不施予爱而极大地影响孩子。为了被接受，并获得所需的爱、情感，孩子可能会被迫取悦父母，从而淡漠自身的内在体验，这个孩子可能会变得越来越与自己不和谐而更成为社会影响的产品。罗杰斯提出的"无条件积极尊重"对于心理咨询、心理治疗的指导意义非常大，心理咨询师更需要无条件尊重来访者，包括他们的思想和行为，是因为来访者多是在成长过程中缺少被尊重，因而他们一定程度上失去了对自己的真实体验，对目前真实情感的真实体验。咨询师对他们无条件尊重，才能与他们建立良好的关系，从而为来访者的自我成长奠定基础。

3.罗杰斯还是团体治疗的开拓者。本书称这种团体为"交朋友小组"，有的书翻译作"会心团体"。总之，这是一种治疗或成长的团体，是具有某些方面不足或缺陷的一群人，在心理治疗工作者的带领和指导下，经过一定时长的讨论、体验，达到一定程度自我成长的一种过程。伟大的人物都是善于创新的人。在罗杰斯之前，心理医生只是从事个体的治疗而忽视团体成员间的互相影响。罗杰斯对于会心团体的理论阐述和实践方面的探讨，为心理咨询开拓团体治疗做出了重要的贡献。当今社会，团体成长训练针对有各种心理问题与心理疾病的人具有非常好的效果，是一种非常有效的形式。笔者新年前参加了青岛乳腺病医院组织的迎新年活动，得知我们青岛心理咨询师协会的一位理事正在该医院从事心理治疗与辅导的工作，她把乳腺癌患者组织成小组，开展团体的辅导与互助的活动，患者们互相支持互相鼓励，精神状态大大改观，生活质量明显提高。

罗杰斯为心理学的后来者留下了丰富的遗产，正如西方一位心理学家所说，罗杰斯的主要贡献已被多数开业者愉快地汲取了。

2011年1月15日

# 《儿童的人格形成及其培养》一书读后

　　奥地利著名心理学家、个体心理学创始人阿德勒的名著《儿童的人格形成及其培养》（中文译本韦启昌译，河北人民出版社，2002年12月第一版），虽然是几十年前的著作，但直到今天，书中的许多真知灼见仍对我们有非常重要的启迪。

　　中文译者在译者前言中写道："本书正是对儿童的人格构成做了全面、透彻的阐述，在这过程中，作者还讨论了人的天性、遗传的作用等问题。它是一本探讨人性、人的心理、人的社会的关系等一系列问题的力作。"

　　记得我曾与几位心理咨询界的同行谈到过阿德勒，我们的共识是，对人的心理、人格，人的内心世界这么复杂的问题，阿德勒能化繁为简，以"人的一生都在为摆脱自卑感，追求优越感"来概括，真是天才！

　　《儿童的人格形成及其培养》也正是按照这样的思路来进行的写作。他写道："自卑感和追求优越感是人生的同一个基本事实的两面；因此，两者纠缠不清。在病理学上，很难区分清楚到底是过度的自卑感在作祟，抑或是优越感的强烈追求在发挥作用；但后者的害处更大。这两者有节奏地起伏并同进退。过度的自卑感刺激起孩子膨胀的野心，这种野心毒害孩子的心灵，使他永远不安本分。……

孩子受到这种野心的无休止的刺激，会变得过分敏感，时时提防遭受他人的伤害或蔑视。"

　　阿德勒认为，"对孩子的教育就是要培养他的社会感情，或者说，增强他和社会紧密相关的这种意识。"他批评有些家长，"在当今社会，人们习惯上更多地关注孩子所取得的肉眼可见的成功，而不是强调他是否受到全面、彻底的教育培养。……所以，训练孩子成为雄心勃勃的人并没有好处。更重要的是应该培养孩子成为勇敢、坚忍、自信的人，让孩子认识到：面对失败不能气馁，要把遭遇的失败当作一个新的问题去解决。"

　　现在又有多少家长做到了阿德勒所希望的那样呢？反过来说，不是有更多的家长不重视孩子健康人格的培养而只重视阿德勒所说的"肉眼可见的成功"吗？

　　所以我觉得，不只是我们从事心理咨询、心理治疗的人需要熟读这本划时代的巨著，每一位为人父母的人，每一位教育工作者，都应该研究书中表达的原则，学习个体心理学在培养儿童健康人格方面的理念和方法。

写于2005年8月13日

# 精神分析与发现童年的秘密

## ——读玛丽亚·蒙台梭利《童年的秘密》

提出了"儿童是成人之父"这一著名观点的意大利幼儿教育专家玛丽亚·蒙台梭利的代表作《童年的秘密》，被认为是幼教工作者的必备手册。这本出版于70年前的书中表达的思想、提出的方法在今天仍有着重要的现实意义。这些自不待言。但是，

它与精神分析的关系，似乎还未为人们所注意和讨论。

众所周知，精神分析以"本我、自我、超我"3种心理能量在"潜意识、前意识、意识"3个层次之间的交换、冲撞、剥夺，以及平衡，来解释丰富多彩的精神和心理世界，由此被称为"动力学派"。它尤重视潜意识，往往以出自潜意识的欲望来理解人的行为，可以说，许多伟大的发现是基于此；但另一方面，不被人们接受的一些观点，如"性本能"等，也是基于此而提出的。

蒙台梭利在《童年的秘密》中非常严厉地"控告"成人的一系列"鲁莽"行为。这分为两个方面：其一是不了解儿童有其自身的成长规律，有着与成人不一样的思维和行为特点；其二是成人由于以上所说的原因，不是按照儿童的特点，相反却是以成人的标准来安排儿童的生活并强制要求儿童遵守。

蒙台梭利在书中举出了许多实例，如以成人的身高设计儿童使用的床，强迫儿童睡觉或按大人的生活习惯作息，突然打断儿童的话，强迫儿童过多地玩游戏等。而这样做的原因，是因为父母在帮助孩子成长时，不是以孩子为中心，而是以自己为中心和出发点。蒙台梭利尖锐地指出，限制孩子行为的背后，是大人们唯恐孩子侵夺了自己的领地，动坏了自己东西。拔苗助长式的督促孩子学习，是为了让孩子早日完成学业，自己可以节约金钱等。

成人的这些动机是潜意识的，因而，许多成人往往是"热爱儿童但又潜意识地伤害他们"的人。下面的这些话，如果不是一个学习并一定程度上接受精神分析的观点的人，会认为蒙台梭利言过其实或失之偏激。

"儿童的痛苦不仅是身体上的，而且是精神上的。强制的学习导致了儿童的沉闷、恐惧、厌倦和精力的耗竭。他们变得懒散、沮丧、忧郁、染有恶习、缺乏自信和失去童年的欢乐。

"儿童的家庭并没有意识到这一切。父母惟一感兴趣的是，看到子女通过考试，尽可能学得快一些，这样就可以节约时间和费用。他们不大关心学习或文化的获得，仅仅对社会的命令、强加的责任以及难以承担和浪费金钱的职责做出反应。所以，他们觉得重要的是子女应该在尽可能短的时间里获得一张进入社会生活的通行证。"

"教师出于他的责任感，更多的还是出于他的权威感，企图通过惩罚以唤起儿童的兴趣。他用威胁的手段强制儿童服从，或者通过在他的同伴面前指责他能力低下或意志薄弱来羞辱他们。这样不幸的儿童因在家里受压制和在学校里受惩罚而耗竭他们的精力。"（以上译文见京华出版社2002年第一版《童年的秘密》）

鉴于这些弊病，蒙台梭利倡导一种全新的对儿童的教育。它的指导思想是以儿童为中心，她将之表述为"儿童是成人之父"。她写道："在儿童的工作领域中，我们是他的儿子和侍从。"

在今天的中国，印刷蒙台梭利的书、在学校和幼儿园的墙壁上悬挂一些她的"语录"只是表面的东西，要真正认可和实行她的思想，谈何容易！总之，我认为，精神分析作为一种心理学思想和方法，为蒙台梭利的研究和发现提供了重要的帮助和支持。蒙台梭利在《童年的秘密》一书的第一章中，专门写有"心理分析"一节，认为"心理分析能帮助我们去理解儿童神秘的生命。"不过，蒙台梭利认为精神分析在预防儿童心理问题方面没有多少帮助。

当然弗洛伊德本人不这样认为，对此，在他的《自传》和《精神分析引论新讲》中都有精辟的论述。

2007年12月10日

# 做一个合格而且优秀的心理咨询师
## ——亚伯拉罕·马斯洛这样说

　　治疗师必须是这样一个人：他能够轻松地进入到心理治疗的理想的良好人际关系之中；而且，他必须能够与许多不同类型的人，甚至与所有的人做到这一点；他必须热情，充满同情心，他必须能够自信地给予他人以尊敬；就心理学意义而言，他应该在本质上是一个平等待人的人，即他之所以用尊敬的态度看待他人，仅仅是因为他们是人，每个人都是独特的；一句话，他在感情上应该是可靠的，他应当具有健康的自尊。此外，他的生活状况应理想地足够好，这样他可以不为自己的问题所累。他应当婚姻幸福、手头宽裕、广交良友、热爱生活，一般说来能够过得舒畅。

　　——引自马斯洛的著作《动机与人格》中文版，许金声译，中国人民大学出版社，2007年4月第一版

　　事实上，每一个有志于从事心理咨询工作的人，应该在确定自己的选择之前，认真学习和领悟被誉为"人本心理学之父"的马斯洛的这段话的深刻含义。简单说，因为这段话涉及到心理咨询师的基本人格方面的特点和最基本的素质，还有当前个人的各方面的现状及条件。尽管有些是可以在从事了这项工作以后努力去学习和追求的，但有些东西改变起来相当不容易，所以最好是在从事心理咨询心理治疗之初，就具有或接近具有这些素质和条件，这样比较理想一些。

　　我们试着来分析一下马斯洛论述的具体内容。

　　第一点，能够轻松地与不同类型的来访者建立起良好的人际关系。因为心理咨询是一种特殊的人际关系，来访者的改变是在与心理咨询师的互动中进行的。所以良好的人际关系是咨询和改变的基础。

　　心理咨询师怎样能够做到这一点呢？

　　首先，要有马斯洛所说的"同情心"。有同情心的咨询师才会设身处地理解来访者的感情和境况，才能接纳来访者的不足和问题。从这点说，心理咨询师应该对人性、对人性的弱点有深刻体会，同时自己又是一个有着善良本性的人。唯此，才能无条件地理解和接受来访者，才能给来访者以有效的帮助。其次，要有专业的技术，如倾听、关注、问话、具体化、面质，以及分析、解释、处理阻抗的技术等。而要掌握这些技术，除了在实践中不断探索学习，还要在个性的锤炼方面下长期的功夫。比如倾听，与咨询师的耐心与心境是分不开的。而问话，又离不开演讲能力的提升。再次，最好阅历比较丰富。来访者三教九流各种人都有，如果咨询师人生的阅历比较简单浅薄，来访者说起自己的经历和职业，咨询师没有直接和间接接触过，就难以进行有效的沟通。

　　第二点，给他人以尊敬，平等待人。人本心理学有两个基本的命题：对于以病理学为中心的理念的不满和重视人类的成长潜能，认为人类是自我决定的，能够选择并承担责任。心理咨询师无论发现来访者的心理与情绪问题有多严重，也执着地相信，他或她有改正错误，追求自我健康发展的动机和潜能。咨询师应该善于发现并有效地发掘来访者的潜能，引导他们恢复心理健康。心理咨询师不是先知先觉者，而是与来访者共同成长的伙伴。有了这样的一个心理建构，咨询师就不会以导师或教导者自居，不会包办代替来访者做决定，不会对来访者的一切指手画脚，才能最快地鼓励来访者努力承担起自己的人生责任。

　　第三点，感情可靠和有健康的自尊。什么叫感情可靠？按我的理解，就是能适当地对他人的行为给出感情方面的反应。举例说，对于他人对自己的善意表达，能很好地理解感受和表示感谢，对他人的不友好甚至伤害能表达即时的适度不满或愤怒，但不至于长期影响个人的情绪。总之，他的感情来源于对事物的合适的判断，这种判断是符合社会主流道德伦理和价值观的，具有普世的特征。既不保守，也不偏激。而他的情绪是稳定的，不容易为外界的事物所左右。健

康的自尊说的是咨询师的心理背景，在自信与自卑这一对矛盾的命题方面，基本上不偏于一方。他的自信不是夸大的，不是自恋式的。而基本上没有明显的自卑，尤其不能有自卑的过度补偿式的自大。

马斯洛为什么强调这一点呢？因为"人本主义治疗家重视并运用自己的经历，认为治疗者的人格在咨询过程中的影响和重要性不可低估。治疗者作为一个模特，无形中向来访者证明创造力和积极作用的潜力"。（《动机与人格》中文版331页）

第四点，生活状况足够好。因为"这样他可以不为自己的问题所累"。马斯洛很重视这一项，故下面他还做了具体的说明，他认为的"生活状况足够好"包括：婚姻幸福、手头宽裕、广交良友、热爱生活，一般来说能够过得舒畅。

这是非常重要的论述，也是非常精致精细的阐述，充分反映出马斯洛对于心理咨询心理治疗这一职业的深刻理解。

婚姻幸福被放到重要的位置，这是因为婚姻幸福，家庭关系稳定的咨询师，他本人的经历和感受就可以为来访者提供良好的榜样和学习的示范。婚姻制度这一古老的习俗和社会约定，无论在今天受到了多少挑战，但对于无论中外的绝大多数人来说，仍然是最合理的一种男女合作共同生活和繁衍后代的制度。没有婚姻或婚姻不幸福的心理咨询师在这方面有严重的缺陷。他们缺少信心与感受，从而不太容易指导求助者。

手头宽裕。如果心理咨询师经济拮据，他的心态很可能会多一些负面的东西，他对社会以及对公平正义等的理解可能会更具有个人感情的色彩，也可能更急功近利，或更重视经济的收益而领会不到心理咨询助人自助的真谛。

广交良友的人至少说明他或她是一个愿意与他人交流，愿意向人敞开心扉没有很多情感压抑的人；而热爱生活，更是心理咨询师必有的人生态度，消极颓废或如鲁迅小说《风波》中讽刺过的"九斤老太"一样的"不平家"，不适于做心理咨询工作。

马斯洛对于心理咨询师的要求也许我们达不到，然而如果我们想从事心理咨询这样一种职业，则必须朝着他指出的方向不懈努力。

2008年12月18日

---

# 做一个合格而且优秀的心理咨询师
## ——从容格的一段话引出的漫谈

要做一个合格而且优秀的心理咨询师，丰富的生活经历也是非常需要的。说到这，想起容格（Carl Gustav Jung，1875-1961）的一段话。

这位瑞士著名的心理学家和精神病医生，曾经的弗洛依德的追随者，也是"分析心理学"的创始人写道："任何人想要了解人类的心灵，从实验心理学中几乎是一无所获的。他最好搁置起他的学者长袍，向他的书房说再见，伴随人类心灵去漫游世界。在历经了监狱、疯人院和医院的炼狱后，再从乏味的郊外酒馆、妓院、赌场，到高雅的沙龙、股票交易所、社会主义分子的集会、教堂、复兴者及狂热宗教派的聚会等，当经历了爱与恨、体验到自身各种形式的激情后，他将获得更加丰富的知识储备，这远不是那些一英尺厚的书本所能给予他的。之后，他就能懂得如何用真正的人类灵魂的知识对症下药。"（转引自《相遇心理分析：移情与人际关系》）

为什么丰富的生活经历是做一个合格而且优秀的心理咨询师的必要条件呢？我想，这应该从两个方面来谈。第一，丰富的生活经历能使人对人性、人生有深刻的理解。这样，当面对来访者的时候，才能更容易地达到"共情"。比如，当来访者叙述到农村生活的艰辛时，如果咨询师有过农村生活的经历，那他（她）理解起来访者由此产生的情感体验，会设身处地。第二，丰富的人生经历能够在心理咨询的过程中，充分运用各种事物之间的类比，说明道理，改变求助者的认知。还能够增加谈话的趣味，容易打动求助者。

当然，人生的经历很多时候是可遇而不可求的。如果一个心理咨询师因了种种的条件和情况经历相对简单，那是不是就不能从事心理咨询呢？也不能这样绝对化。解决之道就是通过阅读、看电视电影等间接的途径学到人生的经验和知识。

2009年9月8日

# 关于进一步发挥持证心理咨询师作用的建议

为了保证经济和社会的可持续发展，维护社会的长治久安，市民的心理健康至关重要。在此背景下，发挥持有国家人力资源和社会保障部颁发的"职业心理咨询师"证书的专业工作者的作用，显得尤为重要。

自从国家人力资源和社会保障部2003年开始在全国开考"心理咨询师"至今，我市经过正式培训并参加国家资格考试合格，取得国家人力资源和社会保障部颁发的"心理咨询师"职业资格证书者已有200人左右。本文就如何发挥这些人的作用，促进我市心理咨询事业的发展和全民心理健康水平的提高，加快和谐社会建设，进行分析并提出建议。

一、现状及问题

（一）持证心理咨询师的现状及社会需求

1.持证心理咨询师的基本情况。据初步的调查和评估，我市目前通过国家考试获得心理咨询师证书的约200人中，以具有大专以上学历的专业技术人员占大多数。从职业分析，以医务人员、教师、工程技术人员为主。从性别上看，以女性为主（约占65%）。从年龄上看，以25-35年龄段的人为主（占70%左右）。从目前从业情况看，从事心理咨询及相关工作的不足20%。从心理方面分析，绝大多数人是抱着热爱心理工作的动机而学习心理咨询，并希望学成后有机会从事心理咨询工作。但由于种种原因，大多数人眼下还没有机会进入实际的心理咨询工作，无法在工作中得到进一步的提高。因此，这些人都感觉到一定的遗憾。

2.社会需求的现状。长期以来，由于我国对心理学的轻视以及人们生活水平的限制，社会对心理咨询的作用缺乏应有的认识。近年来，随着社会的发展及人们科学文化素质的提高，从宏观上看，社会已表现出对心理咨询、心理辅导需求增长的趋势。人们在出现了诸如焦虑、抑郁等各种情绪问题之后，以及在亲子关系、婚姻情感处理等方面遇到困惑和问题时，已倾向接受心理医生的帮助。此外，在各种职业及个人能力培训、儿童青少年成长指导中，也开始重视加入心理方面的内容。心理科学正在越来越紧密地与人们的生产生活联系。可以预期，这种趋势还将进一步发展。

（二）存在的问题

1.持证心理咨询师从业方面的问题。持证心理咨询师要想从事心理咨询事业，目前的途径不多。少数人取得证书后，由原单位（如医院、学校）安排从事心理相关的工作。但绝大多数人在学习心理咨询前，不在相关的机构和岗位上工作，于是他们面临改变职业的问题。但目前，由于缺乏政策引导，需要心理咨询工作者的行业和单位，并不注意从持证心理咨询师中间选择人员。于是，他们只得谋求自己开业。但我市目前对于持证心理咨询师开业方面没有相关的规定。工商、民政、卫生等部门，对于是否允许持证心理咨询师开业，如何办理有关手续等存在不同的理解和掌握，出现管理方面比较混乱的局面。在这种情况下，部分想自己开业的人不能进行合法的登记注册，无法开业。这些情况说明，政府在此方面应该给予一定的关心和支持，应制定出台行业的准入、登记、管理方面的政府规章或法规。

2.运用市场经济的规律促进心理咨询事业发展方面存在的问题。首先是公立的心理咨询机构收费过低。目前各医疗机构心理咨询收费，系由物价部门确定的标准，每小时20-30元。此价格严重背离心理咨询与心理治疗的规律，体现不出心理咨询与心理治疗作为一种专门工作的价值。私人开业的心理咨询机构可以自己制定收费标准。但有公立机构的比照，也不能高出多少。在这样低的收费标准下，公立医疗机构对开展心理咨询与心理治疗没有太大的兴趣（无多大经济效益），私人开业的机构也难以维持开业。因为私人开业要租赁房屋、支付助手工资、满足本人一定的收入维持生活及业务进修等。如长期入不敷出，就没有人愿意专职从事心理咨询这一行业。这方面，应转变一下观念。心理咨询与辅导是带有一定公益性质的事业，政府应该拿出一部分资金"买单"。同时，适当提高收费标准，发挥价格杠杆的调节作用。

3.持证心理咨询师本人方面的问题。首先是这部分人整体的业务水平还有待提高，需要加强继续教育和培训。心理问题和精神疾病是极复杂的，只凭着半年左右的主要是书本知识的学习，不可能很好地胜任工作。其次是持证心理咨询师还要提高为社会做贡献的观念，主动寻求各种机会为社会服务，以适应社会各界对心理工作者的要求；同时提高人民群众对心理问题与心理疾病的认识，从而培育心理咨询的市场。

4.心理咨询行业缺少行业及从业人员道德及职业操守规范，影响到心理咨询行业的健康发展。应当肯定目前从业的心理咨询机构，绝大多数是按照公认的行业规范，正规开展工作的。但也有个别机构、个别从业人员存在如夸大宣传、不负责任地指导、不实事求是诊断和治疗的现象，在群众中造成不好的影响。

为了帮助持证心理咨询师业务提高和加强行业规范，加强同行之间交流，2005年3月，经过市有关部门批准，青岛市心理咨询师协会成立。协会成立后，组织会员进行学术交流与业务培训，并联合有关团体、组织，在组织会员义务咨询、向人民群众普及心理健康知识方面做了许多工作。

二、重点需求行业和主要领域

（一）各类学校和教育机构

学校是教书育人的重要场所，学生的心理健康和健康人格的培养是教育的内容之一。学生阶段心理健康方面出现问题，以后纠正起来非常困难。因此应该大力加强各类学校和教育机构的心理工作。有统计，我国大中学生中有各种心理问题、心理障碍者占20%左右。而教师的心理健康也不容乐观。目前由于国家的重视，我市一部分大中小学校设立了心理咨询机构并有专人负责，但从总体的情况看，机构还不健全，人员的水平有待提高，工作成绩和效果还不明显。

（二）一些特殊行业，如警察、教师、医生、公务员、商界人士等压力大的群体心理健康方面的辅导和帮助，会大大提高其工作质量和效率，防止心理疾病产生。即使政府机关，也需要借助心理学的知识和技术，加强与民众的沟通。

（三）在解决和处理社会矛盾方面

当前社会，有些方面的矛盾比较突出。如农民劳动力的出路问题、城市下岗失业人员的生活和就业问题、劳资关系、房屋拆迁居民与开发商的矛盾等，都是容易激发矛盾的领域。如果当事人的心理存在偏差，就有可能引起诸如恶性刑事案件等问题。加强心理疏导，就可能避免矛盾激化。

（四）预防自杀

据调查，我国大陆地区自杀率为万分之二点三（世界平均水平为万分之一点三）。心理咨询在帮助有严重心理疾病及社会的弱势群体、防止自杀行为等方面应该进一步发挥作用。

（五）预防犯罪和改造罪犯方面

西方有些国家对于轻微的犯罪行为，有时判处接受心理治疗，或同时判处接受心理治疗。这是因为许多犯罪是由于心理或人格有问题引起。做好心理辅导、心理咨询工作是从根本上预防犯罪、拯救罪犯的措施之一。

（六）在提高市民健康水平方面

心理咨询与辅导工作也是医疗事业的重要组成部分。现代医学研究证明，许多疾病都是属于心理问题引发或与心理问题有关的"心身疾病"，心理治疗不可忽视。如国内的几次调查都表明，我市的冠心病发病率全国最高，而冠心病、高血压是公认的"心身疾病"。因此我市要甩掉这一顶大帽子，必须重视心理治疗。此外，在预防、治疗、防复发各种精神疾病的工作中，心理咨询工作者也大有用武之地。

（七）在提高人才素质方面

我市各方面的发展有赖于高素质的人才，其实心理健康是一切人才的基础性指标。劳动者的学历、能力、身体等固然重要，但心理健康可能更重要。且不说心理健康与否直接影响身体健康，如果一个人的心理健康方面出了问题，再有大的能力也往往不能很好地发挥作用。

（八）应对突发事件方面

应对各类突发事件，做好人们的心理工作至关重要。我市在筹备和举办2008年奥运会帆船比赛时，应事先对心理工作者进行必要的培训与组织。

以上领域，已有许多心理工作者参加并取得一定的工作成绩，今后应该进一步加大工作力度，扩大工作领域和工作范围。

三、建议

（一）对政府及有关部门的建议

1.由市政府协调民政、卫生、工商等管理部门，制定发布全市统一的心理咨询与心理治疗机构建立及管理的规章。确定心理咨询与心理治疗应建立何种机构、建立的条件、建立的手续及规程、机构经营收费税务日常的管理等。应给心理咨询机构一定的优惠政策。

2.适当提高心理咨询与心理治疗的收费标准。

3.政府出资聘用心理咨询工作者进入社区，从事心理科学知识的普及、精神及心理疾病的预防、特殊人员（下岗失业、劳改或刑满释放人）的心理支持等工作。

4.公安、司法、教育等行业将心理辅导、心理支持列入提高工作效率和人员素质的必要工作，聘用心理专家开展这方面的工作。

5.引导有关单位在招聘与心理有关的人员时，优先考虑持证心理咨询师。

6.将心理援助列入社会救助内容。例如110公安报警系统与心理机构或专家联动，对于企图自杀者提供及时的心理援助。

以上3、4、6条必要时可选择合适的社区、单位试点，取得成熟经验后在全市推广。

（二）对市心理咨询师协会的建议

1.市心理咨询师协会应积极协助市政府及有关部门制定心理咨询机构建立及管理办法。近期应组织人员通过调查，提出具体的可操作的建议文本，提交有关部门参考。同时，应组织专家，制定和发布行业规范和从业人员道德及行为规范，以加强行业自律，促进心理咨询事业健康发展。

2.积极与劳动人事等管理部门联系、沟通与合作，促使持证心理咨询师走上专业岗位。积极向有关单位推荐会员中的优秀人员，使他们更好地发挥作用。

3.加强会员业务进修的组织与活动开展。制定培训与进修计划，以及管理考核办法，调动持证心理咨询师参加进修与培训的积极性。

4.进一步通过组织会员到社区、企业、农村等开展义务咨询、普及性讲座等，宣传心理卫生知识，提高人民群众对心理咨询的认识，为心理咨询事业健康发展奠定基础，建设有利的外部环境。

（三）对持证心理咨询师本人的建议

1.坚持学习业务知识，积极参加业务进修和培训，不断提高心理咨询师的理论水平与实践工作能力。

2.利用各种机会为社会提供义务的心理知识宣传、心理咨询服务，努力为提高人民群众心理健康水平做贡献。

3.积极参加心理咨询师协会组织的各种活动，加强会员之间的交流，努力承担协会分配的工作。

4.已开业的心理咨询师要树立"奉献社会助人利人"的信念，遵守职业道德，坚持按照科学原则，尽最大能力帮助求助者解决心理问题，不得借咨询和治疗谋取正当收费之外的其他利益。

2005年8月28日

# 关于提升人民群众主观幸福感
# "打造幸福城市" 的建议

市委、市政府把"建设宜居青岛、打造幸福城市"作为我市"十二五"期间经济和社会发展的重要方针和目标，并且正在实施一系列有助于提升人民群众生活满意度和幸福感的举措，令人鼓舞。在重视各项硬指标的同时，建议同时围绕提升人民群众的主观幸福感开展相关工作。

一、结合我市实际，开展和深化关于幸福、幸福城市的研究。国际上关于幸福、幸福城市的研究既有比较接近的一些理论和标准，也有相当大的争议之处。我们研究的重点应放在针对中国国情和青岛的实际，研究考察影响人民群众幸福感的因素和增进幸福的策略，以及提升人民群众主观幸福感的有关措施等。取得数据，建立模型，用于指导打造幸福城市的实践。

二、大力普及积极心理学的知识和理论。积极心理学是20世纪末、21世纪初兴起的心理学的一个流派。与传统的心理学相比，积极心理学关注人们对于幸福的追求，关注人的积极力量和积极品质，研究如何让人活得更幸福，获得积极的心理感受。积极心理学有重大的应用价值，在我们建设和谐社会、打造幸福城市过程中可以发挥重要作用。比如它教会人们建立乐观的生活态度和解释风格，凡事从好的方向去解释和预测，向好的方向努力，这样不只有利于个人心理健康，也会促使整个社会的和谐。

三、进一步重视人民群众的心理健康，加强心理咨询与心理疏导。心理健康是幸福的基础，人际关系（包括家庭关系、夫妻关系、政府公务人员与人民群众关系等）和谐是社会稳定的重要保障。更多的人具有正面的、积极的情绪和心理，才能有高尚的追求和幸福的体验。同时，应进一步通过心理疏导，帮助人们降低心理压力，正确面对生活中的各种挫折和不幸，适时解决各种心理问题，保持良好的身心状态，投入工作和生活。

具体建议：

1.组成"打造幸福城市"专家团或咨询指导委员会。从事有关幸福、幸福城市的调查研究，按照世界眼光、国际标准、本土优势的原则，制定我市幸福城市的评价指标，促进积极心理学的普及推广，推进幸福城市建设的指导、有关专业人员的培训等。为领导决策提供数据和参考意见。

2.有计划地开展和深化幸福城市试验、推广。鼓励理论研究，并结合"十二五"规划的实施，就打造幸福城市，在一定范围内进行试验，取得经验和成果，由小到大进行推广，使建设幸福城市从一种提法或纲领，变成具有我市特点的理论构架和有可操作性的一系列步骤措施，逐步看出实效，形成我市鲜明的城市形象。

3.启动面向社区、机关、学校等的积极心理学推广普及应用活动。引导人民群众形成健康的幸福观，建立积极的心理应对模式，在面对各种社会矛盾的时候，保持积极心态，主动化解矛盾，增加解决各种困难的信心。追求高尚文化和积极情绪，形成"利他"的社会风气。

4.建议由市政府主办，每年召开一次"幸福城市"论坛。邀请国内外有关城市政府官员、从事幸福学、幸福城市、积极心理学研究的专家等参加。论坛既是吸取有益成果，为我市借鉴的平台，也可通过宣传和造势，使我市以"宜居"和"幸福"为核心的城市形象为国内外广泛认知，促进我市的发展。

我会是青岛市由获得国家职业心理咨询师资格证书的人员组成的社会团体，有400余名会员，并与国内包括港澳台、国际上的有关学术团体及专家有密切的联系与交流。多年来，我会会员在我市各个岗位上，专职或兼职从事心理咨询、心理辅导和疏导等工作，为人民群众的心理健康做出一定贡献。目前正在会员中倡导学习、研究、推广积极心理学，在心理咨询中应用积极心理学。今后，在市委、市政府和有关部门的领导下，我会要进一步发挥专业优势，积极从事积极心理学的研究推广普及，为"打造幸福城市"多做工作。

2012年2月15日

# 回忆我与青岛市心理卫生协会的一些事情

几天前，青岛市心理卫生协会完成了换届，协会的历史翻开了新的一页；我虽然未与会，也间接表示了祝贺与祝愿。我是上一届的常务理事，在这样一个时刻，我与青岛市心理卫生协会有关的一些往事也浮现在眼前。那，确实是很久以前的事了。

我做心理咨询师，虽然只是最近五六年的事，但说起思想上的渊源，是要追溯到1980年代。我是学中文的，对于中外的思想史、社会学、人类学、心理学等相关学科一直很有兴趣，多年以来也一直在学习和关注。1980年代末、1990年代初，还曾在青岛广播电视大学和青岛职工大学担任过大学语文、社会学、公共关系学、中国历史等课的兼职教师。

对于精神分析感兴趣和学习，也是这个时候吧。当我学了一段时间后，应邀在青岛市工人文化宫的"知识就是力量每周一讲"中介绍弗洛伊德及精神分析。有人说，这是青岛市第一次在公开的讲座中介绍弗洛伊德及精神分析，我不知道是不是事实。

那时，我的工作是报纸编辑，那是一份由青岛市科协主办的内部报纸，叫《青岛科技》，每月出一期，最盛时每周出一期。当年决定我到市科协工作，我自己也犹豫了一段时间，觉得自己是学文科的，到科技领域里来工作是不是合适。现在我从科协的工作岗位上已退下来，回想起来，在科协的工作对于完善自己的知识结构还是非常有好处的。虽然我不可能成为科技方面的专家，但在科协的各个部门工作，还是学习了许多科技知识，尤其基本形成了科学的思维方式，也就是所说的科学精神，这对于个人的工作是非常有帮助的。这是题外话了。

与青岛市心理卫生协会是怎么发生联系的呢？想想可能是这样，当时我们编辑部设在青岛市科协科普部，这是间大屋子，里面就是市科协的学会部，而学会部主管着青岛市的自然科学和工程技术方面的学会、协会，心理卫生协会正是由它来管理。这样心理卫生协会的同志来到学会部办事，必须经过我们办公的区域，也必然会了解我们办报的人的情况。

总之，最迟是在1990年，当时心理卫生协会的负责人刘义明就和我认识了。他是海军401医院的副院长，主持该院的心理门诊。他应该是"文革"后青岛市心理卫生协会恢复或重新建立的主要推动者和具体负责人，此时担任心理卫生协会的副理事长兼秘书长。

我记得，与刘义明副院长常常一起来办事的是王盛龙医师，他们门诊还有一位当时还很年轻的女性——刘文医师。再后来，当2003年我参加心理咨询师培训，准备考取资格的时候，王盛龙医师、刘文医师，为我们讲过课。

刘义明副院长是位十分和善的人，按部队的级别，他是不是师级我没问过，不过我想至少是团级吧。他没有架子，见到我，有空就介绍一下心理卫生工作，以及他们门诊的情况。这种启蒙也是我后来走上心理咨询工作的原因之一。当然，前面说过了，我一直有兴趣，其时我正钻研精神分析这门学科，也是一个心理上和知识背景的基础。

大约看到我对心理咨询有一点入门了，刘义明秘书长就邀请我到他们门诊去采访。这就有了后来发在《青岛科技》报1990年9月号上专访《给你生活的力量》这篇文章。刊出时还配发了我拍的照片。照片上王盛龙医师坐在桌前，面对我们，他的对面背对我们的是一位女性，王医师正在为她做心理咨询。现在想来，这位女性值得我们尊敬和感谢，她同意我们拍摄。当然我也想到了只是拍她的背影。

《给你生活的力量》这篇专访文章，署名是两个人，另一位是我们编辑部同去的一位同仁，但文章是我执笔写成的。附在本文的后面，供大家参考。

以今天的眼光和知识来看这篇文章，有不足之处。如没有区分开心理障碍患者与一般有不同程度的心理问题的人。可能的原因是采访的是医院的心理门诊，而医院总是从疾病的角度来描述的，即将所有来的人称为患者或病人，将问题全部表达为疾病。从这篇文章也可以看得出我此时正在研读的精神分析对我写作的影响，如介绍王医师为她做咨询的那位女性的情况时，写道："10年前恋爱失败的心理创伤一直困扰着她……"

"心理创伤"是典型的精神分析语言，而她的情况明显是创伤的"执着"，治疗，某种程度上就是"哀伤"的一个过程。此外，文章最后一段话，也明显是从精神动力学的观点来描述人们的心理变化的。

我逐渐在进入心理学、心理卫生的领域了。1990年10期的《青岛科技》上登载了我编写的文章《弗洛伊德与精神分析学》。这篇小文简要介绍了弗洛伊德的生平和他的思想。从这篇文章引用的一些话，看出出自以下几本书：《精神分析引论》，高觉敷译，商务印书馆1984年出版。《日常生活的心理奥秘》，林克明译，甘肃人民出版社1986年出版。《精神分析入门》，郑泰安译，百花文艺出版社1987年出版。从我买的这几本书，大致可以推断出我开始研究精神分析的时间。以上3本书，前一本是大陆学者翻译的，可翻译的时间在抗日战争前，后两本书是台湾学者翻译，大陆出版社翻印的。这说明，"文革"后，大陆方面翻译弗洛伊德的书跟不上人们学习和了解精神分析的需要，暂时只好重印以前的或翻印台湾的书。

1991年5月的《青岛科技》刊登了刘义明写的短文《浅谈心理测验》。可能这也是该报最早来介绍这门知识的文章吧。

此时，刘义明秘书长劝我加入青岛市心理卫生协会，我感觉自己不是学医学的，是不是可以。他告诉我，心理卫生工作不只是卫生系统的事，需要全社会各阶层的人参与，尤其欢迎从事新闻和宣传工作的人，才能促进心理卫生知识的传播。他非常热心地让我填表、要我的照片，又亲自给我送来我的会员证。这本会员证我至今还保存着。封面印着"中国心理卫生协会会员证"，第2页上有照片和编号：中国心理卫生协会编号4043号，盖着山东省心理卫生协会的图章。第3页是姓名、年龄等。发证日期是1992年3月1日。我说自己是心理卫生协会的老会员了，可能不为过吧。

在刘义明秘书长主持下，那时的心理卫生协会比较活跃，经常组织会员活动。我的印象里至少每年组织一次大规模的学术交流活动，征集会员的论文，印刷成册，供大家交流学习。

协会作为一个社会团体，需要有一个挂靠单位，可以得到挂靠单位的管理与支持。刘义明副院长的身份，401医院很好地发挥了挂靠单位的作用，我记得当时开会大多是在401医院。有一次会后留在401医院吃饭，接待的院里的有关人员（当然他们全是军人），对介绍到的每个人都敬军礼。在我是第一次受到这种待遇，很有些受宠若惊的感觉。

俗话说：天有不测风云。刘义明医师突然中风，虽然经过治疗恢复得不错，却无法工作了。我去过他家看望，他几乎不能言语，虽然努力微笑，但行走困难。想着他与我的交往，他对协会工作的热心，非常令人伤感。这之后也就没有再去看望他。

这是哪一年的事情呢？记不太清楚了。印象里从此后，青岛市心理卫生协会的工作就沉寂起来，我的工作也发生了一些变化，我与协会几乎没有再联系了。

再把我与协会联系起来，到了新世纪初。我在科协的工作岗位转了几个地方后，到学会部任负责人。此时才知道青岛市心理卫生协会挂靠单位从401医院转到我市某大医院了。我想协会新的领导人未必知道我早年与协会的关系和来往。我当时是协会的主管部门的负责人。从内心里记得刘义明等老师对我的鼓励，我也就在可能的情况下，给协会的工作一些支持。协会改选的时候，他们选我担任协会的常务理事，尽管以我担任主管单位的具体负责人的身份，不是太妥当，但这是我热爱的一门学科，也就欣然同意了。

然而说起来惭愧。我担任学会部部长的时候，还可以说是对协会有点贡献，2003年以后，我从科协的工作岗位上退下来。没有了公共的资源利用，担任常务理事，负责协会宣传方面的工作，就没有努力做什么工作，说点难听一点，是"尸位素餐"。很对不起大家的信任。

随着最近的改选换届，我在协会的公事结束了。从开始到今天，一转眼，将近20年过去了。如果当时栽下一棵小树，现在也已长成为枝叶繁茂的大树了。无怪乎古人感叹：木犹如此，人何以堪！

我曾经主持过我市的自然科学、工程技术方面的学会、协会的管理工作，算是有一点经验。协会作为一个学术团体，它的生命在于活动，必须经常进行学术和科普方面的活动，才能对会员有吸引力，它也才有生命力。至少每年应该召开一次有全体会员参加的学术交流会，交流信息，提高学术水平，同时大家见见面，增加友谊。平时可搞一些专题的、小规模的活动。总而言之，会员加入协会，是为了有利于自己的学术成长，以及交朋友得信息，如协会不能提供这些，对会员就会失去吸引力。

协会是一个群众组织，负责人必须是一个社会活动家，能够多联络团结社会各方面的人士，使大家愿意加入协会，这样协会才有活力。协会的官方色彩不能太浓，太浓了就把科技人员吓跑了。

好了，再多说有卖弄之嫌了。恢复到一个普通会员的身份，也就更有了说话和批评的自由。回想起来，非常感谢心理卫生协会带领我走上心理卫生事业的道路，至今我也以作为一名心理卫生协会会员而骄傲。我也衷心希望协会多组织会员活动，加强与会员的联系，使协会真正成为我市心理卫生方面的核心，代表我市心理卫生领域学术方面的最高水平，真正成为会员之家！

2008年12月13～14日

附：刊于《青岛科技》1990年9月这一期上的文章。

## 给你生活的力量

有许多我们所谓的"正常人"其实是程度不同的心理障碍患者。他们有的情绪低落，有的无法控制自己的行为，有的不能与人友好地相处等等。如何防治这些心理疾患呢？日前，我们采访了海军401医院的心理卫生门诊。

面容和善的刘义明大夫接待了我们。他是401医院的技术顾问、副主任医师。另外还担任青岛市心理卫生协会的副理事长兼秘书长。

他介绍说，该门诊1988年4月成立至今已接待了1600多位来诊者。其中有半数多的患者属于心理障碍。如强迫症、忧郁症、恐怖症、焦虑症、神经衰弱、病态人格、适应性差及心理不平衡等症状。患者接受治疗后，绝大多数有明显好转，有的已基本痊愈。接着他举例说，本省某县一位机关干部近年来一直精神抑郁、夜不能寐、焦躁不安，总疑心自己患有不治之症。经过几次心理治疗现已基本康复。

"对于心理疾病患者，我们大多采用谈话疏导与服用药物相结合的治疗方法，"刘医师告诉我们，"通过交谈，了解患者致病的心理因素，再向他们传授心理调节技术，劝导他们正确处理主观愿望与客观实际的关系。建立有张有弛的生活方式。必要时辅以适当的药物治疗便可收到良好的治疗效果。"

说到这里，正巧有一位三十多岁的女患者接受完治疗离开诊室，我们便请为她诊治的王盛龙医师介绍一下情况。

王医师告诉我们说，她是我市某校一位老师。10年前恋爱失败的心理创伤一直困扰着她，尽管现在已组织了家庭，然而总摆脱不掉以前恋情的纠缠，她陷入了极度的痛苦之中，曾几次想了结生命。面对这位陷入感情旋涡不能自拔的患者，医生向她伸出了援助之手，经过半年多的治疗，她完全摒弃了过去的恩恩怨怨，开始了新的生活。昔日愁云密布的脸上如今又漾起了乐观的微笑，人也由瘦弱变得丰满了。

医师们深有感慨地说，全社会的人都要重视心理疾病的防治，这不但可以增进人们的身心健康，而且对提高全民族的文化素质也是一个有力的促进。是的，随着社会的发展和生活节奏的加快，人们的心理平衡不断被打破，同时又不断建立起新的平衡。在这些变化当中，也许您的心理承受能力受到了威胁，产生了心理障碍，那么请您到心理门诊去吧，那里将给您生活的勇气和力量。

# 关于向市南区中小学派驻社工的提案

市南区现有中学8所，小学33所，这些儿童青少年的身心健康一直备受关注。本阶段比较常见的心理与行为问题主要包括情绪、认知、行为三个方面，比如紧张、害羞、失落、叛逆，人际疏离，辍学，低成就感、人际挫败、家庭问题等。这些常见的心理与行为问题如果能得到较好的疏导，儿童青少年就能顺利成长，反之，如果不能及时疏导和解决，轻则影响学业，重则可能导致违法犯罪行为。

虽然这些学校基本都配备了心理健康教师，但教师的工作多只针对学生，这一职业限制导致仍有很多问题不能得到有效解决。

香港开展学校社会工作的经验值得我们借鉴，它的方式是：在每所中小学都设立社会工作站，由专门的非营利性的社会工作机构提供驻校服务，每个学校有至少一名专业性的学校社会工作者驻校开展工作。这种模式在西方一些发达国家和地区被普遍推行，上海、深圳等城市也在逐步向学校引入社会工作。

社工可以帮助青少年解决在校学习的过程中遇到的一些诸如情绪、行为、人际关系和家庭等方面的问题。当发现学生有这些问题后，社工可采取家庭接触、学校咨询、个别咨询、教师咨询、个案管理及学校小组会议、机构接触等方式，进行资源统整、沟通协调、学生辅导及家庭协助，推动形成"家庭—学校—社区"三者的良好协调关系，使学校、家庭与社区相互配合形成社会大教育，缓解由家庭和学校管理方式不当而引发孩子的心理问题，共同帮助青少年全面、健康发展。

社工的介入学校能加强对边缘青少年的管理，特别是对那些行为偏差的青少年、学校的双差生、问题家庭的子女等重点开展疏导和帮教工作，提高他们自我认识、自我调节的能力，帮助他们改正在认识、行动上出现的偏差，培养良好的品德和行为规范，将隐患抑制在萌芽阶段。

为此建议：

1.2009年开展向驻区中小学派驻专任的社会工作者的试点工作。参照深圳、上海等地的做法，社工的服务是以政府向民办非企业公益性组织购买的方式进行的，由民办非企业公益性组织负责对社工的选聘和派出。

在区民政局的大力扶持下，我区近日成立了全市第一家民办非企业的社会公益性机构——青岛市市南区博文汇儿童青少年社会工作服务中心，该中心由心理咨询机构转化建立，有多年儿童青少年工作的基础和经验，初步具备了承担学校和社区社会工作的能力。

2.在全市还没有出台具体政府购买社会工作服务的政策的情况下，建议我区先行一步，拨出一定专款，用于购买服务和扶持民办非企业社会公益性组织发展。

2008年12月28日

# 关于加强老年人心理健康工作的建议

市老龄办：

随着我市老年人占总人口比例的增加，老年人的精神与心理健康问题日益突出。据专家研究，我国有大约三分之一的老年人存在失落、孤独、寂寞、抑郁、焦虑等心理问题，需要来自包括子女在内的各种社会力量的精神支持。另外，我市空巢家庭也越来越多，因此，庞大的老年群体在精神慰藉、心理调适、临终关怀等方面有很大需求。

我市老年人的心理服务工作在贵办的领导下早就开展起来了，取得很大成绩。我们协会也有一批心理咨询师常年从事老年人的心理咨询服务工作，通过到社区、干休所、机关等为老年人开办心理讲座、公益咨询，以及在《青岛老年生活报》写文章等，为老年人的心理健康作了大量工作。

为进一步做好工作，尤其是希望得到市老龄办的领导、支持，我们有以下建议，报告如下：

一、组织开展全市老年人心理健康现状的调查研究。通过抽样调查、座谈、个别访问等方式，对我市老年人的总体心理状况、影响老年人心理健康的因素等能获得数据和资料，并提出进一步加强老年人心理工作的措施等。

二、组建一支专门为老年人提供心理服务的队伍。据了解，在贵办领导下，市老年协会成立有老年专业委员会。可否在此基础上加以扩大和加强，吸收更多持有心理咨询师证书并有为老年人提供心理咨询经验的人加入，并对这些人员进行培训，使他们在具备理论和知识上的修养的同时，也增加实际工作的能力。

三、大力开展公益性质的、针对老年人的心理咨询、心理援助、心理支持活动。研究表明，老年人是更需要心理关怀的"弱势群体"，他们由于身体衰老、疾病、人际交往减少等，焦虑、抑郁、孤独等负面情绪更多，严重影响生活质量。由于种种原因，老年人不太乐意主动接受心理咨询，因此更有必要为老年人提供公益的心理援助。最近几年来，我会单独或联合《老年生活报》等单位组织过多次公益的咨询，受到老年朋友的欢迎，但由于条件限制，这些活动都是一次性的。今后能否设立常年的、固定场所的公益咨询，为老年人排忧解难。

四、在贵办领导下，有组织、有计划、有目的的到干休所、社区等开展老年人心理健康服务活动。比如，可否由贵办下发文件，征集需求，然后开展工作。

以上建议，不妥之处请指正。

2011年6月10日

# 台湾"《心理师法》"对中国大陆心理咨询管理与立法的参照

[摘要]
**目的**：借鉴我国台湾的"《心理师法》"，就中国大陆心理咨询的管理与立法现状进行分析，提出改进建议。
**方法**：对比研究。
**结果**：台湾在心理咨询管理与立法方面有可借鉴之处。
**结论**：应进一步加强对心理咨询的管理与立法进程。
[关键词]
台湾"《心理师法》" 心理咨询的管理 心理咨询

我国台湾省自2001年10月31日开始实施"《心理师法》"，标志着台湾对心理咨询行业及对心理师的管理上升为"法律"的高度。台湾"《心理师法》"是一部比较详尽的"法律"，在台湾第一次以法的形式，对心理师资格证书、执业执照的取得、从业的要求、对心理师的管理、违法的处罚等进行了法律上的规定。

从实践方面看，台湾的心理师，基本等同于中国大陆的心理咨询师、心理治疗师。由于大陆目前还没有制定相关的法律法规，在对心理咨询进行管理与立法方面台湾先行一步，其经验有可借鉴的地方。本文就台湾与中国大陆对心理咨询管理与立法方面的差异进行分析研究。

一、台湾"《心理师法》"的主要内容及特点

1. 台湾"《心理师法》"的主要结构与内容

台湾"《心理师法》"共六章六十四条。各章名称分别是：第一章总则，第二章执业，第三章开业，第四章罚则，第五章公会，第六章附则。

第一章"总则"内容主要有：

心理师是指谘商心理师和临床心理师。谘商心理师、临床心理师之资格是经考试及格并领有证书者。参加资格考试须有正规大学主修临床心理学、谘商心理学并有硕士以上学位者。非领有谘商心理师、临床心理师证书者，不得使用此名称。

规定心理师主管机关最高为"行政院卫生署"。在地方为市、县政府。

第二章"执业内容"主要有：

心理师须到主管机关登记，领有执业执照，始得执业。

分别规定了临床心理师、谘商心理师的业务范围。其中有心理状态与功能的诊断、心理发展偏差与心理障碍的咨询治疗，认知、情绪或行为偏差与障碍的咨询与治疗、社会适应偏差与障碍的咨询与治疗、神经官能症的咨询与治疗等。

临床心理师比谘商心理师业务范围多的有精神病或脑部心智功能的诊断、咨询与治疗。

这一章还特别规定，心理师执行业务时，不得施行手术、电疗、使用药品或其他医疗行为。

第三章"开业"中规定了心理师设立咨询、治疗机构的条件、程序、发布广告的事项等。

第四章"罚则"中规定了对违反"《心理师法》"的心理师、心理咨询与治疗机构的各种处罚，包括罚款、废止其资格证书、执业执照、开业执照、停业，直至对责任人处以有期徒刑。

第五章"公会"中对依法成立各级临床心理师公会或谘商心理师公会的程序，公会理事会、监事会的组成，代表大会的召开，"政府"对公会的管理等做了规定。

第六章"附则"对外国人、华侨参加心理师考试、执业，以及心理师的特种考试等做出了规定。

2. 台湾"《心理师法》"的主要特点

（1）宏观指导性强，覆盖面广。心理咨询与治疗是一项发展中的职业，它与医学、心理学、教育学、社会学等关系密切，开展业务时，尤其与医疗行为很难区分，台湾的"《心理师法》"从"法律"上对心理师职业进行了界定。其规定最高主管机关是"卫生署"，这是合理的，它强调了心理师这一职业与医生、医疗行为的联系。整部"法律"体现了宏观指导性强和覆盖面广的特点。

（2）对心理师的管理体现出管理与自律相结合的原则。既从"法律"上规定了其可做哪些与不可做

哪些，又制定了相关的处罚条款，体现出法律的严肃性。为促进行业自律，规定了行业公会的成立及运作要求。这方面，也体现出与大陆不同的特点。我们往往认为，大陆对群众团体的管理比较严密，但对比台湾对心理师的管理，某些方面来看，我们又比较薄弱。比如，台湾的"《心理师法》"规定，每一个执业的心理师必须加入公会。这就使心理师不得游离于团体之外。从法律上有"国家"的约束，从业务和道德上有公会的约束，从而保证心理师正确地开展业务。

（3）具有操作性强的特点。根据"《心理师法》"，从心理师的资格考试，到执业执照的申领、开业的申请与批准等，均有具体规定。其至连广告宣传的内容，也规定仅能发布心理师营业机构的名称、开业执照字号、地址、电话及交通路线，心理师姓名、证书编号、业务项目。从反面看，就是说不能宣传心理师之能力、咨询治疗的效果等，以免夸大其辞，误导群众。

二、我国大陆地区对于心理咨询的管理

1. 国家人力资源和社会保障部的职业管理

我国大陆至今没有制定实施关于心理咨询与心理咨询师、心理治疗师管理方面的法律法规。心理咨询师与心理治疗师分别由国家人力资源和社会保障部、国家卫生部进行管理。

国家人力资源和社会保障部现在把心理咨询师作为一种劳动职业进行管理。2001年8月3日，国家人力资源和社会保障部批准了《心理咨询师国家职业标准》。该标准规定了心理咨询师的职业定义是：运用心理学以及相关学科的专业知识，遵循心理学原则，通过心理咨询的技术与方法，帮助求助者解除心理问题的专业人员。规定心理咨询师分为三个等级，并制定了基本要求和工作要求。在《心理咨询师国家职业标准》的指导下，国家人力资源和社会保障部主持了心理咨询师的培训，并于2003年开始举办心理咨询师的全国考试，向合格者颁发了心理咨询师职业资格证书。

2. 卫生部的管理

国家卫生部将心理治疗师作为卫生系统职称系列中的一种。按照此种界定，卫生系统以外的专业人士，无法取得心理治疗师的资格。卫生部也无权对卫生系统以外的从事心理治疗的人进行管理。

心理治疗师由于仅是一种职称，不是一种资格，因而从理论上讲，心理治疗师只能在医疗机构内执行业务。

3. 存在的矛盾和问题

（1）政出多门，管理不力。前述心理咨询师、心理治疗师的资格分别由人力资源和社会保障部和卫生部认定。而具有了资格的人除了在医疗机构或学校等机构执业外，若谋求独立开业，则需要或者到工商管理部门进行工商登记注册，或者到民政部门登记成立民办非企业性质的研究所或事务所，或者到卫生管理部门申请开办医院或诊所。这几种不同性质的机构分别接受不同政府部门、不同标准的管理。国家目前又无相关的法律、法规，导致各部门各行其是，标准不一，很难进行有效的管理。

（2）违背科学规律，不利于学科发展。心理咨询与心理治疗，在助人的目的、机制方面大同小异。[1]目前这样的一种职业界定，硬将心理咨询与心理治疗绝对分开，心理咨询师不敢涉足心理治疗，心理治疗师不敢涉足心理咨询，唯恐被指为侵占了别人的地盘。而实际上本来就是一样东西。中国的心理咨询与心理治疗开展本来就晚，如此再各自为战，不利于学术的交流与提高。

（3）缺少法律约束与行业自律。我国目前没有关于心理咨询管理方面的法律或法规，这还是一个法律的盲区。什么是心理咨询与心理治疗，什么人可以从事这种职业，都没有一个规定。在这种情况下，心理咨询与心理治疗行业的从业者，目前是各色人等都有：既有精神科医生，也有取得了心理咨询师资格、心理治疗师职称的人，还有一些什么资格也没有的人自称心理咨询师或心理医生的也在从业。

由于心理治疗即使在卫生系统内部也不受重视，心理咨询师则刚刚有了职业人，行业自律还没有进入有组织、有计划的程度。

（4）心理咨询没有得到必要的理解与扶持。心理咨询至今未得到人们普遍的认可，因此，开展此项业务的机构如医院等，在不能取得比较好的经济效益的情况下，多不重视此项工作。而独立开业的心理咨询师或心理治疗师，大多勉强维持，惨淡经营。有些心理咨询师或心理治疗师，实际上是靠卖药取得收入。

心理咨询、心理治疗是关乎全民精神卫生、精神健康的带有相当公益性质的行为，政府应给以必要的扶持与引导。

4.上海的特例

也许是看到了从国家一级对于心理咨询与心理治疗"两权分立"可能带来的不利，上海市独树一帜，于2002年4月实施了《上海市精神卫生条例》，规定市卫生行政部门是包括"心理健康咨询"在内的精神卫生工作的主管部门。其第二章"心理健康咨询和精神疾病的预防"中涉及心理咨询从业人员的内容有：

"从事心理健康咨询服务的人员，应当符合市卫生行政部门规定的从业资质条件，经考试合格取得资格证书后，方能从事心理健康咨询服务"。"从事心理健康咨询服务的人员，应当按照市卫生行政部门制定的执业规范开展心理健康咨询服务。"

此外，《上海市精神卫生条例》还对心理健康咨询机构如何设立等做出了相应的规定。可以看出，上海、台湾在对心理咨询师的管理方面有许多相同之处。

三、结论与建议

1.结论

我国大陆地区对于心理咨询、心理治疗行业及从业人员的管理极不规范（上海例外）。如不采取措施，势必会造成更大的混乱，极不利于心理咨询、心理治疗学术上的进步及行业的发展。

2.建议

(1)全国人大常委会相关委员会开始进行立法的调研，为制定心理咨询法或心理咨询师法做准备。如能包含在《精神卫生法》中也可以。法律必须界定什么是心理咨询、心理咨询师、心理治疗师，什么资格、条件可以做心理咨询师，从业资格的取得、从业的申请程序，对心理咨询师、心理治疗师的管理、违法的处罚等。建议采用心理咨询师的名称，废止心理治疗师的名称。这两部分业务，并入心理咨询师的业务范围。而凡是使用医疗手段的行为，由精神科医生行使。

（2）在法律未出台之前，由国务院协调，将心理咨询师与心理治疗师资格认定、管理等划归一个部门管理。参照台湾、上海的做法，最好由各级卫生行政部门管理。对人的精神状况进行诊断、施加影响、进行治疗，是一项复杂的工作，从本质上说，与医生的行为比较接近，与其他作为一种劳动职业的电工、锅炉工、厨师等有本质上的不同，劳动部门在管理方面恐怕力不从心。

（3）可考虑创造条件，逐步过渡到由国家有关部门委托相关的全国性学术组织，如中国心理卫生协会、中国心理学会负责对心理咨询师、心理治疗师资格的认定。国家有关部门只负责宏观的管理与研究，提出指导性的意见。似目前这样或直接负责办，或指定给自己下属单位办的做法，不符合社会发展的要求，也极易产生各种腐败行为。

（4）扶持成立全国性的心理咨询师、心理治疗师行业协会，委以对会员进行行业自律的任务。

注：本文约写于2005-2006年。

注释：

[1] 郝伟主编.精神病学[M].北京：人民卫生出版社.2002.228

# 社交技巧与自信心训练

训练前的宣誓：

我有积极的人生态度，我对未来充满信心，我将有良好的交际能力，我有良好的自律性，我有信心并会运用这种信心，我胸怀宽广，能容天下难容之事，我对任何事没有害怕，对任何人都不畏惧，我有能力一鸣惊人，我的神圣权利就是成为强人。

训练后的宣誓：

我正在进行自信心训练，我一定会越来越有自信，我是有能力的，我在各方面都会越来越好，我是生命的主人，活着，我感到充实与快乐，自信、勇敢、乐观、实践是我的人生宗旨。

**第一课　社交困难的原因**

理论讲授：

一、社交焦虑

二、羞怯

三、自卑

互动：让学员对上述三个原因加以补充。并且说出在上述原因中最困扰自己的原因是什么，最好举个日常生活的例子。之后针对每个学员社交困难的原因，所有学员为他（她）出主意！看看谁的主意最实用、最有效！

（一）行为训练：成员间相互熟悉

（二）训练前的宣誓（配有音乐）

1.姓名解释

要求：所有的学员围坐一圈，每个学员把自己的名字写在一张白纸上，之后站在圈的中央举起写有名字的白纸，向大家介绍自己。介绍内容(姓名、姓名解释、年龄、职业、性格、爱好、优缺点等)。

2.集体认识介绍

要求：所有学员围成两圈，内外圈相对的两个人互相介绍对方，之后每个人背对背，内圈的学员顺时针旋转，外圈的学员逆时针，直到教师喊停，停下后每个人对面会有新的伙伴，再向大家介绍每个人的新伙伴。

3.棒打薄情郎（补充游戏）

（三）训练后的宣誓（配有音乐）

注：课前课后的宣誓第一次由老师来带领，从第二次课开始每次课由学员来带领，争取剩下的七次课每个学员都有带领宣誓的机会。每次朗读五遍。

（四）作业：

1.每天坚持大声背诵宣誓，早晨起来对着镜子大声背诵训练前宣誓五遍，晚上入睡前大声背诵训练后宣誓五遍。务必每天坚持！

2.每个人回去想一想你最信任的人是谁？为什么最信任他（她）？下次课和大家一起分享！

**第二课　社交中常见的错误观念**

理论讲授：

1.过于追求完美的态度

2.忽略了成功背后的巨大失败

3.没有受过良好的教育就没有能力

4.红脸现象

5.说话口吃不流利

6.在某些场合怯场

7.要交知心朋友

8.苛求面面俱到的能力

行为训练

训练前的宣誓

1.分享！

2.信任之旅

3.“大风吹、小风吹”的游戏

所有的人围成一圈，教师站在圈的中间发布口令，如“大风吹，吹所有穿红衣服的人”，之后所有穿红衣服的人必须互相换位置，教师也必须在圈里给自己找一个位置，最终的结果总会剩下一个人没有自己的位置，那么她（他）就要给大家表演一个节目，节目为教师指定的小节目，如，一个小幽默等。之后她（他）作为发号施令的人再接着发布口令，如“小风吹，吹所有穿红衣服的人就要互换位置。这个游戏能活跃气氛，并且能促进成员间相互了解和增进集体凝聚力。游戏结束后，教师点评。

训练后的宣誓

作业：每个人回去想一想在你的人生历程中最大地增强了你的自信心的一件事，并且这件事让你刻骨铭心。下次课我们和大家一起分享！

### 第三课 社交自信心的培养

理论讲授：建立自信的态度

1.多说积极的言语

2.与积极的人为伍

3.学会积极思考

4.从积极的方面看待人与事

5.不要刻意去寻找消极的方面

6.不要等等再说，要立即行动

7.每天多些自我激励

8.多肯定自我

9.不排斥内向

10.不怕失败

行为训练

训练前的宣誓

1.分享每个人的经历

2.脑力激荡

3.看动作猜词

要求：把成员分成两组，以竞赛形式开展，一个组员表演，其他的组员猜词语，争取每个组员都有表演的机会，最后看哪个组猜对的词最多。

训练后宣誓

作业：1.回想一下自己在社交交往中有什么不好的习惯，下次课大家一起讨论。

2.每个人想一个在自己紧张时刻一般经常用来放松的动作。

### 第四课 积极暗示的力量

理论讲授

1.不妨来点自夸

2.我们比想象的强大

3.不轻言失败

4.幻想成功

5.预约自信

6.激发自身潜能

7.人从来没有缺点，只有特点

8.生活需要目标

9.建立成功信念

行为训练

训练前的宣誓

1.发现习惯的游戏

2.轻松体操

3.救生船

训练后的宣誓

作业：

1.每个人回去找一段资料，文体不限，下次课给大家朗诵，时间不超过3分钟。 2.每个人回去学习一首儿歌，下次课每个人唱给大家听，看谁的儿歌唱得最好。

### 第五课 学会说话（Ⅰ）

理论讲授

1.把话说好的基础训练

（1）了解你的言词智商

（2）呼吸重构及发音训练

（3）谈吐习惯的训练

2.学会说话

（4）克服当众说话的恐惧

（5）选择合适的演讲方式

（6）学会即兴演讲

（7）恰当的交谈方式

行为训练

训练前宣誓

a)运用所学的发音的理论知识，朗读自己找到的资料。

b)学习幼儿歌曲

检查上次课布置的作业，让大家每人唱一首学到的儿歌，之后让大家一起评出唱的最好的。由幼儿教师教大家学习两首最新的幼儿歌曲，并且配有动作，之后让大家谈谈自己的感受！

训练后宣誓

作业：每个人回去想一想目前最让你困扰的一件事，工作、学习、生活各个方面都可以，之后写在一张纸条上，但不要署名，下次课带到课堂上来。

### 第六课 学会说话（Ⅱ）

理论讲授

1.非言语技巧训练

（1）学会微笑

（2）目光运用训练

（3）脸部表情训练

（4）说话手势训练

（5）服饰颜色的搭配

2.成功社交中的个性因素

（1）心怀感激，但不要期待感激

（2）行动胜过言语

（3）要有积极的幽默感

（4）不要轻易放弃你的追求

（5）为你的工作自豪

（6）宽容他人，就是宽对自己

行为训练

训练前宣誓

1.个性白纸

要求：每个人手拿一张同样的白纸，之后听教师的口令：“将手中的白纸对折，之后撕去右下角；再对折，再撕去右下角；再对折，再撕去右下角；再对折，再撕去右下角。现在，大家打开手中的白纸。”每个人的图案都是不一样的。

教师点评：世界上没有相同的两片树叶，也没有个性完全相同的两个人。

2.对视训练

3.秘密大会串

训练后宣誓

作业：每个人回去准备一个演讲稿，题目自拟，时间不超过5分钟，下次课大家运用我们所学的关于说话的两节课的理论到台上每人作一个演讲，演讲时必须脱稿。

**第七课　有效社交的技巧**

理论讲授

1.消除社交恐惧术

（1）担心别人议论不妨先评价别人

（2）音量有助于增加自信心

（3）约会提前到达，有助于建立自信心

（4）目光造就社交优势

（5）利用“居家优势”，消除社交紧张

（6）抬头注视对方的眼睛和脸

（7）与人见面时要想到你的优点和特点

（8）初次见面对对方都是第一次

（9）见面，也许就是永诀

（10）多备对方的资料，供交流之用

2.建立和谐人际关系

（1）谈对方感兴趣的话题

（2）佯装对对方感兴趣

（3）学会赞美别人

（4）暴露一些缺点容易被别人接受

（5）让对方感到你很认真地听他说话

（6）适当重复对方的话

（7）与同行交谈时，多扮演听者角色

（8）约会迟到，不要强词夺理地辩解

（9）交往中，要记住对方的称呼或名字

（10）交往中，要与人保持恰当的距离

行为训练

训练前的宣誓

演讲训练

要求：每个学员必须站在讲台上，把这次演讲当成一个难得的锻炼自己的机会，在讲台上充分展示自己的才华！每个人讲完教师和其他学员都要给予点评。

训练后的宣誓

作业：每个人回去想一想，在你面对紧张时你最常用的放松方式是什么，下次课大家一起分享。

**第八课　学会放松**

理论讲授

放松训练

行为训练

训练前宣誓

1.放松体验

要求：一段非常舒缓的音乐（最好有流水和鸟叫），让大家全身放松，想象自己躺在一个有白云、流水、绿绿的草地，微微的清风的大草原上，耳边有流水和小鸟鸣叫的声音，鼻子能够闻到淡淡的花香。之后教师配合着音乐说：“现在你会感到有一股暖流正从你的头顶流入——”

2.大团圆

大家用一分钟时间一起回顾这一周来我们所做过的训练，每个人用一分钟时间向这一个月来和我们共同走过的伙伴们表达一下自己的谢意和告别！之后大家共唱一首歌来结束我们此期的培训！如，《友谊地久天长》。

训练后的宣誓

作业：大家坚持做我们的训练，社交技巧和自信心训练需要大家的长期坚持，在以后的工作和生活中尽量运用我们所学的理论和技巧。

注：本文在苏永生指导下，由张明月执笔完成。

# 第二章 心理随笔漫谈

## 对孩子心理惩罚危害更大

在城市中，现在对自己的孩子实行打骂、不给吃饭、不让回家等惩罚的家长少了，我想这一方面是由于现在大部分都是独生子女，父母等长辈往往是溺爱有加（自然这样做也有相当的危害，此时先不说它了），另一方面也是由于年轻一代父母的文化水平比他们的父母提高了不少，因而认识到对孩子施以惩罚教育，不但得不到好的效果，反而极容易使孩子养成胆小、不自信甚至形成反社会性人格等。

但心理惩罚对孩子健康成长的危害更大。"心理惩罚"是我对于家长给予孩子另外一种惩罚所起的名称。它不是对孩子身体上造成伤害，而主要是一种心理上的伤害，这种伤害表面上看起来还给人一种爱孩子的假相，但实则危害更大。

我们只举三点来分析。

一是苛求。在中国文化背景下成长起来的父母一代，无不希望自己的孩子出类拔萃，在团体中显得优秀杰出，这种心态用"望子成龙"这个成语形容挺合适。但大多数家长所希望的优秀往往只是学习好，将来考上好大学，再将来找一份好工作，多挣点钱等这些物质上的、表面的成功，而常常忽视孩子健康人格的养成。殊不知，一个人格和个性方面存在严重缺陷的人，即使取得了一般人认为的成功，也往往感受不到生活的幸福，或者不会处理人际关系，严重的还会患上心理障碍。

不考虑自己孩子的天分、兴趣、年龄特点，家长只按照自己的希望给孩子安排学习任务，剥夺他们游戏和与同龄人交往的时间与机会，使他们不得不压抑自己的天性而去做他们毫无兴趣的事，久而久之，孩子怎么会不患上心理疾病呢？

这样的家长所做的一切似乎都是为孩子好，他们认为孩子将来成功后会感谢他们，其实往往事与愿违，苛求带给孩子的是永远的伤痛，是对父母的怨恨与疏远。

有个家长，要求自己的孩子（从小学到高中）每次考试都要考前三名，考不到就说孩子不努力。试想这是对孩子多么残酷的苛求！

二是疏远。有些家长发现自己的孩子达不到自己的要求，或没有按照自己苛刻的要求去做，就采取对孩子疏远的态度和做法。表现在不愿意搭理孩子，对孩子的兴趣爱好、感受不关注，孩子表现好的时候也不给予积极的鼓励和奖赏，不与孩子进行感情的交流等。这些做法让孩子明显感觉到家长不喜欢自己。这种心理上的伤害是相当严重和长远的。生活在这种环境中的孩子，心理上会产生强烈的不安全感，往往会养成害怕、胆小、退缩、懦弱等性格。长大以后不能与人进行正常的交流，与人寡和，难以与他人发展成亲密的友谊和爱情关系，在人际关系和婚姻家庭生活中产生困难。

爱的感受与能力是学习而来的。在充满关爱的家庭环境与气氛中成长起来的孩子，愿意向他人敞开心扉，他们能感受到别人的友谊与爱，也会给予别人这些情感。他们对他人、对社会事物充满兴趣，有着体验的追求，愿意做事而不单是苦思冥想，因而他们适应社会生活的能力与自我调节的能力强。

有一个家长来咨询，自己读高三的女孩离家出走了。原来升初中以后，家长不满意她的学习成绩，开始对她冷淡和疏远。久之，女儿与父母越来越对立，几乎没有任何沟通，终于导致严重的结果。

有这样做法的家长，他们自说是"恨铁不成钢"。他们希望通过对孩子冷淡，剥夺他们的爱，来使他们奋发，按父母希望的要求去做。但是他们没有考虑到孩子的心理承受能力低，爱的剥夺只会带来心灵上的创伤。

三是对孩子的言语虐待。有些家长对孩子不打不骂，但是经常对孩子使用侮辱性的称呼、贬低损害的评价、轻蔑的责骂，以及不合适的幽默。这些可以称为言语虐待，也许在中国的父母身上格外明显。有一个来咨询的成年人，就清楚地记得当他只有6岁时，由于做错了事，他父亲严厉地斥责他："你这个无用的东西！"这句话对他的伤害和影响非常大，以致他从那时起就认为自己很无能、无用。直到他读了大学，读到博士，仍然在许多场合不自信，需要接受心理咨询的辅导。

儿童不善于分辨现实世界与精神世界，父母对他贬损的评价，让他感觉到自己就是这个样子，自己真的很无用。尤其是从小身体弱、有残疾、发育迟、学习成绩不好的孩子更容易受到父母的言语虐待，而影响到他们的心理健康。

此外，父母的玩笑也会给孩子造成心理创伤。比如同样的一个成年男性，他是因为与妻子关系不好来接受咨询的，他记起可能五六岁时父亲看着他对母亲说："看他这个样，哪里会是我的儿子，肯定是在医院里抱错了。"从此，幼年的他陷入深深的恐惧中，没有心思玩耍，时刻担心父母会把他送回到医院或扔掉。到他上初中时，终于鼓起勇气向爸爸询问。没想到爸爸说："那不是开玩笑吗？你怎么当真了。"

问题虽然搞清楚了，但他从小种下的不安全感却使他成年后缺少爱的能力。

总之，父母应充分考虑到孩子的心理像身体一样，也是逐渐长成的。当他们处在生长的过程还很脆弱时极易受到伤害。而一旦受到创伤，成人以后纠正是非常不容易的。

除了上述几点，家长对孩子的经常性的唠唠叨叨，阻止孩子与同龄伙伴的正常交往等，都可能是心理上的惩罚。

大家知道，心理学上的精神分析理论特别重视人幼年的经历，认为幼年的心理创伤是成年后心理疾病的原因，心理咨询与心理治疗的实践充分证明了这一点。可惜的是，许多家长往往在是孩子发生了严重的情绪、行为的问题，或者父母与孩子之间的矛盾尖锐化之后，才想到向心理医生求助。不能不说，其实为时已晚，虽然可以亡羊补牢，但需付出加倍的努力。

2005年11月27日

# 母爱剥夺与儿童抑郁症

最近刚在青岛电视台三频道播完的韩国电视连续剧《把爱留在心底》中，主人公陈正翰、姜金波夫妇因为离婚，6岁的儿子秀彬由父亲陈正翰抚养，但过了一段时间之后，孩子却渐渐不吃东西，也不说话，经常哭闹，经精神科诊断为儿童抑郁症，不得不接受治疗。在医生的建议下，孩子的母亲姜金波把孩子接到她的身边，经过精心的照顾，尤其是感情上的抚慰与交流，终于使秀彬开口说话，又恢复了儿童天真烂漫的性格。

这是一例典型的由于母爱剥夺而罹患儿童抑郁症的病例。

所谓母爱剥夺是指婴幼儿或儿童，被强制地剥夺了得到母亲关爱、呵护、心理上支持依恋的要求，从而在心理上产生强烈的不安全感这样一种情形。母爱剥夺能成为发生儿童抑郁症的病因，除此之外，这样的孩子即使不得儿童抑郁症，长大以后

在生活事件的刺激下，也容易罹患各种心理疾病，或者养成过于内向、胆小、退缩、缺少与人发展密切关系能力的个性特征。

儿童期抑郁症的症状包括常出现悲伤的表情，情感淡漠、不愿意说话，失去游戏玩耍的兴趣，欢乐能力降低，有被人拒绝和讨厌的感觉，还可能有躯体不适(头疼、腹痛、失眠等)，有的孩子表现出攻击性强，做出一些滑稽和粗鲁的行为，严重的还可能产生自杀的动机等。

全面地说，儿童抑郁症主要来源于孩子童年的精神创伤，包括来自父母、家庭、社会环境及自我成长等多方面，而儿童抑郁症患者主要是6至12岁的孩子。所以当孩子出现上面说过的情绪和行为问题，则可以怀疑是儿童抑郁症，家长要立即带孩子到医院或其他专门机构进行诊断和接受治疗。

从治疗方面讲，要在找出致病原因后，给以适当

的治疗。主要的治疗方法有药物治疗与心理治疗两种。正像上面所说的韩国电视剧，治疗由于母爱剥夺引发的儿童抑郁症的最好方法是使儿童回到母爱的环境中去，这是任何药物和其他人所无法替代的。

任何一个做母亲的出于人类的天性，除非有不可抗拒的困难，不会剥夺孩子的母爱。但有些情况下，一些不自觉的母爱剥夺同样也会给孩子造成强烈的伤害。比如现在很多父母忙于工作，将孩子托付给爷爷奶奶或姥姥，这种隔代教养的害处其实是很多的，还有的就是单亲家庭，在这样的环境中成长的孩子由于缺乏父母的关爱，往往依赖小动物、小玩具，这样就很容易产生抑郁的情绪。

离异的夫妻，孩子婴幼儿时期当然是以母亲抚养为好，这样不至于造成母爱剥夺。因为工作原因不得不主要由老人养育孩子的家长，一定要利用一切机会多与孩子在一起，与他们进行感情的交流，培养孩子与父母的感情。如果与孩子住在一起，白天上班由老人等带或送幼儿园，那晚上以及休息日一定要与孩子一起度过，切忌把工作带回到家中，将晚上本该给孩子的时间也占用。还有，最不好的是，孩子一旦断奶，就送到外地交由他人抚养，等到上学时再把孩子接回来。错过了与孩子发展亲密关系的"关键期"，父母与孩子就很难再建立亲密的关系了。感情的疏离，会给孩子的心理带来无可挽回的伤害。

2005年11月28日

# 什么样的儿童需要接受心理咨询？

现在的家长越来越重视儿童的心理健康，当儿童出现一些心理或行为问题时，许多家长想到了去看心理医生，做心理咨询。但有些家长对于什么是心理咨询，儿童出现哪些问题时需要去做心理咨询，带儿童去做心理咨询时又应该注意什么等问题，不一定十分了解。那么应该怎样做呢？

一、从心灵和行为两方面判断儿童是否心理健康，是否需要做心理咨询

1.从心灵的成长方面观察儿童

一个人的心理，其实也像身体一样是从小到大，慢慢成长起来的。家长除了关心儿童的身体成长外，还要特别关心儿童的心理成长。最有效的方法是把自己的儿童与其他儿童对比，看看他们的心理成长有没有很大的不同，从而发现和判断儿童是否心理健康。家长应该特别注意培养儿童，对亲人、对他人、对社会事务、对生活的热爱和兴趣；但同时，也要适当地教育儿童对社会上存在的不良现象有一定的认识。

比如说，谁都知道儿童是先学会爱自己，然后才学会去爱他人的。如果发现其他儿童会想到关心和爱护父母，比如在父母生病的时候，儿童会表现出关心、同情，甚至为父母生病而伤心等，可自己的孩子从来没有这样的想法，那就说明儿童没有学到这些。

再比如，儿童表现出对死亡特别的担心和恐惧，那就不是正常的心理了。因为这个年龄的儿童，生命正处在幼年期，不懂也不会关心死亡一类的问题。当然，儿童也需要学习认识什么是死亡，也可能会问到这个问题，但一般情况下，家长给以一定的解释，儿童就会放下这件事了。用这个事说明，是想提醒家长：儿童应有儿童的心理，该有的没有，不行；不该有的有，也同样不行。

2.从行为方面观察儿童

人的心理产生于头脑中，但许多时候会通过行为来表现。所以家长要经常细心地观察儿童的日常行为，发现儿童的心理状况。

可以从以下两点来看。一是兴趣，二是适应。说兴趣，是指儿童时期是天真烂漫而又对任何事情都充满好奇的人生阶段。比如大人带儿童出去，一路上看到的事物，儿童总爱问这问那。这种学习的意义不单是儿童在学习认识和理解世界上的事物，更重要的是，儿童在练习和成长为成人的思维。反过来说，如果发现自己的孩子对事情没有或缺乏兴趣，就要引起家长的注意。说适应，是指儿童能够逐渐适应环境。比如，到幼儿园、到学校，都能比较快地适应。这里的适应，既指身体方面的适应，也指心理上的适应。

当然这二者很多时候是相辅相成的。儿童对于新的环境的适应能力，一般来讲比较强，所以绝大多数儿童无论是入幼儿园，还是入学，都能较快地适应。能够按照要求学习、休息和娱乐，并与同伴们建立联系。家长在这些特殊的阶段，要特别关注自己的孩子，观察儿童的适应情况。尤其是开始的几天到数周时间。如果儿童情绪不高，未能与同伴建立友好的关系，甚或表示对新环境的不感兴趣、厌恶或恐惧，家长应及时与老师取得联系，找出原因，进行帮助。如果家长在最初关心不够，儿童的心理或行为（对新环境的恐惧、厌恶等，拒绝到新环境中去，不能融入幼儿园或学校的集体生活中等）成为一种习惯，再来纠正就比较费力了。

二、如何看心理医生

儿童时期是人的幼年，自我还没有养成。这个时期出现一些心理或行为方面的问题，往往与家长的教养方式有关。因此，要看心理医生，最好是家长先行一步，先向专业人士咨询和请教。

这是因为，其一，有些问题，并不是问题。比如儿童，尤其是男童，在三四岁、四五岁的时候，有的喜欢玩弄自己的生殖器。有的家长看到这种情况非常惊恐，赶忙带儿童看心理医生，有的使用严厉的恐吓来阻止儿童。其实这本不是什么大问题，家长过于强烈的反应，往往反倒会强化儿童的

行为，以至于坏的行为反而越发去不掉。如果家长遇到这种情况，及时向心理专家请教一下解决办法，采取适当的引导的方式，儿童的行为可能会在不知不觉中改变，心理上也不会造成伤害。

其二，儿童的问题，往往是家长的问题。许多情况下，儿童的一些心理或行为问题，都是从小开始的家庭环境养成的。比如，儿童进入学校，不大与同伴交往。可能是由于从小，他（她）的家长就不与人交往。或者由于家庭生活贫困，父母经常表达对人、对社会的不满，儿童学习到了对他人和社会的不合作的态度。再比如，儿童的懒惰，也往往是做父母的从小没有培养起他们劳动的习惯所致。要改正，必须家长先做改变。

说到这里，需要提出两点，一是儿童的家长在很多情况下，认为儿童小，不懂事，让他们看到、听到一些在他们这个年龄不应该知道的事。比如我刚才讲到的父母表达的对人、对社会的负面的评价等。根据心理学的研究以及我们做心理咨询的实践，儿童接受事物比我们认为的早得多。家长说的话、做的事，会给他们留下深刻的印象。二是儿童的心理承受力比较低，所以家长一定要避免对他们心理的伤害。幼时的心理创伤，有的到成年时期才发病，或成为他们人格的一部分。

# 切不可只要自己的面子

## ——写给高考中考失利学生的家长

又是一年的此时，高考中考都结束了，成绩也公布了。学生经历了几个月的紧张冲刺，家长经历了远较自己的事情更焦急的等待，最后的"宣判"不管你愿意不愿意、接受不接受，它都按时宣布了。

的的确确是"几家欢喜几家愁"。考得好的家里欢天喜地，弹冠相庆。最重要的是家长，一扫了焦躁担忧，长舒一口气，出门去，仿佛阳光也格外明媚。对待为自己、为全家争了名誉和面子的孩

子，不管家庭条件怎样，也要好好慰劳孩子一下。送他或她去旅游，给他买想要的东西，大方的家长，那可是一掷千金也不足惜。

可惜考得不好的家里，就是阴霾满天了，孩子感到抬不起头来，家长情绪低落，人前压抑住心中的沮丧和伤感，强装出不在乎的样子，回到家中，却把心中的怨气发泄到孩子身上。抱怨孩子如何不争气，过去如何不努力等等。似乎在这些家长的眼里，孩子这一次未跃入龙门，等待着他或她的只有终生的苦难。

笔者一位朋友的孩子，今年中考成绩不好，不能进入理想的高中，现在正忍受着父母抱怨。原先答应过她，考得好暑假送她到外地旅游，现在也泡了汤，可怜这孩子现在是终日闭门不出，无人知道她在想什么。

年年岁岁花相似。心理咨询师又能说什么呢？我们简直要失掉耐心再来说那些可怕而又令人伤心的事例了（那些因为考得不好受到家长指责埋怨而自杀、而离家出走的可怜的孩子）。

尽管这样，我们还是要再一次对高考中考失利学生的家长进一言：切不可只要自己的面子！

你们口口声声自己为了孩子好，为了他有一个好的前途，恨他怨他是恨铁不成钢，是希望他能警醒，从此发奋读书。这都没有错，我要说的是，你们的内心深处，难道就没有一点私心？你们或者自己没有接受过正规的教育，希望孩子去实现自己没有实现的人生目标；你们有的是觉得孩子学习好，考上好的学校，与自己的地位相称（你自己受过好的教育，现在出人头地，是事业上的成功者等）；你们有的是觉得孩子考得好，自己在人前有面子，可以向同事朋友炫耀一下；你们有的希望孩子接受好的教育，将来能多挣钱或出国深造，自己也能分一杯羹，沾孩子的光，到国外去转转，让孩子孝敬点美金花花？

如果你们仅在内心里有一点以上的想法，也不是什么大错，毕竟人性中就有一些自私的念头，即使对亲人也不能全免。但有一点想法，跟付诸行动就有很大的差别了。你们不该因为孩子这一次考得不好就对孩子施以真正的暴力、语言上的暴力或情感上的暴力与冷漠。你们埋怨孩子，无休止地批评孩子，从感情上冷淡孩子，表达出对孩子的失望、怨恨，甚至绝望，使孩子心理上遭受极大的压力。本来考得不好，他们就会自己有一些不满，有一些失望，强化了自卑感，现在你们做家长的不但不去安慰孩子，还雪上加霜，进一步给他们的伤口撒盐。孩子毕竟是孩子，他们的心理承受能力不强，他们无法忍受这样的情感上精神上的折磨。

结果常常是两种：一小部分孩子因此对自己彻底失望，走上极端的道路，如果接下来发生了不幸的事情，到那时，家长常常是后悔莫及了。绝大多数孩子压抑着心中的不快，表面上不敢反抗父母的指责，但他们与父母的感情却受到了深深的伤害。他们从此心中更加怨恨父母，与父母疏远。更严重的一些人，在心中种下了强烈的自卑情绪，这可能会影响到一生，他们从此不敢与人竞争，在生活的道路上不敢开拓，性格更加内向、压抑和敏感，也更具攻击性。他们不能接受失败，总认为一次失败就无法挽回。总之，将来他们的心理和人际关系可能会出问题。

家长朋友们，以上的话请你们深思。中考高考考得好与坏，仅仅是这一次考和好与坏而已，决不是一生的唯一和最重要的事件。当今社会各行各业的成功人士中有许多并不是先上了好的中学或大学才取得成功的。举我们青岛的事例：海尔集团董事局主席张瑞敏没有上过正规的大学，青岛港全国劳动模范许振超没有报考也没有上过大学，感动青岛和全国的"微尘"本人，我想可能也未必上过好的大学吧。要举例，真可以说是不胜枚举。只要是一个善良正派、上进爱学习又肯干又具有坚毅性格的人，即使不上好的大学，照样可以为社会做出大的贡献，实现自己人生的价值。

著名心理学家阿德勒批评有些家长："当今社会，人们习惯上更多地关注孩子所取得的肉眼可见的成功，而不是强调他是否受到全面、彻底的培育培养。……更重要的是应该培养孩子成为勇敢、坚忍、自信的人，让孩子认识到：面对失败不能气馁，要把遭遇的失败当作一个新的问题去解决。"

鲁迅先生1919年写过一篇文章《我们现在怎样做父亲》，批评了中国的家长往往把孩子当成自己的私有财产，对孩子的前途包办代替，强加于人。他提出对孩子要"理解、指导和解放"。

这些伟人几十年前说过的话，在今天也没有过时。愿我们的家长顺应时代的潮流，加强自我的学习，而不是一味地苛责孩子。尤其在这个关键的时刻，要给孩子以切实的关爱与指导，帮助他们正确地分析和认识这一事件，走出心理上的阴影，不灰心不丧志，开始新的奋斗和努力。

现在社会分工细，心理咨询师成为一项专门的工作，如果在这方面家长和学生需要我们的指导和建议，我们一定会给您真诚专业的帮助。

2007年7月12日

# 山东省心理卫生协会网瘾康复培训基地参观记

因网络成瘾，青少年本人或其家长到心理咨询师处寻求心理咨询心理治疗者，近几年来很有增加的趋势。帮助这些沉溺于网络而影响了学习和工作的青少年、青年走出虚拟世界回归正常生活，已成为了全社会关心的问题。我本人在咨询实践中，深感依靠传统心理咨询的设置与技术，对严重网络成瘾者进行矫治的效果不理想。所以非常关心这方面的理论研究与实践方面的探索。

去年年底，从网上看到山东心理卫生协会在济南成立了一家"网瘾康复培训基地"（以下简称为"基地"），想打听一下这家机构的情况。说实话，主要担心两点：其一，戒除网瘾是一项医疗与心理行为，如由一些商人出于经济利益而办，会走入歧途。其二，从电视上看到国内有些专收网瘾以及其他有行为问题孩子的学校，实行很不人道的如毒打等手段对待学生，令人不寒而栗。

由于有上述两点担心，还忙于其它工作，就放下了。到了今年上个月，想起了"百闻不如一见"的古语，便决心亲自去看看。正巧这时候，"基地"要召开一个戒除网瘾座谈会，便邀我作为青岛地区的代表前往参会。于是我4月18日去19日回，虽是来去匆匆，但开会就在"基地"，通过听和看，大开眼界，总体感觉"基地"能把戒除网瘾的工作做得这么好，令人惊奇和佩服！

"基地"坐落在济南南郊，是原先济南电缆厂的房子改建而成。供学生使用的是一个二层小楼，除了宿舍、餐厅，另有文化教室、计算机房、音乐治疗室、心理治疗室、宣泄室、卫生室等。另外一座小楼为会议室、接待室等。有一个大院子，水泥地面，有约二三百平方米，正好满足学生操练用。目前在"基地"学习的有28名学生，年龄跨度从初中生到大学生都有。

这些网瘾者来的时候，已无法依靠常规方法，包括心理咨询来帮助和矫治，他们有的有学不上，

有的有工作不干，生命的意义对于他们来说只有网络。家长使用了软的硬的各种方法都没辙。来硬的，有的家长往死里打过孩子；来软的，甜言蜜语、金钱收买，都用过。这些孩子碰到硬的，他比你还硬，有的要跳楼自杀，有的多次离家出走。眼看着孩子沦为一个"废人"，家长抱着后一线希望，把孩子送到了这里。

"基地"对学生实行军事化管理，毋需讳言，带有一定的强制性，学生来到这里后，就不能自由外出，要过集体生活，每天实行严格的作息制度。"基地"按照独创的"六位一体"教学与矫正方法来管理学生。"六位一体"具体来讲就是，对学生先后和轮替进行军训管理、心理矫正、认知教育、电脑竞技、文化补习、家庭亲情关怀这6方面内容的学习训练，6方面又是围绕帮助学生戒除网瘾这一核心矛盾来展开的。

戒除网瘾是世界性的难题，至今医学界、心理学界仍在不懈地努力研究探索。但从方向上讲，肯定要采取一种综合的方法。从这点上说，"基地"的"六位一体"方法，无疑是符合科研方向的。我想，这源于"基地"由山东省心理卫生协会主办，背后有协会的大批专家支持，所以能开发出独特的教学培训方法。据基地负责人介绍，"六位一体"康复法受到了包括中国著名戒除网瘾专家陶宏开教授在内的专家的高度评价。

"基地"创办人之一，也是实际的管理者翟振杰给我们讲解"六位一体"环环相扣层层推进的设置。比如，学生一来首先要实行军训管理。这是因为，上网成瘾者在家时，日夜上网，生物钟已紊乱，思维也定格在网络上。这时，只有实行军训管理，按照军人的日常生活要求，实施一日生活条令化，强化军事训练，才能调节生物节律，恢复正常生活习惯，为开展其它康复项目打好基础。再如电脑竞技。有人或许质疑戒除网瘾学校还要开设电脑课，岂不是火上浇油？

但翟振杰解释说，上网成瘾的孩子过去往往痴迷于电脑游戏，陷入其中不能自拔。"基地"请高水平的电脑专家给学生教授电脑游戏的制作，打破游戏的神秘，让学生了解过去花大量时间拼搏要闯的关卡只不过是程序员的一行代码，从而放弃兴趣与神秘感。不仅如此，"基地"的电脑竞技课程开设网页制作、动漫设计、基础编程等应用训练，引导学生从依赖型的"网虫"成长为创造型网才，将来贡献于社会。

山东省心理卫生协会会长初奎臣教授出席了这次座谈会，他是山东省医学科学院的党委副书记。他在讲话中谈到网络成瘾对青少年和青年人的危害，与各地来的代表一起座谈并一起观看学生的军事训练表演、一起参观学生宿舍及学校的各项设施等。至此，我的第一个疑问解决了：这是一家有官方背景、有浓厚学术背景的机构，与社会上那些完全出于赢利为目的的培训机构有着本质的区别。

至于我的第二个疑虑，除了有"基地"翟振杰的介绍以及我的观察之外，还有一点使我解除了担心，那就是这所培训基地从创办人，到目前实际的行政管理人、学生管理人都是原先武警部队的干部，也都是比较年长的人。"基地"创办人翟振杰、负责人房思玉、韦沛，都是当兵出身，在部队时和到地方后都担任过一定的领导职务，还有支持翟振杰创办"基地"的张玉堂，是武警部队的少将。这些人都具有国家公职的身份，目前也都享有很好的生活待遇。他们不是为了个人牟利，主要是出于社会责任感才参与帮助青少年青年人戒除网瘾这项事业的。在管理上，他们把部队的好作风和管理方法引入到"基地"对学生的管理中，像对待自己的孩子一样对待来这里的学生，对他们负责，关心他们思想上的变化和生活上的适应，决不打骂学生，使来到这里的孩子通过几个月的培训，脱胎换骨，戒掉网瘾，回归社会和家庭。据翟振杰先生介绍，从去年4月"基地"成立，至今正好一年，共招收了近200学生来此培训学习，效果显著。

创办网瘾康复培训基地也有些因缘巧合，翟振杰先生有过自己的经历，他的爱子曾沉溺网络，为了挽救儿子，他付出过大量精力财力。有感于网络成瘾对学生本人和家庭的危害，他放下繁忙的商业和企业经营，投身"基地"创办事业。克服了许多困难，终于使"基地"取得初步的成功，受到了社会各界的关注和称赞。下一步，他将带领同仁进一步规范"基地"的软硬件，打造"基地"在全国的知名品牌。同时筹备成立山东省戒除网瘾协会，召开学术研讨会，大力推动全社会对网瘾康复的关注和支持，推进网瘾康复理论与技术的发展提高。

作为一家民营的培训机构，也必须兼顾社会效益和经济效益。我认为，像戒除网瘾这样的事业，理应纳入国家有关部门的工作范畴，像"基地"这样办得比较好，又带有相当公益性质的康复培训机构，政府应给以经济上支持，使"基地"正常运作并不断发展。

2008年4月21日

---

（上接98页）

谈话，不一定是不放心你，也可能是关心你。如果你当时真恋爱了，男朋友也不错，像每一位做父母的一样，你的父母也会高兴的"——这是我对姑娘说的话），同时应该从成长的角度反省自己在这件事情上表现出的个性方面的不足，今后在处理事情时力图加以改进。俗话说：活到老，学到老。人的个性也需要在生活中不断磨炼和提高。应尽快放弃对过去事件的感情固置，开始新的生活。

最后我还想对娅娅姑娘说，青春是美好的，生活是美好的，友情和爱情更甜美。如北宋词人温庭筠《菩萨蛮》中所写："当年还自惜，往事那堪忆？"过去的事毕竟是你自己值得珍惜的一段情愫，然而毕竟早已过去，徒然沉溺其中不能自拔，于今事无补。对过去的事情的怨恨、对未来的幻想都不如踏上充满色彩的现实之路。现实中才能实现自己的理想，才能找到自己的真爱。

2004年8月19日

# 宜人茶室故事点评：当年还自惜，往事那堪忆

"宜人茶室"为《青岛晚报》的名牌栏目，所载故事情节曲折、感情深刻细腻，既发人深省，又引人共鸣。本人不揣冒昧，从一个执业心理咨询师的角度，做个点评，供故事主人公及朋友们参考。不当之处，请大家指正。

一、故事梗概（原作载2004年8月18日《青岛晚报》）

娅娅姑娘从小就是一个听父母话的女孩，学习也好。但高二时发生的一件事却使她的精神世界彻底改变了模样，而且留在她心头的是至今挥之不去的阴影。

那年冬天，她对一位男同学产生了兴趣与好感，她在不知不觉中拉近了与他的距离。这种少女朦胧和缥缈的情意带给她的将会是什么，她不知道。甚至她还没有来得及仔细审视、把握和确认自己的情感时，一阵风来，将两颗惴惴不安的心吹开。

娅娅姑娘的妈妈正撞见她与男同学一起散步。随之而来的是父母对她的逼问、训斥、禁止、监视。父母逼她写保证书，保证不再与那个男同学联系。从此还追问她的电话、检查她的日记……

自此以后，娅娅姑娘感觉自己像是置身于一座监狱中，她感到沉闷和窒息。她开始自我封闭，学习成绩也一落千丈，终于没能考入理想的大学。

进入一所民办大学后，一次她为了参加同学聚会而化妆打扮，又无意中听到父母的谈话。他们看到她打扮又怀疑她谈恋爱了。而且还提到她高二时发生的事情。

娅娅姑娘自述心理上又一次受到沉重打击。她想：既然你们这样不信任我，我干脆封闭自己，不与人交往就是了。她以自己的行动实践着自己的决心，越来越封闭自己，如今已是大三学生的娅娅姑娘，今年的一个暑假没有与任何同学联系。

"我的青春的朝气，慢慢地这么消蚀掉了，"她说，"我如何才能改变现状呢？"

二、点评

1.娅娅姑娘受到父母的责骂后，道德上的要求使她不敢与父母对抗，只得把不满转移到自己身上，用惩罚自己这样一种表面上被父母接受的方式，来实现报复父母的目的。另一方面，反抗父母会失去他们对自己的爱，于是选择从原先的行为方式上退缩，从此再不与人，——尤其是异性交往，借此保护自己不再受到伤害。转移行为和退缩行为是两种不成熟的心理防御机制。如果说，娅娅姑娘当时采取这种行为还情有可原，因为当时她的心理承受能力还有待提高，今天当她已是一个成年人，还坚持这种方式就不妥当了。需要说明的是，心理防御机制往往是人在遇到可能的危险时，无意识中采取的反应，本人并非有意识这样做。

2.从此事可以看出，娅娅姑娘的个性是属于那种守规矩、凡事谨慎、胆子比较小、灵活性不够的人。这种性格的人在社会上会是一个循规蹈矩的人，可以信任，做事负责任，遵守道德和法律，但往往勇气不足，毅力也不够。根据她自己的说法，她当时与那位男孩交往，其实并没有什么，不过是有好感多接触了几次。既然这样，为什么不认真、冷静地向父母解释呢？如果他们暂不接受你的解释，可以等他们冷静下来，多进行几次交谈。尤其是女孩往往与母亲比较亲，何不选择时机，与母亲深入地交流一下？如果他们还不接受，何不表面上服从，而采取更谨慎的方式，继续与男同学交往。屈从于压力，无端地中止了与那位男生的接触，不但是对自己不负责任，也是对他人的不负责任。从适应社会的角度看，应该更勇敢和坚强一些，才有利于个人的发展。

根据以上分析，我想对娅娅姑娘说，现在你应该更全面地思考事件的过程。对于父母要从他们的动机是为你好以及他们可能受教育程度低等方面，理解、宽容他们过去的做法（"根据你的叙述他们第二次的

（下转97页）

# 婚姻与幸福

最近读到"敏思外语俱乐部"的朋友"金黄的稻谷"写的一封信，谈到了她个人婚姻失败，从而对婚姻失去信心，并进而感觉不到人生的幸福。这让我想到了婚姻与幸福的关系，这也是一个饶有兴趣话题，就写了下面的文字与大家交流。

近几十年来，心理学开创了一门崭新的学科——幸福心理学。它关注并研究如何测量幸福，以及如何得到幸福。关于什么是幸福、如何测量幸福，心理学家并没有因为存在很大的困难而止步，而是给出了"幸福依赖于对家庭、工作等各个生活领域的满意程度的认知评价和在这些领域中获得的情感体验"的测量办法，为此设计了多种不同的量表。

结果如何，人们对幸福有怎样的感受？请看下面这两个统计：

美国2000年有关机构的调查显示：每10个人中，平均有3个人说他们非常幸福，1个人说他们不太幸福，剩下的6个人说他们比较幸福。

另一份统计是这样：美国明尼苏达大学的有关研究人员1996年收集了全球45个国家、超过100万人完成的916种不同版本的幸福问卷，以10分表示非常幸福，0分表示非常不幸福。结果，人们的平均幸福得分是6.75分。从这个得分可以看出，平均而言，人们处于中等程度的幸福水平。

朋友们，你自己感觉处于哪个级别的幸福水平呢？

幸福心理学还研究了另一个问题，即：什么导致幸福？或者换句话说，有哪些东西是幸福的重要来源。结论是：友谊、血缘关系、人际关系和婚姻都是幸福的重要来源（以上的数据和观点引自《积极心理学》一书，美国Alan Carr著，中文版郑雪等译校，中国轻工业出版社，2008年1月第1版）。

看来婚姻对于幸福是十分重要的一件事情了。这也有学者的研究为证。据Myers 2000年的研究课题"婚姻状态与幸福"，已婚的人比离异、未婚、分居，以及无婚姻的人感到更幸福。

对这种婚姻与幸福的联系有两方面的解释：一、幸福的人比不幸福的人更容易结婚，因为幸福的人比不幸福的人作为婚姻伴侣更具有魅力；二、婚姻为人们提供的种种好处让人更幸福。婚姻提供了更好的心理与生理的亲密感，使人对自己的社会角色更满意，更容易自我认同（资料和观点来源同上书）。

反过来说，许多研究证明，没有婚姻的人比有幸福婚姻的人更容易罹患各种疾病，更缺少幸福感，更多负面的情绪，寿命更短，甚至财富也比有婚姻的人少！

有这些好处，所以中外古今的绝大多数人都选择、追求婚姻。

2006年6月7日中国的《参考消息》转载了美国《新闻周刊》同年6月5日的文章，标题是："结婚，真的很好"。内容是这样的：

20年前，美国《新闻周刊》刊登封面文章《婚姻危机》，报道了十几个单身女性的故事。20年后，该刊再次把目光对准她们。对当时报道的14位单身女性中的11位进行了追踪报道，其中8人结婚，3人依然单身。好几个人有了孩子，没有人离婚。

这样的一个事实是不是至少说明了如下的判断呢？

1.绝大多数人从婚姻制度中得到好处；

2.单身者最终结婚的还是多数；

3.大龄结婚离婚少。

英国自1996年开始设立了"全国婚姻周"，选择的时间是包括情人节在内的一周（2009年为2月7日至14日）。每年的婚姻周都有一个主题，今年的主题是"赞美承诺"，据说这个主题既体现出许多婚姻伴侣对婚姻的认识，也反映了整个社会仍有必要继续弘扬婚姻给社会带来的稳定。

在英国，人们对婚姻的认识以及婚姻的实际情况怎样呢？

据调查，英国有90%以上的年轻人渴望将来与自己的心上人正式结婚，事实上也的确大多数人会如愿以偿。尽管有人认为现代人的婚姻缺少稳定，但实际情况是每三对初婚夫妇中就有两对婚姻能维持到配偶一方去世，而每两对再婚夫妇中也有一对能持续终生。

中国的情形如何？

2009年2月16日，《参考消息》报道：虽然今年的情人节是在全球经济危机的背景下度过的，但人们对于结婚却表现出了异乎寻常的热情。来自北京市民政局的数字，预约在今年情人节这一天登记的新人达到了2000对，几乎是去年的3倍！

对于其原因，心理学家可能会有不同的解读。有人会认为正是经济危机产生的恐惧与不确定感，使人们更愿意与伴侣共同承担责任与考验。还有人认为，危机加强了人们及时行乐的观念等。

也许，真如圣经所说："人要离开父母，与妻子连合，二人成为一体。这是极大的奥秘。"（《圣经·以弗所书》），英语是："For this reason a man will leave his father and mother and be joined to his wife，and the two will become one flesh。"）

我愿意再引几位学者的话，来赞美一下婚姻和家庭对于个人和社会的重要性，以及给人的成长与幸福带来的好处。

美国摩迪凯·开普兰认为："家庭这样的社会制度应该是一种组织人类本性的力量，尤其是异性之爱与天伦之乐的力量的媒介，从而使这些力量能够进一步促进相关个体的自我实现，提高人类生活作为一个整体的水平。"（引自《犹太教：一种文明》）

法国的思想家涂尔干也说过：即使不再有家祠，不再有家神，人们对家庭也会始终不渝地充满了宗教之情，家庭是不容触动的一方圣土。（引自《乱伦禁忌及其根源》）

英国著名科学家霭理士的话是：婚姻制度，就其纲目的大处说，是始终存在的，今日存在，千万年后怕还一样的存在，并且还是千万年前之旧。（引自《性心理学》）

看来，人们怎样赞美也不过，婚姻确实是幸福之源。虽然少数人或一些人的某一时期，婚姻也会给他们带来痛苦，然而就婚姻的本质而言，她能给人带来幸福，而幸福的人更容易有好的婚姻。

2009年2月16日

# 从美国"虐囚"事件说到精神压力

最近曝出的驻伊拉克美军的"虐囚"事件一时成为了全世界瞩目的中心。一向标榜最重视和关心人权的美国，一直以"解放者"的姿态进入和驻扎在伊拉克的美国军队，其士兵却采用最野蛮残酷的方法虐待战俘，让人不得不对其重视人权的说法重新评价。此事对美国和布什政府的威信打击甚大，虽然采取了或将要采取"道歉"、审判犯罪的士兵、给受害者补偿、严格约束士兵等措施，但此事造成的负面影响，恐怕短时间乃至可能永远也不会消除。从心理学工作者的角度看问题，参与"虐囚"士兵的精神压力过大是使他们的心理变态的原因之一。

美国在伊拉克的战争久拖不决，当前虽然大规模的军事行动结束，但伊拉克的混乱局面未有改善的迹象，反美武装的抵抗造成了美军伤亡人数不断增加，为了应付局面，美国军队一再推迟换防。在这种形势下，士兵们承受着越来越大的精神压力：对战争前途忧心忡忡，严重的思乡情绪，焦虑、紧张、恐惧、孤独等不良心理产生并滋长，这样就会使个人心理变态，从而行为失控。

美军虐囚事件又一次说明，任何一个团体或组织的领导者，都必须高度重视其成员的精神—心理压力，并采取有效措施，积极进行疏导和宣泄，否则一旦如洪水决堤，破坏将是严重的。

2004年5月16日

# 答青岛大学校报编辑问

问：在我们所掌握的材料中，人们给弗洛伊德的定位是"精神病医生和心理学家"，而且我们知道，最早他在研究癔病和歇斯底里症时，是将其发病原因归结为幼年心理受到压抑造成的。到后来，他在此基础上创立了"无意识性本能学说"，并因此而奠定了精神分析学的基石。我们的问题是，从心理学家到精神分析家，这是否两个层次不同的概念？我们该怎样区别这两个概念？

答：精神分析是心理学众多流派当中的一种。它的最大特点是坚持认为人存在着一个不容易为我们所了解和认识的潜意识，而它才是我们精神生活的真正主宰。比如，我们到商店里买东西，真正决定我们购买此物而不购买彼物的原因，尽管我们可以说明，但精神分析认为，许多情况下，是我们先决定了购买，然后再为这个决定寻找一个理由。简言之，是潜意识做出了判断。此外，精神分析也是心理治疗诸种方法和技术中的一种。它强调大多数精神方面的疾病和问题产生于压抑了的欲望和冲动。心理治疗就是通过特定的方法，将压抑入潜意识的内容引入意识之中。

只有学习过并掌握了精神分析技术的人才可以称为精神分析家。

问：弗洛伊德的思想是一个庞大的体系（我们知道它涉及心理学、精神病学、哲学、社会学、美学等等方面），但自他的这套思想形成至今，人们就对这个体系褒贬不一。有人因此而将他贬得一文不值，也有人因此而把他与爱因斯坦等一并列为二十世纪最伟大的科学家。那今天的我们应该怎样公正地去评价这位科学工作者呢？

答：我想引一段北京大学精神卫生研究所丛中教授最近为菲尔·莫伦著《虚假记忆综合症》中文版（北京大学出版社2005年3月出版）一书写的导读中的话来回答这个问题。丛中教授写道："现在我越来越相信，弗洛伊德是伟大的，他的伟大之处根本不在于他的理论是否正确无误，而在于他严肃、认真且大胆地提出了一系列重要问题，极大地激发了后人对这些问题的讨论和探索，精神分析理论给我们指出了一条通向真理、逼近人性的道路。在精神分析理论创建一百多年后的今天，重新回顾他的理论与学说，无论我们是否接纳、是否赞成，我相信他的理论依然会鼓舞我们对人性、对人类心灵世界进行无尽的探索！"

问：去年末今年初在凭着职业的敏感细数发生在大学生身上的恶性事件时，如云大马加爵杀人事件和上海大学劝退上网痴迷的学生的事件，等等，对此，一位心理学家给我们的解释是：处于心理"断乳期"的大学生由于没有得到正确的引导，迷失了自我，最终导致了悲剧的发生。对这一问题您怎样解释？我们应该怎样来善待自己的心灵？

答：精神分析理论重视幼年生活对于心理上造成的创伤。精神分析有一句名言叫做："现在是过去的重现"，是说现在的人格是由过去的经历塑造的。从事实我们也可以看出，正是过去生活的一连串不幸扭曲了马加爵的心灵，他才走上了犯罪的道路。

善待自己，对于许多同学来说，首先要在青年早期尽快完成对于过去的"心理创伤"的回顾和清理，真正走出过去的阴影。有的同学认为过去的不幸其实我已经忘记了，但是，根据精神分析的观点以及我们的心理咨询实践，实际上那些东西仍留在潜意识中，默默地影响和左右着你的现在甚至未来的生活。

问：儿童期在心底里留下的阴影到底会影响我们的心理多久？它可能达到怎样的程度？我们能不能消除它？（这里最好能结合真实的个案回答）

答：影响可能是终生的。有些人会在成长的过程中慢慢地克服一些，但可能最终还会回到起点。最好是在专业的精神分析专家（心理医生）的帮助下，完成这样一个回忆与提高认识的过程，这也是个人心理和人格成长的过程。

真实的案例涉及个人隐私，不便于公布。我在所作的文章中公布过几个经过一定处理的案例。可查阅我以前写的文章。

问：年轻人不可避免地遭遇成长中的许多困惑，但对于处在社会的转型期的我们，来自家庭、社会等各方面的压力比我们的前几代人都要大，各种各样的选择，如人生观、价值观等的取舍让我们感到迷茫。那么，处在这种境地之下的我们该如何去平衡自己？

答：千头万绪。但每一个人不可避免地需要树立正确的世界观与人生观。这不是套话，是人生的必需。虽说东西方文化不同，某些方面的价值观也不同，但有些观念对于全人类来说都是适用的，具有"普世性"，如应当积极地看待与对待人生，对人抱有善意，诚实对待他人，乐于帮助他人，对社会事务和家庭都有责任感，看重精神生活的价值超过对于物质生活的追求等。我们常说的砥砺品行，说的就是在学习和实践中，锻炼和养成这些好的品质。

问：除了上面我们谈到的精神分析的话题外，您认为弗洛伊德的思想对我们年轻人的成长、当今社会的发展还有些什么样的启示？最有价值的是什么？

答：学习弗洛伊德的精神分析理论有助于我们更好地理解自己和他人的深层意识、感情和行为，从而使自己的精神生活和行动更具生动性。

我们也要认识到，第一，精神分析理论是很庞杂的一套学说，精华糟粕并存，我们不能完全接受也不能完全排斥。第二，精神分析毕竟是产生于近百年前的理论，在当前时代，某些东西肯定是过时了。我们也要加以鉴别分析。

2005年4月6日

# 从"六一"儿童节想到"罗森塔尔实验"

白天出去，经过的小学都在集会庆祝"六一儿童节"，看到孩子们兴高采烈的样子，除了追怀那离我远去了的童年以外，不由得想到，在孩子们的节日里，老师、家长一定会对孩子们格外地友好，一定会说许多鼓励的话。在这一天，孩子们如有些小的错误，老师家长们大约也能给以原谅和包容。

但过了这一天又会怎样呢？实在不太愿意想。因为凭我们心理咨询的经验，许多"问题儿童""问题少年"，他们往往有一位暴戾的父亲，或许还有一位从来没有给过他（她）爱与鼓励的母亲。

这使我想起了心理学历史上著名的"罗森塔尔实验"，也有人译做"丑小鸭实验"，是由美国心理学家罗森塔尔主持，于1966年进行的。罗森塔尔来到一所乡村小学，给学生们发放表格，提出问题，测验他们的语言能力和推理能力。测完之后，他煞有介事地认真地批阅试卷，可只有上帝知道，他连一份也没有认真看。他不过是从其中随意选出了20%的学生，然后告诉学生们的老师：从测验看，这些孩子很有潜力，将来可能比其他学生更有出息。

8个月后，罗森塔尔再次来到这所学校。他发现，他随机指定的那20%的学生成绩比其他孩子有了显著提高。当真实的情况被说出来以后，学校老师和学生们都吃惊不已。

为什么会出现这样的奇迹呢？心理学家们研究后认为：是老师的期望，以及由期望而采取的鼓励起了关键作用。老师们相信罗森塔尔这位专家做出的那20%学生有潜力的结论，相信那些被指定的孩子确有前途，于是对他们寄予了更高的期望，投入了更大的热情，更加信任、鼓励他们。而这些孩子们也相信自己比别的孩子更优秀，他们的自信心得到了增强，因而比其他80%的学生进步更快。

我想，每一位教师、每一位家长都应该从"罗森塔尔实验"中得到启发。爱、关心、信任、鼓励，是帮助孩子成长进步的最有效的方法。罗森塔尔把自己的实验结果称作"皮格马利翁效应"。皮格马利翁是希腊神话中的一位雕刻师，他耗尽心血雕刻了一位美丽的姑娘，并倾注了全部的爱给她。上帝被雕刻师的真诚打动，使雕像获得了生命。是的，爱总能够创造奇迹，尤其是在孩子们身上。

注：关于罗森塔尔实验的资料引自新语丝网上陈源的文章"两个著名的心理实验"，特此说明。

2004年6月1日

# 多给小夫妻一些自由空间

我们以前说过一些家庭中上下两代人之间，因为互不友善或从反面讲互相攻击，而导致关系紧张或破裂。当然那是非常令人感伤的事情。最近就有一位老妈妈，由一位记者朋友介绍来与我交谈。因为她在儿子娶了媳妇不久就与儿媳交恶，儿子媳妇搬离了家，如今孙子都上小学了，这中间儿子很少回来，媳妇从来没回来，不用说孙子了。据说，儿子儿媳对孙子说，奶奶爷爷都死掉了，云云。

现在说是的另外一种情况。就是做老人、尤其是婆婆或岳母，太爱自己的儿子或女儿，连带及儿媳或女婿。她会太经常地对年轻的小夫妻，有的再加上下一代，嘘寒问暖，关爱有加。比如住在一起的，天稍一冷，就反复叮咛多穿衣服。一起吃饭时，不断地让他们多吃些。对有些要办的事情，如儿子儿媳说起明天要去办某事，则一早起来，几遍提醒等等。

尤其是对于年轻男女结婚以后，什么时间要孩子，有些家长不断地追问，甚至"逼问"，搞得小夫妻感到很大的压力。

还有的老人非常勤劳，这也难免，他们这一代人，经历过我们国家1950–1970年代混乱和困难的时代，那时生活工作条件很差，人们为了生存不得不从事艰苦的体力劳动，有很多城里的人也下过乡从事过农业劳动。这些生活经历，养成了他们热爱劳动的习惯。很多做了婆婆或丈母娘的女性，年龄不算大，加上现在生活好了，人们的身体普遍比以前健康。她们身体好，能干，就主动承担起家务活，主动留小夫妻在身边，照顾他们，俨然成了年轻一代的仆人。

上面说到的这些长辈的做法，说句文绉绉的话，这是"虽曰爱之，其实害之"。为什么呢？因为这些老人以这样的方式，一定程度上剥夺了人家小夫妻的自由，让他们没有了，或少了两人世界的空间。不可讳言，中国人有喜欢大家庭的传统，虽然现在不时兴"四世同堂"的家庭了，但老年人仍然喜欢与年轻人的核心家庭交互相通，形成比较紧密的关系。这样做不能说不好，掌握得好，的确有利于两代人的和谐。我们中国人，尤其是许多老年人，也以此为乐为自豪。下了班、尤其是放了假，年轻夫妻带了孩子买了东西，来看望老人，做老人的，提前准备了宴会所需的材料，一大家人一起吃、喝、叙谈，其乐融融，这叫"天伦之乐"。

但凡事有度，超过度就不好了。孔夫子有语：过犹不及。有些家庭中的做父母、做岳父母的，每个周末每个假日，一定要儿女回来吃饭团聚。当然有些做儿女的非常希望这样，那就没话说了。但有些做儿女的，肯定希望多有自己的时间，安排自己小家庭的事务，老人们这样要求，就成为小夫妻的负担了。

现在的年轻人，是非常强调个性、崇尚个人自由的一代人。他们通过各种媒介尤其是互联网，接受了多元和开放的观念，不喜欢被束缚、被管理、被左右、被教育、被照顾，等等。他们愿意按照自己的方式生活。就一日三餐来讲，他们并不像老一代一样，一定一天三顿饭，到时候就吃饭。也许他们愿意多睡觉，早饭可以不吃。玩得高兴了，晚饭可能变成夜宵。如果老人，到时候就把饭做好了，等年轻人来吃，小夫妻"享受"是享受了，有"仆人"照顾，但我想他们也会有时候不高兴吧，因为他们没有了自己的自由。比如，他们想自己安排吃什么、如何吃、什么时候吃。或者，小夫妻一起买和做，人家可以享受这个过程，把做饭变成感情交流的载体。你来代庖，人家失掉了机会。

老人们，不要再在爱的名义下，剥夺和控制年轻人吧，多给小夫妻一些自由空间！

2010年4月30日

# 婚姻是一种束缚？

有句著名的谚语："婚姻就像一个被包围的堡垒，外面的人想进去，里面的人想出来。"它非常形象地说明了婚姻对人的吸引力，还有它对人欲求的束缚，以及人们对它的不满。

婚姻为什么受到这样的诅咒呢？

首先，婚姻提供给当事人追求性欲的满足、心理的安全，是以双方必须承担一定的责任为条件的。责任方是配偶、子女、双方的父母、社会关系等等。还有日常的柴米油盐，抚养子女，以及其他家庭事务挤占了对事业的追求、对个人兴趣的追求等。

其次，婚姻的排他性限制了人的欲求和交往的需要。生理需求被限制在一个人，年复一年，在很大程度上降低了性爱的质量。

婚姻可能限制了人的社交，尤其是与异性朋友的交往。据心理学家研究，人在追求异性方面，喜欢"单婚多恋"。但婚姻不允许这样，至少它不允许现实的"单婚多恋"。

由于婚姻有这样的"弱点"，因而有人说它是"爱情的坟墓"。

有没有一种既得到"幸福"，又可以避免婚姻"弱点"的万全之策呢？事实证明是没有的，可能有不少人夸大了婚姻的"弱点"，这些人侈谈婚姻如何限制了人的自由，限制了人思维的发展。我们有理由指责这些人过于理想化、绝对化地看问题，而怯于承担人生的责任。

东西方都有些人主张的同居不婚、性开放、独身、婚外恋等，事实证明不但对社会风气造成坏的影响，对当事人也没带来什么好处（艾滋病可以说是对人类不负责任的性生活方式的惩罚）。

无论从理论上还是从实践上，婚姻的必要性，它对社会、个人发展带来的好处都是为大多数人接受的。一夫一妻制的家庭是最文明、最合理的生活方式。

回过头来看，我们历数的婚姻的"弱点"，其实并非是必然存在的。许多人批评婚姻的弱点，其实他们所说恰恰丢掉了婚姻的存在、也是婚姻得以保持的基础：爱情。

爱情之火可以融化坚冰。有了爱，才不会被婚姻的责任和义务所吓倒和压垮；有了爱，双方的理解和信赖并不会妨害与异性朋友的交往。反过来看，如果没有爱，即使选择其他方式，如同居、婚外性关系等，难道不只是像动物一样，只是满足了低级的欲求吗？如果没有爱心，即使没有婚姻的限制，会寻到真正的异性朋友吗？

---

（上接105页）

而去寻求婚外性关系，这是一种断送他人的行为，当然极不道德。

婚外性关系，除了不道德以外，还往往引起离婚、犯罪、凶杀等后果，应引起社会各界的注意。

另一个值得注意的倾向是：当今的社会舆论，似乎越来越同情或默许出于真正爱情而发生的婚外恋，以至婚外性关系。在中国也曾风靡一时的美国小说《廊桥遗梦》代表了这种倾向。它以赞许的笔调描述了罗伯特·金凯与弗朗西斯卡·约翰逊短暂的婚外恋情。也许是两人最后的理智处理使这种恋情升华，他们的婚外恋情在人们的眼里变得崇高了起来。但作者却也在无意中写出了这种短暂恋情的坏的结果：随后它使弗朗西斯卡的家庭陷入黯淡之中。

但读者千万莫将书中的浪漫视作生活中的实际。努力追求也许得不到，无意中也许就在眼前，躲也躲不掉。婚外情，醇酒乎？毒药乎？不是其中之人，谁说得明白？就是其中之人，又怎能说得明白？还是红楼梦说得好：谁解其中味？

# 婚外之"性"，醇酒乎？毒药乎？

有100位读者，就会有100个哈姆雷特。有1000个围城中或准备进入或从其中出来的男男女女，对婚外之"性"就会有1000个独特的看法。孰是孰非，谁对谁错，也许永远没有一个人知道答案。

来讨论这个问题，先要防备网友来问：你有婚外情吗？有婚外性关系吗？如果回答"否"，则你有什么资格谈论？诸位，还是想想鲁迅当年的话：小说里写杀人非要先去杀人吗？写妓女则必要自己去……各位，姑妄言之，姑妄听之吧。

假如允许说说好处。则至少有以下几点：一、可以弥补夫妻性方面因长久而产生的厌倦。二、可以调节心情情绪，有利于身心健康。三、增强个人的征服感、成就感，移之事业，或可更有成就。四、夫妻感情已无，可借此维持婚姻的形式。五、可以给社会增添许多谈资。六、使许多女性可免于无衣无食之苦。七、为新闻媒介提供素材，尤其是一些地方报纸或三流小报。八、满足胆小不敢实行的人的"替代性满足"，使其在想象中自居，过了一把瘾。好处还有许多。不然不会使许多人"以身试法"了。

各位，有这么多好处，何乐而不为？且慢，凡事有一利必有一弊。则坏处，也有一大堆。有人因此吃官司，有人因此丢了命，有人因此身败名裂，但也有人先倒霉后发财。如美国的花花总统克林顿先生。

让我们听听一位正人君子，也是我所敬佩的一位老师的意见吧。这位老师，一位典型的Gentleman，一生诚实，非礼勿视。他用下面的话教育我。我是洗耳恭听过的。

随着人们性观念的不断变化、医学进展带来的避孕术成功率提高、人工流产合法化等，使人们对婚外恋情和婚外性关系行为解除了一定的心理负担。于是婚外性关系多了起来。

美国社会学家弗·斯皮夫蒂指出："过去几年中通奸行为有了新的发现——通奸得到婚姻伙伴的准许，夫妻双方都干。这种或多或少被接受的性行为模式代表了一种尝试——把性满足的需要同仍然以小家庭为中心的社会结合起来。"

多少有点危言耸听。当然上述说法的真实性究竟如何，我们还不好随便下结论。但有一点没有疑问，即中国的情况不像西方那样普遍。不过人们普遍认为近年来婚外性关系有增长的趋势。

有一些人以发生婚外性关系的双方已经产生了爱情为理由，从而同情、容忍甚至赞许婚外性关系。

诚然，如恩格斯所说"彼此相爱是夫妻的义务"。就是说，婚姻是出于爱情而缔结的，夫妻双方都应努力保持这种基础，维持这样的婚姻关系。倘使失掉了爱情，也就失去了婚姻存在的基石。

有人借口寻求"爱情"而更换生活伴侣，或寻求婚外性关系，对此，恩格斯批评道："婚姻当然应当以爱情为基础，但是，如果这种本性表现为每两年就要求新的爱情，那么他自己应当承认，在目前的情况下，这种本性或者应当加以抑制，或者就使他和别人都陷于无止境的悲剧冲突之中。"

恩格斯的话代表了大多数人的意见，由此可见，从婚外恋到婚外性关系也是"古已有之"的，并且一直为正直的人所批评。即使是真出于爱情吧，婚外性关系难逃其咎之处是：它亵渎了性的严肃性和婚姻的严肃性。性爱是排他的。一个人在同一个时期只能与一个异性保持性爱关系，这是公认的性关系道德。婚外性关系是脚踏两只船，在性爱这个问题上，他们要么是将与法定的配偶发生性关系，视做不负责任的轻浮之举，要么是将婚外性关系这样看。这样做，难道是符合道德的行为吗？

说婚外性关系亵渎了婚姻的严肃性，是说他（她）违背了自己在订立婚姻契约时许下的诺言：只与配偶发生性关系。如果与配偶失去爱情，却不离婚

（下转104页）

# 婚外恋情可能给个人带来什么坏处？

婚外恋情可能给当事人带来偷尝禁果的刺激，然而它给当事人带来的危害至少有以下几个方面：

一、内疚感的折磨。内疚感是内心中的良心对不符合其标准的思维和行为的指责。按照弗洛伊德的心理学，人的人格由三部分组成，即本我、自我和超我。本我代表着人的本能，它以追求快乐为目的，无任何道德感。超我代表着道德和良心，它实施监督作用。而自我是与外界联系、接触的那一部分心理，它在超我的监督下以本我的要求作为动力来采取行动。如果自我违背了超我的意旨，超我就用内疚感来惩罚自我。

婚外恋究竟为大多数人所不赞成，也与当事人接受的教育相违背。所以有婚外恋情的人往往为内疚感所折磨，常常自责对不起家庭，对不起孩子等。久之，必导致精神紧张，身体不适。

二、影响夫妻关系。爱是一个常量，有了婚外恋情，必然对自己的妻子或丈夫减少热情，久之，对方热情必也减少。感情冷淡了，可能就会失掉互敬互谅的态度，小事也可能带来争吵。结果不外乎两种可能性：或面和心不和，夫妻同床异梦，或两不相容而离婚。

三、可能影响事业和前途。婚外恋情，现在虽被一些不三不四的传媒"炒"得沸沸扬扬，似乎蔓延成风，遍地皆是。其实仍是少数，且为正派人所不齿。

一个人如果有婚外恋情，虽属个人私事，但一般人对搞婚外恋的人持否定态度。舆论所向，当政者亦不得不注意，于是搞婚外恋的人往往由于不太好的名声而在集体中受到冷落，从而失掉向上发展的机会。

四、可能使孩子偏离生活正路。父母的行为、生活方式对孩子有相当大的影响。当他们发现父母对生活采取不严肃的态度时，很可能会仿效。如果是小学生，他们可能减少对学习的兴趣。如果是中学生，他们可能早恋，或交坏朋友，或追求享乐的生活，不惜一切去搞钱等。如果没有这些行为，他们在心理上也可能会由于目睹父母背离道德的做法而改变价值观念，偏离常态。比如，他们可能疏远父母，甚至仇视父母；他们还可能对所有人都充满敌意，甚至表现为攻击性行为。他们还可能变得孤僻，不喜欢与人交往等。

由于这样的原因，婚外恋和婚外性关系越来越受到指责。1996年，美国《新闻周刊》的调查显示，70%的美国人认为婚外情危害婚姻。50%的人不赞成婚外情的原因是认为它不道德；25%的人反对婚外情因为它导致婚姻破裂；17%的人反对婚外情是因为有艾滋病和其他疾病的威胁。

这项统计表明，今天的美国社会对婚外情和婚外性行为持保守态度。婚外情不再被认为是浪漫的事，而是一种愚蠢的行为。人们在决定是否维持婚外性关系时相当谨慎，人们更加珍惜家庭生活，也许他们渐渐明白，在这个充满矛盾的社会里，离开家庭，孤家寡人会是什么味道。"性背叛是痛苦的，离婚也同样是痛苦的"。

# 健康正常的爱情是情与欲的结合
## ——兼答文刀刘网友

　　"健康正常的爱情是情与欲的结合"，这是精神分析理论的一个基本命题。弗洛伊德写道："健康正常的爱情，需依赖两种感情的结合——一方面是柔情的、挚爱的情，一方面是肉感的欲，但在这些病例里，这两种感情之流不会汇合。"（弗洛伊德《爱情心理学》）一般情况下，男性的阳萎、女性的性冷淡性恐惧都是由于情与欲没有适当地结合，或者只有情没有欲，或者只有欲没有情，——因为这些，都无法进入大自然赋予人类的奇妙无比的爱的乐园。

　　没有情涉及到感情生活，这里不说了。没有欲，——按照精神分析的研究，——多是由于从幼年开始到成人完成的"心—性"发展未能顺利进行，而出现了"退行"或"固置"所致。

　　人的性本能与生俱来，并非是到了青春期莫名其妙地冒出来的。但在早期它与其它生命本能，如获得食物、得到爱抚的快感结合在一起没有分化。到了被称作"性蕾期"的四五岁时，随着孩童认知能力的发展，他们开始认识到异性的差别，在心理上会产生对异性父母喜爱而对同性父母排斥的微妙情感，精神分析理论称这种情感叫"俄底浦斯情结"。接下来的时期叫"潜伏期"，一直贯穿小学的整个阶段。在这个时期，"俄底浦斯情结"得到抑制，孩童对异性不感兴趣，甚至排斥异性并与同性伙伴保持要好的关系。在家中，他们向同性的父母靠近，向同性的父母学习男性或女性的社会角色，为将来他们向家庭之外寻求异性爱做准备。再往下发展进入青春期，随着生理的发展，在前一阶段搁置和隐藏的对异性的兴趣又复苏，他们开始追求异性（与父母精神上一定程度的脱离，向家庭之外追求异性）。这个过程如果按照顺序正常发展，一个人到了成年就会有健康正常的性心理。

　　有一些人没有顺利发展，出现了退行，即前进到新的阶段后由于某种原因又退回到早期。还有的人应该前进没有前进或退行后没有再进，即为固置。

　　按照以上的分析，女性的性冷淡有两种可能的原因：

　　一、性心理固置于"性蕾期"，即没有很好地解决与父母感情的三角关系。弗洛伊德写道："某些人也不能摆脱父母的管制，只能不情愿和不安全地撤消对他们的情爱，有些则干脆就不能撤回。女儿在这方面表现的尤为明显。往往在青春期之后，她们仍然保留着全部幼儿式的爱。"（弗洛伊德《性学三论》）

　　二、还有的女性是在"潜伏期"进入"青春期"时，没有解决对于性、性生活的"不洁"或"罪感"。对此，弗洛伊德在《爱情心理学》中写道："由于她们长期被迫躲避性爱，她们的感性欲求只能在幻梦中得到满足，所以造成了另一种严重的后果，……当现在真正的性活动变合法时，她们已变成了性冷淡者。"

　　对于这样的女性，以精神分析的学理与方法，在心理咨询过程中一般总会使她在克服了心理的阻抗后，回忆起幼年、童年的一些事件。这些在潜意识中的事件深深地影响着她成年后的性生活，在她不自知的情况下，控制着她的行为和情感。心理咨询的作用就是让这些被压抑到潜意识中的情结，在心理咨询的安全环境里浮现到意识层面，通过讨论分析，使她心理上释放当时的情感，而从认知的层面上成长。

　　当然，克服和成长需要一定的时间。具体到"文刀刘"网友，如果你读到这篇文章，明白到你女朋友是在性心理发展过程中出现了问题，她也是受害者，你就不会责怪她了。靠着增强情的力量，启发她的欲走上正途，就能摆脱目前的窘境。在这个过程中，如能接受正规的心理咨询与治疗的帮助，比自然的矫正和恢复肯定顺利而有效。

2004年7月18日

# 男性婚姻心理：亦真亦幻的俄底浦斯情结

俄底浦斯王的故事出自希腊神话。当这位悲剧人物出生时即有神谕他将来会弑父娶母，为了能避免陷入罪孽，俄底浦斯选择离开自己的国家。然而命运似乎是无可抗拒。他终于发现自己已于不知不觉中犯了弑父娶母这两重大罪，悔恨绝望中，他自己刺瞎了双眼，到处流浪。索福克勒斯根据这个故事编成悲剧，感动了不同时代的无数观众。

弗洛伊德以"俄底浦斯情结（Edipus comples）"命名男童在约四五岁时对母亲发生的一种带有性的意味的感情。伴随着这种感情的发生，会同时对父亲产生一定的敌意。

说到这里须来解释几句，对不太了解精神分析的人来说，接受"俄底浦斯情结"比较困难的原因，除了心理上的抵触以外，还常常会对概念产生误解。

弗洛伊德说的"性"意思是很宽泛的，它几乎包含一切与人的性本能有关的行为及情感，并非只指生殖的或生殖器的。再者，"俄底浦斯情结"是发生在潜意识内的情感，除非极端的情况下，人们自己觉察不到。

"俄底浦斯情结"随着男童年龄的增长，逐渐被压抑、克服，被转化成不同的形式。但无论怎样总还在内心深处保留有它的地位，尤其是影响着一个男性对待女性的态度。倘若他结婚以后，在他与妻子的关系中，"俄底浦斯情结"如一个人的影子，时时追随，片刻不离，而又不被人承认和发现。再说白了一些，就是他总是在不知不觉中以对待母亲的感情来对待他的妻子。

他感受到母亲的爱，渴望她的全部的爱，又感受到她的拒绝。他爱他的母亲，但或者也在许多方面抵触母亲；他希望独立于母亲自己主宰自己的命运，又渴望能在碰到困难，自己心理上感到无助和软弱时，还像小时候那样受到母亲的关爱和帮助。

母亲是男孩的第一个情人，是他的第一个爱的对象。

哦，亲爱的读者，请再一次温习精神分析所说的性的特殊含义。"我们所说的爱，着重在性的冲动的精神方面。"（《精神分析引论》）

一个做丈夫的，他对待妻子的爱，他对妻子的嫉妒，对妻子的希望等，都难逃"俄底浦斯情结"的影响。尽管他不自知，不承认。

每一个做妻子的，如果想深入、彻底地了解丈夫。如果想使自己的婚姻稳固而和谐，非常有必要学习关于"俄底浦斯情结"的知识，应该研究自己的丈夫与他的母亲的关系，研究丈夫对他的母亲的爱与恨，研究他从母亲那样学到了什么。还有，作为一个孩子，他是否从母亲那里得到了足够的爱，他与母亲的关系是否健康而自然等。

简言之，做妻子的应该接过这个大男孩的母亲的责任，在心理上像母亲一样能安慰他、一定程度纵容他，允许他在痛苦时、失败时、迷惘时，仍可以像儿时回到母亲面前那样撒撒娇、任任性。当然也要适时地约束他、管教他。一个男性如果能在妻子身上得到从自己的母亲那里没有得到的心理安慰，他就会对妻子感激不尽。

弗洛伊德写道：如果妻子不能成功地使她的丈夫也处于她儿子的地位，成功地以母亲的身份对待她的丈夫，她的婚姻就会是不牢靠的。

这种说法是否有道理，朋友们在自己的婚姻生活中去体会吧。而对于我们心理咨询师来讲，分析一个男性的"俄底浦斯情结"的特点，启发女性发现男性的"俄底浦斯情结"，并有针对性地给以辅导，是理解和成功进行婚姻指导与调适的关键。

2004年9月22日

# 女性性心理：对男性的臣服与敌视

女性的性心理中有一对矛盾的情感同时存在着，这就是对男性（丈夫或情人）的臣服与敌视。

臣服就是甘于被男性控制，受他役使，即使男性对她不好，甚至虐待她，而她对他已无爱情，但她也不能离开他，以致在外人看来不可理解。说到这里要加一点说明，其实有些男性对于女性也存在着臣服的心理，纵然在别人看来，这个女性怎样与他不般配，但他却乐于拜倒在她的石榴裙下。而那促使男性所以这样做的心理，我在《男性的性心理——情多反而欲少？》一文中已谈过，在此不赘述。

女性的臣服的心理来源于何处？

第一，来源于幼时性心理发展过程中的"情结"。

据弗洛伊德的研究，当一个女童发现自己没有男孩的性器官后，就陷入严重的自卑心理，感到上帝或父母对自己不公，她总是渴望变成一个男孩，由此对男性有了一种强烈的认同感与服从感。这种情结可以终其一生，当她结婚后，转变成对丈夫臣服的心理。对此心理，精神分析学上也叫"阉割情结"。如果"阉割情结"是男女解剖学上的不同引起，那么它在环境的影响下得到强化。社会和家庭对于男孩、女孩的教育和要求是不同的。从孩子小时候开始，家长对男孩女孩提出不同的要求，男孩被要求学习和训练有志气、勇敢等品质，而对于女孩则要求文静、听话等品质，女孩受到的限制也比较多。无怪乎西方著名的女权主义者西蒙·德·波伏娃发出这样的呼喊：女人不是天生的，而是变成的。上文我们说到有的女性对丈夫已毫无感情却不能下决心离开他，即表明，她已无爱情，却还有臣服的心理没有摆脱。

第二，男性利用童贞的夺取来控制女性，使她臣服。

为了达到这个目的，就要拼命抬高童贞的价值，使女性一旦将童贞献给一个男性，就终生"从一而终"。妇女地位越是低下，以男性为主的社会越是鼓吹童贞的价值。中国古代曾有"饿死事小，失节事大"的信条，而在长期的封建社会里，妇女是最"受污辱与受损害的"。贞操的观念作为一种"文化"，女性本身亦受其影响，所以有些女性自觉不自觉地甘愿接受童贞观念的控制。

女性对男性的敌视心理主要也来源于男性夺取她童贞时使她受到的痛苦与伤害。初次性生活对肉体造成的痛苦是不言而喻的，在有些女性心理上会激起夸张的反应。此外就是对她心理上的伤害，如果她太看重童贞的价值，达到一种自恋的程度，则对此的剥夺无疑会激起她的仇恨。当然由此产生的敌视心理只有在极端的例子里才被清晰地观察到，因为它通常的情况下存在于潜意识中。

生活中我们可以观察到有一些女性的第一次婚姻不幸福，而第二次婚姻却能非常和谐，除了其他方面的原因以外，就是因为第二次婚姻，在她，已没有，或很少有对男性的敌视了。敌视伴随着童贞给了第一个男性。当她没有了对男性的仇恨与敌视，就会感觉到幸福和爱情。

还有一种情况，也是我们在婚姻心理咨询中经常碰到的。有的女性结婚不久就很快与丈夫发生不可调和的矛盾，以致不得不以离婚结束婚姻。她们个人往往将原因归于男性种种的问题（肯定有的有男性的原因），其实他与她往往还是经过自由恋爱和较长期的了解才结婚的。但她不知道真正的原因是她对于男性的敌视，以及这种敌视的心理来源。潜意识内的仇恨与敌视心理，在她不自知的情况下，转移到了对男性其他方面的不满。这种人若能在婚前或婚姻开初接受心理咨询，经过精神分析的教育引导，就可以学习到有关的知识，改变对婚姻的态度。

写于2004年7月29日

# 女性婚姻心理：女儿与父亲

女孩是否也有"俄底浦斯情结"？

答案是肯定的。她也与双亲发生过那种微妙的感情三角关系。其实这个道理几乎人人明白。父亲更喜欢女儿，母亲多喜欢儿子，在生活中不是比比皆是吗？也许我们见怪不怪，习以为常了。

正是父母亲激发了儿童的"俄底浦斯情结"，他们对异性的子女投入了特别的感情，作为回报，儿女也分别对异性父母表现出不同的态度，直到他们长大成人，能够战胜并成功地压抑"俄底浦斯情结"为止。

经过潜伏期的斗争、调整，每一个人如果正常发展的话，到了青春期会转而向外寻找异性的朋友，为将来的结婚做准备。但并不是每一个人都能顺利地完成人生的这个发展过程。有的人心理出现"固置"，有的出现倒退。

精神分析重视儿童的早期经验，认为这些早期的经验对后来的发展产生极大的影响。在一个生物个体的发展中，儿童时期学习到的对于异性的态度，往往会影响到他的一生。当然早期受到的精神创伤也会格外地影响后来的发展。这是因为，在发展的早期，个体的心理不成熟，对内外的刺激常会表现特殊的反应，并且总是广泛化。为什么一个从小经历了父母婚姻变故的人，自己长大结婚以后，婚姻也容易出现问题，道理就在于早期经验的不良暗示。

现在我们回到父亲与女儿的关系。

第一，那些"俄底浦斯情结"比较重的女性，会在选择丈夫时，潜意识里以父亲的形象特征作为标准来选择爱人。父亲在她们的心目中是最伟大的男人，是完美的男性，这种对父亲的认同主宰着她们的选择。当一个人在恋爱时，很可能完全交给潜意识来决定，尤其是感情强烈的时候，人们会盲目，做出不可思议的决定。有一个成语叫"一见钟情"，其实一见钟情的背后是潜意识在发挥作用。

只是潜意识有着与意识不同的工作机制，另外它的工作速度非常快，效率非常高，我们无法监控整个决策的过程。它只把结果呈现给我们，令我们目瞪口呆。

第二，像男性潜意识里有把妻子当作母亲的意念一样，女性也总将丈夫想像成父亲一样的人。她们结婚，经历了长大成人后经历的种种艰辛，幻想着重温当年在父亲那里得到的无比温情的爱。在她们的心目中，父亲有着高大的形象和无比的力量，能给自己以全力的保护。在父亲面前，她们才可以由着自己的性子，高兴时就笑，不高兴了就发发脾气。只有父亲才能容忍这一切。

一个女性，经过了"俄底浦斯情结"的发生、压抑和升华，她的感情才是真正的纯真无邪，那是一种平凡却高尚的境界。生活中我们可以看到女儿搀扶着老年的父亲行路，或者看到女儿照顾病床上的老父亲，她为他做的一切，看起来那么自然，在做这些时，洋溢在脸上的那种满足得有些骄傲的神情，真令人肃然起敬。而父亲也欣然地享受着这种帮助，也只有他才配享受这一切。

所以每一个做丈夫的人必须明白，你只是妻子父亲的一个替代者。如果你能做到像她的父亲一样爱护她，或者超过她的父亲的爱，你才是一个合格丈夫。

遗憾的是，许多男性不懂得这个道理，由此婚姻生活中产生许多磨擦。有的女性并没有从父亲那里得到应得的爱，这种爱的缺失更需要丈夫的爱来补偿。

2004年9月23日

# "情人"，多么浪漫的字眼！

情人，多么浪漫的字眼！生活中不能没有你！没有你天空就失去了颜色，没有你，大海也不会扬起波涛。啊，我的情人，为了你，我愿抛弃一切，我愿把官位交还组织，我愿把钱财散发给穷人，我愿把荣誉视作粪土，我愿把生命折损成几天，如果能与你同在。

朋友，不要以为我发了疯，没有。否则就不会写这篇小文了。假如我是一位智者，假如我是一位正统的学者，假如我是一位曾经沧海的人，假如我就是我，那么，浪费一点时间，阅读下面的议论吧。虽然还只是一家之言。

首先应肯定"情人"是对婚姻的一种亵渎，是婚姻之外的怪胎，从根本方面是应该予以谴责的。因为它破坏家庭，败坏社会风气，助长不负责任的享乐，忽视对下一代的影响等。情人现象的产生，大约有以下几种原因：

一、部分男性有钱有权后，受西方享乐主义思想的影响，抱有及时享乐的人生观，所以在婚姻之外寻花问柳。而一些女性则为达到个人目的（追求金钱、地位、好逸恶劳等）甘愿依附于人。

二、夫妻关系不融洽，因而到婚姻以外寻求安慰。这方面原因复杂，有的人结婚时不太了解，结婚后发觉性情不合，由于涉及到名声、地位、子女、住房等又不愿离婚。还有的由于夫妻性生活不和谐或一方有缺陷等，夫妻长期关系淡漠。

对这样的一些夫妇，如果我们从公认的人生观、价值观去要求他们，可以责备他们不敢担负责任，不敢有破有立，而妥协出此下策。但如果设身处地替他们想想，也确有值得同情处。试想，如果一家三口只有十几平方米的住房，或夫妇都收入低，他们确实离不起婚，前者离了婚后无处住，后者离婚后经济会更拮据。当然，夫妻关系不融洽，原因十分复杂。但总起来说，寻情人，是一种不严肃的做法。

三、夫妻关系融洽，但又遇上了先前的恋人或朋友，或另外发现了比自己的丈夫或妻子好的人，以致移情别恋。这种情况是会发生的，古诗中就有"恨不相逢未嫁时"的感伤。但是感情这种东西，有许多时候，也是需要加以克制的。因为感情还要生长在现实的土壤中，它不是空中楼阁。一个人有了家庭，感情是一回事，而责任又是一回事。

当两者发生矛盾时，牺牲情感而选择社会责任，这是一个人精神高尚的表现。美国小说《廊桥遗梦》中的女主人弗朗西斯卡·约翰逊经过了那么多的情感激荡，最终还是没有跟随摄影师罗伯特·金凯出走，而是留在丈夫和孩子们身边，正是社会、家庭的责任感使然。当然，人们在评价她这种带有"苦行僧主义"哲学的做法时，也会见仁见智，有不同的评价。

再回到怎样看待"情人现象"这个问题。

第一，笔者认为，由于实际上存在着婚姻与感情的冲突，情人现象还会长期存在。人们只能根据自己的处事原则来选择自己的行动，而尽量不要去多做评价。

第二，情人现象并不像国内和国外的某些新闻媒体"炒"得那么严重。据美国有些学者的调查，约有10%的美国夫妻有婚外情人。但这种统计究竟可信度有多少就无人知道了。中国的情况不得而知。但笔者认为，不会像有些人讲得那么普遍。

第三，一夫一妻制、稳固的家庭还是人类婚姻生活的主流。现代社会，人们的工作生活越来越紧张，竞争也更激烈，在这种状况下，人们比以前更需要家庭的关怀，更需要妻子或丈夫的安慰。情人对于一个人来说，可能提供一时的刺激，但带来的痛苦和麻烦会冲淡快乐。

2004年12月

# 科技的发展会给家庭带来什么？

从直接的方面看，科学技术，主要是生物医学技术的进展，实现了非自然生殖。由于人工授精、体外授精和"代理母亲"的出现，解决了许多夫妇不能生育的问题。这样有助于家庭的稳定和夫妻关系的和谐。此外，科学上的进步，包括心理学方面的进展，使人类在性方面得到更大的乐趣，从而使人们的家庭生活更合理、更幸福。

但如果新的技术得到滥用——现在看来，不是没有这种可能性——也可能使传统的家庭解体。比如说，未婚妇女可以并不同男性结婚，而是通过人工授精的方式得到子女，形成家庭。同性恋者也可以通过人工授精或代理母亲得到子女。

如果对新技术不加控制地滥用，确有使传统家庭解体的可能性。但世界各国正在通过立法来保证生物医学技术的进步给人类带来幸福。

当今社会，科技发展，生产力提高，人们的物质生活达到比较高的水平，闲暇时间增多。在这种情况下，人们更多地追求个人享乐。因而，越来越多的夫妇，不要或晚要孩子，带来生育率降低。这种情况发生在西方工业发达国家，它和发展中国家的人口爆炸一样，同样也是严重的社会问题。

关于家庭的未来，各国专家提出了不同的看法。

有的西方学者认为，如果目前西方社会的婚姻家庭模式持续发展下去，离婚率进一步上升，未婚同居和同性恋蔓延，"试管婴儿"的普及等，那么，由丈夫、妻子和子女组成的传统家庭就将消失，社会的细胞就不再是家庭，而是个人。

另有人认为，随着计算机的普及与技术上的进步，人们将更多地借助于计算机、国际互联网络而呆在家里工作。这样，家庭不但不会消亡，还会重新振兴，家庭在社会中还将处于中心地位。

总之，无论在东方，还是在西方，人们都关注着科技的发展，会给家庭带来什么。科学技术的进步，正在改变着社会的一切，但它也同时在加快与人文科学的携手合作。所以，我们有理由相信，随着人们的文化和道德水平的不断提高，未来的家庭将实现真正的以爱情为基础，真正实现在感情上、道义上和事实上的一夫一妻制。家庭的经济功能将由于社会生产力的极大发展而削弱，家庭的赡养老人、抚育子女、家务劳动等功能也将大部分为社会所代替。过去家庭的一些非主要功能，如愉快生活和休息的功能将上升到主要的位置。我们有理由相信，科学技术的进步将会使每个家庭都成为和谐、幸福、美满的社会细胞，它将和个人、社会的全面发展达到高度一致。

# 呼吁慎行变性手术

据报道，青岛市妇幼保健院继前不久为"亚男"施行了变性手术后，近日又将为来自重庆的"莉莉"施行男变女的手术。笔者担心，变性手术有滥施之可能，因此呼吁各方面采取措施，慎行变性手术！

最主要的是变性手术仅能改变其外在的生殖器官，即使术后使用性激素显现次性征，但主性征的功能却永远不能发挥。比如此"莉莉"男变女后不会有月经，更不会怀孕。变性后将会遇到许多新的人生和社会问题。权威的《精神病学》（人民卫生出版社）写道：变性手术"效果不肯定，且手术后激素替代治疗有诸多不良反应。……因此手术应慎重，并履行相应的法律手续"。

此外，有些易性症患者不能排除是由于脑部病变引起，现在不能，将来也许通过脑部手术能改变其易性认知。但一旦变性，不能失而复得。

建议卫生行政部门对变性手术实行审查制度，成立由有关专家（外科专家、精神外科专家、心理学工作者、社会学工作者等）组成的评审委员会制定评估标准后，对要求变性者进行认真的评估，通过评估后履行必要的法律手续，如公证等。通过这些措施，保证变性手术不会被滥用。　　　　　写于2004年

# 都是完美惹的祸？

（《都是完美惹的祸？》的作者是台湾心理咨询专家王大维，由笔者转换成简体中文，并根据大陆读者语言习惯作少量修改。著作权在原作者。）

常常可以听到有人对别人说"你真是一个完美主义者！"，通常是带着一些贬损与批评的意味，指的是一个人要求很高、很挑剔、要求细节甚至是有洁癖。这种要求完美的性格有时会让自己非常痛苦，因为别人不以为意的小事，在他的眼里看来都是代表着失败与不完美，一定会想尽办法来把它矫正过来，因此也耗费许多宝贵的时间与心力。更糟糕的是这种个性也会影响周围的人，例如一位具有完美主义性格的主管，可能会对部属也有同样的高标准与期待，搞得办公室里大家紧张兮兮；或是有完美主义倾向的父母对于孩子有超乎常人的标准与要求。

1.何谓完美主义？

从心理学的角度来定义，完美主义是一种人格特质，也就是在个性中具有"凡事追求尽善尽美的极致表现"的倾向。心理学家贝斯克认为具有完美主义性格的人通常有下列几种特性：

▲ 注意细节 ▲ 要求规矩、缺乏弹性 ▲ 标准很高 ▲ 注重外表的呈现 ▲ 不允许犯错 ▲ 自信心低落 ▲ 追求秩序与整洁 ▲ 自我怀疑 ▲ 无法信任他人

如果你或是周围的人有上述的特性，就要小心了，因为你或是他就是属于完美主义性格的人。英属哥伦比亚大学的心理学家哈维特曾经将完美主义性格分为三种类型：第一种是"要求自我"型，他给自己设下高标准，而且追求完美的动力完全是出于自己，也就是严以律己者。第二种是"要求他人"型，他替别人设下高标准，不允许别人犯错误，也就是严以待人者；第三种则是"被人要求"型，他追寻完美的动力是为了要满足其它人（常见的是父母、师长、伴侣）的期望，因此他总觉得他被期待要无时无刻都非常完美。

2.完美主义性格对身心健康的影响

心理学家发现长期的完美主义性格对人身心健康有很大的影响，常见的情况包括：忧郁沮丧（无法满意自己的表现）、焦虑（担心自己失败）、愤怒（对于不能达到完美无法释怀）、拖延（因害怕达不到标准而干脆逃避）、强迫性的行为（非得要做到完美不可），等等，更严重者，甚至会出现自杀、身心疾患、饮食失调等问题。

这里举一个比较典型的例子。前一阵子被怀疑是主导全家自焚身亡的彰化的巨富洪若谭，就是极端完美主义性格的典型例子，他的完美主义倾向促使他在学业与商场都有优异的表现，但是也让他对于自己永远无法满意。在经商过程中偶尔的一个错误在别人看来只是一个无心之过，但对他来说却是无法饶恕的缺陷，可能因此而陷入忧郁、走上自杀之途。

3.追求完美有错吗？自己有完美主义倾向的人可能会问"我也是千百个不愿意啊，难道追求完美也有错吗？"不，当然没有错。追求美好的事物是人的天性，而完美主义倾向的人通常也具有更高的道德感与自律，只是很可惜地他把精力放错地方，一味地追逐难以达到的完美境界，让自己与他人的生活非常辛苦。

然而完美主义也有优点，例如在一个单位里，他很适合当一个"监督、审查者"，因为他很注重细节，常常可以找出别人没发现的问题；另一方面完美主义者也很适合独立作业，因为他对自己要求很高，因此交代给他的任务都可以很放心。完美主义者喜好干净整洁的个性更得以使办公室环境更加舒适愉悦，而他要求结构与规矩的习性，更可以使工作的规则与作业流程更上轨道。因此，完美主义可说是一体两面，利弊皆有，就看你如何运用这个特质了。完全没有完美主义，凡事得过且过，肯定不好。但过于追求完美，也不好。古人云：过犹不及，说的就是这个道理。

4.与自己的不完美和解

多非理性的想法，例如"我一定要做得完美，否

则会……"我必须完美，别人才会接纳我、喜欢我"，"如果我犯了错误，我就是个失败者"，等等。有时，完美主义的倾向是从小在家庭中培养出来的，如果父母过于严苛地要求，孩子常常也会以同样的高标准来要求自己。

以下提供几项原则，来帮助你减轻自己的完美主义倾向：▲ 真心地喜欢自己，提高自我价值感 ▲ 接纳自己，学习与自己的缺点共处 ▲ 扭转负面想法，发展正面理性的思考 ▲ 检查迫使自己追求完美的动力来源 ▲ 宽恕自己的错误与弱点 ▲ 学习各项放松技术

当然，寻求专业的心理咨询是比较可靠的，毕竟完美主义的性格不是一天造成的，这种行为模式已经相当顽固，要改变必须有很大的毅力以及专业的心理咨询师协助，才有可能成功。其实每个人或多或少都有一些完美主义的倾向，一般情况下并不需要太过担心。当这种个性已经影响到你日常生活或人际关系时，它才算是个问题。理查德·卡尔森博士在几年前轰动全球的畅销书《别为小事烦恼》中提供了100则让人生更美好的妙招，第二项就提到"与自己的不完美和解"。的确，唯有当你不再执着，放弃要让自己变得更完美，真正的完美才有可能发生，谨以此句与所有受完美主义之苦的人共勉！

# 给女儿打个电话吧

咨询中接待一位中年女性，一位母亲，她告诉我，女儿已经工作了，在外地。但由于某种原因，与母亲有了心结，以致现在长达一年了，互相不通电话，也不通过其他方式联系。母亲只是通过他人间接了解女儿的情况。

听说到这个情况，虽然作为心理咨询师尽量要做到情感不过于流露，但仍难掩内心的感慨。挂念之情消失，亲人如同路人。人世间还有比这悲伤的吗？

俗话说：冰冻三尺非一日之寒。母女间的恩怨可能由来已久，恢复起来恐怕也需要相当长的一个时间。然而，凡事总要有开始。我看还是从母亲开始吧。

母女不和——互相不联系，不交流——如果作母亲的不难过也不伤感，这叫情感淡漠。别人看作不正常，但本人可能无动于衷。

这位母亲是正常人，所以在听她叙述时，感受到她内心的冲突：一个声音对她说，你是母亲，她终究是你的女儿，不要恨她，要联系她；另一个声音却说着相反的话，你终究是母亲，是女儿的错，她忘记了母亲，你应该恨她。前一个声音是感情在说话，后一个声音是道理在说话。是要真实的情感，还是要人为制定的"道理"？聪明的人应该有聪明的选择。

聪明的人重视亲情，不机械地服从道理。这位母亲，何不依着自己母亲的天性行事？一个母亲对女儿的爱，还有什么前提和条件？还要什么道理来约束？

所以我说：给女儿打个电话吧。十二分的肯定，这是一个好的开始。

写于2007年

# 高考学生如何减轻心理压力

一年一度的高考是学子们寒窗苦读成绩的检验，也是他们——还有望子成龙的家长们——实现重大的人生之路转折的关键时期。

如果由于种种原因，平时成绩一般，高考成绩出来后也是一般，这样也就罢了，但从历年的情况看，总有许多水平很好的考生因心理压力过大、心理不稳定、考前学习状态不佳而导致高考失败或成绩不理想。这是一件遗憾的事。

心理学的研究表明，一个人的动机强度与活动效率的关系呈倒"U"形，即中等强度的动机活动效率最高，而动机水平过低与过高，均导致活动效率下降。

大部分平时学生成绩好而考试不理想的学生都是由于动机强度过高，表现为压力过大，从而抑制了大脑的效率所致。心理专家提出以下减轻心理压力的方法：

### 1.饮食减压法

考生应适量摄取诸如草莓、洋葱头、菜花、菠菜、水果等富含维生素C的食品。此外，食胡萝卜能加快大脑的新陈代谢，有助于记忆。柠檬能使人精力充沛，提高接受能力。海鳖、海虾可为大脑提供营养丰富的美味食品，它含有的多种重要脂肪酸可供应人体所需的养分，能使人长时间保持精力集中。总之，营养丰富，少食、多餐有助于减轻考生紧张与疲劳。

### 2.运动减压法

运动可以减轻心理压力。尽管当前已进入"拼刺"阶段，但磨刀不误砍柴工，劳逸结合有助于减轻压力，及时消除疲劳。考生应学会抓住间隙时间进行体育锻炼。如在学习中的间隙时间可进行伸伸腰、踢踢腿、做做深呼吸等小活动。考生在考前每日进行体育锻炼是必不可少的，建议考生早晚都要适当进行体育锻炼。但早上的锻炼不要时间太长，以免过度消耗体力。

### 3.转移减压法

有意识的转移注意力是减轻心理压力的有效途径。针对精神长期高度紧张的状况，家长应帮助考生学会自我调试，及时放松自己，如参加各种体育活动、听听音乐、放学后泡泡热水澡、与家人、朋友聊天、双休日抽出一些时间出游等。

### 4.环境减压法

家长应努力为孩子营造安静的家庭学习和休息氛围，为孩子安排好饮食等。家长在考前应积极与孩子进行亲子沟通，如倾听孩子的倾诉、与孩子多聊天、尊重孩子的意愿、多鼓励孩子而不能以打击或施压等方式鞭策孩子努力学习，还应积极引导孩子进行自我宣泄，如以幽默的方式逗孩子开怀大笑，在孩子遇到不快时适时让孩子痛快地哭一场等。

### 5.睡眠减压法

充足的睡眠是保证考生精力充沛、心理宽舒与平衡的前提。对于失眠的考生，一方面应积极调试心态，减轻因失眠而带来的心理压力，事实上失眠与心理压力常常产生恶性的互动。另一方面应通过科学的安排生活，建立有规律的起居来克服失眠，同时在饮食上也可采取一些措施，如睡前喝半杯浓牛奶是有助于入睡的。失眠往往是心理压力过大的信号或结果，如较长时期失眠，应尽早求助于医生。

### 6.预先设计减压法

高考谁都期望成功，但人人都有结果不理想或失败的可能性。因此除了有志在必得的决心，也要有失败的准备。通过高考升入大学并非唯一成才之路。随着改革开放的深入，对于有志青年来说，可以说是条条大路通罗马。清华大学的一名农民工、一名学生食堂的炊事员张立勇，通过数年的自学，参加托福考试取得630的高分，还参加了成人高考，报考了北大成人教育学院，学习对外经济与国际贸易并通过了国家大学英语六级考试（见搜狐视频2004年3月16日热点人物第236期）。充分说明了有志者事竟成。因此对可能的失败预先有思想和实际方面的准备，心理压力自然会减轻不少。　　　　编写于2004年5月14日

# 上下两代人，缘何无话说？

家庭中两代人之间存在着"代沟"，这是公认的事实，任何时代都有的。原因主要是由于年龄的差异，从而导致对许多问题产生了不同的看法，如果双方又不能及时沟通和互相理解，就会感到"无话可说"。

分析起来，有的家庭，开始的时候，两代人并非没的说，而是说了以后，看法不同，往往产生争论，甚至争吵，谁也说服不了谁，话不投机，只好见面少说为佳。这种情况，大约父子之间多一些。

还有一种情况，就是都怕说出自己的烦恼，令父母或子女更为自己操心，所以故意掩饰。相互见面时，只说好话。但时间一长，彼此就会产生心理上的距离，也感觉没有话说了。这种情况，也许在母女之间多发生。

当然也不是所有的家庭两代人之间一定存在这种不可调和的代沟。笔者小时候的邻居一家人，现在老两口一个过了90岁，一个也接近90岁，几个孩子都在50－60岁之间，孙辈也有一批了。据我的观察，这一家人并不存在代际之间"无话可说"的现象。春节期间，外地的子女也回来了，连同在青岛的，还有孙辈，一大家子人挤在老人不大的屋子里，老少之间，说着笑着，开着玩笑，其乐融融。虽然他们一家都过着普通人的生活，没有什么高消费的东西，但那种团结和谐的气氛，令人羡慕。

第一，他们是充满爱的一家人。似乎应用心理学家还没有研究出如何测量人与人之间的爱究竟"有多深"，但我与他们长期的交往中，感觉得到他们家庭成员之间浓厚而持久的爱。这种爱，首先是由长辈播种下的。他们虽然管教子女，甚至小时候打过孩子，但他们从不羞辱孩子，总能宽容他们的缺点，真心地赞扬子女的长处。即使现在，包括对孙辈，经常主动地询问他们的情况，尽力给孩子们以各方面的帮助。在很多家庭里，缺少的正是这种情感，如果感情的火候不到，就会缺少彼此交谈的兴趣。这一点，是装不出来的。

第二，他们都是对人满怀善意的人。有人会说，对自己的家人，比如说父母对子女或子女对父母难道会没有善意吗？我认为，还是有差别的。即使是一家人，处事也会有不同的立场和方式，如果以善意看待这种差异，就会互相理解，从而不妨碍交流。反之，就会产生隔阂。一个家庭中，相互之间不宽容，要求他人苛刻，即使是父母与子女这么亲近的人也会伤了感情，不能彼此心心相印。人的感觉是敏锐的，当与人交流，感觉得不到善意的回应时，人们就会选择沉默。沉默和无话可说的背后，毫无疑问，其实在表达着不满。

第三，他们是富有幽默感的一家人。幽默的话语、善意的玩笑，可以调节气氛，化解矛盾，消除对抗，增进感情。要营造出这样的气氛也非常不容易，它不在于家庭成员学历有多高或其它条件有多好。它是在前述第一、第二条基础上，再加上家庭中的民主风气，以及每个人对生命对生活的深刻理解和个人的智慧与魅力等，才能营造成功。

有人说，中国人代际之间感情浓厚，常令西方人羡慕。我个人觉得，这种说法不一定全面。由于血缘以及长期生活在一起建立起的情感联系，无论东西方人，父母子女之间的感情，都是最重要最普遍的人类的情感之一。记得英文里有篇文章叫"有事找妈妈"，说的是一位中年女性，当在生活中遇到婚姻、职业，以及她为子女遇到的困难和困惑而烦恼时，打电话给远方的、年迈的妈妈。当听到妈妈的声音时，像小时候一样，感到内心的安宁与心理上的抚慰。

一个人无论多么坚强，总有软弱的一刻，需要人帮助。某些家庭中两代人之间的冷漠，如果真是这样，赶快想办法找回或重新营造这种气氛吧。

2008年12月4日

# 爱人和子女都与我没话说

本文是以心理咨询专家的身份为《老年生活报》读者来信写的回复

读者赵女士来电诉说，她的爱人退休后，一直与她分居（两处住房，各住一处）。儿子在外地工作，女儿成家后很少回家，赵女士对此深感苦闷，不知道自己的家庭生活为什么这么失败。

这位赵女士的境况确实值得人同情。人到晚年，从社会事业上逐渐退出，心理上的寄托主要放在家庭及亲人身上，得享天伦之乐是老年人最主要的幸福来源，似赵女士这样，没有亲人陪伴，"深感苦闷"是必然的。她或许不缺吃不缺喝，但常常产生的孤独寂寞对于一个老年人的折磨更甚于肉体上的痛苦。

由于披露的信息太少，我们不知道赵女士的具体情况，但有一点是肯定的，就是家人之间关系不融洽、疏远甚至互相怨恨，所以就"老死不相往来"了。

亲人不亲的原因最主要的可能有以下几方面吧：

财产问题。现在老年人与儿女之间因为财产产生的矛盾比较多，有客观的原因，比如现在房价惊人的高，靠年轻人自己的努力，除了特别能挣钱的以外，绝大多数年轻人如果没有家庭父母的支援根本买不起房子。所以年轻人或者希望继承长辈的房子，或者希望老人帮助买房，如果老年人经济上有能力，但不支援或儿女认为支援的不多等，就容易产生矛盾。再说主观方面的原因，如果按照西方的习惯，儿女长到18岁，就要自谋生计，不再靠家长帮助。家长也不依靠儿女来养老。但中国人一直以来就有"养儿防老"的传统，而对于"养"，又是时间长。不但养到长大，还要养到结婚生子。这就容易使感情上和财产上长时间的纠缠在一起，矛盾也多发。比如现在，有不少的"啃老族"。有的是确实没有办法的啃老，也确实有一些是自己不努力，将啃老代替了奋斗。

性格或是为人方面的问题。过去讲"家风"，是指一个家庭中，成员由于长期在一起生活，互相影响，形成了独特的持家和处世为人的方式。如重视学习、勤俭持家、与人为善、家庭成员互相体谅亲密和谐等。单从一个家庭中成员是否亲密和谐来讲，形成这种氛围，既非一时之力，也不是单纯某一个成员这样做。必是绝大多数家庭成员都是这样，而且是长时期这样，方能保持和发扬。这里有个"先有鸡还是先有蛋"的问题。如果家庭中，人人都说，是他（她）对我不好，所以我对他（她）也不好，他（她）对我好，我就会对他（她）好。这道题就永远也没法解开。亲人间关系和谐的家庭，必是人人不念他人的不好，多对人好，多为人做一些牺牲，多帮助他人，才能形成亲密关系。中国人常见的情况，很多是做父母的对儿女太苛刻。这是封建思想的残留所致。1919年，鲁迅先生写过一篇文章《我们现在怎样做父亲》，以他一贯犀利的笔锋批判了封建的父母对于子女"威严十足"，提出"觉醒的父母，完全应该是义务的，利他的，牺牲的"。我劝老年朋友们都来读一读这篇文章，并实践鲁迅的倡导。

家庭成员间的沟通也是个问题。我们讲善于沟通，一般人容易理解成善于说服他人。其实这只是一方面。亲人之间的沟通，要善于设身处地地理解别人，多替别人着想，也要善于把自己的感受、想法平心静气地告诉他人。这里面也有许多技巧，限于篇幅，下次再说吧。

不知赵女士的情况是否有上面所说的原因。俗话说"家家有本难念的经"，这是说千差万别，家家的情况不同。无论什么情况，总要想办法改变。先要想通，既然结果不理想，那就说明过去的想法、看法、做法不对或不合适，就要改变。调整了观念和心态，就要行动。光想不做，什么事情也解决不了。只要行动起来，期望的结果就会慢慢出现。

2009年12月8日

# 多在社会生活中证明自己的"有用"

我在《多给小夫妻一些自由空间》一文中，批评一部分做父母、做岳父母的老人，对儿女（儿子儿媳或女儿女婿）非常好，为他们代劳许多家务事，这本是无可厚非反倒应该赞扬的做法。但需要注意不要太"过"，过犹不及，反倒实际上剥夺了小夫妻的自由空间，让他们感到不自由、被"软控制"，久之，也会使彼此或小夫妻之间产生矛盾和不愉快。

有人从心理学上解释，认为这样的父母有强烈的对于子女的"占有欲"，即使儿女结了婚有了家庭，他或她也不愿意放弃"占有"。不过儿女小时候，是明目张胆、表面化的占有，现在换了一种方式而已。而也选择这种不分离的儿女，也有固置的"恋母"或"恋父"情结等等。

心理学家的话我们不必太认真，他们所说的什么"占有""恋母""恋父"心理，也许人人都有一点，不足为奇。用来推定全部，就有可能以偏概全。

我想从社会的角度谈谈老年人的心理，就是以此"抓"住子女不放，证明自己的"有用"，驱除时时侵袭自己的"人老了，无用了"这样的心理。

退休后的老人离开了工作岗位，失掉了"工作"这一职业，从一个角度说，确实是被"抛弃"了。"工作"这个东西，既是人谋生的手段，从心理的角度来看，其实也是证明自己价值的方式，是与他人和社会保持联系的方式。工作，从来就不是单纯为自己的，即使你觉得我工作就是为了挣钱、养家糊口，但客观上，你的工作必然是为他人的。如果你是从事生产，你参与生产出来的产品为社会大众所使用，大众需要你。你从事服务性的工作，更是直接为他人提供帮助和服务。在工作的过程中，你与别人互动，实实在在地感觉到，他人需要你，社会需要你。这样就满足了你的心理需求。

退休离开工作岗位，你就没有了为他人提供服务的机会，必然感觉到自己无用、被社会抛弃。尤其在现在的中国，因为种种原因，退出工作岗位的人大多年纪不算太大，一般是在50—60岁之间退出工作岗位。除去个别人有病，其实绝大多数人还可以说是年富力强。客观上对于他们工作机会、工作能力的剥夺，无疑会加重他们"无用、被抛弃""边缘化"心理，许多人会因此郁郁寡欢，甚至绝望厌世。

怎么办呢？所以就有人把全部精力和心理放到家庭、儿女身上，拼命为下一代做事，内心里可能有用此证明自己有用的心理。刚才讲过了，做得太过，有可能反倒增加年轻一代的压力。报纸上时时曝出，每年到了学雷锋日，有些养老院，志愿者一天来好儿拨，要来服务要为老人做事等，以致这一天中老年人连续"被服务"，得不到休息，成为负担云云，其实是一个道理。

正确的做法是，身体还好的老年人应该根据自己的情况，投身社会事务中，继续为社会和他人服务。以此为寄托，就不会或少有失落感，情绪和精神，还有身体都会保持好的状态。与笔者相识的一位科技工作者，今年73岁了，原先在企业里做技术工作，做领导工作，退休后继续从事技术推广、技术咨询的工作，不但编写了几本书，还挣了不少钱。现在来找我，自己开着车，自述到几百公里外的地方办事，都是自己开车去。由于总是工作中，我想他肯定不会寂寞，也不会整天围着儿女转。他的精神也非常好，思维敏捷，毫无老态。

他的经验说明，谁也无法避免被原来的工作单位"抛弃"，但可以到另外一个工作单位发挥"余热"，有时这个"余热"甚至比年轻时更"热"，因为他少束缚，个人有更多的自由。搞得好，退休后反倒可以创造出自己人生事业的第二个巅峰。

2010年5月1日

# 老来走他乡，底是为谁忙

在当今这个变化迅速的世界上，除了有越来越多的年轻人离开家乡，为了事业，到其他城市甚至到另一个国家去学习和工作以外，也有越来越多的老年人离开家乡或生活工作了几乎一辈子的地方，"移民"到另外的城市。

说起来，这些老人是出于种种不得已的原因：有的人，年老后生活不方便，只得投奔儿女。有的是给儿女照顾他们的下一代，等等。这些本该在家乡安享晚年，却还要离乡背井。做都市移民的老人，面对陌生的城市，他们面临的内心寂寞、生活无奈和不便却往往被包括子女在内的人们忽视。

有很多到异地生活的老人，单纯从生活条件上说，比家乡要好，但是从心理上最大的落差就是离开了原来的人际交往圈子，如果短时间又不能融入当地人群，就会变成了"孤家寡人"，这种心理上的孤独，长期下去，于健康非常不利。

怎样自我调整呢？笔者提出以下建议：

1.不要中断了与家乡的亲戚朋友的联系。可经常给外地的亲戚朋友打打电话，这是人人都可以做到的。讲讲来陌生城市后的见闻，说说此地人生活习惯各方面与家乡的一些不同，甚至讲些趣闻，顺便了解一下原先生活的城市的变化等，这样一来，可以排遣寂寞。现在新的通讯形式，如网络视频、可视电话，真的可以使"天涯若比邻"，老年人要学习使用这些新技术，我劝老年朋友，第一对新设备不要吝惜钱，买最好的装备，用起来顺手；第二不要说人老不能学了，许多老年人通过学习现在成了电脑高手，除了真正得了老年痴呆没办法。

2.尽快融入当地老年人的生活娱乐圈。孔子曰：性相近，习相远。人的本性，人的情感，不要说一个国家内，不同国家的人都是相通的。来到一个陌生城市，一定先要排除原先固有的"偏见"：什么与我们家乡不同、很奇怪等。要想到，不同的仅是形式上的习惯，在这方面，没有高下优劣之

分。可以保持对自己家乡习惯的爱好，但也要努力接受和适应当地人的一些做法和习惯。最好的办法是尽快寻找加入一个圈子，比如晨练的团体、上老年大学的团体、爬山的团体等。与大家一起活动，多做交流，时间一长就融入当地了。笔者早上打太极拳，我们这个团体10多个人，全都是老年或准老年。其中就有两位外地来的，一位来青岛照顾老母亲，一位来儿子家住。我很赞赏这二位老人，她们来到新地方，主动与人交流，不封闭、不打怵，不怕有些方面表现得与当地人不同，不怕一开始的一些不适应，通过晨练，逐渐与我们这些当地人熟了，自己也开心快乐。其实，从笔者自己的角度，小团体中，经常有外地的人加入，讲讲不同地方人的不同习惯、生活方式，也是增长见闻，大家也很愿意听，也愿意接受外地的人。

还有一点，最好夫妻不要分开。来异地就一起来，回去一起回。这样做的好处不言自喻。有些分开的夫妻，肯定自有自己的苦衷，但我想劝老年朋友的是，世界上任何事情总是"顾此失彼"，只能选择自己认为最重要的那些，而放弃一些自己认为不重要的东西。老年朋友们应该立场坚定地坚持夫妻不分开，宁肯放弃其他。否则，身处异地本来就寂寞，再加上夫妻分开的失落，无异于雪上加霜。笔者认识的一位男性老年朋友，半年前老伴到美国给女儿看孩子，留他一人在国内。这位老人，退休前是高级工程师，不太会做家务，老伴走后自己吃饭，"凑合"的时候多。前些天，笔者见到他，感觉憔悴苍老了许多，令人同情。最后说一点关于心理咨询。生活在异地的老年人（老年移民），心理问题以及与心理有关的心身疾病非常普遍，但主动向心理咨询工作者求助的却不多。一部分老年人由于生理及意识方面的原因，不容易接受新事物，不愿意将自己的弱点示之于人，有的人不接受需要付费的心理咨询。看来，关于心理健康和心理咨询的知识，还是很需要多向群众普及和宣传。

2009年8月4日

# 老年夫妻化解冲突的"三要""三不要"

俗话说"哪有饭勺不碰锅沿"，老年夫妻之间有时对一些事情的看法、做法不同，产生矛盾冲突，为此争吵、生气，这种情况也是在所难免。产生矛盾冲突不可怕，可怕的是延续至久不能化解，就会使感情受伤，影响和谐，再说还会影响双方的身体健康。

以下归纳总结化解冲突的"三要""三不要"，供老年朋友们参考。

一要控制情绪，不要动气动粗。人有爱听好话不爱听批评和不同意见的通病，这可以说是人性的弱点。明白了这一点，在与配偶讨论问题时，个人应该先有一个对方或许不赞成甚至反对的心理准备。还有，听到别人的不同意见时，保持沉默未始不是一种好办法。有人可能会说，与别人讨论或沟通不是更好吗？我的回答是有可能更好，有可能更不好。这又是为什么？子曰："可与言而不与之言，失人；不可与言而与之言，失言。知者不失人，亦不失言。"人对问题的看法，来源于个人的世界观、价值观等，决非短时间可改变，所以多辩并不总是有益。别的不说，多辩，就会"上火"，就会控制不住情绪，于人于己都不利。对于夫妻这种亲密关系，最好是包容而不是急急地改变对方。

二要就事论事，不要上纲上线。笔者在咨询中有一个例子，妻子有病要去看病，希望老伴陪着一起去，可老先生约好了与朋友去钓鱼，不愿意陪妻子去，说你又不是什么大病自己去就行了，老婆生气了，说，你这个人从来就不会关心体贴人，从我嫁给你就这样，到现在更变本加厉了云云。老头一听这话，也来了气，说我不会体贴人，你自己也不强！老两口越吵越来气，越来话越多，看病的也不去了，钓鱼的也没去成。吵了一顿，一方血压升高，一方心绞痛也犯了。闹到儿女们来调解也不行，请了心理咨询师来辅导，慢慢地老两口感情才修复。说"上纲上线"许多年轻人不懂。说句现代心理学术语：有冲突有矛盾时，一定要只讨论事情本身，而不要随意贬低对方人格，不要评价对方的人品等。像刚说到的例子，老婆开口时是希望老头陪伴自己去医院，碰了壁一生气说了狠话。老头为什么生气呢？他觉得冤枉，老婆一句话，把他的整个人、整个人的一生都否定了。

三要及时解决，不要冷战。我国著名的精神医学专家、心理治疗专家许又新先生在他的《心理治疗基础》一书中写道："保持稳定和谐的婚姻，最重要的也许是这样的两件事：一是双方都具有宽容的精神；二是双方都善于沟通，既善于理解对方，也善于表达自己的内心世界使对方理解。"这确是非常精当的论述。夫妻有了矛盾，争吵过后，最忌的是不沟通，也不宽容。有人起了名称叫"冷暴力"。冷暴力对婚姻和感情的伤害是非常严重的，因为它的潜台词是失望、绝望，是不再抱有希望。美国有一对结婚60年的恩爱夫妻，当别人问起他们的秘诀时，做丈夫的说，不是整天说我爱你，而是经常说可能你是对的。这种态度，我觉得非常值得我们思考和学习。

老年朋友们，幸福美满的婚姻、心心相印的和谐关系，来自于精心的呵护。鲁迅有句名言：爱情需要时时更新。这不是说要经常换配偶，而是说夫妻双方的爱情、感情，要精心地培育。要一点一点地加深对对方的理解、同情、宽容，要时刻想着为对方做一点事情，来减少他（她）的烦恼，增加他（她）的愉悦。要不断地改变自己，改掉自己性格中不好的一些东西。做错了事，说错了话，要敢于道歉。

《圣经》上有句话很有哲理："我们行善，不可丧志，若不灰心，到了时候就要收成。"婚姻生活，肯定也是这样。有付出，才能有收获。

2009年9月12日

# 理解生命 心理自立
## ——老年人心理健康漫谈

人的一生，年龄不可停止不长，而作为生物体的人体也不能逆转而返老还童，但如果能调整个人心态，做到人老心不老，永远保持对生命和生活的热爱，永远保持活力，那就真能实现延年益寿。

本人在长期心理咨询的实践中，深感老年人由于所处周围环境的变化，以及社会和家庭人际关系的影响，极易产生孤独空虚、恐惧害怕等不良情绪，如不及时调整，必然会加速个人衰老，影响生活质量。对于如何才能让老年人保持良好的心理状态，我总结为"理解生命、心理自立"八个字。下面通过案例简述一下这八字方针。

第一，理解生命

人们常说人都是世界上的匆匆过客，年轻人认识不足，而老来又往往不愿意面对。老年人由于生理上的衰老，不可避免地逐渐接近死亡，这是不可违抗的自然法则。然而，许多老年人不能正确地对待死亡问题，要么因恐惧而不敢正视死亡，要么心头终日笼罩着死亡阴云，其结果不仅无助于健康长寿，而且也难以幸福愉快地走完生命的最后一段历程。

有这样一个案例：

老王是位部队离休的老干部，离休后待遇不低，住在干休所里，儿女也都事业有成。本来可以安享晚年了，可近年来，他却产生了严重的死亡恐惧。表现是时时刻刻担心自己发病万一抢救不及时，就会没有了性命。

按说老年人谁没有病？对于自己疾病的担心也是正常的。但如果为此惶惶不可终日就不正常了。这老王像许多老年人一样也患心脏病多年，也有过一两次的轻微中风。但目前病情比较稳定，医生建议在家中休养和观察，可他却坚持住院，他的观点是如果在家里发了病，医生不在身边，即使医生立即呼之即来，家中也没有必要的抢救设备，而转入医院需要时间，很可能危及生命。可根据他的病情，医生认为没有必要住院。儿女们为这事也很犯

愁。遵从老人的想法，即使能住院，需家人陪护，势必搞得大家都身心疲惫；如果不遵从老人意见，万一发生不测，为此会后悔一生。

无奈之下，儿女们好容易说服了医院，让老王住进去了。可没过多久，老王就认为这家医院对自己的病情关心不够，医生护士责任心不强，进而还是担心万一发病会被他们贻误病情，还是那句话：弄不好生命堪忧。没办法，换了一家医院，但没过多久，还是一样，再换医院。

几年下来，就这样干休所、医院两地折腾。老王对于死亡更加恐惧。不得已，儿女向心理医生求助。

所以我说老年人要更深入地理解生命，从而正视死亡，进而摆脱死亡恐惧。

1.要积极地看待死亡。德国诗人歌德说："死亡就是自然界要保护更多生命的计谋。"从科学的角度看，死亡是赋予生命循环以有意义的连贯性，是人类作为一个整体存在所必要的事情。如果能真正理解和领悟死亡的价值，就能在一定程度上减轻甚至消除对死亡的恐惧和临终前的痛苦、悲伤和绝望。

2.从心理上对死亡做好准备。预感到自己生存的时间已经有限了，老年人此时应该有计划地安排好自己的剩余时间，并且适当安排好后事。这样就能放下包袱，使生活过得充实而且有意义。

第二，心理自立

随着年龄的增加，从生理上说，老年人的自理能力不断降低和减弱。但值得警惕的是许多人往往心理上的自立能力也随之降低和减弱，这也是许多老年人心理疾病的根源。

赵阿姨刚过了70岁，有心脏病、高血压、糖尿病病史。半年前，老伴突然中风，导致左腿、左胳膊不能动弹，又引发前列腺炎复发，导致排尿困难，赵阿姨的情绪因此受到了影响，并陷入了抑郁的困境。

对于一个原本就常年患病的老人来说，老伴的突然中风给赵阿姨的打击可想而知：原来自己一直受呵

护、受关注，上医院看病、晨练有老伴陪伴。而现在相濡以沫的老伴却躺在床上无法动弹，儿女们虽然都很孝顺，但都有各自的工作，不能天天在身边，自己要承担起照顾病人以及日常家务。这样赵阿姨的生活突然变了样。她从心底里有一种担心、恐惧。怕万一自己病倒了怎么办，怕老伴没有了怎么办，不知道以后的生活该怎么过。

经过一段时间的心理辅导，赵阿姨逐渐接受了目前的环境，心态也逐渐平和。孤独无助的心理开始减少，她开始找到自己的存在价值，并开始每天为老伴按摩、和老伴聊天、为老伴消毒导尿管儿，还认真地研究了中风老人的日常护理。经过慢慢调整心态后，她对于生活的态度积极起来，不再感到自己没有希望，没有办法，不再一味抱怨，她开始积极与命运进行抗争。

一天，老伴的导尿管里开始出血，一时与子女也联系不上。在这种情况下，赵阿姨在邻居的帮助下，叫一辆出租车把老伴送到了医院，自己挂号、排队，内科、泌尿科由一楼到三楼跑了一遍，最后终于化险为夷。回家的路上，老伴伤感地流着眼泪说："你看我们多可怜，出这么大的事，就我们两个老家伙，儿女一个也不在身边，万一出点意外怎么办？"可赵阿姨却坚强地说："这说明我们还没老到什么都做不了，表明我们还是有用的，我们一辈子都在用自己的言行教育儿女，要自立，今天我们不是做了一个好榜样给他们吗？"

从这个案例我们可以看出老年人心理自立的重要性。

1.不要轻易地承认自己老了。心理学的研究表明，老年人的许多心理衰老现象是本人经常进行消极的心理暗示造成的。为此有人提出，让老年人不妨把自己的年龄少说10岁，并且逐渐做到信以为真，这在一定程度上可以延缓心理衰老。

2.采取适当的形式多锻炼身体，加强脑力活动。如果不注意加强身体锻炼和脑力活动，身体的加速衰老必然会加重心理衰老的过程。

3.力所能及，不劳他人。老年人最好做到心理上自立，不认为自己衰老得什么也做不了，事事需要人来照顾。有了这个观念后，就要身体力行去做，能做的事情还要自己做，尽量不劳动他人。做了事，才会发现自己还有价值有能力，又会促使心理自立。当然，这方面要有个度，也要有一定的节制。不能知其不可而为之。

其他方面，老年人应积极而适量地参加一些社会活动，培养广泛的兴趣爱好（如书法、音乐、戏剧、绘画、养花、集邮等），以陶冶情操。还要尽量处理好各方面的人际关系（包括与家庭成员、亲朋好友等），做到与众同乐，喜当"顽童"。要多结交知音（包括青少年朋友、异性朋友），经常谈心，也都是很有益于身心健康的。

2006年2月20日

# 说说多疑心理

2009年1月9日《老年生活报》刊登读者王女士的来信，举了3件事说明她的母亲对人对事多疑：老人家的水壶坏了，修理回来，怀疑被人"掉了包"。老伴说的话，她认为是嫌弃她。还总怀疑自己有这病那病等等。

我们说这位老人家之所以这样看问题，是她自己的多疑心理在作怪。那么，什么是多疑心理呢？

第一，看问题往往多从自己的角度去"推测"事情的前因后果，而不是从客观事实本身去寻找。如上面说到的王女士的母亲，水壶修理后拿回来，并没有确切的证据证明被人换了，但她坚持认为被人换了。也就是说，有多疑心理的人看问题往往是先设定一个结论，然后又根据这个结果去处处找证明，从而验证自己的看法。还是王女士的母亲，她心理上认为老伴嫌弃她，所以对方的言语中，如有对她做的某件事情稍有批评，她就会认为这不是针对具体事的，而是对她本人的嫌弃。

第二，上面我们说了，有多疑心理的人多从自己的角度去推测别人或事情，那么，如果事实摆在眼前，他们会怎样呢？在这一点上可以据此来衡量心理问题的严重程度。有轻微多疑心理的人，会在事实面前纠正自己的看法，但严重多疑心理的人，往往固执地坚持自己的结论，而不顾明摆着的事实。比如，对于有严重疑病心理的人，即使做过各种检查，没有发现有病或严重疾病，但他（她）仍然会认为自己一定有病或有大病，医院或医生检查不出来，是他们的错。所以要不停地寻求检查或治疗。

心理学认为多疑是一种极其不良的心理品质，除了对个人的生活、工作、学习、人际交往产生非常不好的影响以外，对家庭和亲人有更大的伤害。设想一下如果家中有一位成员凡事总是怀疑这怀疑那，任凭你解释他（她）也不信，非要你接受他（她）那毫无事实基础的看法或结论。这样的家庭那里会有太平？

既然这样，为什么人会有多疑的心理呢？说起来，有以下几点：

1.上面说过了，多疑的人看问题的方法就有问题。他们不实行"实践是检验真理的唯一标准"，只相信自己头脑中的想法。因而，看问题就会以偏概全。

2.有多疑心理的人大多缺少自信心。缺少自信的人最怕别人瞧不起自己，由于有这样的心理，于是别人说一句玩笑话，他（她）会信以为真，不经意地看他（她）一眼，他（她）会认为别人是在议论自己……

3.可能早年的生活中经历过一些挫折，以至于长期保留着受伤害的体验，矫枉过正，对别人防御过头，不敢再相信任何人和事。

4.自我封闭，少与外界打交道。很多有多疑心理的人不爱交往人，缺少朋友。长此以往，对外界越来越陌生，在这种情况下，一与人交往，难免比常人有更多的怀疑、戒心和防备。

有了上面的解释，怎样克服多疑心理也就有办法了。

首先，要建立起相信事实和理智的观念。凡事相信"以事实唯真"，相信"眼见为实"，对自己内心的一些想法和判断，先来怀疑一下："也许我弄错了"，"也许他（她）不是那种人"，"也许情况不是我想象的那样"。有了怀疑，再去调查研究，以澄清事实真相。

其次，多和人交往。多疑往往是由于不了解他人，或者不了解事实的全部。产生了多疑后，又会加重彼此的隔阂。古语说：路遥知马力，日久见人心。只有放弃成见，多与人交往，才会发现原先为偏见所蒙蔽而不了解的人的另一面。再次，培养自信心。有了自信，即使真有人对自己说长道短，也不会在意了。

当然，多疑心理往往与个人的性格有很大关联。改变起来，也不是短时间所能奏效的。如有条件，最好在心理咨询师的帮助下，循序渐进地加以改变。前面也说过了，严重的多疑很可能接近或属于妄想了，要归入精神疾病的范畴，需要接受精神科的检查，以便早日确诊和接受适当的治疗。

2009年1月30日

# 曾奇峰先生的"六个忠告"

我国知名的精神分析理论及心理治疗专家曾奇峰先生前几天来我市讲学，他是来为首都师范大学硕士班青岛教学点的同学来讲"精神分析"这一门课程的。精神分析已进入了硕士教育的课程中，这是令人欣喜的事情。我虽不是该班的学员，但有幸聆听了曾老师的讲课。感到他穿插在讲课中的"对精神生活的六个忠告"这篇讲演颇富哲理，是运用精神分析的学理，谈一个人如何使自己的精神世界保持平静和健康的。即使不研究精神分析的人也会从中体味到曾老师对于人的精神世界的深刻理解和精辟分析，会从中学到很多的东西。本人不揣愚陋，将此"六个忠告"及本人的理解刊于此，供朋友们参考。此文未经曾老师审阅，有错误及不妥之处应该由我来负责。

一、这个世界，他人，还有我们自己，总有一些东西是我们所不知道的

理解他人的困难自不消说，即使我们本身的事情，有许多也是我们自己不容易知道的。人们往往喜欢相信自己知道自己为什么这样想、这样感觉和行动，但精神分析理论却坚持说，我们所想、所感觉、所做的事，有许多时候是我们所不知道、不理解的，它们受着潜意识的指挥和控制。比如（这也是曾老师在讲课中讲到的事例），做父母的拼命督促孩子刻苦学习，不厌其烦地给孩子讲学不好将来没有工作云云，以致孩子产生逆反心理，学习更加不好，还产生了诸如强迫症等神经症的症状。表面上看，做父母的是希望孩子好，但他们的真实思想是害怕孩子将来学不好，考不上好大学，自己没有面子，满足不了自己的虚荣心。是做父母的不愿意承受失败的焦虑，就借督促孩子学习，将这种焦虑推卸给了孩子。这是"虽曰爱之，实则害之"的典型事例。

要了解自己的内心是十分困难的，因为在文明和社会的要求下，我们必然要遵守一定的规则，当内心的想法与这些规则冲突时，我们习惯上的做法是将其压抑下去，以致后来连自己也不认识或不承认了。

一个人见了异性脸红，不自在，他（她）自己并不知道自己是在内心里对异性产生了爱慕之情。

一位女性，总是怀疑自己的丈夫有外心，虽经过观察、考验并无实据，但却摆脱不了这种想法，实际上是她自己对某位丈夫以外的男性有强烈的爱慕，内心接受和抵抗两种情感的冲突，投射到了丈夫身上。

一位强迫症患者，是摆脱不了对于童年时代性游戏的内疚。

一对婚姻不和的年轻夫妇，潜意识里，女性总有着男方家庭等各方面条件不如自己而产生对丈夫的轻视，而做丈夫的也总有很强的自卑感，他的潜意识里试图通过对妻子全部的征服来摆脱自卑。于是他们总是争吵不断。

一个年轻女孩，产生了对死亡的恐惧，挥之不去。她害怕自己的想法，感到不可思议。她不知道，这是她生活中压力过大而在潜意识里想逃避的象征性的表达。

每一位从事心理咨询、心理治疗的专业人员（尤其是精神分析取向的心理咨询师），都有许许多多案例，充分说明着这一点。即使心理咨询师自己，有时也不免跌入潜意识的泥淖。我们也必须时时警醒，当对来访者产生了过于强烈的爱恨等情感时，是不是我们将过去对于生活中某人的印象，投射到来访者身上？

弗洛伊德曾说过，人类的自负心理遭受过科学的三次重大打击。一次是哥白尼提出"日心说"，让我们知道了地球并不是宇宙的中心。第二次是达尔文创立"进化论"，证明我们人类仅是动物界的物种之一，是由低等生物进化而来。第三就是精神分析，它告诉我们即使我们自己，有时也不能成为自己的主宰。

二、我们内在精神生活的质量，决定着我们一生的成就和幸福

先从动机方面说。人生的目的在于物质、精神两方面的追求。但何者为先，何者为重，每个人却有不同的理解。但有一点是肯定的，即人对于物质（除精神以外的东西，包括权势、地位等）的追求是永无止境的。沿着这条道路想找到人生的幸福是不可能的。唯有将精神的追求置于物质之上，沿着追求精神和道德的不断提高和完善这条道路，才能领会到人生的真谛。不论你的命运如何、成就大小，就会"上不愧于天，下不怍于人"，就会活得充实和幸福。

心理咨询与心理治疗虽与致力于人的思想道德水平提高的思想政治工作不同，不以说教为自己的工作目的和方法，但并不是不关心人的人生观。它是要将一种健康向上的人生观，于潜移默化中，通过心理咨询师的言语和行动影响来访者。从这个方面来讲，心理咨询师正是以自己对他人的博大爱心发挥着治疗的终极作用。

精神分析理论的创始人弗洛伊德说过，心理治疗是"一种爱的教育"，也就是这个意思。我个人更喜欢用"人文主义"来定义心理咨询师的道德操守和对来访者所持的态度。无论你持一种什么样的世界观，但只要尊重生命（自己的和他人的），尊重生命的价值，对世界上的一切事物永远保持着兴趣和谦虚的态度，生活就会幸福。

人的一生，时时处处摆脱不了个人欲望与社会的要求、与道德标准要求的冲突。用精神分析的人格理论来说，就是本我、自我、超我如何保持平衡的问题。本我代表了人的本能要求，自我代表现实性，超我代表我们内心中良心和道德。在这三者之中，自我是最辛苦的，它要适当地满足本我的要求，又要接受超我严厉的监督，还要衡量现实世界的形势，然后决定采取何种行动。

心理咨询的对象，往往是自我产生了问题，它不够坚定，不够宽广，以致在本我或超我，或二者的联合作用下，失去了工作的能力，不能再充分履行自己的职责。心理咨询师的工作就是援助自我，使它通过调整坚强起来，在各种要求和困难面前，勇于发挥主动性和适应性，在生活的诸多种选择中，拣一条最适合自己的道路来走。心理健康才是真正的健康。而"哀莫大于心死"，随着人们生活水平和科技文化素质的提高，人们会更加认识到精神充实、心理健康在人的幸福中的地位和作用。

三、我们对他人的态度是自己对自己态度的投射

中国古代的孔子讲过"己所不欲勿施于人"的话。但要做到这一点并不容易，因为人们往往并不自知何以会常常将自己的想法"投射"于他人。

心理防御机制是精神分析理论的重要组成部分，指的是我们每一个人都具有的、在人的潜意识中自动发挥着作用的保护自己心理不受过大伤害的措施。

"投射"是心理防御机制的一种。分为"外投射"和"内投射"两种。"外投射"指的是当自己无法接受自己内心的某种欲望、冲动或意念时，就把它投射到别人的身上，认为是别人有这种欲望、冲动或想法。比如一个人自己很迷恋别人的妻子，但是无法接受这样不该有的情欲，心里就改变现实认为是某同事有这样想入非非的情形，对同事责骂谴责，实际上是通过这样的行动来抵御自己内心里无法接受的欲望。

超我过于强大，则对他人也往往不能宽容。明明自己总是怀着对他人很强的攻击欲，他（她）却总感受到别人对自己的攻击。反过来说，当一个人善意地对待同事、朋友时，他（她）也总是得到相同的回报。

"外投射"严重起来就是一种妄想，属于精神病的范畴，比较轻微时，自己不觉察，就容易形成对他人的偏见。明白了这个道理，则当我们对某人有一种情绪很重的判断时，总应该想一想这是否自己内心想法的一种投射，而不要为假象所迷惑。

四、只有保持了恰当的人际距离，才能够拥有和享受高质量的人际关系。没有人愿意成为一个孤岛，也没有人愿意成为被人群淹没的一员

这一条是讲与人交往的。包括与亲人、朋友、同事等的关系。我们每一个人都是在与他人的交往中，把别人作为一个参照，才会发现和调整自我的。这样说，有两个关键点，一是说一个人不能离群索居，如果不是他精神有问题的话。二是说与人应保持恰当的距离，不能失掉自己的独立性。若即若离，不远不近，也可以说这就叫中庸之道。

心理咨询中，常常发现一些年轻人为不善于与人交往而苦恼，他们缺少朋友，缺少爱情，感到十分寂寞和孤独，可又不知道如何摆脱这种局面。

不善于与人交往，有素质方面的原因，更多的是在过去的生活中没有及时地向周围的人学到这种技能。比如很可能他们的父母就不喜欢结交朋友，其性

格过于内向和孤僻，容易看到人与人之间具有的竞争的一面，没有或极少看到人们之间的合作，在这样家庭中成长起来的孩子，自然不会学得热情好客，广泛交游。他们见了人不知道如何说话，不适应别人与自己在性格、处事方法、生活习惯等方面的不同，内心里有强烈的对别人的拒绝心理，不愿意接纳别人的想法和行为。这样朋友只能越来越少。这也用得着上一条忠告，对他人的态度是对自己态度的投射。他们自己就是封闭的，不向别人开放，也不向自己开放。他们不承认自己的弱点和不足，尽力将自己真实的想法和缺点掩盖起来，在幻想中麻醉自己、欺骗自己，而不愿到现实的生活中锻炼成长。

对这样的朋友的劝告是自己要有决心与过去的自我决裂，重新学习与人交往的技能，忍受学习过程的失败和痛苦，一步一步地成长成熟起来。想让别人理解自己、帮助自己、接纳自己，应该先去理解帮助接纳别人，这样才能尽快融入集体中。

另外一方面，人也要有恰当的自信和自知。在原则问题上，不随波逐流，不人云亦云，能够做一个与众不同的人。"从众"是社会心理学研究的一个重要现象，越是具有较强独立性的人在从众这个问题上越能有独立自主的判断。应该从众的地方从众，不应该从众的地方就不从众。政治家最需要这种素质。他们的这种坚定性来源于对时局的前瞻性判断，他们能够比一般人站得高、看得远。我国改革开放的总设计师邓小平同志，在改革开放的各个关键时刻，常常能超出一般人的判断，做出重要的决策。从当时看，可能赞成的人不一定很多，但随着时间的推移，他的决策的正确性就显现出来。这虽然与人际交往是不同的范围的事，但用于说明一个人的独立自主的判断和自我的坚定性，还是适合的。

伟大人物的内心常常是孤独的。所以一个人忍受孤独的能力也是个人成熟和内心坚定的表现。孤独会令人伤感，但它同时为人的独立思考提供了合适的情境。他使人能够远离尘嚣，更加注重自己和他人的精神世界。唯有这样才能够将这个世界看得更清楚、更深刻。

五、培养细腻的情感。任何简单的情感都可能会是针对自己和他人的暴力

情感是发于中而形于外的一种心理过程。它无比复杂。从心理学上看，没有一种感情是纯而又纯的。多种感情往往互相交叉、互相融合、互相渗透、互相转化。对个人及他人的情感做一个复杂的估计，才不至于落入简单化的看法中。用曾老师的话来说，情感应该是一个谱系。不能只有两端，更多的是中间的部分。

比如爱这种情感，当我们说着爱、产生爱的时候，首先是内心里调动起了一种激动或力量，它急于得到释放和保证。它必须指向一个对象。我们向对方投射这种能量，我们期望将全部自我都消失在与对方的认同和统一中。这时我们可能失掉了自我，留下的可能就是空虚与无助。这个时候我们的自我很难说是坚强了还是软弱了。而且当我们向别人投射爱的时候，可能还同时具有一种力图控制对方、掌握对方的欲望。"我爱你"背后的潜台词是"我要控制你，你必须属于我"。在听到别人说"我爱你"的时候，我们无疑会感受到一种强烈的压力。这也就是爱为什么常常或说很容易转变成恨的原因吧。

当我们能对一种感情做细腻的把握和理解时，就不再简单地对待它了。看一看人类创造的关于爱的一组词就可以知道它的丰富和复杂了。喜欢、好感、羡慕、爱恋、留恋、爱情、性爱、友谊、友情、吸引、思念、相思、伤感、痛苦、遗憾等。

在这些情感面前我们需要思索、辨认、体味、理解、接受或改变。

一个没有细腻情感的人，好像一具只雕出了轮廓的石像，没有精神，没有光泽，没有生气。相反，一个能产生、感受、理解并对他人的情感会做出合适反应的人才是一个活生生的人，是一个充满生机和活力的人，一个对人有吸引力的人。

从这个角度说，多愁善感也没有什么不好。当然，感情是一回事，而采取何种行动又是另外一回事了。

六、活在当下。在时间的坐标上，没有过去，也没有将来。好好地活在当下，既可以修复过去，也可以制作美好的将来

有人说，精神分析是一个哀悼的过程，也是有一定的道理。因为精神分析这种方法注重的是"现在是过去的重现"。它认为一个人现在的思维模式、行为习惯，乃至心理疾病，都可以从过去的创伤中找到根源。但精神分析的目的并不是让一个人永远沉浸于过

去的辉煌或痛苦之中。它是带领人完成过去不曾完成的彻底的哀悼，向过去的情感告别，为生活掀开新的一页。

许多人自认为过去的创伤早已忘记，过去的生活也早已成为过去。可是他们往往不知道事件已过去，但也许情感并没有消失，还在时时地附着于新近的事物或人物上，让人在不自知的情况下，重演着现在变成过去的戏剧。

精神分析式的心理咨询就是指导人如何分辨在心理的内容中，哪些是过去的东西，哪些是现在的东西。

只要努力就会改变。心理学上的术语叫“见诸行动”。憧憬、伤感、内疚、谴责、后悔都不能解决问题，只有行动，通过行动去改变自己和他人，才能得到内心的平静和幸福。心理咨询与治疗鼓励每一位向它寻求帮助的人，希望总在面前，一切都可以改变，也来得及改变。

朋友们，思考一下这六个忠告，让你的精神生活永远充实健康吧。

2004年12月1日

# 婚外情的“忏悔者”

因婚外情来向心理医生咨询求助的人中有一部分是“忏悔者”，他们对过去陷入婚外情的泥淖表示忏悔，尽管他们中的许多人是在配偶发现了他们的隐情之后，才不得不面对事实并反思自己以前的行为，认识到自己的错误的。

他们中的大多数人在说到产生婚外情的过程时，常常主动讲起最初的动机，他们总喜欢强调最初决没有主动寻求婚外情的动机，也决没有将此设为自己的目标，他们坚持最初动机的纯洁无瑕。

比如一位男士说他当初只是看到新来的女生，刚工作业务不熟练，身边又没有亲人，所以他把她当成小妹妹，尽量给以各方面的帮助。一位女士说她当初只是欣赏那位男士的才华，丝毫没有想到背叛丈夫做她的情人。他们说，一切都是后来自然而然发生的，自己也有些弄不懂。总之，这一切不像做其他事情一样是预先设计好一个目标，开始一个行动，然后达成这个目标。

一位没有经过心理分析的人当然有权利这样认为，因为事主陈述的确是事实，事主并没有向心理医生隐瞒。

不过，熟悉心理的潜意识运作的心理医生与人们的看法刚好相反：我们坚持认为他们最后达成的目标，恰是他们最初的动机！

人们有可能都有这些邪恶的动机吗？是的，只是这里再一次引用西方那句有名的谚语：人人皆有罪，止于梦者是善人。

那位男士，他办公室中有另外一些已婚女士，她们同样在工作中生活中有这样那样的困难和烦恼，但这些没有引起那位男士的同情，他也没有伸出手去帮助她们。因为她们有丈夫，已不能引起那位男士的兴趣，或者他觉得没有可乘之机。于是对于她们的需要，他也就视而不见了。

那位女士，经详细地询问后，发现她其实对丈夫有着深深的不满。与其说是婚外男士的才华吸引了她，倒不如说是她主动寻找的结果吧。

人们啊，你了解自己吗？

2007年8月23日

# 情绪之于健康：帮手or杀手？

人们早就发现情绪对人的健康有相当大的影响，故祖国传统医学理论有"怒伤肝、喜伤心、思伤脾、忧伤肺、恐伤肾"之说。借一句时兴的话来说，"情绪也是一把双刃剑"，既可以是健康的帮手，也可以充当损害人健康甚至致人于死地的杀手。

一、情绪与人的免疫力

如果说中医理论还仅是一种经验主义的"猜测"，或者说是一种"假说"，那么现代科学的大量研究则表明，人是否感染疾病在很大程度上取决于个人免疫力的强弱，而个人免疫力的强弱又直接受个人情绪活动的影响。即情绪是通过改变人的免疫系统的结构和功能，而使人抗病或得病的。

比如，科学家研究了情绪与感冒的关系。通过实验发现，情绪状态与唾液中A型免疫球蛋白（S-IgA）的分泌有直接关系，而S-IgA这种抗体是人身体内抵御感冒的第一道防线！积极的情绪状态（乐观、有信心、心情平静等）可以增强S-IgA的分泌并提高免疫反应水平，而消极的情绪状态（焦虑、悲观、失望、无助感等）则减弱S-IgA的分泌并降低免疫反应水平。

另一个试验将几百名被试安排于有5种呼吸病毒的情境中，实行隔离7天，结果证明：那些处于消极情绪状态的被试者比那些处于积极情绪的被试者更容易感染病毒，并得更严重的疾病！甚至一项针对艾滋病患者的跟踪研究也表明，希望、快乐和愉快等积极情感可以减弱AIDS（艾滋病毒）的致命性；反之，消极的情绪会减弱免疫系统的功能。

二、情绪调节

有人可能说，既然消极的情绪状态减弱人的免疫力，那么我就尽量压抑自己的消极情绪，不使它表现出来可不可以呢？研究表明，这种做法更有害！试验表明，主动地压抑消极情绪会增加患冠心病的可能性。

那么怎么办呢？正确的做法是学会适当地进行情绪调节。

情绪调节，就是人通过一定的心理调整和行为改变，使自己的情绪发生转移和改变的过程。情绪调节的方式与免疫系统功能之间存在着明显的相关性。

当人产生了不好情绪时，采取与人交谈、书写、运动等积极方式进行调节与采取焦虑、逃避等消极方式进行调节，对疾病的进程可产生不同的作用。一项研究发现，那些在亲人死亡后6个月，采取逃避并产生长期消极心境的人，其血液淋巴细胞的分裂活动、自然杀伤细胞（NK）活动都明显减弱。这就为感染或复发疾病提供了必要的温床。

所以，当人由于创伤或压力产生了消极情绪时，采取积极的调节和宣泄能够使个体的免疫系统功能得到恢复和提高，从而能有效抵御疾病的侵入，增进身体健康；而采取压抑等消极的情绪调节方式，则会使免疫系统功能降低，从而导致疾病侵入。

有句话说，人是一个生理与心理结合的复杂系统，从上面的分析中也可以证明。心理与生理相互作用，互为因果，不能孤立对待。

三、心理状态与疾病治疗

情绪的好坏与是否罹患疾病有很大关系，我们在上文已经谈到了。更进一步看，一个人的心理状态（情绪是其中很大的一个成分，一般将心理内容分为知、情、意三部分）与躯体疾病的治疗也有相当大的关系。

传统上对于躯体方面的疾病，医学界习惯于孤立地从某个器官、某个系统生理性的病变入手来理解和治疗疾病。但在临床实践中，人们越来越清楚地认识到，疾病不仅是某个器官的障碍，同时会影响患者的心理状态和社会功能。患者的心理状态也会直接影响着疾病治疗，良好的心理状态有利于患者的恢复或情况改善，这已是不争的事实。

要恢复和保持良好的心理状态，对有些病人就需要进行心理治疗。实验证明，心理治疗对不同疾病和不同时期的患者均有帮助，甚至对于一些严重疾病如癌症、伴有抑郁症状的HIV感染者等，均有治疗效果。

美国斯坦福大学医学院教授大卫·斯比格（David Spiegel）曾将乳腺癌癌细胞已经转移的患者随机分组，让86名试验组的患者除接受肿瘤科的治疗外，再进行心理治疗，治疗包括每周一次的团体聚会，大家互相鼓励，而且在疼痛时做自我催眠，为期一年。以后几年的随访资料显示，接受心理治疗患者的生存时间平均延长了37个月，是没有接受心理治疗人的两倍（没有接受心理治疗与支持的人平均延长寿命19个月）。

为什么会这样呢？相关研究发现，心理治疗能够在一定程度上调节患者的免疫系统功能，提高患者自然杀伤细胞的活性。另外，心理治疗可以适当地改变患者的行为方式，如更好地遵从医嘱、注意饮食、坚持锻炼和良好的睡眠习惯等，这些对于延长生存时间都有作用。

让我们再来分析所谓"A型行为者"与冠心病的关系。

1959年美国学者弗莱德曼（Friedman）和卢森曼（Rosenman）等发现，在冠心病人群中有一种特征性的行为模式，他们称之为"A型行为类型"（type A behavior pattern，TABP），并提出"具有A型行为的人群易患冠心病"这一假说。他们所说的A型行为主要表现为：过分的抱负、快节奏、高效率、好争辩、好冲动、固执、急躁、对于他人有敌意、竞争意识特强等。弗莱德曼等认为，A型行为人通常要在少而又少的时间内完成多而又多的事，面对剧烈的竞争，容易发生恼火、激动、发怒和不耐烦等（AIAI反应），这些反应构成了A型行为对健康的不利成分。近年来，各国学者通过多方论证，一致确认A型行为是引起冠心病的一个危险因素。康纳斯—鹿特丹协作组对3365人进行10年随访，发现在欧洲，具有A型行为的冠心病患者中，发生心绞痛以及致命性心脏并发症的几率2倍于不是A型行为的人。我国的调查结果与此一致，有一项研究曾对100例冠心病患者进行冠脉造影，结果表明，冠心病患者中以A型行为者居多，A型行为者的冠脉病变较严重。

A型行为者由于以上的性格特征，故在情绪上容易产生焦虑（一般症状是情绪紧张、心情紊乱、注意力不能集中、身心疲倦、头昏目眩、心悸、失眠等）的内心体验，这些不良情绪导致高血压、冠心病，当然有的人还会出现糖尿病、甲亢、癌症等内分泌、免疫系统的疾病。一旦患病，A型行为者由于情绪的波动、消极，又极不利于治疗和康复。因此，专家呼吁，对冠心病患者进行治疗时，尤其是对A型行为者病人，一定不能忽视心理治疗，具体说就是注意改善患者的情绪与转变其行为方式，这样才会收到更好的效果。

可惜，由于种种原因，从预防冠心病的角度看，绝大多数人，包括相当一部分医务界人士，并没有将心理调整、情绪控制纳入防治工作之中。从治疗方面看，绝大多数医院和医生仍然只采用生物医学模式。这是非常遗憾的事情。

1977年，美国罗彻斯特大学精神病学和心身医学教授恩格尔（G.L.Engel）首次提出应以生物心理社会医学模式取代生物医学模式，即在治疗患者躯体疾病的同时还应同时充分考虑患者的个人经历、行为模式和社会环境。

2005年9月21日

主要资料来源：

心理科学进展，2004年第4期，519～522页。

上海精神医学，2005年第4期，242～243页。

现代心理学，张春兴著，上海人民出版社，1991，533～537页。

中国临床心理学杂志，2005年第3期，357页

心理科学进展，2004年第6期，810～813页。

# 做梦与健康

　　做梦是在每个人身上都发生的一种生理和心理现象，那么，做梦与一个人的生理和心理健康有什么关系呢？

　　一、有梦好，还是无梦或少梦好？

　　做梦是在睡眠中发生的现象，也是睡眠的过程和组成部分。所以做梦是否有益于健康，首先要从它与睡眠的关系谈起，也就是要先来回答：做梦对睡眠是否有益？

　　许多人认为做梦干扰了睡眠。常听有人说："做了一夜梦，没有睡好觉。"但心理学家的研究却证明，大多数情况下，做梦非但没有干扰睡眠，反面在帮助睡眠！

　　这话怎么讲呢？

　　有句话叫"日有所游，夜有所思"，说的是做梦的内容总离不开人的生活和思想的实际，换句话说是白天生活和思想的一个延续。睡眠是人的意识暂时切断了与现实世界的联系，但意识并没有完全停止活动。大脑皮层某些部位和神经中枢的兴奋，再与体外或体内的某些刺激结合，就会做梦。因此尽管是在睡眠中，白天没有干完的事情，没有实现的想法，没有处理完的情绪等，都仍在活动中。简言之，大脑充分利用了这段不与现实联系而是一个纯粹思虑的时段，对白天的记忆进行一系列处理。

　　这个理论的提出者是现代心理咨询与心理治疗的奠基人西格蒙德·弗洛伊德。他在1900年出版的《梦的释义》一书，提出这样的名言：梦是愿望的达成。

　　按照这种理论，梦以某种幻想的方式表达了白天不可能实现或还没有实现的愿望，从而安慰了情绪和欲望，保证睡眠成为可能。

　　单纯谈理论太枯燥，让我们举一个例子来说明。比如某个大学最近正在评定职称，某人怀着强烈的愿望希望评上教授，为此他做了一系列的努力，认真准备了有关的材料，向负责此事的部门和有关人员做了许多沟通疏通的工作。志在必得的强烈愿望，让他白天满脑子就是评职称这件事情。

　　这天晚上，他做的梦中场景是系主任跑来告诉他，他通过了评审委员会的审查评定，不日就将宣布他升为教授！这样他在幸福的满足喜悦中舒服地睡了一觉。

　　假如不是梦让他放下了包袱，假如梦中不是得知他被评上教授，他可能即使想睡觉也仍然时刻为能否评上教授而焦虑，七上八下的心情可能使他无法进入梦乡。

　　当然这是我设计的一个极简单的梦，不过是用来说明梦的道理。事实上，梦中表达的愿望，要受到我们思想中的一些所谓检查机制的审查，很多时候不可能这么直接地进入梦中。

　　睡不好觉就影响健康，而梦帮你暂时丢掉一些负担，使你能好好地休息，难道它的功劳还小吗？我们还不应当向它表示感谢吗？

　　那为什么许多人抱怨是梦影响了睡眠，或者觉得做了一夜梦非常累呢？我们可以从反面来回答这个问题。如果不是有梦，很可能你为思虑困扰，根本无法成眠，那不是更严重吗？

　　二、梦不能预测未来，但却可以给我们以警示。

　　虽然今天也有不少人迷信地认为梦能预测未来。但肯定地讲，古人由于科学知识的缺乏，更相信梦具有预测未来的作用。

　　中国古代伟大的教育家孔子虽然"不语怪力乱神"，但他却相信梦能预测吉凶。他在晚年因为好久没有做梦梦到他敬仰的周公，而感叹不已（甚矣吾衰也，久矣吾不复梦见周公！——见《论语·述而》）。

　　西方也有用这种方法解梦的。如《圣经》中记载的亚瑟曾为埃及法老解梦的事。法老梦见河边有七只肥牛，又有七只瘦牛。亚瑟解为，埃及将有七年的丰年，过后接着将来七年荒年。为了应对荒年来临时的饥馑，就要在丰年时多多地储存粮食。由于接下来真的发生了七年丰年和七年荒年，埃及因为有准备而顺利度过，亚瑟受到法老的重用。

　　其实梦的视野是比较狭窄的，它只关心个人的感受。因此，它是以自我为中心的一种愿望表达，不可能预测到将来的命运。一个人的命运受多种因素的制约，许多事情根本无法预计。但从梦带给人的不同的情绪色彩上，人们却可以借此对自己的心理状况进行一些评估。

比如一个人最近经常做一些带有焦虑情感的梦，那我们就可以告诉他（她）：最近他（她）的心中必有一些比较严重的冲突待解决，应正视这些问题，并找出来在意识层面上进行讨论解决。按照我们的理解，梦的内容、事件可能是不真实的、想象的，甚至是荒诞的，但它表达出来的情感却是真实的。

梦中的焦虑和恐惧的情感，肯定是白天清醒时焦虑和恐惧情感的再现，需要重视并加以解决，这样才有利于健康。一个内心平静、心理状态稳定的人，一般不做或很少做具有太强烈感情情绪色彩的梦。从这方面说，梦可以对我们的心理健康程度起到一定的警示作用。

以上介绍的仅是一些关于梦与健康的基本的知识。朋友们在这方面有什么困惑，最好是向专业的心理咨询工作者求助。分析和讨论梦，从中发现一个人潜意识内的冲突并加以解决，是精神分析学派心理咨询与心理治疗的方法和过程之一。对于一般人来说，没有必要去推敲梦中出现的事件和人物究竟表达什么样的意思，具有什么样的意义。

2005年8月2日

# 森田疗法——适合东方人的心理治疗方法与人生态度

森田疗法由日本著名的精神病学专家森田正马于1920年代创立，它不仅是一种有效的心理疗法，更是鼓舞人行动的生活哲学和健康的生活方式。比较起那些建立在西方文化基础上的各种疗法，森田疗法更适合东方人的文化和思维特色。森田疗法传入中国后，在治疗神经症、帮助人健康成长方面发挥了重要的作用。

森田先生认为人之所以会罹患各种神经症，是由于这些人具有性格上的缺陷和疑病的素质，因而将一些平常人都有的生理或心理的变化，如见到生人脸红、紧张等，看作不正常而给予特殊的关注，于是反倒形成一种"精神交互作用"，而将症状固定下来。治疗的方法就是要打破这种精神交互作用，以"顺其自然，为所当为"的人生态度战胜疾病。

森田疗法针对下面这些症状有比较好的效果：1.神经衰弱症状，包括失眠、头痛、头昏、头脑不清、易兴奋、易疲劳、脑力减退、疲劳感、不必要的忧虑、性功能障碍、脑晕耳鸣、颓废、记忆减退、注意力不集中、考试焦虑、对躯体疾病及个人情绪的过分担忧等。2.强烈观念，包括对人恐怖，如人前脸红引起的恐怖、视线恐怖、口吃恐怖、异性恐怖、学校恐怖、外出恐怖、罪恶恐怖、不详恐怖、高处恐怖等。3.发作性神经症，如处于人多场合或个人独处时突感呼吸困难、心跳加快等惊恐或焦虑发作。

对于病情比较严重的病人，森田疗法采用住院治疗，而对于症状比较轻的人，通过学习森田疗法的理论，掌握自我纠正的方法就可以自愈。对此，森田本人多次阐述过这一观点。

为了帮助为神经衰弱、强迫、焦虑等症状苦恼的人走出生活的阴影，摆脱不良思维和行为模式，联合青岛市博文汇心理咨询工作室于近期举办森田生活体验讲习班，想了解详细情况的朋友，请到青岛心理咨询网上查看。

# 知名企业家缘何频频自杀？

在一般人的心目中，知名的企业家是风光人物。他们不会为无钱支付生活费用或子女教育费发愁，也不会为生活中的一些事务难办而产生烦恼。他们吃得脑满肠肥，住在高级别墅，出门时前呼后拥，在公共场合时被众人追捧，许多男性企业家身边也不乏美貌的情人、小蜜……

然而，没有人知道为什么他们其中的有些人会放弃这些一般人梦寐以求的东西而选择结束自己的生命。

刚刚进入2005年，山西运城鑫龙稀土磁业（集团）有限公司董事长赵恩龙与陕西金花集团副董事长徐凯，先后自杀身亡。前者52岁，后者55岁。

远一点，近几年有上海大众老总方宏跳楼自杀、贵州习酒老总陈星国开枪自杀、广州港澳中心李副总跳楼自杀……数来令人不寒而栗！

有关部门作过一个统计，过去的20年中，中国有1200余名企业家自杀身亡！这些智力超群、事业成功的人士难道不知道"生命诚可贵"？为什么要舍弃他们拥有的权力、金钱、地位、美女、亲情、友情等，而甘愿自赴黄泉？

社会学专家、心理学专家对此众口一词：企业家由于工作性质的特殊性，是心理疾病的高发人群。各种压力过大，心理精神难以承受，遂以自杀逃脱。

一、压力种种

有学者归纳企业家有十大压力：

责任重大。不管什么老板，大大小小，总是有几百人几千人甚至几万人靠他吃饭，不可谓责任不大。每个人总有疲惫的时候，长期的重压，久而久之，铁人也会支持不住。

抉择艰难。谁都知道，企业做到一定规模，不进会被别人的发展挤掉，发展向何处？资金、人才等如何解决？都面临艰难抉择。

风险威胁。企业越大，犯错误、失败的风险越大。而一旦出错，损失巨大。

人际关系复杂。社会交往太频繁使得独处的机会大大被剥夺。各种带有预期目的和压力的人际应酬常常使企业家们在应酬中神经紧张。

亲情考验。要事业就要一定程度上舍弃家庭，有的老板忙于工作，与配偶没有时间沟通交流。与父母兄弟，又常常产生利益的纷争，以至亲人反目成仇，老板成了孤家寡人。

身体之虑。工作繁忙、应酬多，有些人再沉迷于声色，无异于透支生命。

内心孤独。高处不胜寒。位高权重的同时，也被有形无形的墙把自己与普通人隔开。如果没有很好的精神寄托，则表面的风光往往难掩内心的孤独。

财富之累。有了钱，怎么处理、怎样保存、怎样不招人妒等，处理不好，往往比没钱更痛苦。

担心安全。担心自己安全，更担心自己子女的安全。个人要找保镖，还要把子女送到贵族学校或国外，除了考虑学校良好的教育环境，更是考虑到安全系数高。

生活方式变态。有的老板包养二奶。但金钱交易不来真正的感情。到头来往往人钱两空，更有甚者，引狼入室，连性命也丢了。有的老板赌博甚至吸毒。有的老板非常迷信，到处求神拜佛，成为神汉巫婆的仆人。

上面所述这些压力长期得不到缓解，就会引起身体和心理上的不利反应。

压力过大引发的身体症状有：心悸、头痛、脖子紧、失眠、常觉胸口闷紧、手脚麻酸等，这种情况下，如果身体检查没有明显的、严重的躯体疾病，可说明心理压力已经比较严重了。

压力作用于人的心理，容易引起注意力不集中、胡思乱想等失调现象，还会引发恐惧、焦虑、抑郁、冷漠、仇视、绝望等负面情绪，这些不良情绪是引起心理适应困难与心理疾病的重要原因。长久的压力会改变人的性格和行为模式。

当压力过大使人的心理和精神难以承受时，精神上会发生突变，会对自己以前的一切产生怀疑和绝望，乃至精神彻底崩溃，人在极大的威胁来临时逃避的本能，会不由自主地选择自杀这种最完全彻底的逃避方式。

因此，对于自杀而亡的企业家来说，对家庭和社会是极大的悲剧，在他自己实在是一种不得已的解脱。

## 二、寻求解除压力过程的几个误区

其实这些企业家并非愚笨到连自己责任大压力大需要及时调整解压也不懂，他们都是意志、智力、能力过人的人，何尝不想办法规避危险？但由于我国目前大的环境和这些人自身条件的限制，他们中的许多人没有找到正确的途径。

误区之一：盲目相信压力可以变为动力，自己只要意志坚强便能战胜一切。

其实无论人的身体还是心理的承受，都是有一定限度的。人非木石，焉能长久？过去你年轻，压力可以变成动力，现在进入中老年，压力大可能会心理上难以承受。或者你的心理上不服输，则压力会转而攻击你的身体，让它出毛病！过劳死就是这种情况。

误区之二：企求神灵，求免灾得福。神灵无非人心自造。社会人生自有其发展规律，神佛不能主宰。欲身体心理健康，只能求助于科学。

误区之三：不良刺激解压。幻想着借助婚外性体验、赌、毒等不良刺激解除压力，其实非但不能解压反而又加上了新的压力。

误区之四：重身体锻炼轻心理保健。有了钱可以打高尔夫球、游泳、旅游、健身等运动，确实可以在一定程度上减轻压力，恢复健康。但人是生理与心理的复合体，二者可以互相影响。心理上的问题不解决，心理上的压力不排除，运动不容易奏效，根本问题没有解决。

## 三、心理专家的几点忠告

企业家是社会的财富，社会应当爱护他们。而作为企业家本人更应珍惜生活、珍惜生命，只要按照科学的方法，进行生活方式的调整，注意心理的健康，方能战胜各种压力，让自己的人生充实而幸福。

### 1.把心理保健放在第一位

应将保健的概念做完整的理解，应包括身体方面也应包括心理方面。现在国内为企业家做身体方面保健的机构和设施不少，但做心理方面保健和服务的却不多，这一方面由于社会的认识不够，因而缺少市场的刺激；另一方面是由于相关人才的缺乏。从事企业家心理保健（包括心理评估、咨询、治疗、辅导等）的人，除了具备心理学方面的学识和经验以外，最好还应具备年龄在中年以上、社会经验比较多、知识面比较广等特点。这样的人才容

易为企业家这个特殊的群体接受。而具备以上特点的心理专家，在目前的情况下，比较缺乏。

目前，针对企业家存在的不良心理问题，有关方面应对其普及心理健康知识，定期或不定期地进行心理健康测试；通过专家讲课，针对性地采用集体心理辅导、个体心理咨询等措施提高企业家的心理素质，从而为企业家缓解压力。而若一些企业家已经意识到自己有了心理问题、心理障碍，也不要讳疾忌医，相反，更应积极地配合心理医生进行治疗。

### 2.重视心理治疗与心理咨询

俗话说：心病还要心药医。心理问题关键是靠心理疏导和辅导解决。一般认为中国人的个性比较含蓄，不喜欢向人暴露自己的隐秘情感和心理。其实对于健康而言，这是非常不好的做法。一个人再坚强，心理上也有软弱的一面。正确的做法是及时接受心理医生的辅导与帮助将问题解决在萌芽状态。西方发达国家有一句流传很广的话说，成功企业家背后有两股力量在支撑，一是法律顾问，再就是心理医生。心理医生可以根据自己的专长经常地、及时地对服务对象的心理状况进行评估，进行经常的沟通和交流，对发现的心理、情绪方面的问题及时进行疏导。一旦怀疑服务对象已经患上抑郁症等精神疾病，及时提醒他们到专门的医疗机构接受治疗。

像抑郁症一类的精神疾病，公认最有效的治疗方法是药物与心理治疗共同使用。但一般人重药物治疗而轻心理治疗。这样做往往是一时可以控制住症状，但一遇刺激又容易复发。

### 3.培养高尚生活情趣

从企业家自身来说，有意识地丰富业余爱好，陶冶情操，以自己的生活兴趣摆脱心理的困扰也是很重要的。抽时间读点思想性艺术性比较高的好书，练练书法，学学绘画音乐，甚至钓鱼养鸟等，都是可以增添生活情趣的，甚至可以从中感悟到人生的真谛。最好是与家人培养起共同的业余爱好，假日里，与亲人一起听听音乐，做点可口的晚餐，与幼时的同学朋友一起叙叙旧，都会使人体味到家庭的温馨和浓浓的温情，享受到人生的快乐和幸福。

### 4.在帮助他人中体味到生活和人生的价值

企业家感到压力大，一个重要的原因是太注意个人的发展，将个人的成功失败挫折顺利看得非常重要，而不善于从他人的角度体察生活。由于地位所

限，不容易得到他人的发自内心的真实的赞扬。改变这种情况的办法之一是抽出时间做一些帮助别人的事情。资助一名失学儿童，帮助周围有困难的人渡过生活难关，为慈善事业做点力所能及的事等等，只要你帮助了别人，内心里会平静自足，会发现自己的价值和生命的意义。

企业家的压力是对生命的一种威胁，但合理地利用也可以成为个人追求幸福的一种动力和能力。适当抛弃个人得失，多去追求那些有利于他人和社会的目标，更多地去追求精神上的升华提高，就不会为压力所压倒。命运掌握在自己手中，道路就在自己脚下。我们衷心祝愿企业家们身心健康，事业发达！

本人曾为多名企业家做过心理咨询，帮助他们解除了由于事业、家庭、婚姻等引发的心理问题。从咨询实践中，深深地体验到，一个成功的企业家，却同时可能是一个性格上有比较严重缺陷的人，也有许多企业家在处理个人恋爱、婚姻、家庭等问题时，明显缺少知识和经验，以至动辄得咎，事与愿违。这些人只有在心理咨询师的帮助下，才能顺利渡过难关。

2005年2月26日

# 心理有病不自知
## ——《我的三无婚姻》读后

2004年12月1日《青岛晚报》"宜人茶室"专栏刊出《我的三无婚姻》一文，阿怜不幸的婚姻使人为之惋惜和同情。我试着谈一些个人的看法供作者及读者朋友参考。

一、关于阿怜丈夫的问题

原文中有这样的话："我们婚后半年内的生活过得还好，但是，等着3年后有了孩子，他的恶劣脾性便暴露出来了。"以下列举了种种的行为。

根据作者的叙述，经我的分析，他可能是属于偏执性人格障碍。这种类型人的主要表现是：敏感、多疑、心胸狭窄、嫉妒心自尊心过强，容易怀疑人对自己不好而产生敌意，自负、自我评价过高等。而且会固执地认为自己的想法和看法是正确的，即使别人都认为他不对，他也不愿意改变。

在他妈妈面前，他却表现得循规蹈矩。从这点推测起来，他的父母对他的教育也可能太严厉而缺少爱的关怀。于是他养成了"受虐"的性格，一旦自己有了可以发泄的机会，"受虐"会立即转变成"施虐"，对妻子儿子特别严酷。

童年生活经历中的重大精神刺激、不良的生活环境都对人格障碍的形成起到重要作用。而人格障碍的治疗又是比较麻烦的。最主要的是人格障碍者自己并不主动求医。而且由于人格是从小养成的一种思维与行为模式，改变起来是很困难的。这样说并不是说成人的人格障碍不能矫治。如果能坚持做心理治疗，接受教育和训练，也是逐步可以改变的。在情绪反应不正常时，也可以给予药物治疗。

二、关于阿怜和儿子

我觉得阿怜的担心是对的。儿子14岁了还和母亲在一个房间睡觉十分不利于他的心理健康和正常人格的养成。

一个人的性别角色除了生物性的决定因素以外，最主要的还有一个心理认同的问题。就是说，从童年时代起，男孩子就应当逐渐与母亲适当疏远而多与父亲接近，从父亲身上学习如何扮演男性的社会角色。长大以后，他才会以一个符合社会习惯要求的男性性格进入社会生活中，无论是工作，还是恋爱结婚，都能正常进行。如果过长久地与母亲亲近，长大以后就会不适应男子的社会角色，出现许多心理和行为问题。比如，有的男孩可能做事没有主意，谨小慎微，常为小事苦恼。还有的在女性面前非常任性，结婚以后处理不好与妻子的关系等。

2004年12月3日

# 什么使人夜不能寐？

## ——写在2006年世界睡眠日

3月21日被定为"世界睡眠日"——以此提醒人们关注睡眠问题——是非常有道理的。睡眠是人生命的必需，人人都想有良好的睡眠：睡得香，睡得好，早上醒来精力充沛。但在中国人中却有近一半的人存在睡眠障碍（这是前几年公布的统计数字，个人感觉有可能夸大），而医学上诊断的失眠症在一般人群中的患病率在10%–20%之间，男女差别不大。

许多人晚上辗转反侧，不能入睡，漫漫长夜对于他们来说是痛苦的煎熬。

那么究竟是什么使人夜不能寐？

一、睡眠的作用及机理

一般人都感觉到，睡眠可以消除疲劳，但从医学生理学的角度看，睡眠最大的作用在于维系脑细胞更新和自我保护，对于幼儿、儿童和青少年来说睡眠还是生长发育必不可少的条件。睡眠的生理机制可以用大脑皮层的高级神经活动兴奋过程与抑制过程来理解和解释。白天脑细胞兴奋，这是人的意识活动的生理基础，而大脑的高级神经活动经过一天的工作后就需要休整，自然进入抑制状态而进入睡眠。再经过一夜的睡眠休整，又自然转为清醒。大脑皮层的兴奋与抑制相互协调交替就形成周而复始的睡眠规律。这种运动是由人的基因决定的。对它的规律的更确切认识还有待于科学的进展。

睡眠是人自然的必需过程。如果这个自然过程得不到满足，一方面可以影响身体健康，出现头晕目眩、心悸气短、体倦乏力、健忘、厌食、耳鸣、急躁易怒、免疫力下降、内分泌紊乱等症状，极易引起心脏病、胃肠病、高血压、性功能减退、视觉障碍等。另一方面会使人正常心理功能（如注意力的集中、良好的记忆力、有条理的思考和相对稳定的情绪，以及及时做出决定并付诸行动的能力）受到一定程度的影响，再严重下去会使人个性改变、情绪不稳等。

二、失眠的原因

失眠可以由多种原因引起，主要有：

1.各种躯体疾病。例如癌症晚期的疼痛，自然会干扰人的神经活动，影响人睡眠。

2.精神障碍。如处于发作期的精神分裂症、躁狂症等。

3.药物和食物因素。如酒精、药物依赖等。

4.生理因素。如饥饿、疲劳、性兴奋等。

5.环境因素。环境嘈杂、空气污浊、居住拥挤或突然改变睡眠环境等。

6.心理因素。焦虑、抑郁、紧张情绪的影响。

（以上失眠的原因主要根据《精神病学》第四版相关内容编写。）

三、心理学的解释

我以精神分析理论和森田理论对于睡眠与失眠的看法来与大家讨论。

精神分析理论的创始人弗洛伊德虽然不是专门研究睡眠的专家，但他致力于研究梦与潜意识的关系。他的研究必然涉及睡眠。他在《精神分析引论》中写道："我们只要问扰乱睡眠的刺激除身体之外为什么一开始就忘记了还有心理的刺激？我们知道扰乱成人睡眠的大半是这些心理的刺激；因为这些刺激往往使成人们不能引起睡眠所需的心理情境——即与外界脱离关系的情境。他们不愿意打断生活；他们宁愿继续正在做的工作，这就是他们不睡眠的原因。"

这里弗洛伊德强调的是人要睡眠就要有一种心理的情境。什么样的情境呢？无疑是一种平和的心境，即没有相当强度的情绪干扰。如果有，例如一个人因为生活或工作中的某事而正在发怒或伤心或特别兴奋，无疑难以进入梦乡。

而森田理论却从精神的交互作用来解释睡眠和失眠。森田正马在《神经质的实质与治疗》一书说："神经质的不眠症是由对不眠的恐怖引起的，并不是真正的失眠者。……患者自己越是努力想睡，精神越是紧张，有的还想试用各种办法，反倒使精神活动益发活跃起来。在伴随这种感受的同时，必然就更加难以入睡。"

我们说得通俗一点。很多患有失眠症的人，上床前和上床后就担心睡不着，担心睡不好第二天影响工作等，这些想法的存在和活动自然是脑细胞的兴奋过程。脑细胞越是兴奋，所以就更加失眠。而正常人的睡眠是到了睡觉的时候，脱衣上床，平静自然地躺着，没有强迫自己入睡的要求，脑细胞和大脑神经组织处于松弛状态，很自然就不知不觉地睡着了。

所以说失眠者实际上是陷入了"欲速则不达"的一种恶性循环中而不能自拔。

四、失眠的治疗

首要的是弄清导致失眠的原因而有针对性地进行治疗，其次是处理好用药与否的关系。上面说过了，失眠者在睡眠时就有了严重的紧张情绪，为了对付自己的紧张情绪，他们往往求助于药物。药物暂时会起到作用，但服药剂量会越来越大，服药种类会越来越多，疗效也会越来越差，患者本人对于睡眠的信心反而会越来越小。久而久之，形成了恶性循环，问题会更加严重。

目前，受商业利益的驱动，许多药物被宣传成治疗失眠的特效药。为了写这篇文章，我在网上用"失眠的治疗"词组"百度"了一下，结果竟有25100个。大多是治疗失眠的药的广告，许多药宣称多么多么有效，什么军事研究院所研究成功，解决了失眠这一医学难题等等。本人是不相信的，也希望读者朋友们有自己的主见吧。

我在网上查到一篇关于服用安眠药的故事，现在看来也可以说是笑话了，足以说明失眠与服用安眠药的关系。下面是这一段文字：茅盾的儿子韦韬、儿媳陈小曼在《父亲茅盾的晚年》一书中，有

这样一段记载："爸爸服用安眠药已有二十年的历史，每晚要服三四种安眠药，夜间醒来加服一次或二次，常导致第二天早晨头晕腿软。我们劝爸爸少吃安眠药，爸爸不听，反而说我们不理解失眠的痛苦。韦韬认为爸爸坚持服用那么多安眠药有心理因素，悄悄把药换成维生素片，觉得同样能起到安眠的作用。这样过了两个星期，爸爸的失眠并没有加重。一天，韦韬又和爸爸谈起少吃安眠药的好处，说常服安眠药的人有一种心理作用，总觉得安眠药吃得少就睡不好，其实不然。爸爸不同意。为了说服爸爸，韦韬就说：你最近吃的安眠药里有的是维生素片，可是你的睡眠并无变化，可见这一部分药可以减掉。爸爸大为光火，不许儿子再管他的事，从此再也不让小阿姨为他准备药了。这是爸爸在晚年表现最固执的一件事。"

五、我的咨询实践与认识

我个人对失眠者根据来访者的情况分别采取精神分析或森田疗法或两种疗法并用，帮助来访者坚持调整心态和改变行为方式，均有一定效果。个人体会，精神分析适用于内心世界存在一些"情结"者，解除这些"情结"，放下心理上或情感上的包袱，自然能安然入睡。而森田疗法也是一种非常深刻同时又简单明了的理论与技术，往往能收到立竿见影的效果。

但必须指出，一开始的效果只是暂时的，按照森田理论，失眠者是由于"疑病素质"而起，而这种素质是个人的遗传和从小生长的环境所养成，改变起来决非短时期能办到。困难是失眠者往往不愿或没有决心改变自己，他们有许多弱点须克服，主要有：对于症状太过关心的自我中心主义，对于失眠的过度恐惧，由于所谓生病而对自己的原谅致使生活呈现的散漫，缺少做事情持之以恒的决心和耐心等。而改变这些，需要时间和咨询师的技巧，以及患者的配合。

写于世界睡眠日当天

# 多关心下岗失业人员的心理健康

促进下岗失业人员再就业工作是各级政府的一项重要工作任务，除了千方百计创造就业机会、培训下岗失业人员尽快掌握再就业所需的技术技能以外，一定不能忽视下岗失业人员的心理健康问题。当前因为下岗失业人员心理失衡而导致的自杀、杀人、爆炸、纵火等事件时有发生，应引起我们高度的重视。

关心下岗失业人员的心理健康，通过心理疏导使他们的不满情绪得到及时调节和释放，提高他们重新找到新的工作岗位的信心，是与帮助他们再就业同等重要的一项事关大局的工作。应该看到，随着市场经济改革的推进，经济领域的调整、优化是长期、经常的情况。也就是说，下岗失业将会是与就业、上岗同时并存的一种现象。我国由于从计划经济走出的时间不长，人们还在一定程度上习惯于稳定、长期的工作，而对于职业的变动缺少心理上的准备。所以，加强对下岗失业人员的心理疏导、心理辅导、心理帮助是非常重要的。但是由于这是一项软任务，容易被追求明显政绩的领导忽视，故在此大力呼吁。

下岗失业人员容易产生的不利于个人健康和社会稳定的心理倾向有：

1.不满和怨恨。突然降临的下岗或失业，使一个人稳定的工作状态和心理平衡被打破，由此还会直接影响到个人和家庭的生存，因此对于一个人和其家庭来说，下岗和失业是一件严重的负性生活事件。在这种打击下，几乎所有的人都会产生不满和怨恨的情绪。通常他们会把这种不满或怨恨指向社会、单位、单位的领导等。对于下岗失业，他们不愿意承认和接受。尤其是不愿意接受自己碰到这样的事情，通常都会怨天尤人。

2.自责和内疚。由于下岗失业，不能通过正常的工作得到工资来支持家庭的开支，所以下岗失业往往会引发个人强烈的自责和内疚。他们会觉得自己没有尽到做丈夫、妻子、父母的责任，对不起家里人，觉得自己无能等。如果这时候家里的人不能及时给以安慰和鼓励，反而加以埋怨、挖苦，会加重个人这方面的意识。有些人可能还会以反向的形式表达这种自责和内疚。比如，做丈夫的下岗失业后，反而报怨妻子孩子等不好，这可能是自己感受的一种反向表现。

3.退缩与绝望。有的下岗失业人员在重新寻找工作的过程中，几次遭受挫折，便一蹶不振，再也不愿去做更多方面的探索，而是回到家庭中，满足于依靠政府救济和亲友接济维持生活。极端的情况就是个体的彻底绝望。在这种心境的支配下，有的人可能会自暴自弃，沉溺于酒、赌等不良嗜好中求得心灵麻痹。个别人由于对生活绝望而走上报复社会和他人的道路。

4.不正确的归因和自信心的缺失。一部分下岗失业人员对于自己下岗失业不能做全面正确的归因，单纯埋怨社会不公，而没有或很少去考虑这其中具有的个人方面的因素。比如，自己的知识、技术等不适应社会发展的需要，个人在寻找新的工作、重新创业的过程中，适应性和开拓性不强等。此外，自信的丧失，也是束缚他们开拓发展的重要因素。这些方面均有待于对他们进行必要的开导。

那么，下岗失业人员应该怎样进行自我的心理调适呢？

1.要用辩证的、发展的观点来看待自己的下岗失业。凡事有一弊必有一利。下岗或失业也是这样。旧的岗位不失去，新的岗位也不会找到。兵书上讲的：置之死地而后生。就是说面临特别困难的处境时，人会不顾一切地去拼搏，反倒常常可以开辟出新天地。许多下岗失业人员总是看到下岗失业带来的坏处，而没有看到在厄运的同时，也为个人的发展提供了新的多种选择。也许在闯一闯的过程中，会重新发现自己的才能，找到一个新的充分展示自己才华的机会。此外，要以发展的观点来看问题，现在社会上似乎是想想就业的人多，工作岗位少，但也许随着国家经济的发展，明年或者后年，也许几年后，工作岗位找人也说不定。所以一定不要盲目悲观，困难的时候需要忍耐，在忍耐中会等来新的机会。

2.凡事向前看，办法总比困难多。有些下岗失业人员总是想自己过去如何如何，以此来对比现今境况的不佳。其实，过去只能说明你曾经有过的辉煌，不能表明现在还行。重要的是在过去的基础上重新开始，继续创新发展。这方面，要充分衡量自己的工作经历、经验和技术，不要轻易抛开过去的所长而去选择一个自己不熟悉的领域。当然也不能死抱着过去的长处不敢开辟新领地。关键是根据环境的要求而为自己合理定位。要相信办法总比困难多，一个人失败在于自己丧失了信心，如果不这样，什么时候也有新的机遇。许多创业成功的人，都是在别人看来几乎不可能的地方做出了惊人的成功。当然成功的背后是艰苦的努力。

3.正确总结经验和教训。下岗失业，除了外部的原因以外，从个人方面，一般来说，也有一定的原因。比如可能自己的技术不适应岗位的要求，自己没有很好地完成工作任务，人际关系方面的不足等。下岗失业以后，一定要冷静地分析一下，找出自己的不足，以为从事新工作时的借鉴，以免重蹈覆辙。如果把下岗失业看作人生的一次失败，其实哪个人在一生中不经历过失败？从失败中接受教训，重新站起来才是生活的强者的表现。坦诚地总结和对待自己的不足，才能改正和发展。

4.寻求各方面的帮助。下岗或失业后，除了自己的努力以外，要主动寻求包括亲友、朋友、社会上各方面的帮助，以便能重新掌握新的工作需要的技术，找到新的岗位。有的人不好意思向亲戚、朋友说，自认为这样做是坚强的表现。当然如果自己确有能力，找到新的岗位有更多大的发展也行。如果社会关系不是太多，个人能力不是太强，不妨承认自己在这方面的欠缺，而主动寻求别人的帮助。

有一句成语叫：捷足先登。机会往往是给予那些主动性强的人。寻求亲友帮助也包括心理方面的。下岗失业后，心情苦闷、痛苦、愤恨、不满等情绪，都可以适当向亲友发泄，一味压抑久而久之会出问题。当然，一方面要发泄自己的负性情绪，同时也要接受别人的劝说，要思考别人的想法、说法，吸收他人的意见，以免使自己的思想过于偏激。

5.要更重视家庭的关怀和关怀他人。家庭中一个人或夫妻二人下岗失业，双方都会感到沮丧不安。痛苦的心情有时通过转移来发泄。这样有可能互相埋怨。再加上确实经济生活上受到影响，更是雪上加霜。但这种时候，也是最需要全家团结一致，共同克服困难渡过难关的时刻。团结则力量大办法多，离心离德会加重困难。家庭是最后的避风港，尤其是在现在这个时候，社会保障体系还不是十分完善，整个社会风气也还未形成一人有难大家相帮的风气，在这种情况下，夫妻二人、一家人若是互相体谅，互相关心，就会使家人感到温暖和安全。人生在世对于什么是幸福没有一个绝对的标准。幸福很多时候是一种主观的感受。家庭中有人下岗失业，家庭生活暂时受到影响，经济上差一点，但如果夫妻恩爱，子女健康发展，照样享受幸福人生。古语说：贫贱夫妻恩爱多，讲的就是这个道理。

6.必要时通过心理咨询调整心态和情绪。下岗失业人员如果负性的情绪很严重，比如长时间的抑郁、焦虑、愤怒，明显地借酒浇愁或者一定程度上从社会生活中退缩等，就需要在专业心理咨询师的帮助下进行调整和治疗。需要提醒的是，长期的情绪不良往往引发躯体方面出现一些不适或直接导致疾病。在这种情况下，一方面要积极进行身体方面疾病的治疗，加强体育锻炼保持健康的体魄，同时也不要忽视了对心理问题的解决和纠正。

2004年11月5日

# 虚拟疗法与精神分析

目前，美国的海军医疗中心正在采用一种被称为"虚拟疗法"的技术为患者治疗，这些患者都是从伊拉克战场上回来的军人，他们出现焦虑、噩梦、创伤重现、感情麻木、极度神经质和生理疼痛等症状，被诊断患上了"创伤后应激障碍（PTSD）"。

虚拟疗法实际上是一项电脑模拟现实的程序，由南加州大学的心理学家和游戏程序设计员开发而成。患者戴上头盔和护目，就像是看一场电影，眼睛看到的，耳朵听到的，鼻子闻到的，都是激烈残酷的战争场面，他们仿佛又置身于伊拉克的战场上，重新激起紧张、恐怖等情感体验。

在"看电影"的过程中，医生通过生物反馈屏，监控患者的呼吸、心率等生理反应。当发现患者的精神难以承受时，心理医生会中断治疗并与患者谈话，帮助他们缓解情绪。

虽然虚拟治疗还是一种试验中的治疗，但专家们认为：从现在的效果看，结果"非常乐观"。

无独有偶，德国的心理学家也在采取这种方法治疗某些急性精神创伤患者，他们的虚拟疗法不是采用计算机程序模拟患者受伤害的原始场景，而是让患者回忆那些场景，与美国的海军医疗中心对待患者一样，他们也是在患者"重新回到"创伤情景，而出现严重的不安时，给以安慰和鼓励指点。德国的心理专家认为，这样做的结果是，通过重新回忆和经历创伤的场景，可以改变大脑贮存这些记忆的位置，这样患者就会从恐惧中逐渐走出来，恢复健康。

追溯起来，虚拟疗法的鼻祖应该是奥地利著名的精神病学家和心理医生西格蒙德·弗洛伊德（Sigmund Freud）。他最早从精神病理学的角度对心理创伤应激进行系统论述并提出让患者回忆创伤性事件，而得到治疗的。

从19世纪90年代，弗洛伊德开始使用这种方法为患者治疗。到1916年，在《精神分析引论》一书中，弗洛伊德写道："一种经验如果在一个很短的时期内，使心灵受一种最高度的刺激，以致不能用正常的方法谋求适应，从而使心灵的有效能力的分配受永久的扰乱，我们便称这种经验为创伤的。""……对于创伤发生之时的执着就是病源所在，这是很清楚的。"

通俗一些说，弗洛伊德认为，当人的心理面对重大的心理方面的刺激，感到非常恐慌、无助时，就会不自觉地将由此事件带来的巨大的心理冲突，甚至情感压抑入意识的深处，而暂时躲开它。但这种心理的能量并没有消失，它还会在以后的岁月里以其它的形式表现出来，戕害人们的心理健康。

这有点像中国神话中的大禹治水，水的泛滥是客观存在的，只有采取"导"的方法，才能最终消除水患。弗洛伊德的方法就是"导"，他鼓励患者将那些压抑入潜意识的心理冲突、那些不良的情绪，在新的情境下重新回忆、体验，从而使能量消失。

这就是带有浓重神秘色彩的精神分析。许多患者从欧洲各地来到弗洛伊德位于维也纳贝格街19号的诊所，躺在他那特殊的沙发上，向弗洛伊德诉说他们过去的生活经历和感情历程，弗洛伊德给出他的分析。

他坚持认为："潜意识既扩大而入意识，于是压抑被打消，症候遂被消灭。"精神分析就是："使潜意识成为意识，消除压抑作用，或填补记忆的缺失。"

弗洛伊德以后的心理医生都或多或少地采用这种方法。不同的学派用不同的词汇描述这个过程，但在治疗的原理上还是遵循着弗洛伊德的道路。面对各种心理上的创伤，尽可能彻底地完成事件过程的倾诉、情感的宣泄和认知深化是非常重要的。这样做就会消除创伤性事件带来的焦虑恐惧，心理上得到成长。

心理创伤来自多方面，有前面写到的经历了残酷战争归来的士兵，此外如洪水、地震、空难、车祸等自然灾害和人为灾害的受害者。这些人有的会即时出现精神方面的障碍，也有的人会延迟出现症状。

即使在日常的生活中，心理创伤也是常常光顾个人，比如在恋爱婚姻与家庭中，恋爱失败被爱人抛弃、婚外情、离婚等。工作环境中，与上级或同事关系紧张、失业、工作负担过重等，都会引起"创伤后应激障碍"。

同样的场景，不同的人。有人会患病，有人不患病。这是由个人性格等多方面因素造成的。一旦罹患了"创伤后应激障碍"，尽快接受治疗这才是最重要的。在各种药物与心理疗法中，虚拟疗法自有其特殊的作用。

2007年2月25日

# 急切帮助别人的心理病患者

我在心理咨询中发现一个现象：有一定数量的来访者——其中不少可以算是心理疾病的患者——在经过我的咨询与辅导，开始向心理健康恢复的时候，会突然急切地想帮助其他有与自己类似心理问题的人。

有一位男大学生，受强迫意念苦恼，曾经想过结束生命。经我的咨询辅导后，症状已明显减轻，顿时自己的情绪也很高涨，然后向我提出，要学习心理学，今后去帮助与他有相同疾病的同学。后来，他几次来信询问如何学习心理学与心理咨询。

还有一位女士，经历过婚姻失败和情感伤害，来接受我的咨询与辅导时，情绪非常不稳定，很有些自暴自弃了。经过一段辅导后，情绪基本恢复正常，对过去的事情也比较敢于正视和给予较公正的评价了。她这时向我提出，她将投身帮助那些婚姻上受到伤害的女性工作中去。

此外还有多位来访者表达了相同的意愿。这引起了我的思考。

我们丝毫没有嘲笑他们的意思。从心理咨询师的角度我们想的是：他们为什么会这样？这样想和做，对于他们的恢复有什么益处或坏处？我们应该怎样帮助他们？

第一，无疑，这是他们的自我成长和坚强的表现。大多数的心理病，都是自我在本我和超我的双重压迫下，失去了正常的工作，从而导致心理失衡所致。而严厉的超我的苛责，更是一个常见的现象。病人往往陷入深深的自责之中，他们对过去的挫折，倾向归因于自己的错误。而当在心理咨询师的辅导和帮助下，自我得以扩大和坚强，它能以更客观的态度来看待过去的所作所为，它向超我提出合理的要求，促使超我一定程度上改变过于严厉的面孔。这样，心理平衡出现了，健康逐渐恢复。

正像一句格言说的：经历了严冬的人更知道春天的温暖。自我经历了从未有过的喜悦、轻松，他似乎第一次发现自己居然有这么美好的体验。在这种情况下，自我可能会忘乎所以。会认为自己的力量无比之大，能承担更大的责任。于是，它决定用帮助别人这样的做法，来表现自己的坚强，同时，报答超我的仁慈和友善。

第二，我们往往需要委婉地告诉患者，他（她）的反应是过度的，好像一个孩子。这正是他（她）的心理还不够成熟的表现。要想去帮助别人，首先要先把自己的事情解决好。目前是走向恢复的过程，简直可以说是一个开始。过不了多久，从单纯的纸上谈兵一踏入实地，去面对现实的问题时，还会出现反复，还要经历许多痛苦的磨练，才能真正从心理疾病的阴影中走出，现在还谈不上去帮助别人。况且，即使完全恢复健康，要做一个心理咨询师，还需经过正规的学习、训练与实践。而相关的知识、学识也是非常重要的。最重要的恐怕还是心理素质，做心理咨询师，起码要有稳定的心理素质。一个刚从心理疾病中恢复过来的人，不经过长期的分析和磨练，很难做到这一点。

2005年1月24日

# 心理健康的标准

现在人们都认识到了心理健康的重要性。但究竟什么是心理健康，怎样才算心理健康呢？

第三届国际心理卫生大会曾为心理健康下过这样一个定义：心理健康是指在身体、智能以及情感上，在与他人的心理健康不相矛盾的范围内，将个人心境发展成最佳状态。

《简明不列颠百科全书》将心理健康定义为：心理健康是指个体心理在本身及环境条件许可范围内所能达到的最佳功能状态，不是指绝对的十全十美状态。

由我国人力资源和社会保障部主编的《国家心理咨询师培训教材》认为：心理健康是指人的心理，即知、情、意活动的内在关系协调，心理的内容与客观世界保持统一，并据此能促使人体内、外环境平衡和促使个体与社会环境相适应的状态，并由此不断地发展健全的人格，提高生活质量，保持旺盛的精力和愉快的情绪。

关于心理健康的标准，也有不同的说法。

第三届国际心理卫生大会认为：心理健康的标志是：1.身体、情绪十分协调；2.适应环境，人际关系中彼此能谦让；3.有幸福感；4.在职业工作中，能充分发挥自己的能力，过着有效率的生活。

我国知名心理学家郭念锋先生提出了心理健康的10条标准：

1.周期节律性。人的心理活动在形式和效率上都有着自己内在的节律性，比如白天思维清晰，注意力高，适于工作；晚上能进入睡眠，以便养精蓄锐，第二天工作。如果一个人每到了晚上就睡不着觉，那表明他的心理活动的固有节律处在紊乱状态。

2.意识水平。意识水平的高低，往往以注意力水平为客观指标。如果一个人不能专注于某种工作，不能专注于思考问题，思想经常开小差或者因注意力分散而出现工作上的差错，就有可能存在心

理健康方面的问题了。

3.暗示性。易受暗示性的人，往往容易被周围环境引起情绪的波动和思维的动摇，有时表现为意志力薄弱。他们的情绪和思维很容易随环境变化，给精神活动带来不太稳定的特点。

4.心理活动强度。这是指对于精神刺激的抵抗能力。一种强烈的精神打击出现在面前，抵抗力低的人往往容易遗留下后患，可能因为一次精神刺激而导致反应性精神病或癔症，而抵抗力强的人虽有反应但不致病。

5.心理活动耐受力。这是指人的心理对于现实生活中长期反复地出现的精神刺激的抵抗能力。这种慢性刺激虽不是一次性的强大剧烈，但却久久不消失，几乎每日每时都要缠绕人的心灵。

6.心理康复能力。由于人们各自的认识能力不同，人们各自的经验不同，从一次打击中恢复过来所需要的时间也会有所不同，恢复的程度也有差别。这种从创伤刺激中恢复到往常水平的能力，称为心理康复能力。

7.心理自控力。情绪的强度、情感的表达、思维的方向和过程都是在人的自觉控制下实现的。当一个人身心十分健康时，他的心理活动会十分自如，情感的表达恰如其分，辞令通畅、仪态大方，既不拘谨也不放肆。

8.自信心。一个人是否有恰当的自信心是精神健康的一种标准。自信心实质上是一种自我认知和思维的分析综合能力，这种能力可以在生活实践中逐步提高。

9.社会交往。一个人与社会中其他人的交往，往往标志着一个人的精神健康水平。当一个人严重地、毫无理由地与亲友断绝来往，或者变得十分冷漠时，这就构成了精神病症状，叫做接触不良。如果过分地进行社会交往，也可能处于一种躁狂状态。

10.环境适应能力。环境就是人的生存环境，包括工作环境、生活环境、工作性质、人际关系等等。

人不仅能适应环境，而且可以通过实践和认识去改造环境。

将这10条标准综合起来考察，就可以看出一个人的心理健康的水平如何了。

我国另一位知名心理学家许又新先生提出衡量心理健康可以用三个标准。就是：体验标准、操作标准和发展标准。这三个标准，也要联系起来综合地加以考察和衡量。

体验标准是指以个人的主观体验和内心世界为准，主要包括良好的心情和恰当的自我评价。

操作标准是指通过观察、实验和测验等方法考察心理活动的过程和效应，其核心是效率，主要包括个人心理活动的效率和个人的社会效率或社会功能（如工作及学习效率高，人际关系和谐等）。

发展标准着重对人的心理状况进行时间纵向（过去、现在与未来）考察分析（而前两种标准主要着眼于横向，考虑一个人的精神现状）。发展标准指有向较高水平发展的可能性，并且有使可能性变成现实的行动措施。

还有一位心理学者马建青提出了心理健康的七标准：

1. 智力正常。

2. 情绪协调，心境良好。

3. 具备一定的意志品质。

4. 人际关系和谐。

5. 能动地适应环境。

6. 保持人格完整。

7. 符合年龄特征。

以上列出了对于心理健康、心理健康标准的不同的解释。尽管表述不同，但总的原则也差不了多少。各位朋友可以根据以上内容自己对照一下，如果感觉到自己在哪一方面有问题，不妨对症下药加以改进。

心理上的疾病是最难治的，也是最好治的。我国古代的思想家孔子说：仁远乎哉？我欲仁，斯仁至矣。说明心理上改变不合理的认知，从而换一种心态是可以的。毕竟人是能够在相当程度上主宰自己的心理活动的。当然，俗话也说，江山易改，本性难移。改变是困难的。但只要努力，总是有收获。

（根据有关资料编写）

# 在挫折面前——卢武铉复职的启发

2004年5月14日，韩国宪法法院对卢武铉总统弹劾案做出判决：驳回国会提出的总统弹劾案，卢武铉总统立即恢复行使总统权力。第二天（5月15日）卢武铉总统对国民发表了讲话，标志着结束了他自3月12日被暂停总统职位闭门思过的艰难的日子。

总统被停职，这在韩国历史上是第一次，是对卢武铉的一次重大打击，可能是他从政以来遇到的最严重的挫折。但面对这个大挫折，卢武铉处变不惊，心情平静，充分表现出一个杰出的政治家的涵养、胸怀、意志和风度。据媒体报道，在被停职的这段时间里，他每天的最主要活动是读书，他自述利用这难得的时间读了不少书，尤其是又重新读了林肯传，对这位伟人有了更深的理解，还与助手就国内外的形势进行讨论和分析，以为东山再起做准备，此外还经常与妻子散步、爬山，既锻炼了身体，又与家人交流感情。

卢武铉被停职后的表现，有值得我们学习的地方。生活中有些人碰到挫折，不是平静地接受，积极地改变，而是垂头丧气、一蹶不振、怨天尤人，可他不知道，这样做不但于事无补，还会因自己情绪不好，影响身心健康。

梁启超在《论毅力》一文中写道："盖人生历程，大抵逆境居十六七，顺境亦居十三四，而顺逆两境又常相间以迭乘。……其事愈大者，其遇挫愈多，其不退也愈难，非至强之人，未有能善于其终者也。"

朋友们，我们虽然都是些平凡的人，但在挫折面前，也要学习一下中外古今的伟人，勇敢些，坚强些，努力去做，失败和挫折一定会过去。

2004年5月16日

# 自杀——严重的社会问题

据国家权威部门统计：自杀已成为我国全部人口第五位、15至34岁人口第一位的死因。我国每年有超过20万人死于自杀，总的自杀率为23人／10万人，是国际平均数的2.3倍。按照此统计结果推断，一个有约800万人口的城市，每年约有1600人死于自杀。

一份最新调查报告显示，我国引起人自杀的危险因素依次为：严重的精神抑郁，有自杀未遂史，遭遇重大的负性生活事件，生命质量低，慢性心理压力大，死前两天发生重大刺激等。

自杀现象已成为一个严重的社会问题。

"自杀不仅仅是一个人自己结束生命这么简单，它同样给亲朋好友等人群带来巨大伤害。"北京心理卫生协会理事长、北京同仁医院刘福源教授表示："据统计，一般一个人的自杀至少能够对6个人造成巨大影响。"此外，自杀还给国家和社会带来重大的经济负担。

想自杀的人共同的心理特征是孤独，认为谁也理解不了自己，谁也帮不了自己，在这个世界上唯有自己最不幸、最痛苦。因此绝望，想以死来解脱困境。

具体的讲自杀者的心理状态表现出如下特征。

1.矛盾心态。死亡对自杀者是既可怕又有吸引力的事。现实生活中许多有形无形的困难可以在死亡的幻想中得以解决和满足。但死亡毕竟是可怕的，自杀者一面想解脱，一方面又向他人求助。

2.认知偏差。企图自杀者的认知常因情绪影响而变得歪曲。表现为"绝对化"或"概括化"或两者交替。绝对化是指对任何事物怀有认为其必定如此的信念。比如"我做任何事都注定失败"、"周围的人肯定不喜欢我"。"概括化"指以偏概念，以一概十的不合理思维方式，常常使人过于关注困难而忽略除死之外的其他解决方法。比如"恋人与我分手，我的一切完了"、"生意失败，负债累累，一生也还不上钱，没有活路了"，从而自暴自

弃，自责自怨，自伤自毁。

3.冲动行为。青少年的自杀意念常常在很短的时间内形成，因情绪激动而导致冲动行为，一想到死马上就采取行动。他们对自己面临的危机状态缺乏冷静的分析和理智的思考，往往认定没办法了，只有死路一条，思路变得极其狭隘。

4.关系失调。自杀者大多性格内向、孤僻、自我中心，难以与他人建立正常的人际关系。当缺乏家庭的温暖和爱护，缺乏朋友师长的支持与鼓励时，常常感到孤立无助，进入自我封闭的小圈子，失去自我价值感。

5.死亡概念模糊。企图自杀的青少年对死亡的概念比较模糊，部分人甚至认为死是可逆的，暂时的。因此对自杀的后果没有充分估计。

自杀并非突发。一般而言，自杀者在自杀前处于想死同时渴望被救助的矛盾心态时，从其行为与态度变化中可以看出蛛丝马迹。大约三分之二的人都有可观察到的征兆。据南京危机中心调查，61例自杀的大学生中，有22人曾明显地流露出各种消极言行以引起周围人的注意。常见的征兆有：1.对自己关系亲近的人表达想死的念头，或在日记、绘画、信函中流露出来；2.情绪明显不同于往常，焦躁不安、常常哭泣、行为怪异粗鲁；3.陷入抑郁状态，食欲不振、沉默少语、失眠；4.回避与他人接触，不愿见人；5.性格行为突然改变，像变了一个人似的；6.无缘无故收拾东西，向人道谢、告别、归还所借物品、赠送纪念品。

根据现代社会自杀对社会造成的危害，世界卫生组织和国际自杀预防协会正式将每年的9月10日定为"世界预防自杀日"，旨在唤起全世界关注心理健康，提高心理卫生水平，提倡个人进行自我心理调节以及全社会关心有自杀倾向的人，帮助这些人增强生活的信心。

心理专家指出：提高三种能力——对压力的承受能力、心理适应能力、对精神创伤的康复能力是预防自杀的关键所在。　　　　　（根据有关资料编写）

# 为什么有人会选择自杀？

## ——写在"世界预防自杀日"

每年的9月10日，是世界卫生组织确立的"世界预防自杀日"，借以唤起社会各界对自杀问题的关注，挽救那些试图自杀者的生命。作为一个心理咨询工作者，我们当然比普通人更关注自杀问题，以前我曾编写过《自杀——严重的社会问题》，谈到过相关的问题。在今年的"世界预防自杀日"里，再就大家关心的问题展开讨论。

为什么有人会选择自杀？

专家们研究认为是由个人素质的因素和精神应激因素共同作用决定的，单一因素不足以使人产生自杀的意图或行为。

属于个人素质方面的因素主要有：

1.神经生物学因素。科学家通过对自杀未遂者的研究发现，这些人的大脑与正常人相比都有某些方面的生化改变。分子遗传学研究发现，某个基因可能与自杀的危险性有关。因此可以看出，有越来越多的实验证据表明自杀行为有着强烈的神经生物学因素。这也表明，自杀行为可能有遗传的基础。

2.自杀者的心理特征。这在我上次编写的文章《自杀——严重的社会问题》一文中已有说明。比如，自杀者在认知方面往往采用以偏概全的思维模式，易走极端，看不到解决问题的多种途径。在情感方面多有各种痛苦、焦虑、抑郁、内疚等，长期受这种情感的折磨，以至难以忍受。

3.本人患有躯体疾病或精神疾病。据研究在自杀死亡的人中患有各种躯体疾病的占25%-75%，尤其是一些慢性和难治的病（如癌症）是自杀的重要危险因素。研究还表明，有50%-90%的自杀死亡者可以诊断为精神疾病患者。其中抑郁症是自杀者最常见的精神疾病，约有15%的抑郁症患者最终死于自杀。精神分裂症约有10%最终死于自杀。约有15%的酒精依赖者最终死于自杀。

属于精神应激方面的因素主要有：

1.家庭、婚姻关系方面。没有稳定、和睦的家庭、婚姻关系的人自杀率高于家庭关系和谐者。表明正常的家庭和婚姻关系可以减少自杀行为的发生。

2.社会经济状况也是导致自杀的一个因素。经济条件差、失业者的自杀率高于一般人。

3.重大的负性生活事件可成为自杀的直接原因。诸如离婚、亲人去世、个人财产、名誉、地位受到损害，失业、入狱等可能导致自杀行为。

"生命诚可贵"。一个人自杀会给多位亲人带来痛苦和不安。又有许多自杀者是因为一时的冲动而选择自杀，如果他有时间认真思考一下也许不会这样偏激。为此，需要社会各界联合起来，共同关心那些可能自杀的人。给他们以关爱，给他们以正确的知识，给他们以信心。

关心企图自杀者，政府有着重要的责任。据了解，我国正在酝酿制定国家预防自杀计划，以减少自杀和自杀未遂，减轻自杀给社会造成的创伤。

中国人口约占世界人口的五分之一，自杀人数则占世界自杀人数的四分之一。与其他国家不同的地方是，中国的农村人口自杀率是城市人口的3倍，女性自杀率高于男性。据统计，中国每年有超过15万妇女死于自杀，150万妇女自杀未遂。

这些惊人的数字确实应该引起人们的更多的关注与思考。不可否认，当前我国处于社会转型期，在经济飞快发展的过程中，也出现了贫富差距加大、经济变动不测的状况。在文化和思想方面各种思潮都有，人们在一定程度上显得迷惘和不安，这些都是社会方面的原因。我们建设有中国特色的社会主义是要建立一个共同富裕、文化发达、人民安居乐业的社会，自杀率高是不正常的现象。

除了政府、各社会团体的努力之外，我们每一个人都要关心身边的同事、朋友、亲属，关心其心理健康，当发现他们出现上面所列的有可能导致自杀的因素时，应该引起高度重视，并设法防范。有效的方法之一就是提醒、督促他们寻求心理咨询师的帮助。

# 为什么谈话能治"心病"？

心理医生、心理咨询工作者主要采取谈话的方式对求助者进行心理治疗、心理咨询，对于没有接受过心理治疗与心理咨询的人来说，这种方式多少有些不可思议：谈话也能治病吗？

当然，谈话治疗也仅适应于某些心理—精神方面的问题和疾病，如因重大生活事件引起的情绪波动、焦虑、恐惧、忧伤等。心理医生、心理咨询师通过与求助者的交谈，让求助者在一个安全的环境下，回忆引发情绪变化的事件，重新分析事件的来龙去脉和因果关系，启发求助者从多个角度看待事件，并从诸多可选择的行动中，确定一个最有利最少弊端的去付诸实施。再根据实施后的反应，调整看法和行动，使自己的想法、行动与现实的情况更加契合。在这个过程中，求助者的心理承受能力、认识水平、处理问题的技能、意志和毅力都得到提高，对自己的评价也更趋向于正面。

作为一种心理治疗、心理咨询技术的现代谈话疗法，它的发明人是奥地利的精神科医生西格蒙德·弗洛伊德。从医之后，弗洛伊德最早致力于神经与精神医学，在行医之初，他与精神病学家J.布洛伊尔合作，用催眠术医治并研究癔病，后来发现催眠疗法的局限性，1895年后改用自己独创的精神分析或自由联想法，以挖掘患者遗忘了的特别是童年的观念和欲望。他认为，压抑在病人潜意识中的这些观念和欲望，无法从正常的渠道表达，就借助于癔症的症状表现，而治疗过程，就是将压抑的心理内容引入意识。

弗洛伊德的精神分析理论，对于没有接触过的人来说，有些晦涩和枯燥，但他应用的谈话疗法却开启了现代心理治疗与心理咨询的大门。

弗洛伊德创立并应用的自由联想法，有其独特的设置。他在自己的诊室里放一张躺椅，这张躺椅类似于一张床，让病人躺在躺椅上，弗洛伊德不是像今天的心理医生、心理咨询师那样坐在病人的面前，相对交谈，而是坐在病人的斜后方，这样他能够看到病人的表情，病人却看不到医生。弗洛伊德这样安排的意图是缓解病人的紧张，好敞开心扉，无所顾忌地说出头脑中出现的任何想法。

100多前的弗洛伊德时代，像今天一样，许多人怀疑谈话可以治疗。针对人们的疑虑，弗洛伊德向人们这样解释："我们用话语可使人快乐，也可使人失望。教员用话语向学生传授知识，演说者用话语感动听众左右他们的判断。话语可以引起情绪，我们常用以为互相感应的工具。所以我们不要看轻心理治疗的谈话。"（《精神分析引论》）

上面说过，今天的心理医生、心理咨询师绝大多数放弃了弗洛伊德诊室的设置，不再放一张躺椅给病人。但还是在弗洛伊德创立的谈话疗法的原则指导下工作，甚至也沿袭着弗洛伊德谈话疗法中的一些技术。

一般人没有受过专门的训练，容易把谈话疗法中的谈话想像成朋友、亲人之间的随便交谈，因而对谈话也可以治疗表示不理解或怀疑。其实，谈话疗法的谈话包含一些特殊的原则和技术。

举例来说吧，心理医生、心理咨询师在与求助者谈话时，要持一种"不批评"的态度，理解求助者的内心体验。

我国知名的心理治疗专家许又新在他的《心理治疗基础》一书中说明了这个问题。病人抱怨说："我的母亲不理解我，也不关心我。"常人听到这话往往顿时火冒三丈：你妈把你拉扯这么大，一把屎一把尿，容易吗？你已经是快20岁的人了，你理解关心你的母亲吗？你替你母亲做过些什么？你母亲为你操碎了心，你想过没有？一开口就是抱怨，怪母亲不理解你，你良心何在？

心理医生、心理咨询师的职业训练，使他们知道批评和教训只会引起病人的反感，甚至敌意，至少也使病人感到委屈。抱怨母亲，表明病人和母亲之间的关系发生了困难，病人因此而苦恼。心理医生、心理咨询师的不批评式的谈话，应是这样：你的苦恼我完全可以理解，因为我和你一样，也需要母亲的理解和关心。这样就把病人的"抱怨"变成了一种"需要"，促使病人去思考：我的需要为什么没有得到满足？怎样才能使我的需要得到满足呢？

由此可见，心理医生、心理咨询师与求助者的谈话，是在理解病人心理体验的基础上，再启发病人思考，从而跳出原先思维的狭隘圈子，采取一种与原先不同的与人交往的方式，在改善与他人关系的过程中，求得自己内心的安宁。

今天的心理治疗、心理咨询虽然不全是运用谈话来进行，但却无论如何也离不开谈话。

2008年1月31日

# 什么是心理咨询？

"咨询"一词，含义是指征求意见。心理咨询是来访者与心理咨询工作者相互交流的过程。心理咨询工作者通过与来访者的人际互动，利用言语和作为专业人员的特殊身份与形象，以及许多专业的技巧，对来访者提出的心理方面的问题给以解答和指导，帮助来访者解开心理方面的疙瘩，摆脱心理障碍的困扰，从而恢复和增进心理健康。

与此相关的一个概念是心理治疗。心理治疗就是力求解决患者的心理—精神上的问题，消除其心理与行为异常的原因，使病人恢复病前的心理健康状态。这是借用的医学术语，即将心理方面有问题的人看作病人，给予医治。

心理咨询与心理治疗在方法上、对象上没有严格的不同。有人认为心理咨询的对象心理问题较轻，所以仅仅是咨询。实际情况不是这样简单，有些人自认为很轻，实际上也可能需要长期的、系统的帮助才行。反过来的情况也是一样，有人认为自己病得很重，可能经过一次或几次心理咨询师或心理医生的帮助，即可豁然开朗。

总之，排除掉严重的精神疾病需经精神科医生或精神病院进行诊治以外，一般的心理问题、心理障碍及处于精神疾病边缘的人，都是心理咨询的对象。

心理咨询按照咨询的内容大致可分为两大部分，即心理健康咨询和心理发展咨询。下面分别说一下。

心理健康咨询针对的是非精神性心理障碍的人，具体包括下面10类：

1.焦虑性障碍，又包括恐怖症、焦虑症、强迫症和精神创伤后的应激障碍等4种。

2.抑郁障碍。

3.睡眠障碍。

4.慢性疼痛，经检查无器质性病变者。

5.不明原因的躯体症状。

6.慢性厌食与贪食。

7.性心理障碍。

8.学习障碍。

9.躯体疾病伴发的心理反应。

10.人格障碍和适应不良行为。

心理发展咨询包括各种健康人在成长发展中可能遇到的一些心理上的困扰，如青春期少年与家长的冲突，大学生的恋爱，青年人的婚姻，中年人的事业与家庭的矛盾，人际关系问题，老年人的社会角色的再适应等。这些问题都是人生在特定的时期必然遇到的问题，如不能正确处理，就会造成精神、心理上的压力。当碰到这些事件时，向心理咨询工作者咨询一下，听听他们的建议，就可能更好地处理好，渡过难关。

以前，人们对心理咨询有不正确的看法。有人认为心理病不是病，不需治疗，有人认为咨询不解决问题。还有人觉得心理问题属于个人的隐私，不宜公开等。这种种想法都是不正确的，心理疾病像躯体疾病一样需要接受治疗才能较快地痊愈。如果讳病疾医，就会错过诊治的时机，从而加重病情。

一般来说，心理疾病缘于内心的冲突而起，单纯的药物治疗不解决问题，所以当您感到心理压力过大，内心冲突严重，由此引起失眠、抑郁、焦虑、恐惧等症状时，一定要及时向专业的心理咨询师进行咨询。

# 心理咨询的程序与来访者的选择

心理问题极为复杂，因此，一般来说，来访者需要接受一定时长的系统心理咨询、心理辅导与心理训练，才能不仅解决了心理问题，还能在相当程度上触动心灵深处，引起一些深度心理成分的改变（如性格、对待自己和他人的态度等），从而在投入人际关系方面，表现出更多的主动性，也更能体会到成就感和幸福感。

按照这样的思路，心理咨询这种特殊人际关系（心理咨询师与来访者）的互动，应该遵循以下的程序：

一、评估与诊断。这个过程一般是指第一二次会面。来访者带着自己的问题而来，心理咨询师首先要弄明白来访者表现出来的问题的性质、严重性、可能的原因等。由于职业的训练，心理咨询师会很好地倾听来访者的叙述（不批评、理解和接受），并通过观察、提问，根据需要借助心理测量（自评量表或投射测验等），来进行评估。有时这个过程需要一次以上，有时需向几个当事人了解（如涉及到夫妻、恋人、孩子等）。当心理咨询师感到基本能够把握来访者总体的状况后，会给出一个基本的结论。这个结论可以是口头的，也可以是书面的，与告知这个结果的同时，心理咨询师会给出进一步咨询和辅导的建议，提醒来访者如果有兴趣，将按照程序往下进行。无论来访者是否继续接受咨询与辅导，心理咨询师会在每一次会面时，给出一些阶段性的建议。当然，如果不是在系统的咨询过程中，这些建议是比较原则性的。还要说明一点，结论往往不可能是最终的和一次性的。随着咨询与辅导的深入，会对最初的结论进行一定的修改。

二、商定系统咨询与辅导的方案。如果来访者愿意接受系统的咨询与辅导，双方应商定咨询与辅导的具体实施方案。方案应包括接受何种形式的咨询与辅导、达到的目标、延续的时间和频率、费用、特殊情况的处理等。

以下是我们采用的主要的心理咨询、辅导和训练的方法，根据来访者的个人情况、条件等，经来访者同意后从中选择一项或数项写入方案加以实施。

1.建议做身体与精神方面的检查。当我们怀疑来访者可能存在某种精神疾病时，会首先建议去精神科进行检查或接受治疗，在医生确诊并给予治疗后，如需要，心理咨询师可配合给予心理咨询与辅导。这是因为，我们是非医学的专业心理咨询机构，不能承担精神疾病的检查与治疗。另外，对于有些精神障碍，化学药物有很好的疗效。当我们怀疑来访者可能存在身体方面的疾病时，也会建议去医院检查或进行生物医学的治疗。例如，已知女性雌激素的变化与抑郁症之间有关联，某些儿童发育方面的疾病会明显影响智力和人格。还有一点，身体检查所起的心理暗示与药物的安慰剂作用，有时对于来访者心理的康复也是有好处的。

2.心理分析（精神分析）。心理问题和疾病的产生，往往是由性格方面的不足、过去生活事件影响，再加上当前事件的刺激所引起。心理分析是通过对个人早年生活的回顾，引导来访者分辨出自己个性形成的源头，回忆和面对过去心理的创伤，重新给以评价并结合当前的生活，尝试采取不同的应对方式。心理分析适合那些渴望对自己的深层心理清晰有效地把握并从根本上改变的人，要做到这一点，需要耐心和坚持，以及解剖自我的承受力，还有愿意为此付出时间和金钱。

3.认知方面的辅导。人的行动源于思想意识。比如，有些人在遇到挫折和失败时，习惯上采取对自己全盘否定的"归因"方式。心理咨询师会启发来访者全面的分析问题："这一件事没有办好，并不能说明我整个人不行，有很多事我办得很好。"久之，新的思考方式就会确定下来。还有人的烦恼在于对人生的目的、自由与责任等这些哲理性的问题产生困惑所致，心理咨询师也会引导来访者重视个人选择并勇于承担责任。

4.行为方面的训练。对于有些心理问题和疾病，如社交恐怖、焦虑等。行为改变的方法非常有效。对于有这些问题的人，心理咨询师会根据个人情况，帮助制定行为训练的方案并给以指导和监督。心理咨询重视行动，有各种心理问题的人，通常都是一定程度上缺少行动能力的人，他们陷在痛苦中，却"学会了"不行动，这种情况下，单纯依靠自己，很难走出来了。按照心理咨询师制定的行动方案，就能循序渐进改变。运动也是一种行为训练，很多研究表明，有一定强度的有氧运动是改善情绪的有效手段，对于很多有情绪困扰的来访者，我们会给出运动的建议和指导。

5.森田疗法。这是诸多心理治疗技术中唯一由东方人创立的疗法。这种疗法对于强迫症状、社交恐怖、疑病、神经过敏等都有不错的效果。他的原则是对于症状要"顺其自然"，对于人生要"为所当为"。坚持实行这些要诀，人就能使自己的注意力离开自我的中心，投入有意义的生活和工作中，摆脱症状的纠缠。

6.家庭治疗。针对成员间出现矛盾、对立、关系不睦等的家庭或恋人。帮助他们找出各自在角色扮演、承担责任、沟通方式等方面存在的问题，鼓励和指导他们改变不良的交流互动方式，学习新的知识与技巧，并通过实践，逐步实现成员间的良性互动。

还有很多具体的方法与技术，就不一一说明了。总之，现在就全世界而言，心理咨询越来越强调以来访者为中心，也考虑到经济的因素，多倾向于以一种综合的、短期的方式为主。

三、正规与系统的咨询、辅导或训练。有了上面两步，心理咨询服务就按照评估与方案的约定，开始正规与系统的服务和接受服务的过程了。这个过程对于心理咨询师与来访者来说，都是一个严肃、认真、艰苦，有时甚至是痛苦的过程。从心理咨询师来说，他（她）要全部感情投入，去探寻来访者的心理奥秘，从一大堆问题当中理出头绪，找出症结所在，在充分评估了风险和可能的结果之后，谨慎地表达意见和提出建议。他（她）必须有相当的耐心，引导和陪伴来访者一点一点地进步和

改变。这个过程更是对来访者的考验，他（她）在最初接受咨询与帮助时，一般不会意识到过程这样艰辛：必须面对自己的弱点，承诺并试着改变自己。不能逃避，哪里跌倒就从哪里爬起来。不能再诿过于人，要自己承担起该承担的责任……当然，这个过程，也是"痛并快乐着"。伴随着自己的改变，情绪会更加积极，愉悦感增加，发现自己的力量强大了，与人的关系和谐了，前面的路不再很窄，一条大道引导个人去观察和欣赏更好的景致……

四、咨询结束。当咨询的主要目标达到以后，阶段性的咨询就可以结束了。来访者通过接受一段时间的系统咨询与辅导，当初严重影响生活和工作的症状基本上消除了，而且通过与心理咨询师的交流，对自己这个人（优点与缺点、特点等）有了深刻的理解，学会了一些处理情绪和与人交往的方法，运用到实践中确实收到了不错的效果。随着自信心的增强，心理也更具灵活性，虽然离开心理咨询师以后，生活中一定还会碰到各种的困难和问题，但他（她）不再害怕，不再感到无能为力，会选择一种合适的方式去应对。当然，心理咨询师永远承诺，来访者需要时，我们还可以开始新的合作。

最后，以多年从事心理咨询的经验和学识，我还想对朋友们再给一点忠告。现今社会，人心浮躁，很多人急功近利，什么事情都希望速成，希望有捷径。人们普遍没有耐心去有始有终地完成一件事情。无怪乎古人云："莫不有初，鲜克有终。"许多人来进行心理咨询，想的是"快给我咨询，好了以后，我要去干什么干什么"。这种功利性的思维左右着头脑，这些人在咨询师面前，坐不住，沉不下心，也就使会谈缺少深入探索心灵世界的那种情境。即使通过这种"急就篇"式的咨询，一定程度上消除了症状，但很难有根本性的改变，再遇到相同的处境，还会引起同样的问题。希望朋友们在碰到心理上问题的时候，拿出一段时间，放下一些事务，趁此机会对走过的人生之路、对自己的性格进行一次回顾与反省，在心理咨询师的协助下，认真地考量一下经历过的成功与失败，其中的得与失，表面的成就与深层的后果等一连串的人生链条上的因果关系，找出可改善的地方，鞭策自己向着更善更美的人生目标努力。

2009年7月2日

# 心理咨询与心理治疗的效果

作为一名执业的心理咨询师（心理医生），几乎会受到每一位咨客（求助者）的询问："效果怎么样？""能解决我的问题吗？""需要多长时间？""能不能快一点治好我的病？"等等。而我们自己也在经常思考和探索工作的效果问题。经过长时间的酝酿，现将我个人的一些思索写下来，供大家参考。

究竟是哪些因素决定了心理咨询与心理治疗的效果呢？

一、从心理咨询师的角度来看，主要有这么几个方面的因素：

1.是否有乐于助人的责任心

心理咨询是一种助人的职业，首先要求对人有几乎是无原则的同情、理解之心。咨询师不能以自己的世界观、人生观和价值观、道德观等来对待、评判咨客，从而不适当地对咨客指手划脚。心理咨询师与咨客的地位是平等的，心理咨询的过程是双方共同成长的过程。如果心理咨询师好为人师，不能虚下心来，耐心仔细地倾听咨客的叙述，设身处地地理解当事人的处境，灵活地提出建议，不但会使咨客得不到恰当的指导，甚至还会由于错误的引导，使其更加陷入困境和迷途。

2.是否有比较深厚的心理学与心理咨询方面的理论修养

心理咨询与心理治疗是在科学的理论指导下的一种心理辅导与帮助的工作，不是仅仅凭个人的一些生活经验和常识就能解决问题的。像目前公认的心理咨询与治疗的技术与方法，如精神分析疗法、行为疗法、人本疗法、认知疗法等，都有其系统的理论做后盾。做一名合格的心理咨询师应该在对多种理论都进行深入学习掌握的基础上，再精研并熟练掌握一种理论和技术，以此形成自己的风格和特点。不熟读十本二十本心理学的经典著作，很难说有理论的修养。在这方面，无捷径可走。

3.是否掌握心理咨询与治疗的技术与方法

众多的技术与方法可以分为通用的和独有的两类。所谓通用的技术与方法是指无论应用何种疗法，都要一定程度上用到的技术与方法。所谓独有的是指某种疗法包含的独特的技术与方法。

根据《精神病学》一书所列，通用的技术与方法包括：（1）建立、维持治疗关系的技术。具体有：开场技术、接纳与反映技术、结构技术、倾听技术、引导技术、宽慰安心和承诺技术、暗示技术等。（2）促进变化的策略和技术。具体有：重建自我认识的技术、处理躯体和情绪不适的技术、改变个体和人际行为的技术等。[1]

独有的技术与方法，比如精神分析疗法，按我国知名的心理学家、心理分析家申荷永教授所说，包括：（一）自由联想的技术；（二）梦的解析技术；（三）移情与暗示的技术等。[2]

著名的美籍华人心理治疗专家曾文星在《分析的学理与治疗过程》（北京大学出版社）将精神分析的方法总结为分析的方法、指点的施行、阻抗的处理、工作的修通这样几个步骤和部分。具体的精神分析方法包括：探讨早期的经验（回顾心理发展的各个阶段、探索早年的心理创伤），分析原本的精神材料（自由联想、梦、幻想、失语玩笑生气时说的话），检讨精神结构与功能（三部人格结构的分析、心理防御机制使用），检验转移关系的现象（即观察与判断移情的情况）等。[3]

要想掌握心理咨询与治疗的技术与方法，除了书本学习以外，实践更重要。做医生的都知道，背熟了课本，拿起听诊器，不经过指导医生的讲解和多次的练习，还是什么也听不明白。心理咨询的学习更有困难的一面，即咨询的过程无法旁听，所以学习心理咨询只能通过阅读案例、听心理咨询专家叙述等间接的方法，以及自己在实践中的体会与改进。

4.是否有广博的知识

首先，心理咨询师应该具有一定的医学方面的知识。人的身体是心理与生理的复合体，二者交互发生作用。当发现咨客有可能伴有身体方面的疾病时，应建议其去医院诊治。心理咨询师尤其应学习和掌握基本的精神病学方面的知识，这样对于一些已经有了精神病症状的咨客，能及时辨别并建议其到专门医院就诊，以免延误病情。

除了这些，一名合格的心理咨询师还应对社会人生以及文学、艺术、教育、宗教等知识都有相当的学习。这样面对各方面的咨客时，才能从容应对。否则，如果知识方面比咨客差得很远，双方就不容易建立良好的咨访关系。

二、从咨客方面看，主要有以下因素影响着心理咨询与治疗的效果：

1.是否愿意接受心理咨询与心理治疗

这是最关键的一条。心理咨询与治疗与其他治疗的方式不同之处是在形式上，它主要是以谈话的方式进行，不像化学药品，无论患者是接受还是排斥，只要服了药，就会使身体方面发生化学的变化，从而起到治疗的作用。

谈话可以起到治疗的作用，这是不言而喻的事，人人都有这方面的经验。生活中我们依靠说和听接受或处理不同的信息。听到一个高兴的消息和一个令人不快的消息，肯定会引起心理和生理上不同的结果。

但人的认识最易受情绪的左右。人们相信一件事，很大程度上是先情绪上接受，然后才有认识上的接受。对于心理咨询与治疗也是这样，如果一位咨客，他（她）的心理上十分排斥和拒绝心理医生，那么心理医生说什么他也不会相信。因此，对于自恋倾向十分严重的人（他们只相信自己，不接受他人的建议或批评），个性十分偏执（他们认准一个理，谁说也不会改变）的人，心理咨询很不容易发生效果。

2.是否有耐心接受心理咨询与心理治疗

由于人们对于心理咨询与治疗的不理解，也由于当前市场经济时代人们养成的什么东西都要快都要立即见效的思维定式，很多人没有接受心理咨询的耐心。

心理问题的产生往往非一日之事，所以解决起来也不会是很短时间就能完成。即使是因为具体事件引起的"应激反应"，比如一个人因为亲人去世而陷于极度的悲痛和自责，向心理咨询师寻求帮助。辅导起来需要经历情绪的释放、认识的提高与行为上的改变这样几个步骤。一般而言，也需要10到20个小时的咨询辅导，在时间上可能需要三个月到半年。只有这样做了，才能彻底解决问题并且不留后患。但大多数人没有这样的耐心。后果会是什么呢？那就是亲人去世引起的情感没有得到彻底的释放，没有完成"哀伤"的过程，情感有可能遭到压抑，当以后的生活中发生类似的事件时，就可能唤起过去的情感，产生新的心理问题。

也许是我们中国人向来不重视心理的工作。我们读弗洛伊德精神分析方面的著作或他的传记，他当年为人做精神分析时，每周5次，每次约一小时，这样连续要做几年，甚至更长的时间。算下来，如以每月20小时，每年进行10个月算（除去夏、冬期间医生的休假），则每年就是200小时。如进行两年就是400小时。中国人可有这样的耐心？以我个人的咨询经历，目前做的最久的也就只有30多个小时。只有不到一半的咨客做到5个小时以上。

绝大多数咨客的心理问题与人格是相关的。比如一个人因为在工作单位与领导、同事人际关系不好，感觉到受孤立来咨询。就事论事，可以辅导他（她）做一些认识上和行动上的改变，辅导他（她）稳定情绪。但是，一个人的人际关系不好，难道不是人格的原因吗？肯定地说，他（她）的人格中就有着对人的冷漠、仇视、防备的内容！而这种人格是他（她）从小成长的环境所养成的。要釜底抽薪，非得改变不理想的人格不可。

3.是否有改变自己的决心和毅力

人们往往习惯于认为是他人而不是自己应该为自己目前不利的境况负责，往往希望别人做出改变而不是自己首先做出改变。比如，一个自述在工作单位与领导同事关系十分恶劣的人，总是抱怨所有的人都瞧不起他，都不关心他，都欺负他。但当咨询师启发他首先自己改变一下对人的态度，试着去关心和帮助他人、理解他人，这样慢慢地会改变处境时，他（她）却说："为什么我要对他们好？他们为什么不先对我好？"可以设想，如果他（她）不先改变自己的认识和与人交往方式，情况永远不会变好。

长期的心理困扰也会使人产生一种"适应性"，

患者有意无意地从疾病得到了某些方面的好处。让他（她）改变，会打破旧的平衡，失去既得利益，他（她）在潜意识里也会抵触。比如一个人因为心理"有病"而退入了家庭，不必去工作，由家人来供给生活费用，如果你治好了他（她）的病，则他（她）必须去劳动，去吃苦，去经历很可能会碰上的挫折和失败。两害相权取其轻，也许他（她）宁愿留在"病"中。对这样的人，心理咨询又有什么用呢？

还有个别人是抱着不正确的想法来进行心理咨询的，比如他们想来让心理咨询师为自己不道德的行为提供理由和支持。这样的目的当然不可能实现！

4.是否愿意付诸行动

当一个人决定放弃对他人和社会的不成熟的应对方式，努力使自己的心理与人格不断成长时，最重要的还是要付诸实践。要去做，而不是仅止于想。想想容易，做起来难。心理咨询与治疗的效果，很大程度上取决于咨客是否去做。有些问题，通过心理咨询师的辅导，咨客一般很快会明白"道理"，但如果不去做，不去实践，那还只是空中楼阁，于事实丝毫无补。

比如，在人格方面有些偏差的咨客，通过心理咨询与辅导，明白了自己的不足之后，只有在行动中不断地实践，不怕开始的失败坚持做下去，久而久之才会形成习惯。一位从小习惯了大事小事都由父母帮忙做决定，而养成了人格上没有成熟没有独立的青年男性，接受了咨询与辅导后，我们告诉他，只有从生活中的小事做起，自己做决定，通过承受做出决定带来的成功与失败，去积累经验或接受教训，通过相当长的时间，才能逐渐形成男性应有的敢于负责、敢于一定程度冒险的性格。

心理咨询师就是不断地鼓励咨客在明白了道理之后采取行动去改变自己，通过改变自己而去改变他人及环境。但心理咨询师的作用不是万能的。最终是否付诸行动，还是取决于咨客自己。

三、其他影响咨询与治疗效果的因素

一个人生活在现实的社会中，大到世界局势、国家政策，小到工作环境家庭关系，无不对人产生或多或少的影响。我们只谈谈咨客亲属对心理咨询与治疗效果的影响。

一个人产生心理或精神上的问题，一般来说除了本人的原因，家庭方面也必有一定的责任。解决起来往往需要亲属的配合才行，甚至有些问题根本就在于家庭成员、亲密关系的人造成。举例来说，一个受到丈夫长期虐待的女性，只有两种情况可以改变她的状况，那就是离开丈夫或她的丈夫弃恶从善。心理咨询师无法让她的丈夫改变，又不能代替她做出离开丈夫的决定，只能为她提供几种选择的可能后果分析，让她自己心理上成长，认识上提高，期待她会做出有利的决定。

除此之外，家庭成员对心理咨询的干扰也相当程度上影响着咨询与治疗的效果。一个罹患了心理疾病的人心理是脆弱的，往往也是犹疑的。在这个时候，如果心理咨询师辅导他（她）这样做，亲属却不断地指挥他（她）不能这样做应该那样做等等，搞得病人无所适从，又怎么能收到好的疗效？

当年弗洛伊德谈到这种情况时曾打过一个比方。他说："你们知道外科医生在施手术之前，必先有种种的布置——例如适宜的房间，充分的光线，熟练的助手，病人亲友的回避等。试问外科的手术若都施行于病人全家面前，家人都围绕而观，见割便叫，那还能有多少次可以收效吗？"[4]

以上就是影响心理咨询与心理治疗效果的诸多因素。最后说明一点，作为心理咨询师，由于每个人的水平所限以及科学进步的局限（比如就精神疾病来说，当前的科学发展到能将人送上月球，将科学探测器送上火星，但对于大多数精神病的病因却知之不多），我们也完全有可能犯错误，会出现失误。说明这一点，不是为了推卸责任，实在是真实的情况就是如此。我们既不能不负责任地对咨客进行不适当的指导，也不能因为过于谨慎而不敢作为。

2005年4月10日

注释：

[1] 精神病学，人民卫生出版社，2002，232～238页。

[2] 申荷永，心理分析：理解与体验，三联书店，2004，75页。

[3] 曾文星，分析的学理与治疗过程，北京大学出版社，2004，86页。

[4] 精神分析引论，高觉敷译，商务印书馆，1984，372页。

# 谈谈私人开业的心理咨询师

这个定义里有这么几个要素，一是开业者须是国家有关部门正式认定的具有资质的心理咨询师，二是其机构经有关部门审批正式注册并且业务范围内有心理咨询、心理治疗项目，三是该机构是私人出资开业并开展工作。

虽然我来谈这个话题有"王婆卖瓜自卖自夸"之嫌，但记得也有"内举不避亲外举不避雠"的古训，何况本人从事该行业历有年所，也算是"如鱼在水冷暖自知"，况且还没有见到有人写文章涉及到这个话题。说出个人意见，是耶非耶，各位网友自有明断就是了。

第一，心理咨询师私人开业，并非中国现今独创，也是"古以有之"的事。世界上最早的私人心理诊所，是由著名的心理治疗鼻祖、奥地利精神病学家、精神分析理论的创始人西格蒙德·弗洛伊德于1886年建立。

私人心理诊所，是目前欧美等发达国家最主要的提供专业心理咨询与心理治疗的机构和治疗模式。很多著名的心理治疗师或教授，都开办有自己的私人心理诊所。

第二，私人心理咨询与心理治疗机构（心理诊所）的优势有：

1.私人心理咨询与心理治疗机构（心理诊所）可以最好地尊重来访者的私密性。单独的接待室（诊室），专门约定的时间，房间的布置等方面都充分为来访者考虑。避免了在公立医院中，很多来访者在大庭广众之下，明晃晃地坐在同一张长椅上候诊的尴尬和不安。□

2.来访者最大限度地得到尊重，得到高质量的服务。在私人心理咨询与心理治疗机构（心理诊所）中，约定的时间，就是为这个来访者专门准备的。咨询与治疗的时间内，私人心理咨询师不接电话、不接待其他的来访者，真诚认真地与来访者讨论问题。而在某些在公立医院中，医生即使在对病人进行诊疗时，也常常被会议、电话或其他人打扰，而使咨询与治疗遭到骚扰甚至中断。

3.心理咨询师或医生开办私人心理诊所，大多是源自对于心理咨询与心理治疗事业的热爱，所以，他们通常都会对咨询与治疗艺术精益求精，通常都比较热衷于专业知识的不断更新和心理治疗技术的提高，因为只有这样做，他们才能吸引来访者，从而在为他人提供服务的同时，自己得到经济收益。与此相对照，在一些公立机构，许多人是领导安排从事心理咨询与治疗工作。

4.私人开业的心理咨询师有助于形成个人的咨询与治疗风格。心理咨询、心理治疗是一项引导人心灵成长的科学，也是一门艺术。心理咨询与心理治疗有许多流派和风格，理想的心理咨询师应该结合自己的个性和学识，以专攻一种方法为主，经过较长时期的经验积累，然后形成自己独特的风格。没有万能的心理咨询师。来访者需要的是独具个性的咨询与治疗，因而私人开业，可以为心理咨询师发展和形成自己的风格提供最可靠的保障。

第三，以上所说之长处是我个人的理解与追求，有的是我目前已经做到的，有些还没有做到。但我抱着"虽不能至心向往之"的态度。至于公立心理咨询与心理治疗机构的长处，应该请身在其中的同行朋友们来谈。我也是非常愿意听到的。

2004年11月17日

# 再谈私人开业的心理咨询师

说到心理咨询师的资格，有朋友一言以蔽之：乱。我赞成这个评价。这也真是中国特色。从上面就是各自为政。人力资源与社会保障部评心理咨询师，卫生部评心理治疗师，人事部有关机构又评心理保健师等，将来还不知出来什么。

关于这个问题，我写有专门的文章讨论，有兴趣的朋友可到我的个人网站去阅读，题目是《从'<台湾心理师法>'谈心理咨询的管理》。因为我发现台湾对心理咨询与心理治疗管理比较规范，值得我们借鉴。他们制定有专门的"《心理师法》"，对于什么是心理师（含临床心理师和谘商心理师，略等于我们的心理咨询师和心理治疗师）、如何取得资格、经过何种审查可开业、开业后的管理、违反规定后的处罚等都有明确的规定。总之是以法律的形式对此进行了约束。

当然，我人微言轻，写成文章发表，不过是说说而已。

现在只说一点，是关于取得心理师的资格，台湾是规定具有硕士学位的人才有资格参加心理师的考试，合格后取得资质。而我们（只就心理咨询师的标准说）是中专就可以了。将来要从事于人的复杂的心理的支持与辅导，这么低的起点简直像开玩笑吧。只此一点，就可以看出我们是多么不认真！在中国目前的社会氛围中，大家都可以想到，在培训、考试过程中，处处存在的不认真。更不要提唯钱是图，种种的弊端了。

因此，我个人也不认为，取得了心理咨询师资格证书的人就真正具有了所需的水平和能力。实际上这仅仅是一个开始，仅表明您经过一定的培训，掌握了从事这个行业入门所需要的一点知识和技能。仅此而已。要想成为一名合格的心理咨询师，尚需要很大的努力。

以我个人浮浅的理解，做一个合格的心理咨询师，首先应该具有人文精神（这是世界观和价值观方面的，不多说了）和对于人（人的思想、感情）敏锐的观察和理解的能力，以及比较强的逻辑思维能力（即能对各种心理问题分清主次，理出头绪，善于推理，否则会以其昏昏，亦使人昏昏）。其次是掌握丰富的知识和扎实的技能。既然是做心理学的，就要认认真真地读几本这方面的书。真正领会某种理论的实质。理论上有了一定的修养，才能底气足，才能谈到运用好。培训时的两本教材，在理论方面可以说是支离破碎，应付考试是可以的，但要运用到工作中就差得太远。在这方面没有近路和捷径，不读透几本书，不足以言心理咨询和心理治疗。

如果有朋友说，你说得好，自己又如何？我先来自己招供。我虽能知，却也不能至。但虽不能至，却心向往之。也愿意以此与有志于从事此道的朋友们共勉。网络上有的是高人，望能互相切磋，大家共同提高。

至于网络上的互相争论辩驳，也是颇热闹的一件事情。唯愿朋友们能在平和的心态对待之。西方有位哲人说过：尽管我不赞成你的观点，但我尊重你表达观点的权利。我们应该人人有此胸怀。说理时可义正辞严，但只是对事不对人。一对人，则不免有以偏概全之嫌了。

至于私人开业的心理咨询机构之长之短，仍愿多听到网友的意见。我个人仍认为，心理咨询、心理治疗终究是一项很私人的事。求助者是独具个性的个人，他们是有着与另外一个人不同的经历和情感和应对方式的个体，他们需要的是具有个性的关怀与指导。而心理咨询师也应该具有自己的风格与特色，他的知识修养、个性、惯用的咨询与治疗方法与其他人不同。求助者与咨询师的契合使双方的合作在愉快的气氛中进行。最终的结果是求助者错误或不适应现实的思维与行为习惯得到矫正，不仅如此，他在向心理咨询师求助的过程中，人格得到提高和完善，心理咨询为他开启了通往未来的更多的道路选择，使他能更主动地驾驭自己的命运。要做到这点，心理咨询师的作用是非常重要的。努力永无止境，虽然我们每一个从业人员都在积累着成功的案例。但我们知道，需要帮助的人还很多，我们还需要加倍的努力。

说到前景，我个人对此有着乐观的估计。对于我们的工作，认识到其价值的人已越来越多。今年9月我趁到上海参加中国精神分析年会之机，顺便考察了上海的心理咨询与治疗情况，感受令人鼓舞。上海的形势是出现了供不应求的局面，即求助者多，心理咨询师不足。当然上海人的素质无疑是全国最高的城市之一，我们青岛恐怕还低一个级别。但他们的今天，肯定就是我们的明天。目前正在从业或准备从业的心理咨询师应该为这个局面的到来做好准备。

写于2004年11月25日

# 美国弗州校园惨案启示录

美国弗吉尼亚理工大学当地时间2007年4月16日发生的血案，随着几天来的调查，事件的过程、当事人的情况已基本搞清楚了。从心理工作者的角度，我们痛心地看到：是幼年的心理创伤导致的极端的自卑感，以及对自卑感的过度补偿，燃起了仇恨的火焰，终于使这位韩裔大学生发狂发疯，酿成震惊世界的惨案。

笔者认为，在这方面，奥地利著名的心理学家、个体心理学的创始人阿尔弗雷德·阿德勒的论述是最经典的。众所周知，他以"自卑感""优越感"来定义和描述人性中的基本内容。尤其重视从幼年时代防止自卑感，从而养成儿童健康的人格。

他认为，儿童成长的环境，特别是经济条件是非常重要的。他写道："有些家庭，世世代代都生活在经济窘迫之中，他们困苦、悲哀地维持着入不敷出的生活。他们深受一种悲哀、怨恨情绪的影响，他们不可能帮助他们的孩子对生活培养出一种健康和合作的态度。他们的心态饱受生活的压抑，对生活的恐慌决定了他们缺乏相互合作的态度。"（见《儿童的人格形成及其培养》，以下引文均引自此书）

弗州理工大学血案的制造者赵承熙小时候家庭贫困，父母在来美国之前，带着他租住在首尔的一处地下室中生活。移民美国后，对比周围富裕家庭，他们感到还是低人一等。悲哀、怨恨的情绪，长期精神生活的压抑，在他内心里生成并积聚了严重的自卑情结。

过度的自卑感对人的心理健康是非常有害的。阿德勒是这样说的："自卑情结就是：过度、反常的自卑感迫切需要得到容易的补偿和似是而非的满足，但它同时又堵死了通往成功的道路，因为过度的自卑感夸大了遇到的困难和削弱了自己的勇气。"

简单来说，一个人，当他内心里有强烈的自卑情结时，他就一定会拼命地、片面地追求优越感，甚至不惜以非正常的、残忍的手段来达到个人的目的。表面上看，他们是自尊感很强的人，一旦他们感到自尊心受挫受伤害，就一定会对他人施以严厉的报复。但实际上，他们的自尊，只是自卑的过度补偿，并非真正意义上的自尊。

真正的自尊是什么？它指的是一个人，把自己置于与他人同等的地位，认为人与人之间，从本质上讲是平等的。正如我国知名心理学家许又新教授所说："自尊与尊重别人是同一心态的不同侧面。"（《心理治疗基础》）所以，一个人只有真正懂得和做到了真心实意地尊重别人，才是真正拥有了自尊。

制造弗州理工大学血案的赵承熙与2004年发生在我国云南大学4名学生被害案的制造者马加爵，都是自卑感过度补偿从而导致杀人悲剧的案例。他们二人的经历有着相同的地方，心理的轨迹也很相似。家庭地位低下，心理上严重的自卑情结，使他们性格孤僻，与他人的关系中，表现出极度敏感和反应过度。一旦遇到比较大的应激事件，很容易情绪失控，做出不计后果的事情。赵承熙因为与女朋友发生争执，不但杀害了女朋友，还将这种仇恨扩大，滥杀无辜的教师和学生。马加爵也仅是因为觉得别人瞧不起他，就对同学下毒手。这两个人，如果能早期得到心理上的关爱与辅导，就有可能纠正不良心理，避免走上害人害已的道路。

2007年4月19日

# 答《青岛早报》读者问

**著者按**：2006年的一段时间，《青岛早报》开设了一个心理栏目"情感求助台"，把收到的读者有关心理与情感方面的咨询，请心理咨询师给予回答，并刊登在报纸上。我应邀主持了一段时间。现在挑选一些答读者问，收录于此。

一

**乐乐问**：我和女朋友交往近一年了，最近她告诉我，以前她在东北出差曾被人侮辱过，我不知还该不该再跟她交往下去。

**主持人**：老实说这个问题不太好回答，因为男人们因为不同的性观念而有不同感受，而这种感受又表现为情绪和情感，这些都是比较难以改变的。从一般的原则来说，第一、你是与现在的女朋友交往，而不是她的过去。所以现在是最重要的。第二、可以采取委婉的方式了解一下具体的和主要的经过，从而判断一下她的责任和是否有过错。如果完全不是她的责任当然不应该让她来负责。如果她在事情发展过程中有过错，那要分析一下她有多大的过错，以及她此后的认识以及是否改变。

**冰冰问**：我和一名已婚男人相爱，但那男人因为已有孩子不能离婚，我该怎么办呢？

**主持人**：俗话说：当断不断，必受其乱。你怎么能保证你是他最后的一个婚外恋人？与已婚的男人"拍拖"，受伤的总是女人！如果你总是"爱"上已婚男人，很可能心理上出了些问题，也许有什么"情结"没有解开，也许早年生活上有什么伤害？为了你的幸福，最好接受心理医生的帮助。

**雪孩子问**：我已结婚7年，老公除了性格内向外，是个标准的家庭妇男，或许是平淡如水的生活让我渴望刺激，近半年来，我无意间陷入了网上的婚外恋。网上的他带给我初恋般的甜蜜感觉，我既为有了他而高兴，又为不可预知的未来而痛苦。我该怎么办啊！

**主持人**：婚外恋的刺激会带来深深的内疚感，因为毕竟与公认的道德相违背。内疚感会冲淡婚外恋带来的愉快。激情的体验是暂时的，引发的内疚、后悔、害怕等情绪久之不但会使心理上不安，还可能影响身体健康。纸里包不住火，一旦暴露很可能会身败名裂，严重的还可能引发刑事犯罪。此时的温情脉脉，也许不多久就会成为仇恨的种子。如果与丈夫已没有感情，离婚也是一种选择，搞婚外感情游戏，只会害人害己。

二

**吕先生问**：我与女朋友结婚就因为我爸妈很喜欢她，我没有爱过她。也许是我太懦弱，害了我自己也害了她！我现在干什么都没有信心！以前的我很有自信，很开朗。我该怎么办？

**主持人**：你虽然已经长大成人，但可能心理上还没有完全独立。无论是维持现状还是一切重来，关键是尽快完成心理上的成长。一个成年男子意味着遇事要做出自己独立的分析、判断和决定，并勇于为自己的决定承担责任。

**小宋问**：我是位不爱说话的男孩，也没有爱情的经历，也不懂爱情到底是什么？也不知她们说的话是什么意思。怎样才能知道她喜欢上你了呢？能告诉我么？

**主持人**：有一首歌里唱道：你不用告诉我，我不用告诉你，年轻的朋友一见面，情投意又合。试着去感受自己也感受她的情感。或许她比别人更注意你的穿着？或许她经常找个借口来和你说话？和你在一起的时候她很快乐……爱不是非要轰轰烈烈地发生，很多时候像一阵风，于人不觉中吹绿了心田。

**马小姐**：我很爱我男友，但我心里还是没有忘记我前男友。今年情人节，前男友打电话约我见面。其实当时我隐约感觉到了要发生什么可我还是去了，见了面情不自禁地又依了他。我现在的男友是外地的，他不会知道我在这边发生了什么。可从那以后我就感觉有个东西压着我，每当男友给我发信息说想我之类的话时，我就感觉对不起她。我该怎么办？这件事能瞒一辈子吗？

**主持人：**一个人只会有一个真爱，爱情不可能也不允许分享。静下心来想一想哪个是你的真爱？哪个是真正的爱你？不要欺骗自己也不要欺骗他人。"脚踩两只船"的结果只能是在哪一方面也换不来真正的爱情。

## 三

**手机尾号2236：**我不知道该如何面对这段的感情，当我几乎陪上性命的去追求她，她对我不冷不热，当我苦苦煎熬之后准备放弃她，她又打来电话要和我重新开始，我简直快被逼疯了，我爱她一直都把她看的比我生命还重要。我感觉自己就像一个感情的乞丐，可怜的等待她感情的施舍。

**主持人：**也许你们两位都需要做些心理上的改变？爱是双向的。对于你来说，爱之箭是射出了，她接下来是接受还是拒绝有她选择的自由。炽热的感情有时也需要降降温，否则会烧坏两人的关系，爱还需要耐心和等待，这何尝不是对你的考验和锻炼？而她，也许还没做好心理上的准备来接受。

**手机尾号3456：**我家是济宁的。去年来青岛打工认识了现在的女友，我十分喜欢她，但是每次我们吵我都想说分手，不管是谁的错，可能是我太要面子，请问怎么才能改掉？

**主持人：**爱不是空洞的，其中包含着宽容和理解。你说"十分喜欢她"，如果这种"喜欢"是"爱"的话，为什么不能包容她的一些缺点或不足？爱她，为什么不能为她而改变自己性格的某些方面？不要轻言分手。在感情上的轻率以及"太要面子"也许会让你失掉机会。

**手机尾号4762：**我与男友在一起5年了，年龄差距大，性格不合，一开口说话就会吵架，我想改变这样的生活，多次提出大家可不可以和睦的生活。都会被他泼冷水。怎么办？

**主持人：**有了想和睦生活的动机还仅仅是一种愿望，如果这种愿望没有付诸行动，只是一座空中楼阁。年龄差距、性格不合……都不是主要的理由。许多相同情况的夫妻或恋人，正因为有这些不同而互补，生活得丰富多采。你们可能最需要的是沟通。静下心来替对方想一想，可能会觉得他（或她）的想法、做法也有道理。何不经常交流一些想

法和感受呢？

## 四

**手机尾号5598：**为了男友我从外地来到青岛，和他在一起到现在已快两年了。男友脾气暴躁，这期间我们吵过，闹过。他总是限制我的自由，我很反感，几次想和他分手可又不想让父母操心，就这么将就着。可他家人让我们五一结婚！想到以后要和他面对一生我好怕。我不知道我该怎么做？

**主持人答：**从你叙述的情况看，你的男友可能人格方面有些异常。不过你要明白正常与异常的区分只是相对的，要做出医学上的诊断需要去看精神科医生。婚姻大事当然要慎重考虑，不过心理医生也好，甚至你的父母家人也好都不能代替你来做出是或否的决定。如果拿不定主意，建议你把这件事放一放，让情绪冷静下来，这样理智的成份会加强，那时考虑问题会全面一些。

## 五

**手机尾号6743：**我今年26岁，准备年内结婚，但我不喜欢现在的女友，我爸妈喜欢她。就在我感到特别无助的时候，我遇到了云，她是我的一个网友，一个36岁的女人。她的出现给我带来了从未有过的感觉，我喜欢听她的声音，真正体验到了一日不见如隔三秋的滋味。我不知道这是不是爱，也不知道这样下去会有什么结果。我该怎么办？

**主持人答：**如果你确定不"喜欢"，就不要和现在的女友结婚。想想，一个没有爱的婚姻怎么会有幸福呢？而和"云"，你没有说她是否结婚。假如她没有结婚，那就大胆地走下去吧，肯定她身上的某种东西强烈的吸引了你，爱就是从相互吸引而起……；而如果她是个已婚女性（但愿不是啊），你和她纠缠会有什么结果呢？时间越长，对双方的伤害越大。

**手机尾号3498：**姐姐去年结婚了，姐夫因家在外地住在我们家，他对我爸、我妈、姐姐和我都特好。最近几天，半夜睡觉时，我突然醒来发现姐夫坐在我床边，摸着我的手。姐夫说："你姐有妇科病，不让我碰……"我挺同情他。这事后来又发生了几次，我不知道该不该告诉姐姐和爸妈？

**主持人答：**邪恶的欲火会烧毁亲人之间、亲戚之间一切美好的关系，以及生命存在的价值！正告他：超过正常关系的做法是不应该也是不可能的，请他回归理性和理智。如果他还不收敛（即使收敛了今后你

也要提防他），采取一切手段都是可行的。你必须做点什么来保护自己、保护你姐姐、保护你们全家，也是在捍卫人类的文明。

## 六

**读者小朋：**我喜欢上一个已婚男人，我也能感觉到他也喜欢我，即使出差都打电话给我，发信给我聊到很晚，我曾说过我们分开，但是每当他发信或打电话给我，我就控制不住自己，我们在一起很开心，我不想去破坏，可又不知怎么办。

**主持人：**如果能控制在友谊的框架内，异性朋友会带给人许多新的感受和体验，有助于人的成长与提高。但是如果把握不住，发展成为婚外恋或婚外性关系，那就十分危险了，一时的快乐会成为终生的悔恨也说不定。希望你能把握好与已婚男性的友谊的尺度，把这份感情控制在社会允许的范围内，眼光放长放远一些，早日找到你感情的归宿，这才是明智之举。

**读者友亮：**有一次我骂我女朋友挺难听的，伤了她自尊，她说死也不嫁给我了。请问还有办法让她回心转意吗？

**主持人：**还是有机会的，不过不能着急。她既然被你伤了心，感情恢复态度转变需要一定的时间，应该诚恳地向她道歉，并且最重要的是认真反思自己的性格，从现在开始改变，不再出口伤人。如果她看到你改变了，也许会回心转意。

## 七

**手机尾号5605：**我今年二十一岁，在我心底却默默爱她有六年了，她是那种很高傲的女孩，我虽然知道她心里有点喜欢，但不知道为何不接受我，我真的心里已容不下别人的影子。

**主持人：**爱是没有理由的。心理学认为人并不是先认为他或她可爱才去爱，而是爱了再去为此找一个理由。男性在爱的问题上应该表现的更豁达，爱她就勇敢去表达和追求，默默地只在心里爱而没有去行动，有可能失掉机会。然而，又必须明白爱的火焰只有两颗心才能点燃，爱被拒绝也不要太固执，这并不表明你不优秀或其他。

**手机尾号3175：**俺是聋哑人，上个月和我相处两年的女友提出分手，我感觉很失望，不知我做了什么错事！我不知她怎么想？

**主持人：**并不一定是因为你做了什么错事。也可能彼此有一些误会，也可能彼此的性格相差比较大又不能相互的容忍，也可能她移情别恋或受到了家庭的压力等。自己试着找一找原因，如果还有希望就试着做些努力吧。如果不能挽回，就要勇敢地接受现实。虽然失恋是一件痛苦的事，但它可以使人沉沦，同样也可以使人发奋。

## 八

**读者小石：**最近我喜欢上了一个男孩，他时常来我店里买东西，每次要走的时候都好像有些依依不舍地找话题和我聊天。我也盼望着见到他，终于有一天鼓起勇气向他要了手机号码同时也把我的给他了，但是我们谁也没跟谁联系。他这些天也没来，昨天我忍不住给他发了条祝福短信，他回复说在大连出差就再没音信了！我不敢再冒失打扰他了。是不是他对我没感觉？我心里矛盾极了，我是个很传统的女孩子，认为女追男不太好，可是又不想放弃！我该怎么办啊？

**主持人：**到现在为止，你的做法是很得体的，女追男也没有什么不好，不过最主要的是要搞清楚他是否有女朋友？可过几天再与他联系一下，不妨直接问问清楚。如果他已经有了女朋友，那你只有放弃了。如果没有，那就跟着感觉走下去吧。如果有缘分，两颗心灵终会擦出爱的火花。

**读者宋女士：**我结婚已经十五年了，可十多年前婚姻对我就已没有感觉，为了孩子我一直过着无味的生活。去年，有一个比我小十岁的男性闯入我的生活，我很迷茫。

**主持人：**如果感情的裂痕真已无法修补，那么无爱的婚姻就不如结束，孩子需要考虑，但自己的幸福也同样重要。没有重新开始新生活的勇气，却一边保持着名存实亡的婚姻，一边玩起婚外情的游戏，这最不可取。婚外情是一条危险的道路，许多人为此付出名誉甚至生命的代价。与那位男性如果仅是一般的友谊关系，则另当别论了。

## 九

**读者宋小姐：**我先提出来离婚，其实我不想离婚，只不过没有办法。他很听他娘的话，我俩一有矛盾，我回老家找婆婆理论，婆婆就会说她儿子好，说她儿子在镇上没有说不好的。我们双方都有老人，他总是嫌我帮娘家帮多了，以至于如今我俩像陌生人一样，谁也不在乎谁。我很苦恼。

**主持人：**你和丈夫能否先达成共识：有矛盾时不

找双方老人，自己解决。解决的办法就是夫妻之间多沟通，多协商，互相让步。双方的父母参与夫妻之间的争论，往往使事情变得更复杂，为什么不寻找另外的途径呢？至于离婚，似乎理由不太充分。任何婚姻都是有矛盾的，积极想办法解决矛盾，就能保持婚姻的稳定。

**读者石先生：**一年前我认识了一个被男友抛弃只身来青的女孩，我可怜她和她在一起了，现在我爱上另一个女孩。她知道我另有所爱就说愿等着我，但是因女友受过一次伤害，我怕她分手后做傻事不敢跟她分开，可这样我就不能和我爱的那个女孩一起了，我该怎么办？

**主持人：**爱不是怜悯，也不能分享。好好想一想自己究竟爱谁，然后做出选择。和一个爱过或者说"可怜"过的女友分手，怕伤害她，这是你善良心意的表现，这是好的。需要的是把这种善良的心意化作实际的行动，勇敢地承担起该负的责任，如果这样做了，一般来说，女性是会接受的。当一个女性发现曾爱过自己的男性想尽快地"脱手"甩开自己，这时候她最容易由爱而恨，可能会做出激烈的行为。明白这个道理，希望你三思而后行。

**读者马先生：**我的女朋友因为受到家庭的影响，和我说分手……同时，家里人又催我回家和我不喜欢的人定亲，我该咋办？

**主持人：**你和女朋友都要与家长多做些说服的工作，现在的父母毕竟都接受了新时代思潮的影响，年轻人只要真诚地相爱，同时又现实地计划好结婚生活的一些具体问题，一般来说，父母都会尊重子女的意见。注意不要与双方父母形成对抗，而是慢慢地做工作。

### 十

我是一名在校大学生，我最近比较烦，我追一个女孩，但是被拒绝了，她对我说的理由是她现在很喜欢现在的生活，说她现在和她的舍友在一起很快乐，我会打破她的平静生活。可是她对我的朋友说的是对我没有感觉，和一个没有感觉的人在一起不会幸福的，现在我们的关系很是尴尬，我现在也不知道该怎么办，我真的很喜欢她，你说我还有希望吗？

**主持人：**如果她拒绝了你，就不要问是什么理由了。爱不是单方面的投入就一定能有回报的东

西，如果期望那样，是一种占有的欲望，而不是爱。弗洛姆说：爱包含着责任与尊重。她拒绝了你，你应该尊重她的态度和决定，你们可以在一个新的起点开始交往。尴尬的原因是你内心里占有欲在作怪。希望你清醒地认识到这一点，让爱化作对她的尊重，以及自己努力学习的动力，不断提高自己的道德修养。要相信：天涯何处无芳草？

### 十一

**读者吕小姐：**我生活中有个没有男性特征的男人，很多年来，他一直对我非常好，他希望我能嫁给她。我不想毁掉我一生的幸福，但我又感觉很欠他的，我想，能不能帮他找个没有女性特征的女人，那样岂不是两全其美吗？请专家指点。

**主持人：**尽管你"很欠他"，但如果不愿意为他而牺牲自己一生的幸福，那就不要跟他结婚。毕竟，结婚不是儿戏，如果感情不融洽，婚后也不幸福。可考虑选择另外的途径，补偿他对你的情意。至于"想帮他找个没有女性特征的女人"，很有可能仅是一种良好而幼稚的愿望，因为他与她的感情，你无法左右。如果你想用这种办法离开他，很可能会弄巧成拙。建议你不要回避你与他的矛盾，正面协商解决。

### 十二

**手机尾号3992：**四年前我爱上了一个已婚男人，现分手一年多了；我却一直忘不掉他！我该怎么办？

**主持人：**最好的办法是在心理医生的指导下，完成一系列情感宣泄、对事件的再认识、采取有效的行动等过程。如果解决不彻底，有可能对今后的心理和生活造成长期的不利影响。个人可多把精力投入到工作和其他有兴趣活动中，也可以试着结交新的男友来替代过去的印象。随着时间的推移会逐渐淡忘。

**手机尾号0870：**我今年本命年，还没谈过一次恋爱也不会谈，可我最近无意间认识了一个男子，也有一年了，他话很少外表比较严肃挺冷，也会幽默。我还真没敢有啥奢望，因为我们的层次是那么的遥远，那么的格格不入！可不知道为什么，我从那以后就忘不掉他了！他没结婚可他总是似真似假的说自己有恋人了，我就这么陷下去了！我该怎么办？

**主持人：**你在心理方面最主要的问题是缺少自信，以及恋爱的经验。无论"层次"多么"遥远"，人与人都是各有长处和短处，正像古语说的"尺有所短，寸有所长"，不要拿自己的短处比别人的长处，

那样会越比越没志气。男女相知相恋，靠的是缘分和彼此的真诚。有了对他的爱慕的心，如果他没有女朋友，可大胆采取表达的行动。怎么搞清他有没有女朋友呢？既然他肯定，有可能真是这样。但你还可以通过其他途径再证实一下。

### 十三

**读者小晴：** 我与男友相识一年并与他同居，可是我现在出车祸了他却提出和我分手，我现在躺在病床上，心情也许你们是无法理解的…我很爱他，当他提出分手我很茫然很吃惊，难道所谓的爱情就这么不堪一击吗？

**主持人：** 既然他是这样一个负心的男性，分手也罢。短时的伤心之后，也许你会庆幸早早地发现了他的本质，否则在一起的时间越长，你受到的伤害越大。你还年轻，度过暂时的困难之后，一定会有光明的前途。

**手机尾号6617：** 我们彼此相爱，可她始终不敢承认我们的关系，以前她让爱伤过很重很重，她怕会再一次受伤，总是不敢。我真的很爱她，我也想和她成为永恒，可是不知道该怎么做？

**主持人：** 古语说：精诚所至，金石为开。为爱受过的伤害，只有用爱才能抚平。她不敢公开你们的关系，肯定还是有一定的顾虑，比如双方或一方的家长会不会同意？经济条件是否能保障将来的幸福？你们的工作是否稳定等？可从具体问题入手，讨论存在的困难和解决办法，如果这些问题都得到了解决，她的顾虑或许也就打消了。

### 十四

**手机尾号8331：** 我喜欢上了一个胖女孩，她当初也说很喜欢我，可是我请她出去，她就是不去，现在又说对我没有感觉，我很喜欢她，我该怎么办？

**主持人：** 恋爱是心与心的碰撞与交流，既要积极，也要有耐心，更要懂得尊重别人。除了"请她出去"之外，还可以在平时的工作和其他活动中，多关心和关注她，当她需要帮助的时候，你可以适当地表达，许多时候感情就是通过一些小事而建立起来，所谓"无心插柳柳成荫"。当她对你还缺乏了解的时候，贸然提出要求，被拒绝的可能性就大。

**手机尾号2396：** 你说爱一个人咋就这么难，我为她付出一切，她不接受，难到非为她死才知对她的爱吗？

**主持人：** 看得出，你为自己付出了感情而对方不接受而伤感，甚至有些怨恨。这种情绪是不好的。爱不单是对一个人倾注感情，还包括关心和尊重，以及责任。"她不接受"，你应当尊重她的选择。向一个人求爱失败并不表示不好或不行，只是她觉得你不适合她而已。好男儿须心胸宽广、眼光远大，你应当反求诸己，在事业和个人修养方面不断进步和提高。这样的话，何愁找不到感悟的归宿？

### 十五

**手机尾号3558：** 我结婚三年了，近一年来我们经常争吵。我不知道我们的婚姻是否到头了，我们也想到离婚，可有一个孩子，我的母亲身体不好我怕她承受不了，我一直不敢说，我们该怎么办？

**主持人：** 如果夫妻之间不是因为原则问题而经常吵架，那么，解决的办法是双方都需要学习多尊重对方，而自己做一些妥协，这可以说是维护婚姻和夫妻感情的艺术。最好是在心理咨询师或婚姻专家的指导下，夫妻通过接受辅导和行为上的练习，慢慢改变过去不合适的做法，从而形成良性的互动。当争吵已经成为一种习惯，而双方又不努力改变这种状况时，婚姻的危机就出现了。因为在长期的互相指责、讽刺、蔑视中，俩人的感情也会荡然无存。

**手机尾号3273：** 我和妻子感情很好，但是最近她总是有事瞒着我，心情很不好。问她怎么了她也不回答，我该怎么办？

**主持人：** 不知你是否能确认她有事瞒着你。"心情很不好"，也可能是身体不好等另外的原因。所以你要细心地观察，耐心地开导，帮助她找出原因，然后有的放矢加以解决。也有这种可能，就是她碰到了事情，产生了心理冲突，但又不便向你说。可以启发她向心理医生寻求帮助和支持。任何事情都会得到心理医生的接纳和理解，不必有所顾虑。

### 十六

**手机尾号5667：** 我和他是经朋友介绍认识的，虽说还不算太了解他，但感觉告诉我我已经迷恋他了。可几次他都开口向我借钱，他说他这样做也是把我当成最亲的人了，但朋友说他这种做法很不正常，因为钱的事，我开始怀疑他对我的感情不很纯粹。

**主持人：** 恋爱期间，最好双方不要有金钱方面的借贷。感情掺和进经济的因素容易改变性质；另一方面，一旦感情发生变化，可能出现纠纷。你很喜欢他，当他向你借钱的时候可以借给他一些（如果自己有钱的话），但不要数目太大，另外要关注和追踪他拿到的钱的去处，考察他是否把钱用到合适的地方。

**手机尾号9011**：我和老公相识不到半年就结婚了，因为当时我怀孕了，女儿出生后他整个人都变了，最近我俩总吵架。我现在很矛盾，该怎么办呢？

主持人：看起来你们婚前缺乏足够的了解，所以感情不是很深厚和牢固。现在"他整个人都变了"，很可能是对婚后的生活不适应，你们应该通过交流，找出对对方不满意的地方在哪，以及对对方的希望在哪。然后达成妥协，双方都做出改变，以尽快适应新的生活。如果他因为移情别恋从而对你不满，那就是另一种性质的问题了。

### 十七

**手机尾号2963**：我丈夫开出租车夜班，结婚三年了。他的花心让我很吃惊，生孩子以后才发现他有三个情人。他说和她们没有联系了，我和他商量让他换成白班，可他死活不换。我们经常吵架，有时动手。我怎样才能挽救这个家呢？

主持人：碰到自己的丈夫与别的女性产生了婚外情，做妻子的出现愤怒、失望等情绪是正常的。但冲动解决不了问题，相反有可能使事情变得更不可收拾。所以应先控制自己的情绪，理智地调查一下，他是否仍与原先的情人保持关系？如无可靠证据也不要乱猜疑。如果真是存在，最好是冷静地与丈夫谈一下利害关系，劝他悬崖勒马。还可请双方的父母出面帮助你的丈夫。

**手机尾号9348**：我是一个离婚女人，可是现在我的前夫经常打搅我，我不知道应该怎样做了，真的很无奈。请你们给我点建议好不好？

主持人：是一种什么样的"打扰"，需要具体分析。如果涉及到子女的抚养、教育等，你们应当互相协商办理。若有未付清的帐目等，也应当尽快解决。如果没有任何原因，前夫实际上是在骚扰你的生活，那么你应当明确告诉他这种做法是错误的，如不收敛可能会触犯法律。如他还继续我行我素，必要时可以向公安机关求助。

**手机尾号6723**：我是名大二学生，我喜欢我高中一女同学，大一上学期我在网上和她说了，她也同意了，但她和我不在一个学校，并且相距很远。我总觉得不是很现实，但我又放不下，我有时

真不知道自己是否还要继续下去，理论上说距离不是问题，但是现实总是残忍的，以后也不知道我和她能不能在一起！

主持人：对距离和时间的担心也是非常现实的考虑，毕竟人都不是生活在真空里。既然你现在有些拿不定主意，建议你们先交往下去，彼此开诚布公地讨论一下，对将来的情况可以做出自己的设计和安排，看有无实现的可能性。随着时间的推移，现在看来模糊不清的想法，到了一定时候可能会清晰地表现出来。到那个时候，无论是怎样的结果，都会是水到渠成。

### 十八

**手机尾号9625**：我和他是初中同学，初三时他说喜欢我，怕影响学习我没接受。高中我们不同校，他追过两个女孩但很快结束，现在高中毕业后，他又追我，说实话我也很喜欢他，可我感觉他不专一，我该怎么办？

主持人：既然喜欢他，同时又对他的感情是否专一不确定，那就可以以普通朋友的身份与他交往。在交往的过程中，进一步了解他的为人。随着时间的推移，如果觉得他可靠，就与他成为恋人，如不理想，选择合适的时机和方式结束朋友关系就可以了。不过需要注意两点：一是在开始，不要使对方形成你就是他的恋人这样的印象。二是如果想结束，一定要做好工作，以免出现不好的后果。

**手机尾号7862**：已婚的我偶然认识了一个女孩，我们已同居五个月，前几天她告诉我她家里给她介绍个对象，她不想错过这个机会，我听后心里特别难受。我不想维持原来婚姻，更不想失去现在的她。我该怎么办？

主持人：你与女友的关系，已错在先。长期这样纠缠下去，有可能产生不可预料的严重后果。既是她想结束，这也正是一个结束的时机。暂时感情上必然有相当的失落，但理智应该战胜情感。同居是一码事，结婚是另一码事，是否双方能互信婚后的忠诚？都是需要三思的。

# 第三章 演讲和讲课稿

## 从全职太太说到婚姻
### （2005年6月18日在青岛早报主办的"全职太太沙龙"上的演讲）

借今天这个时间，我与各位全职太太或非全职太太，聊聊关于婚姻及情感这个话题。先从全职太太说起。你们既然做了全职太太，是不是就不要再管丈夫的事业，只是相夫教子就可以了？我觉得不应该这样的。

一、如何对待丈夫的事业？

我想，其实不单是作为全职太太的各位，即包括你们的夫君，也是希望不至于因为你们做了全职太太，而从心理和感情上夫妻拉开距离。如何避免这一点呢？我提出一个有效的方法就是，即使做了全职太太，也要尽量参与丈夫的事业。参与到丈夫的事业中，夫妻才能常有共同的语言，才能多交流。不只是参与，还要争取常能对丈夫的事业有所帮助。鲁迅有言：人必生活着，爱才有所附丽。

有人认为，男人天生是坚强的，他们不喜欢妻子参与他们的事业。其实我想并不完全是这样。关键是以一种什么样的方式去参与。应适时地提出建议，在丈夫遇到棘手的事情时，该出手时就出手，弥补丈夫的过错和失误，尤其是在人际关系方面注意协助丈夫。

从人际关系方面协助丈夫还有一个副"产品"，那就是时时掌握了丈夫的交际，丈夫如你手中牵着线的一只风筝，尽管飞得远，但却系于一线，还时时在你手中，不至于无所归依，而成为断线风筝。

二、婚外情感的问题。

一个值得注意的倾向是：当今的社会舆论，似乎越来越同情或默许出于真正爱情而发生的婚外恋，以至婚外性关系。在中国也曾风靡一时的美国小说《廊桥遗梦》代表了这种倾向。《廊桥遗梦》据说受到大多数人的肯定。这部小说歌颂了已婚多年的有丈夫还有两个孩子的农妇弗朗西斯卡与正在旅行摄影的单身男子罗伯特·金凯的婚外恋情。当时弗朗西斯卡的丈夫带着孩子外出了，她自己一人在家。金凯经过她家门口，与她相遇。于是两人短时间内产生爱情，相见恨晚。不但恋，而且发生性关系。作者对这一段一见钟情式的浪漫恋情给以了歌颂和肯定。

有人说，正是故事的结局使这段恋情高尚了。那结局是双方都克制了欲望。弗朗西斯卡留在了丈夫孩子身边，罗伯特·金凯离开弗朗西斯卡后再也没有来干扰她的生活。虽然他们两人都在心里深爱着对方，却以"止于礼义"而告终。

也有人说，《廊桥遗梦》是一部折衷的道德说教的教科书，它充满着矛盾：它歌颂了婚外恋，可又通过结局批评了它；它谴责弗朗西斯卡对丈夫的不忠，可又通过让她抑制欲望而原谅了她。对罗伯特·金凯也是一样，当她与弗朗西斯卡发生恋情时，我们对他多少有些蔑视，可到结尾，我们又为他穷愁潦倒的结局和他对感情的执着而感慨甚至钦佩。

小说《廊桥遗梦》为弗朗西斯卡和金凯的婚外恋情辩解说，"伟大的激情和肉麻的温情之间的分界线到底在哪里，我无法确定。但我们往往倾向于对前者的可能性嗤之以鼻，给真挚的深情贴上故作多情的标签，这就使我们难以进入那种柔美的境界，而这种境界是理解弗朗西斯卡·约翰逊和罗伯特·金凯的故事所必需的。"

一位作者在《文汇报》上撰文说，如果弗朗西斯卡·约翰逊追随罗伯特·金凯而去，浪漫到死，或者坚持操守，不曾以身相许，我倒会对她肃然起敬。这位作者比较了《廊桥遗梦》的故事和《魂断蓝桥》的故事之后感慨地说："人们真的没有耐心再去欣赏那种大时代背景下纯真幽雅的爱情，而对干柴烈火一日尽欢的情爱如此倾倒？"

弗洛伊德的理论是：为了文明的发展，人必须克制和升华自己的性本能。其实从人的本性上来说，也许是喜欢一婚多恋的。但凡事有利有弊。你不能只喜欢万里雪飘的美景而不忍受冬日的严寒。

　　从以上的分析可以看出，一个人如何对待婚外恋情，最可以看出他或她的操守。人们不能无原则地指责婚外恋，乃至婚外性关系。而是看它是否有一个对未来的指向：凡是指向着相爱又终生相守（结婚），并不惜为它做出牺牲愿意经受时间考验的，则会得到人们的认可、同情甚至敬佩。张学良与赵四小姐、最近的查尔斯与卡米拉等。

　　美国有一篇小说《挚爱》，讲的是一对中年夫妻，丈夫派往日本工作时，与当地一青年女子发生恋情，向妻子提出离婚，妻子所以不恨丈夫的原因是觉得丈夫为人不错：他宁肯离婚也不愿意玩弄那个日本姑娘。后来的发展更富戏剧性。这位丈夫后来因病去世，留下一双幼小的孩子。他们由年轻的母亲带着，生活从此陷入贫困，不得已向丈夫在美国的前妻求助。这位美国前妻战胜了对于夺走自己丈夫的日本女子的怨恨，出面克服困难办好手续，将她们母子三人接到美国。当她在机场接到日本女子与他们的孩子时，感到似乎丈夫又回到了自己身边。

　　这篇小说确实写出复杂深刻的人性。如鲁迅所说：不但写出了藏在人表面善良下面的卑污，还进而写出了隐藏在卑污下面的真正的洁白！

　　朋友们，古人有言：求仁得仁又何怨！又有俗话说：种瓜得瓜，种豆得豆。

　　在这个动荡的世界里，有稳定家庭的人最容易身体和心理健康，反过来说，家庭不稳定，夫妻不和谐，非但使人不健康，还会使人减少寿命呢。

2005年6月17日

# 从马加爵案谈学生心理健康教育

（本文系本人先后在2004年3月14日在山东科技大学青岛校区为该校学生，3月28日在青岛市北区为社区群众、大学生和3月30日在青岛科技大学为经管学院学生所做的讲座，根据听众的不同，讲课时内容略有调整。）

一、学生心理健康再度成为关注的焦点

2004年2月23日，云南大学某男生宿舍发现有4名学生被人用石工锤打击头部致颅脑损伤死亡，死亡时间约一周左右。

经痕迹鉴定和调查走访，专案组确定，该宿舍失踪的学生马加爵即是重大作案嫌疑人。

马加爵，男，1981年5月4日出生，汉族，广西宾阳县人。云南大学生命科学学院生物技术专业2000级学生。

公安部于24日向全国发出A级通缉令，悬赏20万通缉杀人嫌犯。3月15日晚，马加爵在海南三亚市河西区落网。3月17日马加爵被云南警方押解回昆明。

目前，马加爵已被批捕，公安机关正在对其审讯。等待他的将是法律的惩处。

一个正处在青春年华、即将走上工作岗位的大学生，为什么竟因为一点在别人看来微不足道的小事，就对同窗同舍的学友下如此毒手？

昆明警方对马加爵进行审讯，马加爵供出杀人原因。

民警：你为什么杀人？

马加爵：我觉得我太失败了。

民警：你为什么觉得自己失败？

马加爵：我觉得他们看不起我。

民警：怎么会有这种感觉？

马加爵：他们老在背后说我。

民警：他们都说了些什么？

马加爵：他们都说我很怪，把我的一些生活习惯、生活方式、甚至是一些隐私都说给别人听，让我感觉是完全暴露在别人眼里，别人都在嘲笑我。

民警：你觉得他们为什么会这样说你？

马加爵：可能是因为我较穷。

从马加爵的供述中，我们可以看出，他是一个有着强烈的自卑与报复情结的人。他为什么认为自己失败？大学生被人们称为"天之骄子"，在他家乡的村庄、学习过的学校，他被认为学业上是一个出类拔萃的人。然而他内心深处总认为自己不如人，他把这归因于家里比较穷。如果一个人生活贫困或其他方面不如别人。有两种方向，一是穷则思变，发奋图强。另一种可能就是变为仇视他人和社会。不幸的是，马加爵选择了后者。

3月17日《羊城晚报》报道说：多数师生认为"马加爵杀人事件"的发生是社会的悲哀，它凸显了大学生群体中的一部分人人格障碍问题，以及此问题得不到及时疏导所带来的恶果。

谁应该对这些负责？学校老师、辅导员、党团组织、学生组织？再向外扩展到社会上的新闻媒介及整个的社会大环境？人们都会思索这一问题。

华南师范大学心理咨询中心的李江雪老师对记者说，从马加爵案件来看，他是属于有人格障碍的一类人，这类大学生往往没有自制力，遇事会迁怒于别人，归咎于社会，产生一种反社会性的人格，一旦受到外界的激发，便会爆发出来，做出正常人认为不可理喻的事情。

中山大学心理咨询中心的古南永老师分析认为，马加爵造成如此结局，是其成长经历造成的性格偏差使然，中小学时，老师家长都只看到他的成绩优秀的一面，没有对其性格内向等一些异常行为加以注意，也就丧失了给其改正性格的最佳时期。

总起来说，马加爵是一个心理不健康、人格又异于常人或者说是一个具有偏执型和反社会型人格的人。

马加爵的问题是个别现象吗？是一个例外？偶然之中有必然。

北京市大学生心理素质与心理健康调查（发表于2001年）显示：北京大学生心理健康状况优于全国大学生，但仍有16.51%的学生存在中度以上的心理问题。

不少研究者指出大学生是一个特殊群体，社会要求高、家长期望高、个人成才欲望强烈。但由于心理发展处于尚未成熟阶段，缺乏社会经验，加之为在激烈的高考竞争中取胜，几乎全身心投入学习，心理比较脆弱、适应能力差、情绪不稳定、心理失衡常常发生，是心理障碍高发易发群体。

大学生为什么容易罹患各种心理疾病？

可以从生理方面、心理方面和社会方面来寻找原因。

从生理方面讲，大学生进入成年期，正是生命力旺盛的时期。以性需要为主的生理需要要求强烈，但人是社会化的生物，文明要求推迟人的性生活，故如何使性要求保持适度并合理升华是对大学生的一个考验。过度压抑和无限的放纵都会使人致病（生理的、心理的）。

从心理方面讲。大学生是人格的最后养成期。在认知方面试图从全面、统一的角度，对历史、现实和将来进行全面的审视。一、过去的。自己的出身、家庭、得到多少爱，受到的伤害、挫折，个人的成功与失败。总之过去有几多欢欣，也有几多愧疚，有多少遗憾。二、现在的。经济上的情况。人际关系方面的，如友谊、爱情、性吸引、性倾向等，学习与环境。三、将来的。学业方面。职业的考虑。经济的。恋爱、婚姻，与父母的联系等。这一些问题全压在一个年青人身上。而这个年青人在中学时期以及进入大学后，往往只将精力用于学习上，社会经验严重不足。在这些甚至令成年人都苦恼、困惑、愁烦的问题面前，常常会不知所措。

从社会方面看。经济的转型及飞速发展、社会急剧的变革、文化的多元化、商业化对传统价值观、道德观的冲击，社会上丑恶、邪恶现象的存在等，都对大学生造成深刻的影响。从心理健康教育及心理偏差方面看，长期忽视心理健康问题，心理疾病的防治体系不健全、专业人员缺少等都是原因。

中学的情况怎样呢？80年代以来大量抽样调查表明：我国中小学生心理健康问题的检出率约在14%——21%左右，状况令人担忧。心理素质是人的其他各种素质的载体和整体素质提高的基础，全面推进素质教育过程中必然要求加强心理健康教育，而中小学学生心理素质的培养无疑是素质教育的奠基工程。

学生的心理健康问题再一次受到关注。下面这些措施也可以看作是亡羊补牢。

云南省教育厅已决定对全省新入学大学生进行心理健康普查，为每一位学生建立心理健康档案。对普查有问题的学生进行及早的咨询与帮助。北京的中国农业大学也将设置校级学生心理咨询员和校学生会心理部、院学生会心理部、班级心理委员三个级别的心理健康辅助组织。

国家教育部最近也发布了《中小学心理健康教育指导纲要》，对于中小学生的心理健康教育做出了一系列的规定。十年树木，百年树人。成效还待来年。

二、心理健康与人格培养

那么什么是心理健康？它的标准是什么？怎样才能使学生、孩子养成健全的人格？

我国劳动和社会保障部主持制定的全国心理咨询师培训教材定义为：心理健康是指人的心理，即知、情、意活动的内在关系协调，心理的内容与客观世界保持统一，并据此能促使人体内、外环境平衡和促使个体与社会环境相适应的状态，并由此不断地发展健全的人格，提高生活质量，保持旺盛的精力和愉快的情绪。

心理健康对于一个人比躯体健康更重要。只有心理健康的人才能把握自己，适应环境，面向未来、积极进取、自强不息，显示出生命的价值。

现代医学研究表明，信仰破灭、自卑、多疑、压抑、骄傲等都是不健康的表现，都会不同程度的影响人的身体健康。

心理健康的标准有哪些呢？

著名心理学家马斯洛在《动机与个性》一书中，将以下几条作为心理健康的标准：1.对现实具有敏锐的知觉。2.自发而不流俗。3.热爱生活，热爱他人，4.在所处的环境中能保持独立和宁静。5.注意基本的哲学和道德伦理。6.对平常的事物如朝晖夕阳能保持兴趣。7.能和少数人建立深厚的友谊，并有乐于助人的热情。8.具有真正的民主态度、创造性观念和幽默感。9.能承受欢乐和忧伤的考验。

毕希名教授在《大学生心理健康指南》中认为：大学生心理健康的标准主要指具有：（1）健的情绪。（2）和谐的人际关系。（3）完整统一的人格。（4）良好地自我意识。（5）能与社会协调一致。（6）善于适应环境。

再来说说人格。

人格，又称个性。是指一个人固有的行为模式及在日常活动中待人处事的习惯方式，是全部心理特征的综合。正常的人格是心理健康的基础。也是一个人能否适应社会并为社会做出贡献，并使个人与他人和谐相处，愉快生活的重要心理条件。

一个人如果人格方面出现异常会妨碍自己的情感和意志活动，破坏其行为的目的性和统一性，给人以与众不同的特异感觉，在待人接物方面表现尤为突出。马加爵在中学、大学给人的印象是孤僻、不合群，行为有时怪异。中学时就有单独出走的经历。

人格从结构方面划分包括：第一，倾向性方面的需要和动机。第二，心理特征方面的能力、气质和性格。

人格既然这么重要，它是什么时候形成的、又是如何形成的？有以下几个特点。

1.人格的形成与先天的生理特征和后天的生活环境均有较密切的关系。总之是先天的遗传因素加后天的环境共同作用而养成的。

2.童年生活对于人格形成有重要作用，因为人的人格是开始于儿童期，确定于青年早期。医学上诊断一个人人格异常，必须超过18周岁。

3.人格一旦形成即具有相对的稳定性。但重大生活事件及个人的成长经历也会使人格发生一定程度的变化。人格既具有相对的稳定性，又具有一定的可塑性。

什么是健全、正常的人格？这个标准又不是绝对的。但一般而言，一个人的行为方式（思想观念、心理状态等）与社会主流、与大多数人保持协同，就是正常。与常人有很大不同，影响到社会功能就是异常。

人格异常主要有许多种，我们简单介绍以下两种。

偏执性人格障碍：以猜疑和偏执为特点。对周围的人或事物敏感、多疑、心胸狭窄、容易害羞、自尊心过强、对他人对自己的"忽视"深感羞辱、满怀怨恨、有强烈的仇恨心和报复心。自我评价过低，不能宽容他人等。

反社会性人格障碍。不遵守社会规范，经常违法犯罪，对人冷酷无情，缺乏爱情与友谊，常有冲动性行为。

三、增进心理健康的途径

怎样增进心理健康，培养健全的人格呢？

毕希名教授在《大学生心理健康指南》一书提出了如下几个方面：

1.正确对待自己；

2.正确对待他人，善交友；

3.正确对待生活，爱学习；

4.正确对待环境，能适应。

马斯洛对于自我实现者的建议：

1.心胸宽阔；

2.处任何情境，乐观；

3.不要总怨天尤人，多想多行动；

4.有目标努力去实现，但要想到可能不成功；

5.坚持正义，不为潮流左右。不知老之将至；

6.适当放松自己；

7.与朋友分享成功和失败。

我对朋友们的几点建议：

1.学一点心理学、哲学的知识。心理学是研究人的精神世界的发生、发展和活动规律的一门科学。它主要包括认知、情绪情感和意志，需要、动机，能力，人格等内容。比如学了心理学，了解到大学生情绪的特点是丰富多采但情感又不够深刻，心境易变，不够稳定就可以有意识调控。学了哲学会从高度看问题，对于认识社会人生，有举一反三的作用。

2.不要认为自己现时的认识是永远的真理，要知道也是一个发展的过程。不要试图一时间解决所有问题，有许多矛盾可以留待以后去解决。

3.除了学习，不要忽视了其他生活的内容。如学习生活的知识，学习交际，学习恋爱。古时的教育家孔子教学生，除了读书以外，还有音乐、射箭、驾车。他老人家说：诵诗三百；授之以政，不达；使于四方，不能专对；虽多，亦奚以为？

要培养体育、文学艺术等其他方面的兴趣。应交异性朋友，恋爱则要随缘。

4.有了心理问题要及时寻求帮助。与人发生矛盾，要及早采取行动解决。许多心理疾病是慢性的折磨和刺激造成的。如果将问题早解决，不积压，就不容易以后生病。

四、家长在儿童人格培养中的作用

由于人的人格形成于儿童期，所以帮助儿童形成一个正常、健康的人格这一问题对于教师和家长来说，格外重要。

家长为子女的成长，为子女的人格养成提供了什么环境？

如果孩子生活在指责中，他学会责备；

如果孩子生活在仇视中，他学会争斗；

如果孩子生活在恐惧中，他学会害怕；

如果孩子生活在妒忌中，他学会嫉恨；

如果孩子生活在羞辱中，他学会自卑；

如果孩子生活在鼓励中，他学会自信；

如果孩子生活在宽容中，他学会厚道；

如果孩子生活在表扬中，他学会赞赏；

如果孩子生活在接纳中，他学会友爱；

如果孩子生活在共享中，他学会慷慨；

如果孩子生活在诚实和公正中，他学会什么是真理和正义；

如果孩子生活在安全中，他学会信任自己和他人；

如果孩子生活在挚爱中，他学会热爱我们所生存的这颗星球；

所以，每一位身为父母的人，都应该问一问自己：我们的孩子究竟是生活在什么样的环境中？

儿童、少年甚至青年时出现心理问题，家长负有不可推卸的责任。在这里简单向朋友们介绍一下西方心理学界研究的一个热门课题。就是关于婴幼儿的依恋模式以及对成人的影响。

依恋是婴儿与抚育者（一般为母亲）之间形成的一种特殊的情感联结，对儿童的个性发展有着重要的影响。依恋的不同模式，会对儿童的人格形成，及对成人后的个性产生重要影响。

心理学家艾斯沃斯（M.Ainsworth）将婴幼儿的依恋模式分为三种类型：

安全型：母亲在有安全感，对外界有积极反应。

回避型：缺乏依恋，与母亲没有建立亲密的感情联结。

反抗型：既寻求与母亲接触，又反抗母亲的爱抚。

研究表明：一个人早期依恋模式与后来的社会性和情绪发展有关。

早期为安全依恋组的儿童有更强的自信和自尊、确定的目标更高、表现出对目标更大的坚持性、更少的依赖性、花更多的时间在同伴活动中，并且更容易建立亲密的友谊。

许多研究表明，早期依恋模式与成人的爱情关系模式之间有关系。安全依恋方式与幸福、友谊、信任的关系有关，回避方式与害怕接近、情绪的起伏、嫉妒有关。而与焦虑的或矛盾的方式有关的是对所爱的人强迫性占有、渴望团聚、极端的性吸引、情绪的极端化和嫉妒。这说明人格发展的连贯性。先前的适应和历史没有被变化擦去。早期的模式可能被重新激活，并且早期历史加上现在的情境的作用可以预测当前的适应。

向大学生推荐青岛海洋大学出版社出版，毕希名、贺孟泉著《大学生心理健康指南》。向中小学生家长推荐河北人民出版社出版，奥地利心理学家阿德勒著《儿童的人格形成及其培养》。

五、心理问题、心理障碍的咨询与治疗

心理咨询是心理咨询工作者通过与来访者的人际互动，利用言语和作为专业人员的特殊身份与形象，以及许多专业的技巧，对来访者的心理方面的问题，给以解答和指导，帮助来访者解开心理方面的疙瘩，摆脱心理障碍的困扰，从而恢复和增进心理健康这样一种过程。

心理咨询在发达国家已经是很普及的事了。但是在我国，尚未被大多数人了解和接受。许多人对心理咨询仍不十分了解，甚至有一定的偏见。

1.有人认为心理病不是病，只是个人内心的一些奇怪想法，不需治疗。心理问题可导致躯体疾病。

2.有人认为咨询不解决问题。其实人就是心理与生理的统一体。两者互为影响。心理问题可致生理变化，生理变化也可使心理发生改变。即使药物对躯体疾病的治疗，也有相当大一部分是安慰剂效应。人可以从接受外界的信息，如听到一个坏消息，看一件令人气愤的事，会生病。那么通过心理咨询的谈话，同样可以治好病。

3.还有人舍不得金钱和时间。其实心理疾病最是影响人的生活质量的。有多少钱，没有健康的心理，也不会幸福。

4.觉得心理问题属于个人的隐私，不宜公开。其实为来访者保密是心理咨询师首要的职业道德。

5.不知道什么情况下应该去寻求心理咨询、以及到哪去找心理咨询师。

其实，在很多情况下，人们都应当想到心理咨询。例如：

1.当遭遇突如其来的打击导致心理危机时，应尽快向心理医生求助。

2.恋爱、婚姻、家庭、就业等等生活问题所带来的烦恼可向心理医生诉说和求助。

3.当心身疾病患者出现特殊的行为模式需要矫正和治疗时。

4.出现酒精或药物依赖、不良生活习惯和非健康行为模式需要矫正时。

5.择业前需要对自己心理特点及各方面有更全面的了解时。

6.当出现焦虑、强迫、恐惧等症状时。

7.当出现较严重、较长时间的抑郁情绪时。

8.未有病理症状的疼痛、不适，身体感觉、运动器官功能失调、丧失。

这里说明一点，据统计，综合医院接待的病人中，约21%-26%的内科门诊患者有精神障碍。其中的女性主要是焦虑、躯体形式障碍。而许多没有精神卫生知识的内科医生往往用更年期综合症、植物性神经紊乱等来解释这些患者无器质性基础的躯体症状。这些患者常常反复就诊于临床各科，接受许多不必要的检查，却得不到有效的治疗。

9.失忆、人格异常等。

10.出现妄想、幻觉等症状。

心理咨询师对于有精神病症状的人会及时转到精神病院或综合医院的精神科进行治疗。

心理疾病按照从轻到重，可以以心理问题、心理障碍和精神病来排列。心理问题是近期发生、对个人刺激不是特别大而又不大可能泛化的一种状态。心理障碍是指发生时间较久、强度大，内容充分泛化，已经影响到了人格的一种状态。精神病是指已经丧失了自知力的一种状态。

心理问题与心理障碍最有效的方法是心理咨询与治疗。药物仅是辅助手段。

大学生朋友产生了心理疾病，较轻的可以在学校寻求咨询和解决。严重了还要寻求专业、系统的治疗。

最后谈一谈心理咨询师这一职业。

2001年8月3日，国家劳动和社会保障部批准了《心理咨询师国家职业标准》。该标准规定了心理咨询师的培训、考试、颁发证书等事项。国家劳动和社会保障部于2003年开始举办心理咨询师的全国考试，向合格者颁发了心理咨询师职业资格证书，标志着我国心理咨询工作走上了正规化、职业化的道路。

心理咨询与治疗是一项专门的工作，与一般的劝人不同，一个好的心理咨询师应该是个人品质、学术知识和助人技巧的结合体。我们帮助了别人，也从每一位来访者身上学到一些东西。我们感谢来访者的信任，慎重地、热情地接待和帮助每一位来访者，细致地、负责任地分析来访者存在的问题，权衡全面的情况后，提出行动的建议。人和人千差万别，没有对一切人都适合的同一种方法。有时候，我们也困惑，也迷惘，但我们永不言败。我们相信人的心理是可以改变的，坚冰可以融化。改变可能非常之慢，但不努力就永远不能改变。我们思考、探索，相信总会找到出路。当然，凭我们的学识、技术、经验，一般情况下，会比较快地诊断明白来访者的现状，在与来访者的交流中，找到问题的症结，帮助来访者改变想法，采取行为。

2004年3月27日改定

# 儿童的注意力品质与学习成绩的关系

## （2009年暑假期间多次为小学生家长所做的演讲）

尊敬的各位家长，欢迎各位参加讲座，我们今天的讲座分为五个部分，时间大约40－50分钟左右，下面开始今天的讲座。

一、孩子的学习成绩不好，主要有哪些原因？

1.和孩子的大脑发育有关系。一些儿童学习困难可能与脑损伤、脑发育不良有关。比如对阅读障碍儿童的脑神经研究，发现这些儿童的左右脑半球形态大小与正常人不同。正常人的特征是大脑半球前部左侧小于右侧，后部左侧大于右侧。核磁共振成像检测发现，阅读障碍儿童左右脑半球前部形态无差别，或右侧反而小，而后部与正常人无异。与此相反，有报道阅读障碍成人大脑后部区域（顶叶侧部）左侧面积比右侧小。

2.和孩子成长环境有关系。儿童生活的社会与文化背景对儿童的学习有很大影响，家庭关系不完整、不和睦，常常使儿童得不到父母的关心和温暖而造成学习困难。父母的教养方式专制，会使儿童对学习产生焦虑或反抗情绪，而过分的放任则会使儿童责任心不足，行为放纵，影响学业。老师的期望过高以及不合适的学校教育也会限制某些学生的发展。

3.许多儿童的学习困难是由于认知能力的不足造成的。所谓认知能力指的是个体了解与认识世界的一整套心理能力，其中很重要的就是注意的能力与品质。根据最近"全国注意力障碍研讨会"上统计得到的数据，学习成绩不好的孩子中，有大约60%以上是由于注意力问题造成的。教育部在2000年的时候，曾经在全国六大区12个城市，采样抽取年龄在6至17岁的在校学生。进行过一次"中小学生注意力测验"。测试的结果表明：重点中小学的学生，比普通中小学的学生的注意力测试等级分，高出3个级别以上。

二、什么是注意力呢？注意力和孩子的学习成绩有什么关系呢？

用心理学的专业语言来说，注意力就是一个人的心理活动对一定对象的指向和集中的能力。用通俗的话来说，就是人做事情的专心的程度。实际的情况是，没有注意的参与，人的有意识的思维是不可能的。注意之所以被人们重视，在于它是一种选择性维量，即对刺激选择的控制并调节行为，也即舍弃一部分信息，以便有效地加工重要的信息，并有效率、准确地执行指令，付诸行动。这样一来，大家就明白，在孩子的学习上注意和注意力的重要性了。同样的是在教室里上课，注意力品质高的孩子，注意帮助他把更多的思维能量用于学习的功课上，因而听得准、接受得多、记忆牢固。反之，注意品质低的孩子，用了相同的时间，但其注意没有更多地关注学习，而是投注在许多无关的事情上，所以学习得不理想。

在学术上我们将注意力分为注意的广度、注意的稳定、注意的分配、注意的转移等。也许我这样说家长不太明白，下面我举一些例子来具体说明。

1.什么叫做注意的广度。注意的广度又称为注意的范围，是指同一时间内能清楚地把握对象的数量。

比如：在阅读的时候，有的学生读得很慢，而且，读完以后对书本中的内容，能够记住的不多，当然就谈不上理解和吸收了。但是，注意广度品质高的学生，他们却能够阅读快，记忆清晰，而且对于一些细节都能够复述得很准确。

2.什么是注意的稳定性。注意的稳定性又称为注意的持久性，是指注意在同一对象或活动所能维持的时间。

注意的稳定性随着个体的年龄而提高。小学阶段发展速度比幼儿园和中学时期都要快。与注意的稳定相对立的是分心，分心是指离开了当前应指向的对象或活动，而指向与当前任务无关的内容。比如学生上课时东张西望，小动作多。教室外面一有风吹草动，哪怕有个人走过，他就会掉头张望。在家写作业，大人在客厅一开电视，他马上就坐不住，有人敲一下门，他马上就会伸出头来看一下。这就是注意力稳定性不高的表现。保持注意稳定，克服分心现象，对于学习有重要意义。学习成绩不理想的孩子，如果是注意力方面的问题，家长和老师最容易观察到的现象，就是学习或做作业时不能专心，而是不停地分心做与学习无关的事。

3.什么叫做注意的分配。注意的分配就是指，在同一时间内，注意力指向于不同的对象，同时从事几种不同活动的现象。

学生在课堂上，要听老师讲课，同时又要记下老师所讲的重点，如果注意力的分配不是很好，在听课和记笔记这一环节就容易出现一定的问题。有时，会因为记笔记而没有听到老师讲课的内容；有的学生会因为光听老师讲课，而没有办法把随堂笔记记全、记准。所以，学生在学习中经常应用的注意分配现象是：听、写、想。如果没有养成注意分配习惯，注意力分配能力差，就会影响课堂上的思考、理解以及对知识的掌握应用。

4.什么叫做注意的转移。注意的转移是指注意主动、及时地从一个对象或一种活动转移到另一种对象或另一种活动中去。

注意转移能力强的学生，从精神到行为，都可以很快地从一种目的进入另一种目的；转移能力弱的学生，就因不能及时转移注意而导致从精神到行为总是慢"半拍"。

例如：学生回家做家庭作业时，往往不是做一门功课，如果注意力的转移和分配能力不佳，那么，势必在做第二门功课的时候错误率增加，并且时间也会拖得很久。在学校上课时，也是一样的情形，往往已经上数学课了，而学生还在想着上节课语文课的内容。

三、注意力不集中的孩子在现实生活中有一些什么样的表现呢？

高品质的注意力判断标准主要有四个方面：

第一是能够迅速进入注意状态。如打了上课铃以后，学生进入教室，回到座位上就能够迅速地进入注意状态，专心听老师讲课。

第二是能够排除干扰。比如上课时孩子专心学习，即使外面再吵再闹也不为所动。

第三是能够快速反应。如孩子在上课时，老师一提问，马上就能快速反应，积极举手发言。

第四是能够及时转移。比如孩子虽然在课间休息的时侯与同学发生争吵，让自己心情很不好，但是一上课，马上能放下不愉快的心情，专心听讲。

注意力不集中的孩子在现实生活中有一些什么样的表现呢？

1.上课的时候，常常不听老师讲课，而是做小动作、与同学说话、注意教室外的动静等；

2.在做家庭作业的时候，总是东张西望、坐不住。您不在旁边陪着、监督着。作业似乎永远做不完；

3.在检查孩子作业和考试卷的时候，您可以明显地感觉到。您的孩子不是不懂，大部分的错误都是粗心。而且卷面上涂改的"墨迹"随处可见；

4.孩子经常有小动作（如咬指甲），坐立不定扭动不止，不能专心做一件事，易走神，做事有始无终；

5.往往想做什么就做什么，过于频繁地从一种活动转到另一种活动；

6.七岁以前就开始出现多动现象。

如果您的孩子有上述现象的话，很有可能是孩子的注意力存在一定问题，或者可以怀疑是儿童多动症。

四、关于儿童多动症的知识。

多动症在医学上的正式名称叫多动与注意缺陷障碍。这是一种儿童常见病症。发病原因还不十分明了。可能与遗传、代谢因素、出生前后的脑损伤等有关。也有人认为，可能为神经末梢的去甲肾上腺释放不足，最终导致儿童额叶发育迟缓，以致引起自我控制力不足。

儿童多动症的发病率一般报告为3%－5%，我国患病率在9－13%。男女儿童的比例为4－9：1。研究表明，70－80%的多动症儿童在进入青春期以后与同龄人相比，在注意力和情绪方面表现出了明显的差距。

怎样确定孩子是否患多动症？

根据国际诊断标准，注意力缺失/多动症的行为症状包含注意力缺失、多动与冲动等行为症状。

注意力缺失的行为症状，至少有以下症状中的6项：

1.经常不注意细节，在学校课业、日常生活或其他活动中常犯粗心大意的错；

2.注意力无法长时间集中于课业或游戏上；

3.别人和他（她）说话，他（她）常常没注意听；

4.常常无法完全执行他人的指令，且无法完成学校课业、其他的事情或任务（如排除对立的行为或理解上的障碍）；

5.对于组织任务与活动经常感到困难；

6.经常逃避、厌恶或不甘愿地从事较花心思的任务；

7.经常遗失所需之物（如玩具、家庭作业簿、铅笔、书本或工具）；

8.较容易被外在刺激转移注意力；

9.经常在日常活动中丢三落四。

多动与冲动的行为症状：至少有以下症状中的6项（多动为1－6项，冲动为7－9项）：

1.手、脚常常不安地动来动去或坐不住；

2.常常在课堂上或其他应坐好的地方站起来；

3.经常在不适当的场合跑来跑去或爬来爬去；

4.常常很难静下来玩，或安静地从事活动；

5.经常处于活动状态，焦虑不安；

6.常常话太多；

7.常常在问题尚未说完前便抢先回答；

8.从事的活动需轮流时，常不耐烦等待；

9.常常中断及干扰别人，例如介入他人的谈话或游戏。

运用以上标准来评判时，要注意两点：

第一，在允许活动的场合，如下课后放学后，无论孩子活动得多么厉害，也无诊断意义。只有在不该活动的场合，如上课时做作业时，而仍约束不住，始终动个不停，才有诊断意义。

第二，如只有活动过度，而无注意力涣散，也不能诊断为多动症；相反，若注意力涣散明显，而无活动过度，才应考虑有多动症的可能。

多动症的儿童一般有下面一些问题：

· 学习困难

· 感知觉功能异常

· 品行问题

· 社交问题

· 心理问题

· 睡眠问题

五、对注意力品质不高，或叫注意力缺失儿童的行为矫正训练。

训练的基础是：注意力等同于行为，注意力缺失视为儿童的自控能力与行为能力不足。

基本技巧不足。由于缺乏基本能力，导致复杂的行为表现不佳。例如，缺乏视觉上的辨别能力、不能吸收相关信息、观察力不足。

缺乏掌控与执行的能力。失去目标、未控制自己的行径、未记取外界的回应、无法控制行动的结果，导致执行上的错误百出。

缺乏行动组织力。儿童未仔细思量便行动，因而很少运用高层次的技巧，不进一步分析任务，不遵守反应的步骤，导致无法适当地运用已拥有的能力。

儿童注意能力的训练也就是着眼于从提高儿童的自我控制能力和行为能力来设计，从注意的广度、稳定、转移和分配等几方面训练。训练的设计，有注意追视训练、听觉注意训练、注意广度训练、精细动作训练、注意的稳定训练、注意的转移和分配训练等。

对于注意力缺失儿童的训练离不开心理方面对儿童本人和家长的咨询与帮助。学习困难儿童中的大多数对学习无兴趣、求知欲低，经历失败的机会较多，容易形成自卑、自信心不足等不良的自我意识。因此，心理支持非常重要。通过心理咨询可调整他们的情绪，激发学习动机，改善自信和人际关系，培养良好的性格。此外，这类儿童的家长也可能存在焦虑情绪，并采取不合适的教养方法。

家长要改进处理家庭问题的方法，创造民主、祥和、欢乐的家庭氛围，改进与孩子交流的方式，树立正确的教养态度并营造良好的家庭学习氛围。同时，老师要了解并尊重学习困难儿童，帮助他们发展正向的自我观念。

2009年2月

# 更多关注孩子的心理健康与人格培养（演讲提纲）
## （2004年8月11日对市北区泰山路社区居民的演讲）

现在越来越多的家长认识到，单纯抚育和培养孩子身体好、学习好，或者在某一方面取得成功是不全面的，孩子的心理健康和健全人格的培养更重要。

我们在心理咨询的实践中发现，许多成人的心理问题实际上产生在幼年时期，当一个孩子生活在不利于成长的环境中，经历过许多的感情上、精神上的伤害，那么他的心理健康就会受到影响，严重的人格方面发生一定的扭曲。这样的孩子在长大以后，在遇到工作、生活、感情、人际关系等实际问题时，往往不能正确处理，以致出现种种不适应，严重的还会与他人和社会发生激烈的冲突，有的人还会做出一些偏激的事情，像今年上半年因为一点小事杀害同学的大学生马加爵。

下面我从发展心理学的角度谈一点在抚育和培养孩子的时候应该注意的问题。

1.婴孩阶段0-1岁

在这一阶段，孩子没有自我生活的能力，全靠抚育者才能生活，因而要给以充分的关怀，使其对抚育者建立起依赖感和安全感。

心理学的研究证明，在这一阶段能够与母亲建立起充分依赖关系的婴儿长大以后一般来讲，会成为自信、合作、友好、热情、有能力、有好奇心的人，婚姻生活也幸福。反之，就会形成退缩、敌意、有攻击行为的人格，婚姻质量也差。

所以这一段母亲应该亲自抚养，并多与孩子进行情感交流，锻炼其对爱的理解。

2.幼儿阶段2-3岁

这一段要训练孩子自治和自律。要让他自己做一些事情。过分宠爱和保护孩子，代替他们做一切事情，就不能养成孩子热爱劳动的习惯。

家长要鼓励孩子多开口讲话，表达自己的意见。家长要认真倾听他们的意见，以培养孩子的自信。

3.孩童阶段4-5岁

这一年龄段的孩子往往会跟异性的父母比较要好，而相对地会比较排斥同性的父母。这种感情是一过性的。这是孩子体会和学习对自己性别的认同以及对异性的情感的时候。

4.少年阶段6-11岁

这个年龄段的孩子会更多地向同性父母认同，学习适应社会要求的不同性别的社会角色。家长要创造机会和条件，让孩子多与同性父母接触，在潜移默化中培养起他们作为不同性别孩子的性格特点。

单亲家庭容易出问题，就是因为生活在这种家庭里的孩子或者没有机会向同性父母学习，或者由于同性父母的教育而对异性产生不正确的看法，长大以后会影响到他们的择偶行为。

总之，在孩子的抚养和教育方面，我想再强调几点：

（1）过于严厉和过于温和的教育都是不恰当的。

（2）要让孩子在实践中学习，不要事事教训孩子。

（3）家长要注意自己的心理健康和道德情操。家长如果自己有这样那样的心理问题，不及早进行咨询与治疗，会将不健康的心理带给孩子，形成恶性循环。

（4）孩子成长过程中，如果出现一些行为问题，或者在面临重大生活改变时（比如离婚），可向专家请教怎样做使孩子不受或少受影响。

2004年8月9日写

# 工作压力与女性心理健康

当今社会由于竞争的激烈，人们的心理承受着巨大的压力，罹患各种心理疾病的人有增多的趋势。据国内多位知名的心理专家最近的研究，目前女性面临的生活压力大大高于男性，女性较男性更易出现心理障碍，据统计，女性患抑郁症、焦虑症的人数是男性的3.5倍。因此专家呼吁对女性的心理健康更多地予以关注。

一、女性的心理特点

女性心理特征最突出的表现是比男性富于感情，以致情绪变化大。一般认为女性的神经系统感觉阈限低，容易兴奋。对刺激比较敏感，无论是愉快事情，还是令人烦恼或令人悲伤的事情，都会很快引起感情的激荡，外发为情绪表达出来。

女性的虚荣心和自尊心较强，不愿意别人说她的短处，对伤害过自己的人往往耿耿于怀。一旦做了伤害别人的事，内心后悔，但往往不愿意公开道歉。

女性最容易接受暗示，各种形式的催眠术对她们容易成功，因此女性常被迷信活动所迷惑。

女性因其母性本能，多心地善良，富于同情心、怜悯心和爱心。她们往往在慈善事业的和人道主义活动中做出卓越的贡献。爱美是妇女的天性。她们举止文雅，在社交活动中最受人爱慕。她们的形象思维强于男性，适于从事音乐、戏剧、美术、舞蹈，唱歌等艺术工作。

有人认为，女性的弱点是脆弱、胆小、藏不住话，做事不敢冒险，好背后议论人。

女性在心理方面的这些特点，究竟是否如此以及是什么原因造成的有不同的意见。西方著名的女权主义者、法国的西蒙·德·波伏娃的名言是：女人不是天生的，是变成的。希望女性朋友们能够理智地思考一下上面的说法，抱着"有则改之，无则加勉"的态度，或者如我国古代哲学家、教育家孔子所说的："见贤思齐，见不贤内自省也"。这样

对于理解两性间的心理差异，加强个人的修养，是有好处的。

二、压力的来源

所谓压力，心理学上指外界的刺激与主体的反应之间的交互关系。也就是说个体对环境中具有威胁性的刺激，经大脑思考后表现的反应。在这方面，个体的差异很大，比如说一个刺激具有威胁性，但个体不能认知其有威胁性，对他(她)自然构不成威胁。还有当个体确知刺激情境具有威胁，但他（她）的能力和经验足以克服困难时，对他就不会形成压力。我们谈到压力，往往是指消极性的反应。

在现实生活中，压力的来源是多方面的。我们可以将其分为生活、工作和职业、心理三个方面。

关于生活方面，生活的改变往往形成压力。心理学家制定有专门的生活改变与压力感量表，将生活改变从重到轻列出几十项，最后以得分多少判断压力大小。列在前面的有：配偶亡故、离婚、夫妻分居、亲人亡故、个人患病或受伤、新婚、失业、退休、家庭中有人生病、怀孕、性关系适应困难、借债、改变职业与工作岗位、子女成年离家、涉讼等。

职业和工作方面的压力来源主要有（不是按从重到轻排列）：刚参加工作或新改换工作岗位、个人能力不适应工作、个人身体不适应工作、与上级或同事关系不睦、晋升受挫、工作中失误或发生错误、受到处分或降职、对工作本身或工作环境厌倦、对报酬和待遇不满意等。工作的压力中，来自人际关系方面的压力是无形的，也是巨大的。机关工作者尤应注意此点。

心理方面的压力来源主要有两个，一是挫折、一是冲突。所谓挫折是指个人的动机性行为造成障碍或干扰，因而产生的烦恼、困惑、焦虑、愤怒等负面情绪所交织而成的心理感受。从心理学上讲，重要的不是挫折，而是对于挫折的感受。一件事情，一个人认为是挫折，另外一个人就可能觉得无所谓。理想的做

法是持中。对挫折的感受既不可太强，也不可没有。细分一下，对挫折的反应，可以分成理智的和感情的两类。理智方面可以认为是挫折，但感情上能做到，不为挫折影响意志和情绪这是最好的。政治家最需要的是这种素质。因为政治家的生涯中充满挫折，甚至可以说是变幻莫测。如果不能承受挫折，也就不能等待时机东山再起。冲突是指心理冲突，指个人内心里同时怀有两种动机而无法同时满足所形成的心理困境。分为双趋冲突、双避冲突和趋避冲突三种。人的生活是多层面的，有不同的层面，有事业的层面，也有社会的层面。在不同层面中遇到的问题，都需要个人选择判断。在做出选择与判断时，有的重在感情，有的重在理性，更有的因患得患失而不得不考虑各种利害关系。如此看来，日常生活与工作中心理冲突的困扰在所难免。也许能力越高越强的人，面临的心理冲突越多，因为他比一般人有更多的动机与追求的目标。

面对生活和工作中的压力，可引起人的身心两方面的反应。生理方面可导致植物性神经系统、内分泌系统和免疫系统的功能紊乱，从而导致多种疾病发生。较多见的心理压力引发的身体症状有：心悸、头痛、脖子紧、失眠、胡思乱想、常觉胸口闷紧、手脚麻酸、注意力不集中等，这种情况下，如果身体检查没有明显的、严重的躯体疾病，可说明心理压力已经比较严重了。压力作用于人的心理，容易引发如恐惧、焦虑、抑郁、冷漠、易怒等负面情绪，这些不良情绪是引起心理适应困难与心理疾病的重要原因。

压力既是客观的，又是主观的。面对同样一种压力，个体可以有不同的反应。这与一个人的个性特征（内向还是外向、敏感与否等）、个人的经历和经验、可预期性和可控制性、如何解释刺激、社会支持系统有无和多少有关。

三、缓解压力的方法

我们讲缓解压力，前提应该明白，适度的压力有利工作，也有利于人的身体健康。但凡事有个度，超过了个人能够承受的程度就必须及时缓解。如何缓解压力，保持心理健康呢？专家们认为一般来讲有以下几种方法：

第一是回避和远离压力来源。这需要根据个人的情况而定，没有对每一个人统一适应的模式。比如买股票，如果你心理承受能力低就不要买。再如美国小说《飘》中主人公斯卡利特遇到难受的事时常说：我现在不去想它，我现在若是老想着它，我会发疯的。我且等明天再去想它吧。

第二是恰当地、合理地使用心理防御机制。如合理化，即对压力给以合理的解释，比如被领导批评以后，就想关键是自己没有做好工作，领导应该批评，对其他人也是如此，是合理的，自己可能心平气和了。常用的心理防御机制还有压抑、投射、升华等。

第三是重新评价事件或者情境。问题也许没有你当初想得那么严重。换一个角度考虑问题可能会豁然开朗。即使是失误或错误也还有补偿的机会。

第四是寻求支持。当心理压力过大时，可以适当地向亲戚、朋友、心理医生倾诉和求助。不要硬撑。其实承认自己在一定时期软弱，然后通过外部有益的支持降低紧张、减弱不良的情绪反应是明智之举。

第五是适当的运动和培养多种爱好。当一个人处于不良的心理状态，或者不良的心境状态中的时候，坐在那里苦思冥想、发愁、哀叹，不但无助于问题的解决，反而会加重负面情绪。走出室外散散步、跑一圈、打打球，做体操、游泳运动，都会释放心理压力，调整情绪。最近这样的一条消息：在武汉的白领女性中，最新兴起习武风。据荆楚在线报道，在汉口体育馆、洪山体育馆的数家运动俱乐部里面，办公室小姐练拳击、跆拳道、柔道和摔跤，已经成了一种时尚。她们大多是就职于写字楼的白领女性。谈及习武原因，武汉某中学英语教师王小姐告诉记者，她把练习跆拳道当作健身的一种方法。每个星期练上几次，一身汗流下来后，浑身备感轻松，平时工作起来也感到精神百倍。启示：运动是生命之本，是保持青春活力的最佳途径。有些白领女性喜欢在有限的空闲时间喝茶、看书，喜静不喜动。要知道，运动是一种主动的休息，可以让你疲惫的神经得到彻底放松。

让生活丰富多彩、有自己喜欢的业余爱好是让生活轻松的诀窍。下班后学点好玩的技艺吧，可以让你忘掉工作压力，有效地保持心理健康，陶冶性情，以更饱满的热情投入到事业中去。有人写道：为了释放工作上的压力，有人喜欢逛商场，有人喜欢去泡吧，而我既不热衷逛商场也不热衷泡吧，却偏偏爱到超市去看一看是否又有新鲜的食品上市了。来点荷美尔的小排、福成的羊腿，最好再亲自捞上几尾生命旺盛的鱼，好了，一个星期的荤菜基本上就备齐原料了。当青菜倒入热热的油锅，随着"哧拉"一声，菜香溢出来了，哎，那份快乐真是无法形容！所有的烦恼，所有的疲惫，都在这方寸之间的厨房中伴着葱香、蒜香、菜香，化为虚幻。

第六是主动采取行动消除压力。如果一个压力是客观的，一味回避不是根本的解决办法。变被动为主动，采取有效的行动，改变现状才是上策。这要解决两点认识问题。一是任何事情都是可以改变的。二是采取行动才能改变。比如一个人感觉到自己在集体中缺少知己，与人不能沟通，由此心理压力很大。确定上述的两点认识之后，开始找原因。有别人的原因，有自己的原因。别人是难以直接改变的，或者说只有通过自己的改变去影响别人改变。

在职业和工作方面的压力中，人际关系好坏，是直接影响个人心理健康，并进而影响一个组织的凝聚力、工作效率的重要因素。从个人方面说，在一个集体中，能与绝大多数人友好相处，精神就愉快，工作效率高，本来累的工作也会觉得很轻松。那么，什么是公认的容易被别人接纳的个性呢？一般认为，值得信赖、待人忠厚、热心且富感情、爱帮助人、诚恳坦率、有幽默感、个性独立、健谈、有智慧的人受欢迎。

而缺少人际关系的人往往是由于：1.缺乏社交技巧，不能在与人接触时体察别人，并适度表现自己。2.过分重视自我爱好的立即满足，忽略别人的权益与需求，无法与人建立亲密关系。3.对人缺乏同情心与同理心，不能感人之所感。4.自责倾向过重，与人交往时过分患得患失，因恐惧心理影响而导致对社会活动的退缩与逃避。5.个性悲观，对人无信心，与人交往不能坦诚相对，不能表露自己的特点，因而不能获得对方的欣赏与尊重。

一个单位或组织的领导，应该随时注意成员的心理健康状况，不能使成员长期在较大的工作压力下工作，因为这样难以为继。员工感到压力大，往往是由于：1.工作时间太长，破坏了家庭生活和社交活动。2.工作环境恶劣，包括物质的环境与人际关系、上下级关系方面。3.员工感到受到了欺负和不公正的待遇。

作为领导者，应针对以上找出具体原因加以改进。不能让员工长期加班，这样会造成他们对工作厌倦并降低效率。设法缓和上下级的关系，允许员工批评、提意见、发泄不满情绪。一个好的领导者，应该具有民主作风，善于发现并利用员工的长处，了解员工每一个人不同的需求，并尽最大可能地满足他们的需求。创造机会与员工共同参加一些聚会活动，拉近与员工的距离。具有一定的幽默感，适当与人开开玩笑。与异性保持合适的距离等。

心理健康的人才能从容应对工作中的压力与矛盾，从而保证身体健康，为事业发展打下良好的基础。而心理咨询就是为人们提供心理健康方面的帮助的一种新兴的职业。

写毕于2004年5月18日

本文是著者5月19日应邀到海尔集团，为来自全国各地的海尔集团客户服务中心的员工举办讲座的讲稿。

# 护士的职业压力与人际关系

## （2006年3月7日对青岛大学医学院附属医院护士的演讲）

护士群体由于承受着较大的职业压力，由此引起的躯体、情绪和行为问题也比较严重。

### 一、人际关系与职业压力

有研究将护士的职业压力源列为以下5个方面的问题（按照调查中各个问题所占分值从高到低排列）：

工作环境及资源方面的问题，护理专业及工作方面的问题，工作量及时间分配的问题，管理及人际关系方面的问题，病人护理方面的问题。

我个人认为应该强调人际关系方面的问题的重要性。这是因为：

1.压力是客观的，但对压力的感受却是主观的。同样的环境，同样的压力，每个人却有不同的感受和表现。

2.对压力采取不同的应对方式，产生的结果也会大不相同。遇到事故，如能处变不惊，就可能化险为夷。惊惶失措，就会举措失当，一败涂地。当环境不好时，如果一味怨天尤人，不只会自己感觉度日如年，还会使处境更不好。在改变不了的情况下，忍受困难，随着时间推移就可能柳暗花明。

3.人际关系是反映心理健康程度的最重要的尺度和标准。人是社会性的动物。人活着就离不开与人发生关系。所以心理学和心理咨询非常重视一个人是否有良好的人际关系。我来引用著名心理学专家和精神病学家许又新教授的话："健康的心理和人格表现为良好的人际关系，或者，反过来说，良好的人际关系是健康的心理和人格之基本的和最重要的表现。与此类似，所有精神障碍都表现有人际关系障碍。甚至可以说，人际关系的困难和麻烦愈多愈严重，精神障碍也就愈严重（许又新《心理治疗基础》。"）

4.良好的人际关系是减轻职业压力的重要因素。从个人方面讲，心胸宽阔，与人为善，与周围的人关系和谐，对职业的压力承受能力也高。一个和谐的团体，人人会受到乐观心理的感染，团结起来更能战胜各种困难，应对各种压力。

### 二、与周围人建立良好关系的几点建议

1.应有一个建设性的态度

要有良好的人际关系，首先要有好的关于人际关系方面的态度。

（1）期望别人改变先改变自己。有人认为人际关系的改善首先是别人的问题，

改变的责任在他人。当与人的关系发生危机或不融洽时，他们总是期望别人改变得符合自己的要求，而不去想也不想去改变自己的某些认识或行为。事实上要想改变某种关系，最有效的行动是先来改变自己，以自己的改变影响他人改变。

（2）适度的自信心。人缺少自信也许源于幼年的生活环境，如家庭生活困难，

父母严厉等。缺乏自信的人会过分敏感，也经常沉溺于幻想中，更容易误解他人的意图。自卑的反面表达是自傲，以在别人面前的傲慢和表现出优越感来掩饰内心的自卑和不自信。

（3）最好不要太完美。工作上追求精益求精，但要允许自己的不完美。勇于与人竞争不是坏事，心理健康的人重视的是竞争的过程并且能够承受失败，人格障碍者只关注竞争的结果并且"输不起"。所以我们将重点放在追求本身所带来的变化和提高，就会容忍自己身上存在的不完美了。

（4）渴求被爱就要学会爱别人。弗洛姆说：爱首先是一种给予。人人都渴望被爱，但只有耕耘和播种才能收获。这表现在夫妻之间尤其重要。做丈夫的渴求妻子贤惠，能无微不至地照顾自己。做妻子的也都希望丈夫体贴关心自己。如果自己不去关心和照顾对方，只要求对方如何如何，谁也知道这不可能。古人去：己所不欲勿施于人。又说：反求诸己。都是这个意思。

（5）接受自己。不接受自己的人表现为否认、回避、借口、自我苛求等。他们不反省自己，不愿意

面对和承认自己的缺点不足。做事经常后悔，经常责备自己。人要接受自己，包括接受自己的弱点。古人讲的"四十而不惑，五十而知天命"包括对自己个性、能力、缺点和不足的认识。有了清醒的认识和行动上的追求，才能使个性和性格不断完善。

（6）抑制对别人的攻击性。攻击性表现为对人敌意、好挑错好指责、透过于人、嫉妒等。其实每一个人对他人都有攻击性，这是人作为动物本性使然，也是保留在我们身上的远古时代习性的遗传。通过训练和思考，可以将对内和对外的攻击性保持适度的平衡，或将对外的攻击性转移升华至更高尚的目标。

在人际关系方面有不正确的态度的人，在与别人交往时容易运用"投射"这种反应机制，这是个心理学上的概念，即把本人不愿意承认的情感、意图和观点等错误地归之于别人的一种主要是发生在潜意识层次的心理过程。

本身很自卑的人最容易认为别人看不起他。别人说了一句话，做了一件无足轻重的事，他就会认为别人故意看不起他。而他（她）举的事例或"证据"在大多数人看来都是不成立或十分可笑的，这就是投射。

爱说别人自高自大的人自己却自大的严重，经常骂周围的人自私自利的人恰好本人很自私。都是投射的实例。

经常运用"投射"这种心理防御机制的人心理是不健康的，不但使自己容易产生负面的情绪，也极容易妨碍和破坏人际关系。

2.从事新的有效行动

有了负性的情绪，无论是焦虑还是抑郁，是失望还是沮丧，是怨恨还是内疚，总是伴随着具体事件而起的。有效的行动才能促使发生不同以往的情绪体验。

比如做了一件事后发觉对不起朋友的事，独自后悔内疚埋怨自己，自己对自己生气，都不能使负面的情绪平息和消亡，因为因此而起的事情已经存在。如果重视行动，想好就做，要么立刻向朋友道歉或同时用合适的方法补偿，得到别人谅解，自然会摆脱负面的情绪。

以上所讲也适用于处理夫妻、恋人、亲子之间的关系。而且我们讲职业压力，其实个人生活方面、私人的关系也是非常重要的。职业压力大更要处理好与亲人、恋人、家庭成员的关系。因为它们与职业中的关系有着密切的关联。私人关系中的心理问题也许更复杂，一个人的家庭关系出现问题，肯定没有好的心情从事工作，也更容易被工作压力击倒。

三、其他减轻职业压力的方法

一是运动。二是多培养自己喜欢的业余爱好。

护士是一项非常崇高神圣的职业，我们每一个人或者我们的亲属在生命遇到威胁时都得到过你们的帮助，我以今天的这次讲演向你们表达感谢和敬意。

2006年3月2日

# 积极心理与幸福

## （2011年3月14日为魅力海岸员工所做的演讲，4月20日为四方小学教师再次演讲）

首先我要感谢主办方邀请我来作这个演讲，使我有这个机会与大家交流并为大家建立积极心理贡献一点菲薄的力量。这样的机会督促我学习有关积极心理学的知识和论述。

早在2006年，胡锦涛主席在耶鲁大学演说时曾明确提出要"关注人的价值、权益和自由，关注人的生活质量、发展潜能与幸福指数"；今年两会前，温家宝总理在与网友交流时，也指出幸福就是让人们生活得舒心、安心、放心，对未来有信心。经济成长是基础，获得幸福感是目标。当"幸福感"成为中国社会的衡量指标，会推动可持续发展的良性循环；当"幸福感"成为中国人生活的终极关怀，就会创造真正的和谐社会。

一、什么是幸福？

中华大词典：个人由于理想的实现或接近而引起的一种内心满足。

百度百科：心理欲望得到满足时的状态。一种持续时间较长的对生活的满足和感到生活有巨大乐趣并自然而然地希望持续久远的愉快心情。

享乐主义追求短暂的愉悦。另一种观点是追求有意义的生活：发现自我的优点，进行充分发挥，用毕生去实现自己的价值。

总结一下，幸福更像是一种主观的东西。它与客观似乎是若即若离。说它离不开客观，比如一个人或家庭，经济长期特别困难，除了特别的人（精神不太健全的人或有更远大理想和高深修养的人，如被孔子称赞的"贤哉，回也！一箪食、一瓢饮，在陋巷，人不堪其忧，回也不改其乐。贤哉，回也！"的颜回），一般人在此处境中很少能体验到幸福；说它更主观，是因为客观的东西有时不是主要影响因素。如钱多到一定程度，并不提高幸福指数。

美国伊利诺伊州西北大学的教授研究了22位彩票中奖者（每人在一年内至少获得5万美金，多的达100万）和58位没有中彩票的人，结果显示，彩票中奖者目前的幸福感仅比没有得奖的人高一点（4.00：3.80，5分满分），对未来期望的幸福程度也高一点（4.20：4.14），而日常活动中所获得的愉悦感，不及未中奖者（3.33：3.82）。（《积极心理学》，群言出版社，2010年6月第一版，38-39页）

美国到20世纪末，整个社会的财富几乎比1957年时翻了一番，中产阶级扩大了近2倍，绝大部分家庭的收入都有了明显增加，但从调查结果来看，报告自己"非常幸福"的人数却从1957年的35%下降到1998年的33%。（见中国教育学习网 www.cn-education.com）

Myers在分析1991年人均国民收入和幸福感的统计时发现，在最贫穷的国家里，财富对幸福感的影响还是比较大的，国家越富裕，人民越能感受到幸福。但是，当人均国民收入超过8000美元时，国家财富与国民幸福感的相关就消失了，而人权、平等等指标的影响开始明显增大。

美国科学家的一项最新研究显示，金钱的确可以买到幸福，不过要买到这份幸福，年收入7.5万美元就足够了。在7.5万美元这个门槛之内，赚得越多，幸福感越强，但是一旦越过这个门槛，那么赚7.5万美元和赚15万美元对一个人的幸福感影响并不大。

二、怎样测量幸福？

调查问卷。从2005年到2009年间，"盖洛普世界民意调查"在155个国家通过电话和入户等方式访问了数千人，获得了世界各地的人们关于其生活幸福程度的数据。

受访者被要求用10分制对其生活进行打分，同时回答有关前一天情绪体验的问题。这些问题包括他们是否得到了良好的休息、是否受到尊重、是否感到痛苦等。

排名结果显示，北欧国家在幸福程度上居世界前列。丹麦有82%的受访者认为自己生活幸福，紧随其

后 的 是 芬 兰（75%）、挪 威（69%）和 瑞 典（68%）、荷兰（68%）。

令人意外的是，人均GDP世界第一的头号富国美国却仅在这项排名中列第14位。只有57%的美国人对自己的生活感到满意。

"CCTV经济生活大调查"是中央电视台联合国家统计局、中国邮政集团公司于2006年推出的年度经济调查活动，是中国传媒领域规模最大的公众调查，是国内覆盖面最广的民间调查。2010年的调查中，全国有45%的受访者感觉幸福，在选择幸福比例较高的前十个省市自治区中，以下十个城市选择幸福比例最高，它们分别是四川南充市，山东莱芜市，江西南昌市，西藏拉萨市，内蒙古赤峰市，广东阳江市，天津市，河北衡水市，黑龙江绥化市，吉林通化市。

国家统计局评出的2010年中国十大最具幸福感城市：

1.拉萨2.辽阳3.枣庄4.亳州5.赤峰6.上饶7.扬州8.周口9.绥化10.邵阳

美国的研究者收集了全球45个国家、超过100万人完成的916种不同版本的幸福调查表，得出人们的平均幸福得分是6.75分。

按地域和国家，最不快乐的人来自于欧洲的一些前共产主义国家，最快乐的人来自于欧洲北部的新教徒国家。亚洲居民并不像我们所的想象的那样快乐，虽然他们也比较富有，相反，南美的居民相对要更快乐一些。

三、影响幸福的因素

1.良好的人际关系。美满的婚姻、有长久的知心朋友、与亲戚关系好等。在那些最快乐的被试中，所有的人都跟别人有密切的人际交往。

"无论人们处于什么年龄阶段，无论生长在何种文化背景下，良好的人际关系都可能是生活满意度和情绪健康的唯一最重要来源。"（《积极心理学》，群言出版社，2010年6月第一版，189页）

2.有份工作，不是指收入多少。弗洛伊德：健康的心理是指一个人具有爱与工作的能力。

3.有精神方面的追求。物质的追求对于增进幸福作用不大，仅限于努力达到中等收入。而精神追求得来的幸福，不管处在什么条件与环境中，也能体验和保持。奉行苦行主义的人以苦为乐。

4.有休闲的时间和活动。预示生活满意度最强的指标之一是人们花在休闲娱乐上的时间有多少。体力性的活动，如游泳、散步、打高尔夫等各种球、跑步等能够增强积极情绪，尤其是能够带来充满活力的感觉。那些经常做有氧运动的人往往表现出较好的心理健康状况，体验到生活的压力也相对较少。听音乐能够产生更积极的情绪，包括比较缓和（如满足感）的情绪，以及比较快乐的情绪。

5.健康的身体。良好的健康预示着较长的寿命和疾病抵抗力。健康的人们会感觉富有生命力，生活充实而充满激情，而且也能因这种美好的感觉而使自己的心理状态和社会交往受益。

关于疾病与治疗的关系，现在人们进入第三阶段（第一阶段是有病了再治病，第二阶段是未病防病），通过健康的行为（生活）方式来促进自身的健康。

健康的行为（生活）方式：不吃零食，晚上睡8个小时，做运动，不过量饮酒。

6.积极心理，包括乐观、外向、高自尊、内控（认为自己能够控制发生在自己身上的事）等。不幸福的人格特质往往是内向、压抑、抑郁、低自尊、不善于管理情绪等。研究证明遗传与儿时的环境对幸福感影响大。有利的成长环境：建立安全感、父母中等程度的控制、父母乐观等都是有利的因素。

四、积极心理与幸福和成功

幸福的人会在人生的很多领域取得成功：婚姻、友谊、工作、收入、工作表现、精神健康、心理健康。

学者对美国加州奥克兰的一所私立女子学校米勒学院年鉴里的照片进行研究。选取了1958—1960年的114张照片，分析笑容对将来具有的预示作用。那些在照片中表现出积极情绪的年轻女士们，后来的婚姻生活相对更美好一些。

成功和收获可能真的能够延长人的寿命。美国学者考察了235位奥斯卡获奖者，527位被奥斯卡提名但没有获奖者，还有887位与获奖者出演过同一部电影年龄也相仿的演员。结果显示，获奖者比另两组的人平均多活4年。（《积极心理学》，群言出版社，2010年6月第一版，164—165页）

情绪的重要性。积极情绪与人的外向性，较高的工作满意度和婚姻满意度有密切的关系。消极情绪与内向，较低的工作满意度和婚姻满意度相关。

情绪的定义：是指由某种刺激事件引起个体的身

心激发状态；当此状态存在时，个体不仅会有主观感受和外露表情，而且会有某种行为伴随产生。（张春兴《现代心理学》）

积极情绪，即时的快感和长久的欣慰感。

积极情绪可以通过如下方式获得：有规律地锻炼身体、保证规律充足的睡眠、建立和维持牢固的友谊、为自己认定的有价值的目标努力工作等。（《积极心理学》）

研究显示，积极情绪对长寿具有重要的影响。Danner等对180修女（巴黎圣母院）的回溯研究（2001）：研究者阅读她们在进入修道院时（1930年）写的短文，评价她们的积极情绪，进而统计经过了半个世纪以后，幸福程度与长寿的关系。在最幸福的四分之一的人群中，有90%的人寿命超过85岁。相比之下，最不幸福的四分之一的人群中，只有34%的人活到这个年龄。最幸福的人比最不幸福的人平均寿命长10岁。

Ostir等（2000年）进行了一项对800余人的回溯研究。其中的200人现在已经去世了。他们都是40年前来玛约（Mayo）诊所就医的人。他们就医时接受的测评中，有一部分是回答一些能够反映是乐观还是悲观的问题。40年后，在那些去世的200人中，乐观者比悲观者平均寿命长19%。（以上两个案例见《积极心理学》，中国轻工业出版社，2008年1月第一版，14-15页。第一个案例也见《积极心理学》，群言出版社，2010年6月第一版，54-55页）

五、乐观与幸福

什么是乐观？面对困难时，人们是否坚信自己的目标能够达到？如果是，他们就是乐观主义者；如果不是，那他们就是悲观主义者。乐观能够带来持久的动力使之达到目标，悲观则会导致放弃目标。乐观作为一种解释风格。

1.乐观的人把消极事件或体验归因于外部的、暂时的和特殊的因素，悲观的人把消极事件归因于内部的、稳定的和普遍的因素。

温总理2011年3月14日在十一届全国人大四次会议举行的记者会上表示，我们要有忧患意识，始终保持清醒的头脑。同时，又要树立信心，信心就像太阳一样，充满光明和希望。

2.乐观解释风格的训练。

（1）ABC解释法，有3个阶段：事件，信念，结果。

A=事件（Adversity）：朋友们不打电话给我

B=信念（Beliefs）：他不在乎我们的友谊，因为我总是令人讨厌

C=结果（Consequentmoodchange）：我的心情变得非常糟糕

（2）ABCDE解释法（乐观解释风格），有5个阶段：事件，信念，结果，辩论，效果。

A=事件（Adversity）：朋友们不打电话给我

B=信念（Beliefs）：他不在乎我们的友谊，因为我总是令人讨厌

C=结果（Consequentmoodchange）：我的心情变得非常糟糕

D=辩论（Disputation）：寻找证据？可以找出他在意这份友谊的证据，如过去一年中我们经常见面；其他可能？他可能在忙其他事情，也可能正面临某个麻烦；隐含意义？就算他不在意这份友谊，也不是世界末日，我还有其他朋友，生活也可以继续。

E=效果（Energisation）：我现在感到快乐一些，抑郁少一些。

还有学者归结为更简单的公式，"从中寻找益处并记住它"。尤其是面对挫折和困难时。

乐观也是一种选择和处理信息的方式。养成这样一种方式后，就会多看正面的信息，忽视负面的信息，就会对信息作正面的、有利于自己身心健康的解读。试看媒体上，每天正面负面的都有，我们要多看正面的。媒体向来有猎奇的特点，负面新闻吸引眼球，我们不要被其误导。比如我们国家，一方面有各种问题存在，但也有国力不断增强的现实，如再看到国家政策的积极变化，更应乐观。

六、关于获得积极心理与得到幸福的几点建议

1.运动与休闲。在心理层面，运动可以降低压抑和焦虑。在生理层面，运动可以促使大脑产生"多肽"这种化学物质，其释放会带来愉悦感。

2.保证充足的睡眠。

3.让生活简单一些。目标不要太大太多。降低欲望，倡导"比上不足，比下有余"的心态。"为臣难，为君亦不易"。"知足常乐"。"阿Q精神"等，都有一定道理。

姚明在谈到自己拿到来自火箭队第一笔薪水时说：

"当我拿到第一张NBA10万美金的支票时，我确实很幸福。但是幸福之后，你会有无止境的欲望，所以更重要的是要控制自己。"

4.感恩和宽容。感恩一切人，就会观察理解人，就会交到朋友。感恩大自然，也就能欣赏大自然。感恩才能有生活情趣。宽容的人不积累仇恨。不宽容别人，总是有恨，无论是对人、对社会，不利于个人身心健康，体验不到幸福。医学研究证明，宽容能使人获得心理平衡，会产生一种快乐感和满足感，有助人的血压稳定和情志舒畅，这对健康十分有益。即使罹患疾病，宽容的人抗病能力也较强，能促使身体早日康复。所以，宽容不仅是一种美德，也是保持心理健康的"维生素"。

智利《第三版时报》2010年1月3日文章题：表达感激之情可以增进健康，带来幸福

美国人比尔·戈尔登当了20年的兵，30年的警察，86岁那年罹患结肠癌，双膝还患有关节炎。

尽管疾病缠身，但戈尔登依然想尽各种方式报答社会，表达感激之情。研究人员认为这种感恩的态度对任何人都是有益无害的。不久前研究人员提出，时常表达感激之情可以给自己带来好心情，有益身体健康，并能把积极乐观的态度传递给悲观的人。研究人员指出，成为一个受到别人感激的人可以帮助他人转变心情，唯一的条件是一年里必须不止一次地表达感谢。

加利福尼亚大学里弗赛德分校的心理学教授索尼亚·柳博米乐斯基说："如果不能经常表达内心的感激之情，那么你一点好处都享受不到。这就好像你一年才去健身一次，能对身体健康带来多大的好处呢？"美国东北大学的心理学家戴维·德斯特内发现："感激会让人向善，而且更淡薄名利。"

加州大学戴维斯分校的心理学教授罗伯特·埃蒙斯指出，"凡是能表达感激之情的人都是不会产生嫉妒之情和怀恨他人的人。埃蒙斯认为这些人睡觉更甜，身体更棒，血压也会降低。"纽约大学的心理学家布伦达·绍莎娜对此表示赞同。

绍莎娜著有《感恩的365个方法》一书，她认为"人不可能在心存感激的同时还感到抑郁。感恩能让人在身体上、心理上和各个方面都更加健康"。

文章开头提到的戈尔登对专家们的研究并不太关注，他只是觉得自己是一个"幸运的人"，这要感谢他的两个儿子和两个孙子，以及他89岁的妻子。感恩节历来都是戈尔登一家团聚的日子。在感恩大餐开始前，他们围坐在餐桌旁，携手表达内心的感激之情。戈尔登说："为一个人表达你的感激之情，那种感觉很奇妙。'谢谢'这个词很容易讲出口，它会让你变得更好。"

5.利他行为。能带来精神上的愉悦和道德上的优越。

6.把职业当事业。只为挣钱，不会快乐；找到工作中的价值，体验为他人服务带来的快乐。有一个职业生涯的规划，但更要有坚守。

7.从现在开始改变，并坚持。为了能收到长久稳定的效果，以上这些练习必须融合进你的生活，使它们成为你生活的一部分。

2011年3月17日改毕

# 精神分析与人的成长

## （2005年3月25日为青岛大学学生所做的演讲，4月13日为青岛理工大学学生再次演讲）

利用这个机会，与同学们一起讨论作为一种心理学与心理哲学流派的精神分析是怎样关注、解释和帮助人的心理和人格成长的。

精神分析是一个什么样的理论？它与人的成长有什么关系？我想先从动物行为学家做过的一个试验谈起。比如小鸭从出壳以后不让它跟鸭妈妈一起生活，而是让它跟鸡妈妈一起走，那它就会认鸡妈妈为它的妈妈。即使长大以后让它再回到鸭妈妈身边，它也不会再认鸭为它的妈妈了。同样，让小鸭整天跟人走，这样小鸭就会认为人是它的妈妈，长大以后，它也会跟人走。这说明动物的早期行为一旦确定会形成一种深深的印记，后来的成长过程中，虽环境改变，但此种行为也难以改变。这叫"铭印作用"。

科学家的观察和研究还发现，动物的这种铭印作用不是任何时候都可以形成，而是形成在早期特定的时刻。在某些动物可能只有几周，甚至几天，过了这一时期，行为模式不再养成。此种现象被称为"关键期"。

动物行为学家发现的这两种现象，在人身上有没有呢？心理学家发现人也有铭印作用和关键期。虽然人的这两种现象不像动物那样明显，但人在成长的过程中，也是有铭印作用和关键期的。其实我们人人都有体会，例如学习游泳、语言等都是早期学得好，晚了就比较困难了。此外还有人的口味、对歌曲、乐曲的欣赏习惯等，都与早期的生活环境有关系。

进一步推断人的心理的成长，人格的发展有没有铭印作用和关键期呢？

这就是精神分析的理论了，在这一点上显示出它的特点。精神分析是奥地利著名的精神病学弗洛伊德在19世纪末、20世纪初创立的一种心理学理论和流派。在这一点上，精神分析理论认为，人的婴幼儿时期是关键期，界定在人从出生到约5岁的样子。当然人的心理发展有早有晚，不一定这样绝对。

以上就是我讲的第一部分，即通过动物的铭印作用和关键期，来阐述精神分析的一个重要的理论：即，人的人格虽然是到青年时期才最终养成，但它的特征、它的基本的模式，很大程度上是婴幼儿时期确定的。这种早期的模式将要影响人的一生。后来的思维认识感情行为等都是早期模式的拓展和深化。所以精神分析有一个著名的术语叫：现在是过去的重现。许多人到了20岁、30岁，甚至50岁时，仍然重复着幼时的反应模式，内容变了，环境改变了，但反应的模式没有变。当然不可将这种理论推到极致，搞绝对化，但大家可以思考一下有没有道理。

第二部分我们来讨论一个人在婴幼儿这个关键的时期，有哪些东西影响了你，是怎样影响了你。我再说的具体一些，大家想一下，你现在20岁，你是个内向的人，还是外向的人，是感情丰富还是平淡，是喜欢交往人还是不喜欢。再想一下上中学上小学的时候怎么样，很可能并没能改变多少。

我之所以选这个题目给大家作演讲，部分是由于我在咨询过程中，发现许多大学生对自己的人格当中的一些不完善之处不满意，希望改变。许多同学不明白我为什么是这样？但精神分析理论可以帮助人解脱，如果你明白主要是早年的成长环境、父母的性格、父母的教养方式等决定了你现在成为这样的一种性格的人，同学们可以对此有一个认识，尤其是缺点和不足方面，不是让你自己现在负全部的责任。当然不是让大家回去给父母算账，而是认识清楚以后，来加以改变。

最近二三十年，世界心理学界的一个前沿课题是研究婴儿的依恋关系，研究孩子从生下来到1岁，这一段时间里与妈妈形成一种什么样的心理上的依恋关系。人在婴儿时没有人的照顾，无法活下去。只有人为他提供食物、温暖、安全才能成长。婴儿会与妈妈建立起不同的心理和感情上的关系。科学家为了研究的方便从极端上分成两类。一种是好的，称之为安全型的依恋关系，这些孩子与妈妈能形成亲密的感情联接，当妈妈的除了为他提供食物，还给他爱，关怀。大家可能会说，婴儿时期不懂事，懂什么情感。科学家认为，婴儿虽不像成人那样用语言表达，用符合逻辑的方式作细腻和深刻的表达，但他有自己的表达方式。它用它特有的方式，来理解与他人的感情。这里说得稍远一点，精神分析的一个著名观点是潜意识，认为人在能把握到的意识之下有一个巨大的潜意识，潜意识往往不是用语言来表达。语言表达思想是在意识中，但精神分析理论认为，没有语言心理内容也可以存在和表达。婴儿的心理也是这样的情况，婴儿用自己特有方式来感受和表达与人的关系。

在这个时期，如果能与母亲（通常的情况下）建立起一种互相信任、亲密的关系，感情联系比较紧密，这样的孩子长大以后，对社会对他人抱着能与人合作的态度，这样在工作、婚姻恋爱等方面比较顺利。反过来，另一个极端的孩子，称作不安全型，比如抚养人经常变换，别的人没有在感情上关爱他，这种孩子体会不到与人感情的依赖，长大以后，往往对他人对社会不信任，不能与人合作，对人抱有防备、戒备心理，人际关系不好，这样的人往往在职业生涯、婚姻恋爱等方面不顺利，有的可能由于仇恨社会而沦为罪犯。

刚才讲的是极端的例子。绝大多数人是处在中间阶段，有一定的欠缺，有一点问题。精神分析理论进一步研究，不但早期，在后来几年的发展过程中也会形成重要影响。父母对子女的教育和抚养方面容易产生偏颇。刚才讲到的是否有爱，是最重要的一点。在这个时期，他接受爱，才能建立爱的观念。人都是小时候接受到父母的爱，才会学到去爱别人。

父母在管理教育孩子方面容易产生两个极端，一是对孩子过于溺爱放纵，一是过于严厉。这两个极端都不行。同学们可以在此问题上进行反思。

父母过于溺爱和放纵的孩子，他在关键期建立了一种铭印作用，养成了一种即时满足的习惯。尤其是隔代教育，容易出这方面的问题。老人为了避免自己被人认为无能力而放纵孩子。人的好些动机是潜意识的，是巨大的潜意识在左右着人的行为。孩子在一个过于溺爱的家庭里养成了即时满足的人

格。如果不即时满足，就会不满意。他自己也不知道是怎么回事。尽管后来长大了，环境改变了，但由于铭印作用，仍然不知不觉地按早期的模式处理。比如，一个独生子女在家里得到家人的绝对的关爱和顺从，到了学校班级里几十个人，一个宿舍里也五六个人，为什么大家要事事让着你呢。但他自己不明白，他还是用过去的模式处理现在的问题。所以会与人产生冲突。

另一个方面，如果父母对孩子过于严厉，也不行。你对他严厉，他也学会严厉，你对他冷酷，他也学会冷酷。从而形成冷淡、冷酷、自卑、偏激的心理，很危险。大家看一下许多反社会人格的人，追溯他的成长史，许多都是父母从小对他没有爱心，管教太严，没有得到过好的待遇，所以他学会的只是严厉残酷仇恨虐待。早期的铭印作用就是这样。我昨天看电视有一个这样的例子，一位养父对养女从小非常严厉苛刻，女儿长大以后，就联系了朋友要杀死养父。这个女儿当然要接受法律的审判，受到惩罚。这个案例又一次说明了父母对孩子过于苛刻和严厉对孩子心理造成的扭曲。

当然一般人可能都有一点心理创伤。这是精神分析的另一个术语。早年的心理创伤会影响到后来，甚至终生的发展。现在许多做父母的重视孩子身体生理上的成长而忽视心理上的抚养。精神分析理论恰恰在这方面重视早期的创伤对后来的影响，并进一步认为，一些成人的精神疾病，人格心理方面的问题，许多是由于早年的心理创伤所造成。心理学家考察起来，问题有很多，我们今天举几个方面。同学们可以回想一下在这些方面有没有创伤，经历过这些事情没有，有没有影响。

一个人在幼时的家庭经济情况怎么样很重要。如果经济不好，做父母的往往容易怨天尤人，对未来失掉信心，对他人表达不信任、怨恨和仇恨，在这样的环境里成长的孩子，往往造成心理的创伤，形成强烈的自卑感，对社会对他人形成不信任甚至仇恨的心理。一般情况下，如果经济条件好，人的自信心比较强，对他人也抱比较好的态度，容易养成自尊心，没有或少自卑感。提醒同学们注意到这一点。我在心理咨询中也经常发现有这方面的问题。还是说，什么事情不能绝对，小时候家庭经济条件不太好，甚至到目前也不好，但心理健康的同学多的是。假如有这方面

的心理创伤，要通过反思认识到问题所在，想办法加以解决。此外，身体的残疾、相貌不好、父母离异、亲人去世等事件都可能对人造成心理创伤。

创伤容易造成自卑感，长大以后形成过度补偿。有个别家里贫穷的大学生反而花钱很不节约，就是过度补偿的例子。这是潜意识的，是为了摆脱自卑感，越穷花钱越大方，越没有能力的人越喜欢表现自己。生活中发现一个人对人过于客气，过于谦虚，我们可以立即发现他是在过度补偿，因为没有必要这样。他内心可能有强烈的自卑感。

人际关系也是同学们常遇到的问题。有的同学不会与人交往，怕人瞧不起，游离于集体之外，没有朋友，很孤独。或者不会与异性打交道，不会说话。观察会发现，每一个班级、不少的学生宿舍可能会有这样的同学，他们很孤独，与人很少来往。我们的班干部、团组织要关心这些人。大多数同学不是这样极端，可能有一点。回想一下这些人可能是父母就不善于与人交往。小的时候，父母就不喜欢与人交往，也不允许你与小朋友玩。如果你与小朋友玩，父母一阵呵斥，以后你再也不敢与人多交往了。任何事情都是学会的。早期不学现在也不学，永远也不会啊。这样的模式形成为一种习惯，长大以后也不容易改正了。

表面上是现在的问题，绝大多数人都可以追溯到早期。精神分析理论这样来解释人的成长。早期的经历和经验非常重要。现在人格的不完善，可以追溯到过去。几乎没有什么例外。咨询中遇到这样那样的问题，我们可以讨论他成长的环境。精神分析强调早期，但也不完全是婴幼儿时期。过去的时间里的事件都可能成为创伤。比如一个人在初中时，家里有变故，遇到事情。但可能早期还有创伤，现在的创伤是在过去的创伤的基础上发生的。初中这一段重新唤醒了早期的创伤，才能形成病症。讲这些可能稍有一点深奥。精神分析认为现在出现的问题，心理或精神方面的问题，只能在与早年创伤相同的环境中，才能发病。比如现在考试考不好，失败了很痛苦，情绪有些失常。精神分析认为，当前的一个失败事件，唤醒了过去失败的事件，激起了过去的创伤，形成了心理问题。

精神分析理论从一个人连贯的成长来解释人生，认为是早期决定了现在。这个道理也好解释，

比如同样的事情放在不同的人身上，会有不同的结果。比如失恋，有的人经历短时间调整会过去，但有的人却很长时间过不去，甚至会产生行为上的问题。精神分析理论认为是早期的模式决定了它思维和行动总是按一种固定的方法处理。一个人如果没有接受过精神分析，没有在心理医生的帮助下，彻底地回顾反思，就不可能完成人的改造和成长，不能成为一个新人。

大家可借此对自己的心理成长的轨迹进行回顾。每个人在回顾和反思中完成创伤的回忆、情感的宣泄和认识的提高。按照精神分析的理论，尽管你感觉早年的创伤事件已经过去很长时间，但它仍有可能在你的意识深处存在，而作为一种创伤影响着你的处事方式。不完成创伤的回忆，继续让它成为一种压抑，有可能在现在的事件中被唤起，产生新的问题。只有在重新回忆的基础完成了情感的宣泄，才能让这种心理能量释放和消失。丢掉包袱。把事件搞清楚，情感释放，在20岁比较成熟的情况下，取得认识上的提高。这样做等于把过去的一切彻底搞清楚，该恨该爱，都想清楚了。从一个新的起点开始新的生活，而不是对过去的创伤不敢碰它。

如果是有比较严重的心理创伤的人，那么在心理医生的帮助下，完成这样的一个过程为好。比如一个人从小没有得到父母的爱，在医生帮助下，慢慢地清理自己的感情。有的咨询者，在我们这里哭好几次。只有在心理医生这里，在一个安全的环境下，才能彻底地释放被压抑的感情。我遇到这样的例子。一个女孩，自述在9岁时哭过，到来咨询之前，过去的十多年中，从来没有哭过。她已不会哭了，自己说，与同学看电影想哭也哭不出来了。因为她的情感受到了多年的强烈的压抑。终于来到我们这里，她彻底哭了一个够，释放出过去压抑的情感。大家可以想象多年的压抑给她造成了多大的伤害。每个人的内心都是无比复杂。每个人的经历，很可能都充满爱恨情仇，每个人都是一个活生生的人。

我们让大家回顾和清理自己的心理，为的是什么？不是就事论事而是对自己的不完善不满意的人格找到原因去改变自己发展自己。比如从小养成了不与人交往的习惯的同学，找到原因以后，就要去改正。重要的是付诸行动。这也是精神分析的术语。对大学生也非常重要。大家这个年龄正是思索的年龄。如果大家

在我今天讲的基础上，会思索，会对自己有一个新的评价。那就会有许多的收获，但这样还不够。

最重要的是付诸行动。有心理问题的人往往是想的多，做的少。同学们有的是时间，有的是机会。但必须付诸行动。我们讲铭印作用时讲到关键期，并非说人的人格在早期养成一种模式以后就终生不可改变。精神分析理论重视人的早期经历，并非是从悲观不可改变的立场来看待人，而是着眼于可以改变才来探讨。精神分析是积极的，正因为它相信一个人会改变，才去研究和探索。如果认为不可改变，也就不用研究了。精神分析指明的路子是从早期，从个人成长的过程，找到自己终极的创伤去进行改变。人究竟不同于其它动物，人是有高级思维的，在一定程度上完全可以改变自己。当然改变是困难的。比如比较喜欢嫉妒他人的人，当然不可能短时间改变。但如果不改变会伴随你一生，无论将来工作恋爱结婚都会发生问题。人格中的不足之处需要在行动中不断地做出改变。改变，花5年

10年也算值得，因为你后来的几十年可以更好地生活和工作，可以保持心理健康。一个人嫉妒，总为一点小事而纠结，如果花几年时间使自己性格中的嫉妒、心胸狭窄的毛病改掉，以几年换几十年，难道不划算吗？怎么幻想怎样计划，不如去干一件事，一切都可以改变。

总结起来，精神分析理论认为是幼年的环境，而不是遗传决定了我们的人格模式。精神分析的积极意义就在这里。有人说我脑子笨，等等，精神分析理论不这样认为，不是你的脑子问题，是早期的环境使你可能不如有些人的成就大。成年以后可以发现自己人格中的不足，反思后加以改变，做一个主宰自己命运的新人。一个人出生的环境不能选择，父母不能选择，成年以后，我们在接受命运给我们的一切的同时，用科学的理论来分析，完成情感释放，认识提高，用一种新观点来尝试走新的人生之路，你就会做自己命运的主人。

根据录音整理于2005年4月20日

# 怎样面对心理阴影

## ——回答大学生的问题

2004年6月4日，我应邀到青岛广播电视大学为同学们举办心理健康讲座，报告完后，回答了同学们的提问。

1.我看过许多人际关系方面的书，有的书说应该学会多听别人讲话，而有的书说人要多展现自我，我应该相信谁呢？还有，我为了怕别人说自己，把什么事情都放在心里，久而久之，感觉活得很累，怎么办呢？

其实这两者并不矛盾，应该结合起来运用。有的时候需要多听别人讲，比如对某个问题自己了解不多时；而如果自己的能力、知识能对别人有所帮助时，就要明确、果断地表达自己的意见。不愿意向朋友敞开心扉是不好的，于人于己都不好，真诚待人才能得到大家的信任。

2.与人交往中我发现有的同学圆滑世故，在人前说好话，背后却又评论贬低人，怎样与这样的人交往呢？

第一要考察是否真是这样，不要根据一时一事来判断一个人。如果经过认真、长期的考验，一个人确实是两面三刀，建议：第一、不要恨这样的人，因为人都有选择自己的生活方式的权利。如果能做到不恨这样的人，则自己就不会苦恼。第二、适当防备这种人。

3.当我想用真心交一个朋友时，觉得朋友常背叛我。这是我个人的原因吗？

可能你对"朋友"的看法有绝对化的倾向。大多数朋友都是在一些方面志同道合，但并非在所有的问题上都一致。朋友之间，应求大同、存小异、互相包容，长期保持朋友关系更需要互相关心和理解。

4.两个人恋爱，学历不同，以后是否会变心？这一切只取决于人品吗？

取决于一个人对爱情的理解和所持的态度。双方的条件不同只是从别人看来是这样，关键是当事人自己怎样看。

5.我有许多异性朋友，他们说我很可爱、很善良，所以会想和我交往，但是慢慢地有些会"变质"，他们似乎总想变为爱情？我想问怎么办？

看来你是一个女生吧。你面对这样的情况，关键是自己的把握。如果在这其中有你爱的人，相信你会发展到爱情。如果没有，相信你从直觉上也会知道友谊与爱情的区别。如果有个别人试图向爱情进军，而你不想这样做，首先注意与他交往的方式，至少不要单独与其过多接触。第二，如果有直接向你求爱的，可委婉地拒绝。一定要注意拒绝的方式。原则是不要过于刺激别人，不要让他有太大的失败感。一定要肯定对方的优点，表示珍惜对方的感情，不会将这事向别人说，今后还可以做朋友等。拒绝的理由可撒一个谎，比如说自己在外地有男朋友等。

6.怎样面对心理阴影，比如容貌。

可能你自己觉得自己的容貌不够好，所以有自卑感。容貌好坏没有一个绝对的标准。俗话说"情人眼里出西施"。心理学的研究表明，与人交往时，只是在最初的交往中，容貌受到更多的关注。随着交往的增加，容貌好坏逐渐退居次要位置。而最主要的是人的品格和个性。真诚、乐于助人、乐观等品质的人在人群中最受欢迎。所以没有必要因为容貌而产生自卑感。

7.过分的自尊心使我有很大的压力，该怎样解决？

适当的自尊心是人进步和保持尊严不可缺少的。正如你所说，如果过度，则也会给自己带来许多痛苦。解决的办法有这样几种。第一、不要过于追求完美。允许工作、与人交往中出现错误和失误。第二、有了错误要勇于承认，对别人造成了伤害要及时补救。第三、多关注别人，少关注自己。不要总感觉别人特别重视自己的一切。其实你在集体中，只是普通的一员。多想一想别人的生活、感受，压力就会小一些。

8.为什么到了大学，与人交往变得那样累？

从主观上说，进入大学成了成年人，考虑的问题自然比以前要多了。对与人交往中的一些问题，比如人性善恶、人与人不同等，试图从理论上得到答案。但由于知识和经验的欠缺，往往一时并不能都找到满意的解答。这样就充满困惑。再如一些实际的问题也会引起人际关系的复杂，比如恋爱的竞争、奖学金的争取等。针对这些问题，第一要坚持善意对人。这样做可能暂吃点亏，长期看不会吃亏。第二要允许自己在与人交往时犯错误。但一旦认识到自己的错误以后，要勇于及时改正或补救。

9.有许多人喜欢我，但我唯一喜欢的一个却对我没有感觉。我该怎么办？

首先你应该确认的事情有两点：第一、你是否真正从内心里喜欢这个人，而不是因为其他原因。第二、如果你想确认他对你的态度，应该采取比较明白的方式。有没有可能你只是内心里喜欢他而没有表白，他也不知道。如果他确实知道你的心思但不愿意接纳你，你有两种选择：一、接受现实，放弃努力，将这个挫折化作向更高人生目标努力的动力。二、继续做不懈的追求，但要有失败的准备。

10.您怎样看待大学生在校期间结婚的问题？您是支持还是反对？

我个人认为，一个大学生，如果男性年龄在30岁以下，女性在28岁以下，求学期间最好不要结婚。为什么这样主张，道理很简单，影响学习。大学生活，很有可能是人一生最后一次的全职学习，要为一生打下知识、技能的基础。如果因结婚妨碍了学习，将来几乎无法弥补。如果年龄太大，另当别论。

11.大学的课余时间很多，让人觉得无事可做而寂寞无聊，用什么办法解决？

大学阶段重要的不是教给学生多少知识而是培养学生学习和研究的能力，所以课程不会安排得很满。应有计划的根据课程扩展阅读学习的范围，使所学知识基础牢固，并通过拓展而触类旁通。除了学习，可以安排一定时间的娱乐与锻炼。饱食终日，无所用心，会使自己的意志消退。

12.您是怎样找到女朋友的？

可能像大多数人一样，是别人介绍然后通过一定时间的交往、恋爱然后结婚的。但并不是一次成功。在前面的几次中，有我看不上人家，也有别人和我交往过一段之后拒绝了我，使我充分品尝了失恋的痛苦。痛苦过后，我逐渐认识到，我自己也有相当的责任。那时我还年轻，思想上不成熟，不太考虑别人的感受。我总结了教训，在后来的恋爱与婚姻生活中，我经常提醒自己要充分尊重别人，用此来换取别人的尊重。我从失恋中学到了很多东西。我庆幸自己没有因此而沉沦。

13.您早恋过吗？您怎样看待早恋？

我没有严格意义上的早恋。但我记得从小学三年级，我就开始对班上我心仪的女生有好感。内心里有过许多的爱慕，也有过许多可以称做白日梦的对未来的憧憬。但也许是我的性格使然，也许是时代使然，并没有发展到早恋。据我所知，一直到初中毕业，我们班上没有早恋的。

我不能说现在的学生不好。我感觉现在学生在男女交往方面更自然了，男女交往也多了，这是时代的进步，有利于青年人的身心健康发展。我建议中学生多与异性交往，增加彼此的了解与友谊，共同健康成长。我不赞成中学生恋爱，也就是说我不赞成早恋。中学生一旦恋爱会失掉许多东西，最主要的是因为恋爱，将两个人与大多数人一定程度的隔离，会使你眼前的世界变小，不利于成长。

14.请问怎样树立自信心？

可从有益的小事做起。比如主动为别人提供一次帮助，会从别人的感谢以及这件事的结果中得到反馈，证明自己能做成事。学习上也是这样，重读一遍教科书，会发现原先不懂的地方懂了，信心自然增强。

15.在学校集体中，总有一些人被大家孤立和歧视，这也许是马加爵杀人的原因之一。请问应该怎样解决？

学校有关方面、学生组织、班干部、全体同学都应当细心、热情地关心、关注和帮助那些与人寡合、性格孤僻的同学，他们可能有过心理上的创伤，他们郁闷的情绪如果长期得不到抒发，就有可能产生对他人和社会的仇视。学校应定期对学生进行心理测评，以掌握学生的心理状况。对那些通过测评发现有严重心理问题的人应该及早给以心理方面的帮助与支持。

2004年6月6日

# 职业心理健康讲座
## ——为海尔集团新员工培训讲课内容

一、大学毕业生的职业适应问题

1.职业适应的影响因素

职业适应，也称工作适应，主要是指个体对工作环境、工作任务、工作活动的适应，以及对自身行为和新的工作需要的适应。有专家研究认为，大学毕业生的职业适应期为3年。人们可以适应某职业，但内心不一定认同该职业，可能对其评价很低，甚至低于社会评价的一般水平。据调查，刚参加工作时，有70％的大学毕业生认为自己"完全适应"或"基本适应"工作需要，有20％多的人认为"基本不适应"或"完全不适应"。其实，职业与人的生存和发展密切相关，与人对社会的贡献密切相关，与自我价值实现密切相关。

影响职业适应的因素也随新时期大学生择业价值取向而凸现出来。

1. 职业期望。大学毕业生的职业期望在很大程度上受到利益取向的制约，这种趋势首先和大学生在市场经济条件下的逐步世俗化有关，是我国由计划经济向社会主义市场经济转轨的反映，是社会进步的表现。大多数的大学生经过了十几年的寒窗苦读，急欲显露自己的才华，以期能更好地回报家人和社会，因而他们对未来职业有很高的期望。

2. 职业心态。大学生毕业生在职业生活中已摒弃了"铁饭碗"的旧观念，而转向对实现自身价值的追求。大多数人希望专业对口，在事业上有所作为。在具体生活中，对职业的考虑是多方面的，这是职业心态务实化的一个表现。即大学生在择业时既追求精神上的满足感和事业上的成就感，又希望在物质上有足够的保障。

3. 职业待遇。目前，大学生普遍都比较看重经济待遇，关注生存条件，这已成为相当一部分大学生职业适应的关键因素。刚毕业，在物质上几乎一无所有，一旦进入社会就面临着一个生存的问题，生存问题解决之后，才谈得上发展。当今社会是开放的社会、流动的社会，而较高的经济水平既是职业流动间歇的物质保障，又是向高一层职业流动的筹码。当然，这也与社会压力有关，这种压力主要来自社会、家庭对他们较高的期望。

4. 职业声望。时代的发展使人们已改变了"一锤定终身"的观念，由于种种原因大学生很可能不会一下子找到最适合自己的职业，但他们往往倾向选择相对稳定、声望较高的职业，这说明大学生职业价值观中还保有传统观念的痕迹，是我国社会仍处于转型时期的反映。他们特别关注职业性质及其前途，有较强的竞争意识和自主性，希望职业符合个人兴趣爱好，关心职业声望和职业报酬。特别是重点大学及经济发达地区的大学生更是如此。

5. 自我价值。随着社会对"以人为本"价值观的进一步认同，大学毕业生也越来越注重自我价值的实现和个人发展前途，出现了价值的多元化，形成了个人价值并非一定要由经济待遇来体现的观念。对大学生来说，选择适当的职业是他们跨入社会、走向成功、实现价值的重要一步。

6. 人际关系。在强调团队和协作精神的今天，和谐的人际环境对职业适应举足轻重。有些大学毕业生虽然能力很强，但因为与领导、同事相处不好而陷于困境，成为职业适应的绊脚石。

除此之外，性格、就业准备程度也对职业适应产生影响。性格越外向，适应越快，有助于个人在受挫折时积极调整好心态，从逆境中奋起，再创辉煌。

二、大学毕业生职业适应中不良心态的表现

大学生在选择与被选择的矛盾冲突过后，最终都选定了某一职业，这是人生的一大转折。接着是如何尽快适应这一转折，完成由学生到职业角色的转换，这一转换的成功与否直接影响着事业的成败。大学生在走向工作岗位之初对职业角色难免会有些不适应，从近年来社会反馈的信息看，主要存在以下问题：

1. 对学生角色的依恋心理。大学毕业生在走上工作岗位后，易出现怀旧心态，常常会自觉或不自觉地将自己置于学生角色来要求自己和对待工作，以学生角色的习惯方式观察事物、分析事物。面对与同事、领导等较为复杂的人际关系及职业责任的压力，不禁会留恋相对单纯的学生时代。

2. 职业角色中的依赖心理。大学生一旦离开学校走向社会，就要承担起成人的职业角色，但成人的自觉性和独立性还没养成，工作上全靠领导安排，领导安排多少干多少，对自己的工作性质、范围、程度、相互关系还没有足够的认识。因此在履行角色义务、掌握支配角色权利的尺度、遵守角色规范方面还存在一定的差距，而别人已不再用学生的眼光来看待他，而是按能独立承担职业义务的标准来要求他。

3. 眼高手低的自傲心理。有些毕业生常以文凭、学位或毕业于名校而自居。自以为接受了正规教育，已经学到了不少知识，是个人才，因此轻视实践，放不下架子，只想做高层次的工作，看不起基层工作和基层工作人员，甚至认为一个堂堂的大学毕业生干一些不起眼的事是大材小用，有失身份。实际上是眼高手低，大事做不了，小事又不做。

4. 消极退缩的自卑心理。有些毕业生面对新的工作环境和生疏的人际关系，缺乏应有的自信，工作中放不开手脚，特别是在知识分子密集的工作单位，看到别人工作经验丰富，驾轻就熟，相比之下觉得自己这也不行，那也不行，胆小、畏缩，不思进取，甘居人后，产生不求有功但求无过的消极心理，这不利于聪明才智的正常发挥。

5. 见异思迁的浮躁心理。一些毕业生在角色转换过程中表现出不踏实、不稳定的特征。一段时间想干这项工作，过一段时间又想干那项工作，而对本职工作坚持不下去，缺乏敬业精神，不能深入地了解本职工作的性质、职责范围和工作技巧。

三、树立正确的职业观

认识是行动的先导。马克思在《青年选择职业时的考虑》一文中说："人们只有为同时代人的完美，为他们的幸福而工作，才能使自己也达到完美。"因此大学毕业生在职业活动中，必须树立正确的职业观。

首先，要树立正确的职业待遇观。物质需要的满足不一定能给人带来幸福和快乐，只有加上精神需要，人才有强烈的幸福感。除金钱观外，人还有道德观、事业心、成就感、责任感、理想与信念等诸多观念的需要。所有这些，才构成了人的价值观念体系。因此，必须正确对待职业待遇，不能只要物质待遇而不要精神待遇；即使从物质需求的角度看，也要通过自己的诚实劳动来改善物质条件，最后才能心安理得地获取相应的物质报酬。

其次，要树立先进的职业苦乐观。在社会主义市场经济条件下，人们的职业苦乐观有三个层次：最高层次是忘我地劳动，有强烈的事业心和高度的责任感，无私奉献；中间层次是主动地劳动，履行职业责任，关心集体，努力改善职业待遇；较低层次是被动地劳动，仅把职业当成个人谋生的手段和致富的途径。要抵御落后的职业苦乐观，克服享乐主义的思想，正确处理个人地位、待遇与乐于奉献的关系。

第三，要树立客观的职业地位观。所谓职业地位观，就是对职业地位(如权力、工资、晋升机会、发展前景、工作条件等)的认识和态度。职业地位观不可避免地带有个人偏见以及社会环境、舆论氛围等其他因素的影响，因此，要做到不以一时的主观判断来选择职业，而是客观地看待职业的社会地位，充分认识社会和自我。

第四，要树立远大的职业理想。注重实现自我价值的倾向，是当代大学生职业价值观的最大特点，不能随便加以否定。但在实现自己的个人价值和追求物质待遇时，一定要挣脱"就业挣钱，养家糊口"等狭隘观念的束缚，在社会、国家需要的坐标中寻找自身的位置；当代大学生只有坚持崇高的理想和信念，不断进行品德修养，才能更好地发挥自己的聪明才智。

四、转换角色，尽快适应新的职业生活

大学生在工作之初有些不适应是自然的，对这一点应有基本的认识，要转换意识，缩短适应期，而不要因此造成职业心理障碍，失去信心。如果把求职比作职业生活的序幕，那么就业才是正剧的开始。怎样才能顺利地渡过适应期呢？

1. 立足现实，增强独立意识

刚走上工作岗位的大学生应尽快从对大学生活的沉湎中解脱出来。学生时代相对单纯、自由，学习生活上依赖教师和家长，工作后大学生要承担一定的社会责任，要在工作中独挡一面，人们也开始把大学生作为一个独立的社会人来看待，这就要求大学生进一步增强独立意识。

2. 虚心学习，树立岗位意识

大学毕业生作为职业岗位的新手，必须充分了解和熟悉工作环境的情况、工作对象的特点和规律，从而对新工作有一个较全面的认识和把握。因此，应主动地关心和搜集有关信息。比如本职业的传统和现状，本单位的历史和前景等等。在工作之余，应主动与单位的领导和同事交往，了解情况；对本职工作所需的知识、技能，有针对性地加以积累，这样才能在职业适应上领先一步。

3. 大胆实践，加强协作意识

大学生在理论方面有了一定的积累，但在具体的实践活动中还是一个新手。面对许多实际工作，缺乏经验和办法，但没有必要因此而自卑、退缩，应摆脱心理压力，敢于实践，善于请教，才能把理论知识和实际工作结合起来，在实践中完善自己的知识结构，最终充分发挥出知识上的优势。良好的同事关系是事业成功的重要保证。在现代的生产活动和科研活动中，集体的协作体现出越来越重要的作用。如果不能很快地适应这种协作关系，就难以处理好同事间的人际关系，难以在工作中打开局面。因此，增强协作意识，不但对更快、更好地完成角色转换，而且对今后的迅速成长、走向成功都具有重要意义。

4.合理流动，促进角色转换

过去，个人的职业岗位是相对稳定的，许多人第一次选择的职业可能就是终生职业。但在社会主义市场经济体制的新形势下，社会分配角色逐渐减少，职业流动也越来越频繁。当发现自己不适应在原岗位上发展时，也可以另辟蹊径，转换职业，寻求新的目标和新的成才道路。不适于某个单位，可能有自身的原因，也可能有单位本身或领导的问题。但从众心理、这山望着那山高就不行了，会对社会造成一定的损失，对个人的职业适应和发展十分不利。

五、职业压力种种

1.压力。在工作中，当环境条件提出的要求超出一个人的能力和资源范围时，人们会感到紧张，这是一种由于对潜在危险(身体上或精神上)的意识及如何消除危险而产生的精神和生理状况。由于压力的困扰，造成缺勤率、离职率、事故率高以及体力衰竭、精神恍惚、抑郁症等一系列心理和病理后果，并最终影响企业的绩效。

2.人际关系。人际关系是指人与人之间心理上的关系和心理上的距离。人际关系问题表现在人际冲突和交往厌烦两个方面。人际冲突几乎存在于人与人之间的所有关系之中，最主要的起因是沟通不足或沟通不当。人际冲突往往会使企业的人际关系紧张，员工之间互不信任，相互猜疑，不愿协作，缺少沟通，造成企业效率低下，凝聚力下降。人际交往对很多员工来说是重要的，同时人们对它的需要又是有限度的。调查发现，一些做客户服务的员工由于白天接触客户太多，晚上回到家里就不愿和家人交流。时间久了就会影响家庭关系，甚至其人格特征都会发生变化。

3.工作狂。工作狂指沉迷于工作、长时间工作不休息的人。工作狂的心理类似于心理学上的"沉溺行为"与"强迫行为"，他们工作成瘾，不工作就觉得不自在、痛苦、无所事事。长期超负荷工作，长期处在激烈竞争的气氛中，会使人的心理总是处于紧张、苦闷、恐惧和不安等状态中，一旦遇到不如意的事情，自己又不具备足够的解决能力，就会产生悲观、失望、抑郁、消极、甚至愤世嫉俗的心态。当不堪忍受这种精神压力时，会因不能把握自己而失去自控力。

4.完美主义。完美主义者是指那些事事过度追求完美的人。强迫型的完美主义会导致自我挫败，工作效率、人际关系、自尊心受损。完美主义者以歪曲的、非逻辑的思想去看待生活，他们最普遍的想法是"要么全有，要么全无"。在人际关系中，很多完美主义者感到孤独，因为他们害怕自己的意见不被采纳，使自己的完美形象受到影响。另外，由于完美主义者把注意力完全放在做事方法的"绝对正确"上，往往忽视他人的情感，对做事不到位者容忍度非常低，把对待事情的态度和方法完全照搬到对待人上，把人当作可以随便指责、发泄的机器，这样常常伤害别人，影响同事、朋友之间的关系，导致自己陷入孤独的境地。

5.职业枯竭。职业枯竭一般表现为：不知道自己在做什么，怎样做；无端担心自己的人际关系，进而影响到对自己工作的满意度；困惑自己究竟会走向何方，对前途缺乏信心，抱怨所在单位的人事、组织结构，将责任归咎于同事。这是一种在身体、情绪和心理上消耗殆尽的状态。在这种状态下，人们会体验到一种持续的身心疲惫不堪、厌倦沮丧、悲观失望、失去创造力和生命活力的感觉。员工的情绪问题会在企业中弥散，形成一种压抑、消极、悲观的组织氛围，使员工对组织的忠诚度大大降低，士气低下，缺勤率、离职率及事故率上升，工作中的人际冲突增加，招聘、培训等人力资源管理成本提高，工作效率下降。

六、常见的职业心理疾病

1.慢性疲劳症

多年前，美国发现了第一宗与感冒症状相似的病例，后来把它正式命名为"慢性疲劳症候群"。从医学的角度来看，此病是由于过度工作或运动，造成严重疲劳的病症。一般来说，正常人产生疲劳后，休息一宿就可使精力恢复正常。如果你不是这样，而是隔天起身，还是觉得十分疲倦，并且持续一段时间，这种状态就是"慢性疲劳症"。

2.上班恐惧症

具体表现为：对上班或工作情境感到畏惧，而且越临近上班时间，这种畏惧情绪越强烈，心理紧张程度越高，忧虑越多。此状况以大学毕业生为甚，出现"上班恐惧症"的人，多是性格比较内向、平时与社会接触较少、心理素质存在缺陷、在人际交往上存在一定问题的人。

3.假期综合征

某些长假一结束，上班族纷纷回到单位。可不少人此时却感到精神萎靡不振，心情烦躁，精力不集中，没有上班的激情，并伴有头疼、疲劳、瞌睡等种种不适，但身体并没有器质性病变。这就是常困扰上班族的"假期综合征"。还有的人在长假尚未结束时，想到又要回到繁杂的工作中，就感到头疼、心烦乃至恐惧，这也是一种"假期综合征"。

4.职业厌倦症

是指长时间对工作感到厌烦，什么都懒得去做，工作效率低，失误多的症状。人们经常感到心理有压力、心情压抑，有的人便大量饮酒、吸烟，甚至服用镇静剂。

5.网络综合症

网络综合症是人们由于沉迷于网络而引发的各种生理心理障碍的总称。其最主要的表现是，上网时失去时间概念，长时间沉迷于网络之中，欲罢不能，难于自控，甚至做梦也在上网。上网成瘾后往往会由精神依赖发展成为躯体依赖，多表现为平时情绪低落、头昏眼花、双手颤抖、疲乏无力、食欲不振等。

6.单调作业产生的心理障碍

单调作业是指那种千篇一律、简单、快速、高度重复、跟着设备机械地运动、无精神活动余地的工作。长期从事单调作业的劳动者，除产生疲劳症状外，常导致身心健康水平下降、劳动能力与生产能力降低。

七、挫折与应对

在日常用语中，挫折是失败、阻挠、失意、屈辱的意思。心理学上的挫折一词，是指情绪状态。其定义为：个人从事有目的的活动过程中，遇到障碍和干扰，个人的需要不能得到满足，动机不能实现的一种消极情绪状态。任何人的一生都可能遇到挫折，许多挫折是不以人的意志为转移的。

从心理学上分析，人的行为总是从一定的动机出发，经过努力达到一定的目标。如果在实现既定目标的过程中，遇到了困难，遇到了障碍，就会产生挫折。挫折会产生各种各样的反应，表现在心理上、生理上会有变化，遭受严重挫折后，个人会在情绪上表现抑郁、消极、愤懑；在生理上，会表现血压升高、心跳加快、易诱发心血管疾病，胃酸分泌减少，会导致溃疡、胃穿孔等。

挫折产生的条件是：主体必须具有某种动机和目标；为达到目标，满足需要的手段或行动；通向目标的道路上遇到不能克服又不能超越的障碍，构成挫折情境；客观障碍存在，还必须有主观的知觉，否则不能构成挫折情境；对挫折情境的主观知觉和体验，产生心理紧张状态和情绪反应。

心理学主要是从人的内心感受方面来研究挫折或挫折行为的。挫折具有二重性，挫折是坏事，使人或痛苦、失望、一蹶不振，或意志失控、情绪低落，或完全丧失意志。但挫折也对人产生教育作用，使人吸取教训，磨炼意志，逆境奋起。

从不同角度来分析，挫折产生的原因各不相同，但综合分析，有两方面原因：

1. 客观原因

客观原因又称外因或环境因素。客观原因又分为自然因素和社会因素两类。自然因素是指不可抗拒的自然灾害。社会因素产生的挫折是指个人在社会生活中受到政治、经济、法律、婚姻、风俗、习惯、宗教、道德等的限制产生的挫折。

2. 主观原因

引起挫折的主观原因分为生理和心理两个方面。个人的生理原因是人的身材高低、胖瘦、五官长相及所从事的职业，所追求的目标带来的限制。个人的心理原因，主要指个人的能力、智力、反应能力不符合要求，而产生挫折心理反应。个人心理上形成的挫折更为复杂，是多种原因造成的，而不是单一的原因。

人人都应当加强挫折心理的自我预防和调节，其方法有：

（1）合理宣泄。心里有委屈和怒气以平缓的方式向人倾述；有疙瘩和误会要开诚布公地交换意见；有意见和矛盾摆事实讲道理，以理服人；必要时也可在适当的场合大哭一场，释放能量，消消气。

（2）理智消解。挫折后先冷静理智地反省，失败后清醒地总结教训，双方争执之时先理智地站在对方的位置设想一下。礼让为先，三思而行，扩大理性思考，强化合理信念，就可以调节自己的情绪和行为，预防不良行为的发生。

（3）替代升华。将挫折变为一股进取的力量，释放到有利于社会的替代行为目标上去，并竭力实现这个崇高的目标。这是一种高级的情感宣泄方式，所以也叫艺术升华。

（4）注意转移。当挫折后，全面考虑，从长计议，用好的有利的一面来安慰自己。

八、情绪及调整

情绪（emotion）是人对客观事物的态度的体验。与认识活动不同，情绪具有独特的主观体验形式（如喜、怒、悲、惧等感受色彩）、外部表现形式（如面部表情），以及独特的生理基础（如皮层下等部位的特定活动）。人既具有生物学意义上的情绪体验（如疼痛引起的不愉快情绪），又具有社会文化意义上的高级情绪或社会情操（如道德感、审美感）。

情绪影响着人的心理生活的各个方面，而且贯穿着人的一切交往行为。

情绪——情感的非理性特征突出表现为：

一是紊乱性。情绪涉及到我们如何感觉和如何向预期的情境去行动。预期可能是积极的，也可能是消极的。如果主体的愿望受阻时，就会出现愤怒或恐惧的情绪。

二是波动性。人的情绪－－情感总是处在不断变化的状态中，时而低沉，时而冲动，时而平和，时而暴烈。

三是突发性。由于情绪的变化受外部环镜的影响，故情绪的发动是难以预测的。

乐观情绪是身心活动和谐的象征，是心理健康的重要标志。而不良的情绪，有害的心理因素，是引起身心疾病的重要原因。

现代科学也进一步证明，情绪可以通过大脑而影响心理活动和全身的生理活动。乐观情绪可以使人体内的神经系统、内分泌系统的自动调节机能处于最佳状态，有利于促进身体健康，也有利于促进人的知觉、记忆、想象、思维、意志等心理活动。国内外许多科学研究都表明：长寿老人的最大特点之一，就是具有乐观情绪。马克思曾说过："一种美好的心情比十付良药更能解除生理上的疲惫和痛楚。"

对不良情绪的调整，可以采取以下的方法：

1.能量排泄法

对不良情绪所产生的能量可用各种办法加以调整。例如，当生气和愤怒时，可以到空旷的地方去大喊儿声，或者去参加一些重体力劳动，也可以进行比较剧烈的体育活动，跑两圈，扔几个铅球，把心理的能量变为体力上的能力释放出去，气也就顺些了。俄国大文豪屠格涅夫曾告诫人们：当你暴怒的时候，在开口前把舌头在嘴里转上十圈，怒气也就减了一半。上海有位百岁老人苏局仙的经验是：一是把烦恼的事坚决丢开，不去想它；二是最好和孩子们一块玩一玩，他们的童真会给人带来快乐，消除烦恼；三是照一照镜子，看看自己暴怒的脸有多丑，不如笑笑，我笑，镜中也笑，苦中作它儿次乐，怨恨、愁苦、恼怒也就没有了。

在过度痛苦和悲伤时，哭也不失为一种排解不良情绪的有效办法。哭也可以释放能量，调整机体平衡。在亲人和挚友面前痛哭，是一种真实感情的爆发，大哭一场，痛苦和悲伤的情绪就减少了许多，心情就会痛快多了。

现代科学证明，流眼泪并非懦弱的表示。研究发现，情绪性的眼泪和别的眼泪不同，它会有一种有毒的生物化学物质，会引起血压升高，心跳加快和消化不良，通过流泪，把这些物质排出体外，对身体自然有利。据观察，长期压抑，不流眼泪的人，患病要比常流泪的人多一倍。据调查，有85%的妇女和73%的男士说他们哭过以后，心里好受多了。所以有人主张该哭当哭，该笑当笑，但要把握好一个度，否则会走向反面。

2.语言暗示法

语言是人类特有的高级心理活动，语言暗示对人的心理乃至行为都有着奇妙的作用。当不良情绪要爆发或感到心中十分压抑的时候，可以通过语言的暗示作用，来调整和放松心理上的紧张，使不良情绪得到缓解。当你将要发怒的时候，可以用语言来暗示自己："别做蠢事，发怒是无能的表现。发怒既伤自己，又伤别人，还于事无补。"这样的自我提醒，就会使心情平静一些。达尔文说过："人要是发脾气就等于在人类进步的阶梯上倒退了一步。愤怒是以愚蠢开始，以后悔告终。"我国历史上的禁烟功臣林则徐脾气很大，他为了控制自己的怒气，在中堂挂了"制怒"两字的大条幅，以便随时提醒自己。

3.环境调节法

大自然的景色，能扩大胸怀，愉悦身心，陶冶情操。到大自然中去走一走，对于调节人的心理活动有很好的效果。心绪不好或感到心理压力大，郁闷不乐时，千万不要一个人关在屋子里生闷气，苦恼自己。而应该走出去，到环境优美、空气宜人的花园、郊外，甚至是农村的田园小路上去走一走，舒缓一下心绪，去除一些烦恼。而且长期处于紧张工作状态的人，定期到大自然中去放松一下，对于保持身体健康，调解身心紧张大有益处。

4.请人疏导法

人的情绪受到压抑时，应把心中的苦恼倾诉出来，如果长时间地强行压抑不良情绪的外露，就会给人的身心健康带来伤害。特别是性格内向的人，光靠自我控制、自我调节还远远不够，可以找一个亲人、好友或可以信赖的人倾诉自己的苦恼，求得别人的帮助和指点。有些事情其实并不像当事者想得那么严重，然而一旦钻进牛角尖，就越急越生气，如果请旁观者指导一下，可能就会豁然开朗，茅塞顿开。还有一些时候是这种情况，对于你来说，是耿耿于怀，难以气平的事，而在别人却完全

不了解，不体会。即便是这样，你把苦恼倒出来后，也会感到舒服和轻松。这时人家即使不发表意见，仅是静静地听你说，也会使你得到很大的满足。

5.自我激励法

自我激励是人们精神活动的动力之一，也是保持心理健康的一种方法：在遇到困难、挫折、打击、逆境、不幸而痛苦时，善于用坚定的信念、伟人的言行、生活中的榜样、生活的哲理来安慰自己，使自己产生同痛苦作斗争的勇气和力量。张海迪在她人生奋斗的历程中，所承受的痛苦与压力是常人难以忍受的，当困难压顶的时候，她总是用保尔、吴运铎等英雄激励自己，去战胜病残，坚强地生活下去。

6.创造欢乐法

心绪不佳，烦恼苦闷的人，看周围一切都是暗淡的，看到高兴的事，也笑不起来。这时候如果想办法让他高兴起来，笑起来，一切烦恼就会丢到九霄云外了。笑不仅能去掉烦恼，而且可以调解精神，促进身体健康。

国外有位专家，认为笑对人体有十大作用，这也是对笑能治病的简要的生理与心理的分析。

这十大作用是：①增加肺活量；②清洁呼吸道；③抒发健康的感情；④消除神经紧张；⑤使肌肉放松；⑥有助于散发多余的精力；⑦驱散愁闷；⑧减轻精神压力；⑨有助于克服羞怯情绪、困窘的感觉以及各种各样的烦恼，并且有助于增加人们之间的交际和友谊；⑩使人对往日的不幸变得淡漠，而产生对美好未来的向往。

九、人际关系与人际沟通

人际关系：指人与人在相互交往过程中所形成的心理关系。

人际关系包含三种成分：认知成分、情感成分、行为成分。

人际关系心理学：是在人际关系心理方面的客观事实和规范的基础上，运用现代心理学的研究方法和知识探讨人际关系方面客观规律的心理学分支。

人际关系中交往积极的经典实验：

从1927年到1932年，美国的心理学家梅奥和他的学生做了有名的霍桑实验。实验表明：人们在工作中得到的物质利益对于调动人的生产积极性只有次要意义，人们最重视人的社会心理方面的满足和工作中发展的人际关系。良好的人际关系对于调动人们的劳动

积极性具有决定性的作用。

人际交往中的心理效应

所谓的心理效应是指大多数人在相同的情境下对某种相同的刺激产生相同或相似的心理反应现象。

积极地了解人际交往过程中的一些"心理效应",不但能够帮助我们认识这些效应的作用,有意识地调整自己的社会知觉,同时也可以让我们学会怎样留给他人一个好印象,从而有利于获得交往的成功。

1.首因效应和近因效应

这两种效应均属于人际交往中的心理效应,各有积极和消极的一面。

（1）首因效应

它是第一印象所产生的影响和效果。由于它是最初的不全面的认识,因而是有偏差的。

了解并掌握首因效应的作用,其实际意义是:作为被认识的对象,要注意给别人留下良好的印象,这对日后的交往显然有利;作为认识的主体,要尽量避免第一印象产生的不良影响,要把第一印象与日后的观察结合起来,客观、公正地认识一个人,给人一个正确的评价。

（2）近因效应

它是相对于首因效应而言的,主要产生于"熟人"之间,由于最近时间的某一信息,使过去形成的认识或印象发生了质的变化。如一个你熟悉的很不起眼的人,发明了不起的东西,使你对他突然刮目相看。再如你的"铁哥们"做了一件对不起你的事,从此你们就成了"老死不相往来"的死对头。这都是近因效应的结果。在人际交往中我们也可以利用近因效应改变以往的"冷战状态",恢复冻结多年的"外交关系",在老朋友中要制造良好的近因效应以巩固友谊。

2.晕轮效应和定势效应

（1）晕轮效应

晕轮效应是指在观察某人时,由于对他的某种品质或特征印象极深,像月晕一样掩盖了对这个人其他品质和特征的知觉。有人把它比作"情人眼里出西施"。这种"肯定一切"或"否定一切"的实质是"以偏概全"。取其一点不及其余。这种认识的偏差往往是在掌握认识对象信息很少的情况下做出总体判断的结果。由于我们不可能对每个人各方面的情况都作全面的了解,但又常常必须对他做出评价,因此晕轮效应是日常生活中常见的社会心理现象。了解和分析晕轮效应,有助于防止认识上的偏见,全面地对待人或事。

（2）定势效应

定势效应就是一种固定不变的态度,如小品"配角"中朱时茂说陈佩斯:"就你那模样,一看就是个反面角色……"然后说自己:"看我穿上这身衣服,起码也是个地下工作者呀……"这就是从长相产生的定势效应。"疑人偷斧"也是这个道理,它是以逻辑推理的方式而得出的定势效应。在人际交往中要避免定势效应,用发展的、辩证的眼光去看人。而对于一个犯过错误或不被看重的人来说,要改变别人的定势效应,就要对自己的成绩或好事做适当宣传,在别人的心目中改变不好的定势效应,建立新的、好的定势效应。

3.投射效应

这是一种"以己论人"的效应,就是常说的"以己之心度他人之心"或"以小人之心度君子之腹"。这是一种严重的认知心理偏差,它是由怀疑而引起的对别人人格的歪曲。投射效应常发生在两种情况下:一是当别人各方面的条件与自己相似时,如年龄、性别、学历等,就会产生一种"试比高低"的冲动或欲望;二是当自己有不称心的事时,就把一些问题转移到别人身上,

以下九种行为对职场人际关系有影响:

（1）有好事儿不通报;

（2）明知而推说不知;

（3）进出不互相告知;

（4）不说可以说的私事;

（5）有事不肯向同事求助;

（6）拒绝同事的"小吃";

（7）常和一人"咬耳朵";

（8）热衷于探听家事;

（9）喜欢嘴巴上占便宜。

十、与人建立良好关系的几点建议

相关内容参见本书《护士的职业压力与人际关系》一文"二、与周围人建立良好关系的几点建议"。

# 第四章 咨询案例分析

## 案例选析（1）：爱有何罪？

　　站在我面前的是一个漂漂亮亮的女孩，165厘米以上的个子，可以用亭亭玉立来形容。不过她的眼神里透露出极度的惶恐和不安，一看便知是处在深深的精神压力之下。

　　她由妈妈带领，特意从外地来到青岛向我求助。

　　"现在正读高二，"她的妈妈向我介绍说，"从去年就不愿意上学了，说是到了教室就害怕。开始还挺着，不愿意去也去。后来越来越厉害，现在只好不去上学了。还有一年就毕业考大学了，怎么办啊？"

　　"让我们单独谈谈吧。"我请女孩进到咨询室。

　　接下来的过程，像每一位来访者一样，开始的交谈是困难的，但随着我的引导和启发，女孩那些久久压抑在心灵深处的思想汩汩地流淌出来。

　　"我也知道应该好好学习，毕业后考上大学。但我在课堂上不敢看老师。如果与老师的眼神一相遇，我会感到非常的害怕，心突突地跳，浑身出汗，头发晕。现在，我不敢进教室，也不敢去学校了。"女孩向我诉说。

　　连她自己也知道，恐惧的没有道理；连她自己也知道，老师并不可怕。可是她控制不住自己的恐惧。

　　作为一个职业的心理咨询师，我们想的可不能这么简单。我们相信：任何心理的产生都是有原因的。我们需要耐心和技巧。

　　让我们省掉在一般人看来是冗长的谈话过程，以下是大概情况。

　　女孩上初三的时候，新班主任是一位年轻英俊的男老师。他的英俊和才华吸引了女孩。她陷入了强烈的爱的情感中。对于一个情窦初开的少女，这是再正常不过的事了。如果她能像许多别的女孩一样，经历一个"产生爱—知道不可能—放弃但原谅自己并把爱收回到内心，适当的时候再投向合适的对象"的合理过程，也就不会得病了。

　　也许是她太敏感，也许她太年轻，思想不成熟。

　　有一天，那位男老师把自己刚刚一两岁的孩子带到学校。在他可能并无他意，可女孩却认为老师觉察到了她的内心世界，故意采取这种办法，给她以宣示和警告。

　　她感到内心的秘密被人曝光，如同被人在众人面前脱光了衣服。她感到极度的恐惧、羞愧、痛苦。由于没有得到及时的调整，爱变成了恨和恐惧。再后来，恐惧的情绪逐渐泛化。到了高中换了老师，她还恐惧。终于，学校、教室也成了恐惧的对象。

　　原来如此！她自己也松了一口气。

　　压抑在内心的情绪伴随着对这件事的回忆得到了释放。她对自己不再是无休无止的谴责。其实个人可以对自己宽容一点。爱有何罪？当仅是一种感情、藏在心底的爱情时，谁有权利指责它？在与现实进行衡量后，或者放弃这种感情，或者仅保留在心中而不采取实际的行动，我们就能保持心理的健康。

写于2004年初

# 案例选析（2）：躯体病？心理病？

再有10多天，她就要参加高考了，现在正是最紧张的时期，她的精神状态很好，对考试有足够的信心。她相信自己至少会发挥出平时的水平。如果不出意外，她将进入自己心仪的大学，继续学业。

一、烦恼人的考试

两三个月前，她的情况可不大好，最近的一次全市通考，她考得不理想，在级部和全校的排名后退了几十位，父母对她的成绩不满意，她自己也不满意。恰在这时，身体又出现了毛病：经常头疼。特别严重的是听力下降，家人发现她出现重听。

焦急中，在家长的带领下，她走进了我的心理咨询室。我理解家长和她本人的担心。十多年的寒窗苦读，就是为的即将到来的一搏。这是决定和改变命运的一次博击。特别是这位女孩原先成绩一直不错，现在就读于我市年年升学率都较高的一所高中。家长还有更大的担心，如果得了病，岂止前功尽弃，还要雪上加霜。

听完家长的介绍，我安排女孩与我单独交流。身体的症状恰在成绩不好的时候发生，当然我们要先考虑到是否心理问题所引起。

二、深藏在背后的原因

谈话与交流是顺利的。很快，我就得到了她的信任与好感。她开始像面对一位善解人意的老师、一位长辈一样，敞开了心扉。她其实是位单纯的女孩，对未来，像所有这个年龄的女孩一样，充满了堇色的幻想。但生活似乎对她有点残酷，现实的拖累，使她不能任意自由翱翔。

她出生在一个普通工人家庭里。父母亲不是太和睦。母亲长年有病，无法工作。父亲现在的工厂也不景气，每月只有几百元工资。作为特困家庭，街道上每月给她们家一二百元的补助。由于生活贫困，她在学校里，生活在多数都是家庭经济优裕的同学们中间，可想而知，心理上承受着多么巨大的压力。她与父亲的关系一直不好，父女之间没有经

常的交流，感情淡漠。但父母对她考上大学抱有极大的希望。这正是他们多年来含辛茹苦，供孩子读书的唯一目的和安慰。在这种情况下，她考的成绩不好，想到家里这样困难，还千方百计供她读书，内心的愧疚又使她感到极大的压力。

报考什么大学又是她面临的一个矛盾。按照家长的意愿是希望她报考相对来说自己负担费用比较少的军事院校，可她不想上军校。当然家长的考虑也是可以理解的。他们家庭的经济情况，供养孩子上大学，确实是艰难的。为这事，母女俩有过争吵。

她的内心里还有一个没有对其他人说起的秘密。一个比她高一届的男孩，她同校的一位校友，于去年考入了上海的一所大学。他来信向她介绍了上海这座东方明珠的瑰丽与欣欣向荣，令她内心里憧憬着到这个充满诱惑力的城市去上学。少女内心涌动着爱恋的波澜。如果报考上海的大学，家长会同意吗？将来的生活费，家里能负担得起吗？

三、生病与安慰　"这次考得不好，或者将来考不好，你觉得对不起父母，是吗？"我问道。

女孩肯定的说："是的。他们那么不容易。妈妈连看病都尽量不去，省下钱供我上学。我再考不好，怎么对得起他们。"

"如果你是因为身体不好，得了病，在这种情况下考不好，他们还会怪罪你吗？"我又发问。

"因为生病，他们就不会埋怨了。"女孩低着头，两只手的手指交叉着，反复搓动。

我故意沉默了一会，然后轻声问她："如果我说你的内心深处在希望生病，这样就可以不被父母埋怨，自己也可得到安慰，你同意吗？"

"我没有这样想。"

"你不一定明确意识到。这样的想法产生于人的潜意识中。"

"那你怎么知道？"

"我是猜的。我现在不肯定。不过我也不要求你

马上承认或反对，"我说，"今天我们谈到这里。你回去以后，想想我说的话。再让妈妈陪着去医院，对身体的几个方面，尤其是耳朵，做一次检查，好吗？至于报考什么学校，我们下次再谈时，我会给你一些建议。"

第一次谈话结束后，我基本上确信这位单纯而敏感的女孩是因为心理压力大而启动了心理防御机制，以躯体形式的障碍为代价，换取心理上的安宁。我之所以这样判断，还只是凭感觉，发觉她跟我谈话的时候，并不出现重听，她的思维是敏捷的，理解力也很强。我们交谈可以说是非常愉快的。有鉴于此，我相信，她的头疼、重听，发生时间不长，还只是暂时性的障碍。如果调整及时，应该很快就可以痊愈。过了几天，她带来了医院检查的结论：她没有任何器质性病，耳朵也没有患病的症状。她知道我会问她这几天身体怎么样，所以主动说，头不怎么疼了，耳朵好像还有一点不大舒服。但比前一段时间轻多了。

我没有追问她"因病获益"的事。我想，她自己已经觉悟到了。一位重点高中高三的女孩，她的智力和领悟力是不需要怀疑的。

四、面对现实问题

"你身体什么病也没有。只是短时间的心理失衡，造成了暂时的身体器官有了一点小小的障碍。随着心理问题的解决，很快就会恢复正常。对于这一点，你一点也不用担心，"我对她说，"现在让我们认真地讨论一下你面临的使你困扰的现实问题吧。比如你的学习，你认真分析过没有？考试成绩不理想，是所有的学科都没有考好，还是个别科没考好。是不是题目对你来说有点偏？还有，现在的考试发现你有哪些不足之处，开始有针对性地补课，高考时就会避免犯同样的错误。这样看，这并不是完全的坏事。另外，对于报考上海的大学，关于学费、生活费你是怎么打算的。国家和学校为大学生提供的奖学金、助学贷款，能一定程度上帮到你，你考虑过吗？"

接下来，对以上问题，我们一起讨论。信息与感情的交流，完全是平等式的。有些事，我给出几种不同的建议，比如上海等沿海城市与内地城市的不同。对父母的看法。如何与父母进行交流和沟通。经济独立的追求。个人爱好与就业取向的关系。友谊与爱情的不同、生于忧患死于安乐的哲理等。我们还谈到文学与艺术欣赏，谈到校园里的紧张与愉快，新奇与困惑。谈到目前紧张的学习压力，我教给她减轻心理压力的方法。

我感慨地想到，这一代青年人面对当前五光十色、变化迅速的社会生活，他们的思想非常活跃，也可以说是复杂，远非我们年轻时能比。但他们又有那么多的心事想与人谈，与人说。但家长，有的忙于自己的事业，没有时间留给孩子；有的认为孩子永远是孩子，从而缺少与孩子诚恳、平等的交流；有的自身在各种诱惑中迷失，给孩子做出坏榜样。有多少家长能做孩子的朋友，首先是耐心地听听孩子讲一讲心里话，并能够设身处地地、站在孩子的立场给他们提一些建议？有多少家长，会在孩子犯了错误、有了失误、办了不周全的事时，给以宽容和理解？有多少家长把培养孩子健全的人格看得比考上名牌大学更重要？又有多少家长时到今天还是把孩子当做自己未实现的愿望的继续……一句话，孩子们多么需要理解、我们的家长多么需要改变啊。

五、升华

如果我自己说对于她的咨询产生了春风化雨的效果，似乎有点自吹之嫌。但她的父母对我表示了由衷的感谢。他们观察到，通过几次的咨询，女儿似乎懂事了许多。身体症状完全没有了。心态也很平和。她已从失利的阴影中走出来，正在学校老师的指导下，调整学习思路，有重点地加强薄弱学科，合理安排时间，充满自信地迎接高考。

写于2004年5月24日

# 案例选析（3）：笑比哭好？

对我来说，这是一个奇怪的案例。我没有能够改变她——甚至没有说服她试着治疗一个阶段看看效果怎么样。她只来过一次，就再也没有回来继续咨询与治疗。尽管她留下了电话。但我尊重她的选择，没有给她打电话。在犹豫了相当长的时间之后，我还是决定把这个案例写下来，供同行们，以及一切有兴趣的朋友们参考。

来访者是一位60多岁的妇女，退休工人，初中文化程度，基督教徒。丈夫前年去世，现在与儿子一家一起生活。

说来可笑。大多数的咨询者往往是由于各种生活事件导致精神压力过大，出现了焦虑、抑郁等症状，而向我们求助。许多人，尤其是女性，常常叙述中不由自主地伤心落泪。

然而她，却是由于不能控制自己的笑来求助！

前些天，她与妹妹到她们的姐姐家玩。老姊妹相见，格外高兴，连她们的姐夫也出来参加招待。本来是一次十分愉快的聚会。可是，当她的姐姐从冰箱里拿出冰激凌给她们吃。来访者叙述说，看到冰激凌的样子，她突然从内心里萌发了可笑的想法，竟控制不住失声大笑起来，她妹妹也在她的影响下笑了起来，这两人一发而不可收，大笑不止。姐姐、姐夫被这突如其来的笑搞得莫名其妙。开始还可忍受，后来，见她们笑得不可收拾，终于不高兴起来，聚会不欢而散。回到家里后，来访者感到非常对不起姐姐，打电话去道歉。但此事对姐姐似乎伤害很大。

来访者还告诉我，最近看到电视上放映的一部由赵本山主演的电视剧，她也常常控制不住笑，而且她的笑并非一般人的适度的笑。她是真正的大笑。笑得停不下来，喘不动气。

特别奇怪的是：亲人病重住院将去世，她也笑。约10年前，她的母亲重病住院生命垂危时，前年她的丈夫重病住院生命垂危时，她守在旁边，也控制不住笑，不得不跑出病房到走廊上笑。但据她说，与母亲的关系、与丈夫的关系都还算好。虽不说是特别亲密但也决没有严重的矛盾和冲突。

再向前追溯，1976年周总理逝世后的追悼会上，她就控制不住想大笑，由于当时形势紧张，知道一旦笑出，就会被打成"反革命"，要挨整。于是，不得不装成大悲过度，情绪不能控制，倒在地上，似哭又类笑，勉强混了过去。

她的病史的叙述大致是这样的。我注意到，重要的几次事件都与人去世有关。我们知道，对于亲人的去世，或可预见不久后将去世，在悲痛的情绪之下，我们每一个人大约也都有一些快慰的感觉，因为亲人的去世使我们可以减少一些忧虑和操劳。亲人的去世，也可使我们对于他们感情上的债得以彻底还清，这未始不是一件令人高兴的事。当然，这种想法一般情况下是被压抑入潜意识的，也许会或一时地在意识层次上短时闪现而已。

对于这位妇女，还有一种可能性就是她的早年经历中，死人的事件形成的喜剧色彩由于某种原因在她的头脑中固置下来，以致当出现同类的事件，需要她以成人的正常情绪来表达时，反倒使幼时的记忆复活，她以一种癔症的形态，而将眼前事件当成昨日重现。

我揣测以她的年龄，早年生活在农村，会有不少相关的经历。在农村，人年过80岁去世，葬事是被视为"喜葬"的。办葬事中，常有戏谑的成分。还有，她的幼年、童年，常有灾年，在那个时候，一些老人去世，也许因为可以省掉口粮而被看作好事。

从一个反证似乎也为我们到她的早年找原因提供依据。她是基督徒，是最近几年信教的。我问她在教堂做礼拜，祷告、听布道、唱诗时笑不笑，她回答说不笑。

我请她就葬事回忆早年的经历，在我的一再追问下，她总说想不起来有什么相关的事。我明白，这反映出她的抗拒心理。按照精神分析的理论，越是抗拒，越说明是重要的内容。遗憾的是，我们没有能继续讨论下去。

写于2004年6月16日

# 案例选析（4）：遗忘的背后

这是我个人的事，算是为自己做一下咨询。

我自觉还不是一个记忆力很差的人。可是——

上个月的一天中午，两位中学时的老同学来访，便相约来到一家酒店，无拘无束的叙谈中，不知觉时光快速过去。我们的这顿饭，从中午一直吃到晚上。华灯初上，几人醉意朦胧，离开酒店，游兴未尽。同学说他几年未到栈桥了，于是我们又沿海边走到栈桥，古人有"秉烛夜游"的说法，我们也算风雅一回。

不提防手机响起，电话中助手的声音急促而紧迫："您约定的咨询客人已来到工作室，现在等你。"

似当头一棒喝，使我酒劲游兴全消。这才记起我约好今晚7时接待一位来访者咨询。我自己的承诺全忘到脑后了。

这是我从事心理咨询工作以来，第一次忘记与来访者的约定。

如果仅是这样，也不值得仔细分析了，我们谁不在或一时期忘记一些事情呢？

然而，这是一位我答应为其免费做咨询的来访者！

对精神分析理论稍有了解的人看到这里立刻就会对我进行分析了：社会责任与内在的不情愿之间的矛盾使我忘掉了这次约见。

惭愧啊。意识里我可以多讲社会责任、讲同情帮助穷人，但潜意识里却藏着对他们的轻视与免费服务的不情愿。你可以把它压抑到潜意识，但它不会服气，趁你不注意，趁你忘乎所以的时候，它会倔强地表达：不同意我的想法，我让你忘记！

我们的祖师爷老弗洛伊德博士在他的《日常生活的心理奥秘》一书中说过他自己的经历："早年我发觉自己在众多的外诊约会中，独独容易忘记那些免费的或同行的病人。这一惭愧的现象，促使我每天早上都要浏览一下外诊名单，痛下决心。不知道别的医生是否也像我一样历经挫折之后，才懂得这样防范。"

不想我读过多遍《日常生活的心理奥秘》仍然重蹈覆辙。

有兴趣的朋友们不妨想想自己的生活中可否有这样的经历。出于内心的不情愿而忘掉事情的例子太多了。许多大人物往往会忘掉比他地位低的人的请托，虽是有工作忙事务多的客观原因，但那主观上的轻视与不情愿恐怕还是主要的。如果是他的上级交办给他一件事情，会容许他遗忘吗？他自己会遗忘吗？而恋爱中的女性，如果男友忘记了与自己的约会——无论他怎样解释——恐怕她也不会原谅，一定会坚定地认为是不重视自己的表现。

以忘记来表现潜意识的阻抗也是心理咨询中最常遇到的现象。每当我们要求来访者回忆那些可能是引起现在心理问题的早期创伤性生活事件时，他们往往立刻就向你说不记得了，并且情绪上表现得不耐烦，其实他们往往并没有努力去回忆。

我们能做什么呢？只有选择好时机、耐心地鼓励、向他们保证现在的回忆是在一个安全的环境里重温旧梦，迂回地接近核心。当来访者的阻抗减少或降低到低水平时，那些过去潜抑到潜意识的心理情结才会进入意识。接下来通过我们的指点，心理能量消失，心理才能如台风过后的海面，复归于平静。

"疏"和"导"，这正是大禹治水的办法。他的父亲鲧只会"湮"，虽然从上帝窃来"息壤"，也终于没有成功。

2004年7月3日

# 案例选析（5）：运用精神分析的学理进行
# 心理咨询的一个案例

著者按：来访者男性，23岁，大专毕业，身高1.73左右，仪容不错，从观察及谈话中，看出思维清晰，表达明确，领悟和理解力较好。来访者自述，其系本市郊区县市人，几年前高考进入南方某大学，经过3年专科学习毕业后，去年到南方某大城市一公司工作，合同期为一年，一个月前，合同到期，公司告知不再与他续签合同，这是他没有预料到的。因为他们同学共有3人到了该公司工作，唯不与他签合同，使他感到极度沮丧，立即离开此地回到本市家中。

回想起一年来工作，自认自己不努力工作，成绩不好，所以公司不再用他。来咨询的目的是想在心理咨询师帮助下，调整好心态，将来再去找工作。

对这位来访者的咨询共进行了5次，每周进行一次。由于来访者住在市郊，来一次比较麻烦，所以每次咨询安排2小时。最后一次咨询上个星期结束。咨询中主要运用精神分析的学理，帮助来访者找到自己心理出问题的根源。在咨询师的引导下，来访者逐渐克服阻抗，一次比一次深入地探讨自己心理成长过程中发生的事件，最后基本达到"修通"的境界。咨询结束时，来访者感到心理上多年的压力、困惑、迷惘消除了，一身轻松，对自己、对前途充满了信心。

下面将5次谈话的摘要刊载出来，供同行评议参考，并希望得到指教。同时，也为一般人对心理咨询过程的了解提供素材。括号内的文字是我的分析，咨询过后凭记忆写出，不自觉间肯定有所加工，个别内容遵循职业伦理做了适当处理。

第1次咨询

（来访者叙述了目前的处境与心情后。咨询师心里有了一定的猜测。一般而言，一个公司所以不再用一个员工，最主要的原因是他不能完成公司的工作任务。公司要盈利，不能养闲人。咨询师要从这里入手开始了解。）

来访者：谁也不怨，主要是我自己不好，丢掉了工作。（一般人喜欢诿过于人。他直接这样说，必定知道自己有某种过错。）

咨询师：你能从自己身上找原因，很好。年轻人有错误是难免的。让我们共同找一找发生问题的原因好吗？你自己认为公司为什么不继续用你呢？

来访者：是我没有很好地完成公司交给我的工作任务。比如公司让我们几个人搞一个拓展业务的方案，大家分别承担不同部分的调研、设计及方案的写作。分给我的任务我干不好，最后只做了一点辅助性的工作。在其中没起到什么大的作用。人家觉着我不会干什么。

咨询师：是你的业务能力不够吗？你没有努力去学习吗？

来访者：开始大家都不大会做，他们就去与领导交流，听听领导的意见，就能做下去了。我不愿意找领导谈，我喜欢自己想。

咨询师：你只是不愿意与领导谈话、接触，还是与一般同事也不愿意多交流？

来访者：我感觉领导给我派任务，我就不愿意做，也不愿意听。与同事我也尽量少接触。

咨询师：你只是对某个领导有意见，觉得与他合不来而不愿向他报告请示，还是凡是领导，你都不愿意接触？

来访者：（想了想）跟哪个领导我也不愿多说话。

咨询师：你感觉你属于与人寡合的那种人吗？

来访者：也许是吧。比如休息、放假的时候，大家相约去郊游等，邀我，我一般不去，时间长了，有这种活动，大家也不叫我了。

咨询师：你为什么不愿意参加集体活动呢？

来访者：（很不愿意说）

咨询师：你是怎么想的，就直接说出来，咨询师来帮你分析一下。

来访者：（犹豫一会儿）我觉得我自己不会穿着打扮，穿的衣服肯定不得体，别人会笑话我。

（到此，咨询师对来访者有了两方面的了解与判断。第一，他对工作不够认真，不去努力学习和提高业务能力与水平，是不愿服从权威。他的个性中有比较强烈的对权威的反叛意识。第二，一个年轻人，据咨询师看来，外表很不错，却有自卑心理，担心自己穿着不好而不愿意与人接触。这背后肯定有原因。根据经验，往往会涉及到性心理。对这两个问题，决定选择前一个先来解决。也由于前一个比较容易解决，先易后难是心理咨询的原则。如一开始就讨论性心理，不大容易为来访者接受。解决了容易的，也为解决难度大的问题廓清道路。）

咨询师：看来不愿意与领导交流与不愿意与同事一起活动之间有一定的联系。但工作是主要的，领导也是主要看你工作怎么样。我们先来讨论一下你对领导的态度。领导代表一种权威，要我们服从。你觉得你愿意服从权威吗？来访者：……

咨询师：（咨询师这样提问太突兀了，来访者不知如何回答。发现这一点之后换个说法。）我们说得实际点。你来到一个公司工作，上级领导可以说就是你的衣食父母，不为别的，就是单纯为了拿到工资有饭吃，也必须服从人家的管理，做好工作。

来访者：是的。我原先没有把问题看的这么严重。这是我的第一份工作，不知道珍惜。

咨询师：（故意绕远一点。）你觉得如果你抱一个认真的态度，对于不会做的事，多学习勤练习，你能适应并做好工作吗？

来访者：我想会的。

咨询师：这么说，主要是态度问题了。对于领导、老师、家里的长辈，你一直以来是怎样，尊敬和听他们的话呢，还是不太愿意听？说说看，你在家里对于父母的话，比较听吗？

（将问题引到家庭关系中。因为一个青年人，对于权威的反叛，决不会是从参加工作开始的。精神分析的学理也告诉我们，个人幼年时的关键期里往往形成一定心理防御机制。错误的方法一旦形成，往往会一定程度上固置。）

来访者：他们都是农民，没有文化，不懂什么。

咨询师：他们的脾气怎样，尤其是你的父亲。对你的管教是民主式的，还是专制式的？

来访者：我的父亲是典型的农村式的家长制作风。非常专横，还经常打我们兄弟。现在我们大了，他不太管我们了，但我仍然觉得与他没有什么可交流的。

咨询师：你的父亲生活在农村，长期受封建思想的影响，再加上生活艰难，难免会对子女严厉一些。当他严厉对你的时候，你的态度呢？心里面的感受是什么？

来访者：表面上听，心里是不服的。

咨询师：不管他说的是什么，情绪上十分抵触，是吗？

来访者：是的。

咨询师：对于小时候的你来说，父亲是权威。你参加工作以后，上司、领导是你的新的环境里的权威。你觉得他们中间有联系吗？

来访者：小时候的事能影响到后来吗？

咨询师：人都是从小时候长大的，小时候由于比较弱小，受到刺激，留下的印象会更深。有的时候，人长大了，但在不知不觉间，还是受过去的影响而处理问题。

来访者：那么，你是说，我对于领导，还是像对父亲的不满一样，不管他们怎样，我也要反抗。于是，不认真对待领导交给的工作，以致公司不要我了。……这样说，是有道理的。在这一年的工作中，我其实真没好好干过。

咨询师：你回去以后，有时间再回想一下你父亲对你的管教的情况，想一想他的严厉是不是促使你形成了对权威的不满与反抗。人生在世，总要服从一定的权威的。小的时候，由于父亲的专横，使你产生了强烈的逆反心理，凡权威就反抗。但现在你长大了，参加了工作，对于权威，要分析，该服从就要服从，该反叛再反叛。即使反叛也要采取合适的手段。不能再用小孩子的方式方法了，对吗？

来访者：这些问题，我以前没怎么想。我会认真考虑的。

（在第1次会谈中，咨询师与来访者初步建立起了相互信任的关系。开始由浅入深地讨论问题。针对来访者对于权威的不服从，讨论了他的家庭情况与早期相关的事情，使来访者初步认识到自己将对父亲的反抗转移到领导，是一种不成熟的心理防御机制，是早期事件"铭印作用"的影响。现在已长大成人，须以成熟的心理应对现实才行。由于选的切入点比较好，找的问题也比较准，为下一步工作打下了比较好的基础。会谈过程中，咨询师的分析、解释和指点，也是基本得体的。）

写于2004年7月23日

第2次咨询

（咨询师的设计是在这次咨询中进一步讨论来访者将对父亲盲目反对的方法应用于工作中对待领导，造成了对个人的危害，从而认清自己已长大不能再用幼稚的方法处事。达到这样的目的就比较彻底地解决了开始提出的第一个问题。在此基础上，试图解决他自觉穿着不得体不愿与人接触的问题。根据分析的学理及心理咨询的经验，一个男性很在乎别人对自己穿着的评价，往往是对自己作为男性的自信心不足的表现。要与他讨论这方面的问题，以验证咨询师的猜测。如猜测不错，就沿着这条路深入。）

来访者：回去以后，按照您的意见，想了过去的事。我从小时候就很不满意父亲，也可以说是一直恨他。

咨询师：你为什么小时候与父亲感情不融洽？他不关心你吗？

来访者：只是管我的学习，别的不管。

咨询师：你能有今天的成绩，考上大学，与你父亲的严格要求应该说有一定的关系的，对不对？

来访者：现在想来，是这样的。

咨询师：你那个时候年纪小，有些事情不懂，会因为父亲管教严、方法不好而恨他，上次我们谈到，你因为恨父亲、反对他，养成了一定的思维和行为习惯，以致到了工作单位，对领导也不愿意服从，产生了不好的结果。你现在对这一点想通了吧？

来访者：现在想通了。我想将来再到新的工作单位，不会像以前一样了。

咨询师：能这样想，说明你已经能用成年人的方式去想问题了。还有一点你想到没有，你小时候由于对父亲抵触，没有与他建立起亲密的关系，所以也就失掉了向他学习做一个男子汉的机会，社会

对男性思考问题的方式、做事情的方式都有约定俗成的标准，这些都是应该从童年开始学习的。（咨询师想由此涉及到他的童年生活经历，印证是否童年的事件导致他自信心的缺乏。）

来访者：噢，是这样。这些问题原先从未想过。我觉得自己是不够坚强。一碰到事情，脑子就乱了。比如，公司不与我签合同了，我连话都说不出来了。

（看来来访者还不愿涉及童年事件。也好。谈一下他对待外界刺激的态度和应激方式，也有助于彻底认识自己比较幼稚的处事方式。心理咨询常常需要顺水推舟。）

咨询师：想到当时的情况，你还心有余悸吗？你是怎么处理善后事务的。

来访者：那天一上班。部门主任叫我到他办公室，说我的合同到期了，公司决定不再与我续签合同。我毫无准备，愣在那里都有点傻了。主任问我，有什么想法。我什么话都没说，到我的办公桌前，收拾了自己的东西，就回了宿舍。怕熟人来问，关了手机，去了网吧。一天一夜都在网上聊天。要好的朋友都很着急，到处找我找不到。后来，我买了车票，回去拿了东西就离开了那里，回来了。临离开时，朋友们电话与我联络，请我去见见面，他们要给我送行，我感到不愿意见他们，也没有去见。

咨询师：你还年轻，没碰到这种事，难免慌了神。应对外界的刺激，心理学上叫"应激"。人在应激的时候，如同动物碰到危险一样，往往会选择逃避。如果对刺激有准备，或者有经验就不会马上逃避，而是合理地应对了。你认为你的处理方式是逃避呢，还是合理应对。

来访者：是逃避吧。

咨询师：你缺少对可能发生的事情的准备，如果平时就有危机感，经常检讨自己的工作情况，当合同快到期的时候，提前做些努力，也许不会失败了。但问题已经发生了，过去的事就过去吧。善后方面的事处理得不好，你觉得应该做哪些补偿呢？

来访者：我会与同事们、朋友们主动联系，感谢他们对我的关心，向他们报告我目前的情况。

咨询师：这很好。与过去的同学、同事保持友谊有利于自己的成长。对于原工作单位，你可以去联系一下，请他们为你出具一个证明，便于以后找工作。

　　（这是心理咨询以外的问题了。但咨询师出于自己的社会经验，对有些事情可以顺便提醒一下。）

　　来访者：我回去以后，与朋友们联系，请他们代我办。

　　咨询师：好的。这可以养成做什么事情都善始善终的习惯。（感到有必要开始讨论更深的心理层次的问题了。）其实你工作中出现的问题，有些可能并不是你有意识这样做的。比如上次你谈到不愿意与大家出去玩是觉得自己穿衣打扮不好。其实据咨询师看来，你的外表、接人待物的风度都是不错的。有可能不是表面上的原因。根据我们的经验，有可能是对自己不够自信造成的。联系到你小时候缺少向父亲的学习，你认为有联系吗？

　　来访者：我觉得父亲身上没有什么我可以学习的，他干活回来就休息、睡觉，不大和我们说话，家里什么事都是母亲做主。

　　咨询师：小时候没有向父亲学习，有可能使你一直长大后对男性、女性的异同也了解不够。你与男同事、女同事一起的时候，能做到自然吗？你在上大学的时候和工作以后，谈过恋爱吗？

　　来访者：没有谈过女朋友。考虑到能否长期在南方工作，所以没有谈。

　　咨询师：你肯定会发现别的男同志不会担心自己的穿着打扮不好而不愿意与人交往吧。

　　来访者：我觉得别人不这样，所以我经常为此痛苦。

　　咨询师：造成精神上痛苦的除了表面上的想法以外，还有什么念头和想法吗？也许有些你不好意思说？[咨询师根据他小时候与父亲不亲近（与女性过于亲近），现在担心穿着的不正常等，怀疑他性心理方面有困惑，想启发他回忆、联想。]

　　来访者：我回去想一想。

　　（本次咨询，对于谈话的方向控制得不够好，内容有些分散。来访者对于敏感问题潜意识的阻抗也是一方面的原因。）

写于2004年7月25日

第3次咨询

　　（来访者在性心理方面有否偏差，以及形成的原因，是这次谈话的重点。）

　　咨询师：上两次咨询我们讨论了你工作中的一些习惯做法，看来你对自己有了比较清醒的认识。我想，以后走上新的工作岗位，会比较好地处理一些问题，做好工作的。

　　来访者：是的，我现在觉得情绪好多了，我觉得自己还年轻，找到工作还是没有问题的。

　　咨询师：一个人无论做什么工作，自信心其实是最主要的，对不对？比如你担心自己的穿着不好，实际情况并不是这样，你没有想办法自己去找原因吗？

　　来访者：我自己其实也知道一些。（停顿了一会儿。）有时候，见到男同事，就有一种想和人家拥抱的冲动，这时我就非常害怕，我知道这是一种不正常的想法，就时常躲避着不与同事们在一起。

　　（说明他的性心理确实有一定的偏差。）

　　咨询师：从什么时候你有这种倾向呢？

　　来访者：我记不很清楚了。（记不得就是阻抗在发挥作用。咨询师试图通过迂回的方法接近他的潜意识内容。）

　　咨询师：也许小的时候，男女伙伴一块玩，那时候年纪小，没有什么性别的界线，男孩和男孩之间也会有一些亲密动作，比如拥抱等。在那时是正常的。随着年龄增长，男性应该追求女性，而对同性就应该保持适当的距离。在儿童时可以的一些动作行为，成人再这样就不合适了。

　　来访者：我也知道有这样的想法不好，只能躲避。

　　咨询师：可能是你不了解为什么会这样，所以你想躲却躲不掉。

　　来访者：是，我自己不知道为什么。

　　咨询师：你认为自己的性倾向有问题吗？比如说你谈到看到男同事想拥抱，那么对女性，你的态度怎样，喜欢与异性交往吗？在上大学时和工作以后，有过称得上恋爱的女朋友吗？

　　来访者：大学时谈过女朋友，但没有继续下去。工作以后，没有谈过恋爱。

　　咨询师：谈到你关于想与男同事拥抱的想法，我还要请你想想，你觉得它与你担心自己穿着不好有关系吗？

　　来访者：我没有仔细想过。

　　咨询师：让我们分析一下。有想与男同事拥抱的想法可从未实行，这说明你心理上另有一股反对这样想和做的力量。

来访者：是这样。我为此痛苦。

咨询师：为此你就躲避男同事。

来访者：是。

咨询师：如果你因为这样的原因，躲避男同事，说给别人听，或者被别人察觉，别人会怎样想和看？

来访者：别人肯定会觉得我心理有问题。

咨询师：如果是因为其他原因，比如担心穿着不得体而不与大家一起玩，别人会怎么想。

来访者：（想了想。）大家会认为这个理由不太合适，但也算是个理由。至少不会笑话我是不是同性恋一类。

咨询师：人的心理上有一种自动的防御机制，就是当一个心理事件有可能伤害自己时，换一个较不会伤害自己的事件，借助这种欺骗一样的手段，实在是想保护自己。

来访者：那么，你的意思是说我为了躲避拥抱男同事的想法，就拿担心自己的穿着来代替？

咨询师：担心穿着不好而躲避是表面上的原因，真正的意图是躲避拥抱男同事的想法。

来访者：原来是这样。

咨询师：你内心里有强烈的躲避与男性亲近的力量，这说明你肯定不是同性恋。这一点一定要放心。

来访者：我害怕自己是同性恋。

咨询师：现在应该放心了。担心穿着不好的想法应该抛弃了，因为它不是真实的，它是一种像你说的代替。同性恋的担心也不必要。我们再来讨论一下你为什么会有拥抱男同事的想法。根据心理学的研究，一个人的性倾向、性心理方面的偏离往往是小时候引起的，然后到青春期，甚至到成人以后公开表现出来。你能回忆起以前与性有关的一些事情，而这些事情给你留下深刻的印象吗？

来访者：我再想一想吧。

咨询师：我们的谈话的内容一步一步地深入下去了，需要你自己更加努力。过去的许多事有可能是你不愿意去想的，也可能时间长就忘记了。在回忆的时候，想到什么，不要觉得不好意思，或不值得重视，不断地联想，可能会发现一些新东西。你要想到目前自己的不好的想法是开始于过去的，如果我们能找到引起这些不好想法的事件，并且对它重新分析，就能彻底解决困扰你的一些不正常的心

理。

来访者：我记着你的话。

（本次分析承接上次，解决了他对于权威的无原则反抗，更重要的是，启发来访者揭示出自己性心理方面的不正常想法，及引起的潜意识层面上的不适当的心理防御机制的运用，使他初步明白了意图掩饰想与同性拥抱的心理活动是担心自己穿着不好背后的真正原因。分析正在一层层深入，来访者潜意识内的被压抑的观念正在逐步释放。咨询师的指点、解释运用得比较恰当、适时。）　　　　写于2004年7月27日

第4次咨询

咨询师：上次谈话，我们讨论了你不喜欢与大家交往的背后的原因，在你是一种躲避，如果明白了真正的原因，今后就不会躲避了。是这样吗？

来访者：我原先也知道自己担心穿着是没有道理的，可并不明白是一个借口。

咨询师：今天我们接着上次谈。关于你想与男同事拥抱，那背后的原因，你联想到什么吗？

来访者：回去以后，我按你的要求回忆以前的事，看什么和这件事有联系。我想起上初一时开了生理卫生课。讲了男女生殖系统的构造。从这时起我观察自己，开始有了心病。

咨询师：那正是进入青春期的时候，学校这时开生理卫生课，正是使同学们在开始生理上生殖器官加快发育的时候，教给大家必要的知识。对于书本上讲不到的内容，渴望了解，是努力探求知识的表现，应当鼓励。

来访者：我的有些想法可能跟别人不一样。

咨询师：你在探索中，遇到一些问题可能没有勇气向老师问而自己试图找答案，这就有可能得不到正确的知识。但这是探索中不可避免的过程。你把当时想什么，以及后来发生了什么变化，都说出来，让我们讨论分析一下。

来访者向咨询师叙述：在那一段，他不知道为什么，觉得自己的"小鸡鸡"小，从此背上了思想负担，直到现在。这10年中，这事始终是他的一大心病。他曾通过各种途径想印证是否确实如此。后来又想通过吃药、手术等手段让它长大或加长。

（咨询师听了他的叙述后，认为是幼年时期的"阉割情结"所致。根据精神分析的理论，男性儿童

的"俄底浦斯情结"使他陷入对母亲的特殊情感中，当得到父亲的恐吓和威胁后，产生"阉割情结"。一般人随着年龄增长、超我的建立和增强，"俄底浦斯情结"和"阉割情结"都被压抑入无意识，在成年人的心理生活中，虽还发挥作用，但已具体而微。而这位来访者性心理成长发生倒退和固置。青春期的到来加上生理课的开课，唤醒了他的阉割情结，能量投射到对于自己阴茎的注意和自觉过小，实是缺乏男性自信心的表现。来访者说起过，他小时候即不满意父亲，这也是他内心男子气缺失的原因。）

咨询师从生理和心理两方面对其进行辅导。

从生理方面，告诉他男子的阴茎大小差异很大，只要勃起的功能正常，将来结婚并不会影响性生活及生儿育女，而女性对于性满足，也不在于阴茎大小，而主要在于性行为的和谐。如其还不放心可到正规医院，请专家进行检查确定。

从心理方面，告诉他对于阴茎大小的担心是一种替代，真正的问题是作为男子的自信心的不足。引导来访者认识到自己从小到大，学习一直比较优秀。在他们所在的地方，在同龄人中，他考入大学后曾在大城市工作，是属于出类拔萃的。没有理由自卑和不自信。

来访者：我要是早明白这些道理就好了。

咨询师：出现这些问题也有学校、社会的责任和原因。你想，如果我们的社会环境可以自由讨论性教育中的问题，当你有了疑问时，没有什么不好意识的感觉，直接向老师、父母等提问，就不会长期有怀疑了。

来访者：我们农村的学校，虽说讲生理卫生，但老师也不好意思多讲，学生也不好意思问，很快就讲完了。

咨询师：这样你就得不到完整系统的性教育。

来访者：现在看来，我没有必要背这么长时间的思想包袱。

咨询师：走一段弯路不要紧。跟学习其他知识一样，落下一点，抓紧补上课就行了。还有，现在再看你有与男同事拥抱的念头，这和你真正的担心有什么关系呢？

来访者：也许是羡慕别人的表现。

咨询师：潜意识里，也许有验证别人的阴茎大小的念头。

来访者：对别人的拥有的东西想夺取的欲望？

咨询师：都可能有。现在看来不一定深究了。总之，只要明白自己在各方面都不比其他男性差，多些自信就可以了。

来访者：多了自信就可以克服不好的想法了吗？

咨询师：是的。正确的东西在头脑里扎根，错误的观念只好退出去了。

来访者：我觉得每一次和您谈完话后，我就觉得自己轻松了许多。

咨询师：这是你的进步。你一直在很努力地克服自己的不足，当认识到自己过去的一些不足时，你会发现自己更坚强和有理性了。对吧？

来访者：是这样的。

（来访者浅一些的问题得到解决，相应的情绪消失，阻抗也就消失。于是，被屏蔽的记忆重新回到意识中。记起的内容越来越多，分析也更深刻。随着分析的深入，来访者的心理也在不断成长。）

咨询师：如果我们能再讨论一下你的幼年时候被父母抚养的情况，也许更有助于你发觉为什么自己以前男性的自信心不够。希望下次你能告诉我一些这方面的情况。

来访者：可以。下次你多给我一些忠告。

2004年8月1日

第5次咨询

来访者：您上次说我出现的问题是对自己作为男性不自信造成的，我想可能是这样的。我的家庭比较特殊，我很小的时候，我妈妈与我的奶奶关系不好，经常出现矛盾，农村观念又比较落后，我奶奶就指使我的叔叔打我妈妈，我爸爸也不敢阻止。

咨询师：出现这种情况你是怎么想的？

来访者：我除了害怕，就是觉得我爸爸无能。

咨询师：后来情况有改善吗？

来访者：后来闹得很厉害，妈妈就带着我回娘家去住，基本上不回我爸爸的村。所以实际上我小时候是跟着我妈妈在姥姥家度过的。

咨询师：这个过程有多长时间呢？

来访者：从我很小，可能从一两岁一直到我上小学。上学前，我妈妈与爸爸一家关系缓和了，我们才回到爸爸身边。

咨询师：你姥姥家是一种什么样的成长环境呢？

来访者：我有好几个姨，我小时候是他们带大的。

咨询师：这样你的成长过程中，少了一些向父亲学习的机会，再加上你对父亲当时的做法不满意，会影响到自己男性社会角色的确立。

来访者：到现在我觉得与父亲也没什么过多的话说。

咨询师：随着你年龄的增长，会逐渐对父亲有新的认识的。一个人即使到了成年，甚至中年，也会发现从父亲身上可以学一些东西的。

来访者：我想我对于父亲的态度也在慢慢地改变，有时我觉得他也很不容易的。

咨询师：有这样的认识，说明你的思想正在走向成熟和深刻。通过我们几次的交谈，你能总结出几方面主要的收获和改变吗？

来访者：最主要的是我明白了困扰自己的一些想法的来源。像您指出的我是缺少自信。

咨询师：这方面客观的原因，就是你小时候特别的成长环境。这不是你所能决定的。现在能认识到这些问题，通过学习，可以补上这一课的。

来访者：好的。我感到现在身上的担子卸掉了，一身轻松。

咨询师：你应该尽快地找到工作，开始新的生活。

来访者：我最近已经联系着找工作了。

咨询师：祝你找工作顺利。走上新的工作岗位以后，与领导和同事们搞好关系，多与大家接触，多向大家学习，自己就会很快进步。也有可能，在我们解决了你心理上的一些问题后，还会出现反复，你要有思想准备。生活当中，不能没有挫折。心理上也不会没有挫折。克服了困难，自己就成长进步。在困难、迷惑来临时，不要灰心。什么时候心理上感到有压力的时候，可以随时到我这里来，我们共同探讨和解决问题。

来访者：我会经常向你请教的。

咨询师：找工作的事情有了结果，抽时间告诉我一下。让我们暂时说再见吧。

来访者：好。真的非常感谢你。再见。

写于2004年8月10日

咨询结束后，来访者给咨询师打过几次电话，询问了解关于找工作的具体事宜。几天前，他来电话，已经到一家公司上班了，做营销工作。听口气，他还比较满意新的工作。回顾整个咨询过程，结果还比较理想，进程也算顺利。从咨询师方面，基本运用精神分析的学理进行分析与咨询，印证了分析的学理是比较适用的一种咨询方法。

补写于2004年8月19日

# 案例选析（6）：从一例幼儿的行为问题再谈母爱

前年，我曾写过一篇文章《母爱剥夺与儿童抑郁症》，其中写到韩国电视连续剧《把爱留在心底》中，主人公陈正翰、姜金波夫妇因为离婚，6岁的儿子秀彬由父亲陈正翰抚养，但过了一段时间之后，孩子却渐渐地不吃东西，也不说话，经常哭闹，经精神科诊断为儿童抑郁症，不得不接受治疗，我从这个故事讲到母爱剥夺而罹患儿童抑郁症的病例。

我的文章中有这样一段话："任何一个做母亲的出于人类的天性，除非有不可抗拒的困难，不会剥夺孩子的母爱。但有些情况下，一些不自觉的母爱剥夺同样也会给孩子造成强烈的伤害。比如现在很多父母忙于工作，将孩子托付给爷爷奶奶或姥姥，这种隔代教养的害处其实是很多的，还有的就是单亲家庭，在这样的环境中成长的孩子由于缺乏父母的关爱，往往依赖小动物、小玩具，这样就很容易产生抑郁的情绪。"

最近从一位来访客人的叙述中，发现一位幼儿的行为问题也是因为母爱剥夺引发。

这是一位女孩，现在（2007年8月）2岁多一点。她妈妈自述是个事业型的女性，经营有自己的公司，由于工作很忙，常常晚上工作到很晚才回家，女儿出生以后，大部分的时间由孩子的爷爷奶奶负责照顾。为了照顾孩子，爷爷奶奶就搬来与她们住在一起。孩子的爸爸也有自己的工作，但照顾孩子的时间比妈妈多。

这个母亲这样忙于工作少有时间照顾女儿，女孩的爸爸是不满意的。他曾对妻子抱怨说，自己常一个人带着女儿在小区里玩耍，只有另外一个男性比他带孩子时间长，他是数第二的云云。

二位老人的态度不得而知，但女孩的母亲表示，孩子的爷爷奶奶太溺爱孩子等。她自己的观点是孩子不应溺爱，只要给她创造出好的生活与受教育的环境就可以了。

她们家收入高，生活条件优裕。孩子母亲给孩子花钱买衣服玩具从不吝惜，据孩子母亲说，女儿的玩具就可以摆满一屋子。

由于不是专门为这个女孩做咨询，只是了解到：她天天晚饭后要到院子里找小朋友玩，这本身没有问题。问题是，每天她都要坚持玩到最后一个小朋友回家为止。而每当有一个小朋友要离开她回家，她都要哭一次。最后的小朋友回家时，她就跟在人家后面哭，求人家再跟她玩一会儿，或坚持请人家到自己家里继续玩。通常是得不到允许的，于是她常常哭闹不止。

不需要心理医生，稍稍了解一点孩子心理的人也会发现问题所在：母爱剥夺使孩子将她的情感依恋，转移至小朋友身上，只有在与小朋友的玩耍中，她才会忘记对母亲的思念与对母爱的渴望。小朋友的离去，使她无可避免地再一次陷入绝望之中，也就不可避免地爆发她的愤怒与绝望的情绪。

现在心理学的研究证明，幼儿的心理远较我们想象的复杂。这个2岁的女孩可能也是个敏感而情感要求强烈的孩子。或者说母亲在与她接触时表现出了非常好的情感关照，使她对母爱的体验异常深刻。同时，对于母爱的剥夺又异常地反应强烈。当然除了她天性的原因以外，我怀疑她的父亲、爷爷奶奶等人，强化了她的被剥夺感。因为他们不会不在孩子面前表达出他们的不满，而孩子的感受是真实而深刻的。

孩子目前的状况，我认为是一种焦虑情绪，行为问题是情绪异常的反应性改变。这位女孩亟应接受专门的咨询与诊断（连同她的父母），确定心理与行为问题的性质后，接受系统的家庭治疗，以纠正孩子的心理与行为偏差。

写于2007年8月11日

# 案例选析（7）：从几个案例谈与童年性经历有关的精神创伤

一、案例

案例A：某男，21岁，大学在读学生，以控制不住自己的强迫行为来咨询。其症状有多项，最主要的是时常担心自己装入书包、口袋等内的钱包等物品没有放好，唯恐丢失而要反复检查和拍打。

与其讨论早期生活经历，他回忆起约五六岁时在农村生活，某日曾与一群小伙伴玩"性游戏"。其本人将一相同年龄的小女孩的裤子脱掉，抚摸其下部。正在这时，发现身后高坡上有人看，于是非常担心和惊恐。此后十多年间似将此事忘掉，并没有影响到生活和性格发展，只是到了高中阶段学习紧张，逐渐有强迫的症状，至一年前开始有加重的趋势。

分析：幼时性方面的创伤经历当高中时学习紧张被触发，大学后谈了女朋友，由一些性方面的接触（接吻等）唤醒了早年的经历，内心的矛盾情感转化成强迫症状。

案例B：某女，17岁，因社交方面的恐惧来咨询。自述3年前上初二时，害怕回答老师的提问而不得不退学。之后由于恐惧几乎不出家门。最近在家人鼓励下出来打工，但面试时非常害怕，工作时害怕紧张得身体一点劲也没有，只得辞工。经深入交谈，谈到小学四五年级时，男老师有一次将其叫到办公室，摸她的手，还亲了她的嘴。当时年纪小，不知道如何反抗，从此就害怕见人。

分析：那个出人意料的事件既使她受到强烈的震惊与伤害，同时唤醒了她的性意识，使她的心性发展偏离正确的方向。压抑的情感在初二青春期时苏醒，更使心性发展受挫和停滞。后来长时期的离群索居，少与外人接触，阻碍、限制了她与人交往能力的提高。

案例C：某男，42岁，金融行业。因上厕所遇有熟人时不敢小便而前来咨询。回忆约七八岁时无意中看到父母性生活，由于角度和父母的姿势的特点，能够清楚地看到双方的性器。当时就非常恐慌，甚至害怕父亲会因此杀了自己。事后父母虽未对其斥责或打骂，但也未就此事进行解释或对其进

行安抚。至青年时期当兵开始，就不敢在人前小便，此事很影响与人的交往等。

分析：童年时过早接触人的性活动，产生的"不洁"心理或对于同性恋的憎恶或一定程度的渴望心理，以及对这种心理的防范和恐惧，脑海中还可能有对父亲的恐惧等，泛化于在男性面前不敢暴露性器。

这3个案例的共同点：

1.幼时在不具备性知识的时候，偶发的性场景对心理造成强大的冲击，以至于不得不通过压抑保护自己。

2.成年以后的生活事件诱发，使当时的伤害情感复活，附着在当前事件上。

3.性欲望以及对性欲望的批评和管制，转化为强迫与恐惧症状。

二、对案例的分析及咨询路线

（一）分析与认知方面的辅导

帮助来访者回忆当时的性经历场景，释放和处理当时压抑的情感，重新对事件进行认知。主要辅导内容：性是人自然和必需的需求，在性活动方面，人与其它动物没有什么不同。性活动并非不好或不洁。儿童时对性器和性活动感兴趣是很自然和正常的，两小无猜的一些性游戏谈不上不道德。因为那时儿童对于性的理解与成人并不一样，他或她只是好奇而已。不能用成人的道德要求儿童，因为他们的心智并未成熟。女孩应该从小就学会保护自己，尤其要学会反抗性侵害。实事求是地评估性侵害，肯定自己对于侵害自己的人仇恨的合理性。

（二）行为方面的指导

指导案例A的事主多与女同学交往，学习尊重和爱护女性。在与女朋友的交往中，性接触不可避免，作为成人，对每一种行为的后果都要有认知和准备，愿意承担责任，同时不断追求高尚的性道德，处理好性与其他生活内容的关系等。在此基础上就可充分享受人生的快乐。

对于案例B的事主，启发她认识到由于当时她年龄小，没有学到保护自己的隐私的知识，因此发生了受到轻微性侵犯的事情，这件事的主要责任不在自

己，主要是碰到了不好的老师，学校和家长也应负一定的责任。当时自己年龄小，受到惊吓。但现在已长大成人，还有法律可以保护自己，只要自己多加注意，今后就不会受到伤害了。而对于过去的伤害，如果认为有必要，仍然可以要求有关法律机构或单位惩罚侵害自己的坏人。对于她，重要的是走出家庭，在社会中锻炼成长。可以循序渐进，先找一份比较轻的工作，或时间比较短的工作，逐步适应。

针对案例C的事主的成熟度，建议采取"冲击疗法"，创造机会与其他男性一起小便，逐渐适应。为了练习建议其遇有社交场合，先向其他人声明自己的这一"毛病"，以达到精神上先脱敏的效果。

当然，由于这3位当事人的心理偏离和问题的根源，产生于早年，矫正起来也非一朝一夕。需要制定详细的咨询与辅导方案，按部就班地一步一步实行。

三、关于早期性教育的思考

（一）性教育缺乏易引发儿童心理问题

许多专家都指出过：如果适龄儿童没有通过适当的渠道了解性知识，很容易引发心理问题。我国由于封建思想的影响，以及科学普及的不足，人们对性观念的封闭导致儿童性教育不够普及，很多接受学校教育的孩子通常要到高中甚至更晚才了解性知识。这会产生很多消极后果，例如他们成年后对性的恐惧以及无法获得信息而产生的心理问题。如果儿童没有适时接受性教育，随着他们年龄的增长和生理成熟，他们会尝试从别的途径去获得信息，例如色情网站和书籍。这对青少年的成长极为不利，严重时容易产生焦灼和逆反心理，甚至产生暴力倾向。

（二）借鉴国外的做法问题

对儿童进行性教育，许多国家探索了很好的方式方法。如日本、德国、美国、墨西哥等国，儿童从5岁开始，就通过学校授课等方式获得性知识。教师通过图片展示、角色扮演等方式，让儿童认知男女不同的身体器官，从而获得最基础的性知识。

美国的性启蒙教育已比较规范化。如下列他们制定的指导性文件：

目前，美国性教育研究会（Sex Education in the United States Research Meeting,简 称 SEITUSRM）对婴幼儿到成年前的性启蒙教育提出

了新的方法：即让父母与孩子站在同一层面上，从而使孩子在意识互动的信息交流中接受教育。具体如下：

1.步骤一：获取孩子的"性信息"

在当今社会，做一位被孩子认为是善于问问题的父母是非常重要的。因为，只有面对这样的父母，孩子才愿意与之交流，愿意接受正确的答案。通过沟通，父母才可以真正地了解孩子的情况。

父母可以从以下几个方面获取孩子的"性信息"：

（1）了解孩子与性有关的行为、需要、心情和态度；

（2）判断孩子是否乐意接受与性有关的问题；

（3）选择一种适合与孩子交流的方式；

（4）使孩子确信他们的这种成长（性成长）是正常的;。

（5）预测孩子将来要面对的问题。

2.步骤二：不同成长期的性教育

（1）0～4岁阶段

性格特征和行为：在这个年龄阶段，孩子开始探究他们所处的世界，而性也是其中的一部分。他们开始关注自己的身体，喜欢被人抚摸的感觉，并主要通过第一信号（非语言信号）获得与性有关的知识。

对待性的态度：在这个阶段，当遇到与性有关的问题时孩子很好奇，容易接受并且不觉得害臊。

交流方法：父母的态度和情绪是最好的非语言表示，因此同孩子交流时不要郑重其事，而要尽量地用比较轻松的语气，让孩子知道有关这方面的问题是可以询问的。同时父母也要主动结合孩子的态度、年纪和需要向其提问。如果发现孩子玩弄生殖器，不要有过激的反应，因为对处在这个年龄段的孩子来说，这是很普通的行为，父母应就这个问题同孩子交流，告诉他，人的身体有些部位是不能随便去摸的，也不能让别人摸（尤其是女孩子）。

（2）5～7岁阶段

性格特征和行为：这个年龄阶段的孩子开始意识到了性别的不同，并且学习扮演性别的角色。对人身各部位很感兴趣，十分注意与异性的不同之处（她为什么没这个器官呢？）大多数的孩子会问一些与他们身体、出生等有关的问题。对待性的态度：在这一阶段的孩子，往往从其它途径获得了关于性的知识或一些暗示后，开始变得害羞胆怯，越来越少地问与性有关的问题。

交流方法：要尽快地回答孩子提出的问题并给予简单易懂的解释，确保父母完全明白孩子的问题，孩子也能听懂父母的回答。5~7岁阶段的孩子往往以自身的质疑为出发点，如："我从哪儿生出来？我是婴孩时，也那样吗？"绝大多数权威认为这是开始用易懂的词句解释"生活真象"的理想时机。如果他们不问，那么没必要主动告诉他们。但如果他们一定要问，就不要避而不谈。

（3）8~10岁阶段

性格特征和行为：孩子在这个阶段会对身体上的一些部位进行"好的"和"坏的"之分。他们很想知道自己身体上一些器官的功能以及与性的联系，但却害怕讨论"性"。对性以及与性有关的问题非常的敏感。

对待性的态度：在这一阶段，孩子对待性的态度表面上是漠不关心，但事实上，他们对这个问题非常地感兴趣。他们从成年人那里获得了很多非语言的信息，从而意识到应该避免去谈论这个话题。

交流方法：试着向孩子解释他们身体上的部位并不脏，并且告诉他们这些部位与其他的部位是一样的。要避免隐讳这些部位和它们的功能。在这个年龄阶段快结束时，要确保孩子获得了关于青春期的全部知识。父母还可以与孩子就这个问题进行简要的讨论。

（4）11~13岁阶段

性格特征和行为：尽管父母可以尽量自然而巧妙地解释生活的真相，可是11~13岁的孩子仍会从学校带回一些怪诞的想法和令人惊诧的说法。"秘密部位"成为他们悄悄议论的话题。对待性的态度：其实，11~13岁的孩子对性开始有了较深度的关注，在他（她）的心灵中有许多朦胧而好奇的性问题。即使孩子对性问题一无所问，家长也应该自问其缘由，是他（她）简直无兴趣，还是大人一再告诫他（她）此问题理应回避？无论哪种情况，给孩子找些适当的书籍是引起这类话题的极好办法。

交流方法：这个年龄的孩子提出的一些问题，常常把父母弄得目瞪口呆。有个11岁的女儿问她母亲怎样"搞"同性恋爱。这位母亲作了最有说服力的回答："我不知道，亲爱的，那种事我没经验。"这个回答告诉我们，最好的回答往往是最简单的回答。

（5）14~16岁阶段

性格特征和行为：有这个年龄段的孩子的许多家庭大多处在非常时期。此时，孩子在生理上日臻成熟，性行为成为他们尤为关心的对象，特别是他们开始感受异性的新变化，需要对自己生理上的变化有所准备。只有认识到这一点，父母才能更好地帮助孩子掌握自己的兴趣方向。对待性的态度：父母在这个问题上与14~16岁阶段的孩子交流时会遇到他们各种各样的抵触。因此，父母最好对孩子逐步进行性启蒙教育，让他们可以坦然面对这些问题。父母不能因为小孩的抵触而气馁，而应同孩子进行不间断地交流，让孩子能够健康成长。

交流方法：孩子提出的有关性的问题，这时可以正式向他们解答了，虽然这个年龄的特征是依靠假设来表现事物的。如："女孩怎样博得男孩喜爱。当他们找女友时，什么年龄最受青睐？"

专家指出：由于该年龄段的孩子看起来有些盲目地在同伴中显示自己，因此他们大多数需要领会父母的信任和期待。父母一定要帮助孩子"得到"亲切、敏锐、尊重他人感情和与人为善的品质。简言之，你应该把儿子教育成你想让女儿去认识的那种人。

在学龄儿童的性启蒙教育方面，我国近年来取得了很大的进步。有些小学开设了性教育课程，尽管还很不规范。也出版了一批性启蒙教育的图书，这些图书有些是翻译的，有些是我国学者编写的（中信出版社《孩子眼中奇妙的性》等），但从总体上看，我国对儿童进行性启蒙教育还有很长的路要走。

2008年4月

# 案例选析（8）：一例死亡恐惧个案的潜意识动机分析

来访者男性，26岁，在事业单位工作。其所述症状为近几个月来为死亡的恐惧缠绕，每当想做一件事情的时候，就会冒出一个念头：如果我明天死了怎么办？现在做这些还有什么意义？

我的第一个想法就是是否他有亲人最近或以前去世，由于来访者与逝者的情感还没有释放，以致如此。可经询问，来访者告诉我他从小至今，家中或近亲中没有人死亡，他本人也未见过人死亡时的情景。

再向他本人的生活经历中找找看。但开始他告诉我，自己很顺利，从上学到工作，都按部就班顺利走到目前。自己从上学时，就一直有出色的表现，个人能力也高，现在的工作也比较顺利等。

婚姻恋爱方面。已结婚，与妻子感情也很好，这方面没有什么问题。

他自己不会明白为什么会这样。而心理咨询师却相信，在心理世界没有无因之果，也没有无果之因。

他不知道、不说。我在耐心等待和引导中期待着他的阻抗消失。

这就是心理咨询，我们要陪着来访者经历他的迷惘、抵抗、犹豫、苦闷、无助，甚至濒于绝望。当来访者经历完这些，将阻抗的力量消耗掉之后，那压抑的念头就会像春天开始融化的冰，开始时一点一滴，然后是涓涓细流，最后汇成汩汩流淌的清泉。

他还是一位在职研究生，目前正在写论文，但却很难写下去，导师的指导也不得力，他觉得自己有可能写不出论文。而写不出，就意味着得不到学位。对于一生顺利的他，这真是一个沉重的打击！再加上脑海中时有关于死亡的怪想法，于是人坐在那里看书，半天下来，脑子里什么也没有留下，如何写得出论文？

接下去，让我们来分析吧。

研究生的论文要写几万字。需要写作者有较强的搜集和筛选各方面材料的能力，还要有创新的思想和较强的逻辑思维能力和比较扎实的文字功底。一个人尽管过去很优秀，但也许需要这样缜密的思维和较高的写作能力的时候，显现不出他的优秀了。这不能说明他在其他方面不优秀，只是说明他在科研的能力和写作能力方面有所欠缺而已。

一贯的优秀和自负，使他的意识层次无论如何不能承认自己的能力在这方面低人一等。他不承认、不愿面对、他还幻想着像过去处理困难一样，凭自己的能力应付、驾驭。他要让别人看到自己的水平。他不能让别人看到自己的退缩和无能。这不是他的性格。

他做努力、去尝试。但能力非一天而养成。他的努力短时间不可能有戏剧性的进展。他碰了钉子。于是，陷入焦虑之中。

他的意识可能不够清楚，但潜意识永远是那么明智，它已清楚地看到，他也许应该知难而退了。

这就是精神分析，它永远使用两种，甚至几种力量的争斗，它们的此消彼长，来看待和描述我们的心理世界。

一种心理的力量，当正面进攻不能奏效，它就只好采取迂回的办法达到它的目的了。退缩和放弃的想法，不为意识接受，于是它摇身一变，以对死亡的恐惧的面目出现。死亡不就是一种放弃吗，而且是彻底的放弃。死了，就不必承担任何的责任了，像成语里说的：一死了之。

一个成人怎么能把放弃与死亡联系在一起？我们讲过了，潜意识里运用材料不分时间，它本身就没有时间的概念！一个人可能没有看到过人死亡的真实场景，但他在幼年童年时不可能不学习接触到死亡这个词汇。在孩子的心中，死亡就是离开，就是放弃，与成人对死亡的理解是不同的。一个人碰到重大的应激事件难以应对时，他往往退回到早期生活。

潜意识的想法不得不采取象征和替代的手法表现，当事人往往不明就里，于是更惊讶于自己何以有这么奇怪的想法。原先的焦虑再加上对象征意象的恐惧恐慌，心理进入失衡状态。这些心理变化，还会引起生理上的反应，失眠等症状会出现，并进一步加重心理负担，从而使整个人陷入恶性循环之中。

这是潜意识在用它特有的方式向人发出警告。

虽然我们不敢确定这是唯一的原因，另外在目前认定的原因事件与症状之间还有一些空白点需要填补，但引导我们做出以上推断的逻辑关系是存在的，我们倾向于这么认为。我们希望在辅导的过程中，让来访者也认识到这一点。他应该学会面对潜意识内的冲突，并最好是与它达成妥协。

写于2005年1月19日

# 案例选析（9）：他为思虑过多而困惑

他是一位年轻的工程技术人员，妻子也有不错的工作，通过几年艰苦的创业，作为一个不是本地出生和成长起来的年轻人，他引为骄傲的是在这个城市里有了稳定的工作，还买上了房子。

尽管一切看起来都不错，但他心理上总有一定的困惑，他对自己不满意。他觉得如果不是自己存在这些缺点，在事业上应该有更大的发展。

是什么事情让他烦恼呢？

原来，他为自己的思虑过多而烦恼。他说自己总是不停地思考诸如将来如果失业了怎么办？自己从事的职业将来的前景怎么样？自己不善于言谈，将来怎么能有更大的发展？似现在这样给别人打工，何不自己开一家装饰公司，能挣更多的钱。但自己开公司的资金从何而来等等。

他说自己觉得不应当这样整天费心思在想这些问题，很想摆脱但又摆脱不了这样的局面。

我就问他："你工作中也在想这些事吗？"

"工作忙起来，就顾不上想了，"他说。

"那说明你并不是整天在想啊！"

"但我确实因为想这些事，影响了工作，"他接着说，"工作时，我不能集中精力。这些想法时时来干扰我。我想不去想，可越不让它想，那些想法就越经常出现在脑子里挥之不去。不仅如此，整天想这些事，让我睡不好觉。"

接下来，我调查了他的睡眠，我的判断是他的睡眠并不像他本人叙述的睡得那么少。这也是我们经常碰到的事，几乎每一位为神经衰弱、强迫观念和强迫行为、焦虑、抑郁等困扰的人，都向我们诉说他们睡不好觉，经常失眠，有的甚至述说每天只能睡几个小时等。但我们的调查往往与他们自己的感受不一样。我们常常发现那些抱怨睡不好觉的人中的大多数，睡眠时间基本是达到普通人的标准的。要知道，睡眠时间因人而异，一个人并不一定、也做不到要求自己的睡眠与别人一样。

我想这应该是一种被日本森田疗法的创始人森田正马先生称之为"神经质"的一类人。他们不接受客观的事实，而只承认自己的主观想法。

对这样的个案，我则根据具体情况，分别给予精神分析式的辅导和森田疗法式的辅导。

按照精神分析的理论，一个人的焦虑必有原因。如有不明的焦虑，那必是潜意识内冲突的表达。在心理咨询师的启发和开导下，他们往往能战胜"阻抗"，认识到问题的根源。一个人一旦敢于正视自己、正视自己的处境和问题，不再回避这些，那问题往往就解决了一半。因为强迫症状只是内心矛盾的一种替代物。如果我们真能找到压抑的观念、思想、冲动、欲望，引入到意识的层面加以解决，则潜意识的动机既失，强迫的症状也就可以消失了。当然这只是一种理论上的说明，具体到心理辅导的过程是非常复杂的。有些人从个性特征方面并不适合心理分析，有些人的"阻抗"非常强烈，以致难以剥开表层，深入到精神的实质，还有的人没有时间和耐心来深入探索自己的内心世界。

我们作为心理医生，就是像教学一样采取"因材施教"，希望找到一种最适合咨询对象的方法和途径。

对于东方人来说，森田疗法也是一种非常实用的技术。

森田疗法是日本著名的精神病学家森田正马于20世纪早期创立的一种治疗某些神经症的方法。他的理论立足于东方人的心理特点，探索出针对强迫症、焦虑症、神经衰弱等心理－精神疾病的独特治疗方法，以其理论简明，技术上实用而受到人们的重视。

森田理论的精髓是"顺其自然"和"为所当为"。他认为，人们的许多精神症状在于患者对于自己身体和心理方面的一些正常反应过于关注，以致反而强化了这些症状。他举例说，如果我们在室内学习，室外有白铁匠人在干活发出敲打声。开始时我们听到这声音觉得讨厌，觉得它干扰了我们的学习。但转而一想，我们又无力改变环境，那只好接受了。这样想着，一边将精神集中于书本，过一会儿，则虽有外面的敲打声，我们也会"听而不闻"了。反过来，如果只想着敲打声，将注意越来越集中于此，则会觉得声音越来越响，终于自己什么也干不下去了。

对于某些症状也是这样。比如偶尔出现的失眠，其实是非常自然的事情，这在任何一个人身上也会发生的。如果不将其放在心上，则随着将引起失眠的事情淡化，睡眠自会恢复正常。但如果由于偶尔的失眠引起恐慌，那么每到睡眠先有一种担心和焦虑，时时想着关于睡眠的事，担忧睡不好的后果等，那当然更睡不好了。森田先生将此称作"精神的交互作用"。

"为所当为"的意思是说不要因为有一点症状就只想着快些治疗和消除掉症状。须知治病是需要慢慢来的。因为绝大多数患有强迫等神经症的人都具有敏感多疑内向的性格，治疗症状须与改变性格结合进行才好，因此不可能一蹴而就。所以在治疗的过程中，应该是不放弃生活和工作。说句俗话就是"该干什么干什么"，不能一门心思想快点去掉症状。大家可以看出，其实这也是引导患者的注意力摆脱对于症状的过于关注，摆脱对于症状的依赖和依从的一种措施。所以森田疗法是一种非常强调生活实践的治疗方法。它强调，人生必须做事，有病也要坚持做，不能放弃。有了这种信念，更能战胜疾病了。

对于这位自己觉得思虑过多的年轻人来说，顺其自然的意思就是说要接受自己"思虑过多"的事实。思虑多本是人的"自然属性"，人之为人，就在于有思想、能思考。人只要睁开眼活着，大脑就要时刻不停地思考。要让它停下来是不可能的，也是不实际的。那样的企图违背了规律，根本是不可能实现的。将不可能实现的事情，拿来要求大脑做到，做不到就烦恼，这不是像成语说的庸人自扰吗？

经过一段时间的辅导，这位个案的焦虑和强迫的症状已减轻不少，从程度上讲已属于比较轻了。当然完全祛除需要比较长的时间。但是，我们似乎也没有必要这样，人生不可能完全没有烦恼，烦恼与战胜烦恼的动机和努力并存，这就是人生。

写到这里，想起人们经常引用的笛卡尔的名言"我思，故我在"，但他的下一句话却往往不为人们注意和引用，那就是"我苦，故我生"。这苦，其实就是人须承担起人生的责任。它与生命同在。

改定于2005年10月2日

# 案例选析（10）：婷婷为什么想转学？

婷婷一直是个品学兼优的好学生，小学的时候当班长，受到老师的喜欢，门门功课总是全班、甚至全级部前几名。不只是学习好，体育、艺术都有不错的表现。

去年升入初中以后虽然不再当班长，可她仍然是优秀的学生。她是数学课代表，数学成绩在全级部也是名列前茅。可就这样一个好学生，最近自己哭过好几次，跟妈妈表示不愿意去上学了，希望转学。

为什么？

据婷婷说，她不愿意在这个学校上学，是因为不喜欢数学老师。为什么不喜欢数学老师呢？她认为数学老师太不尊重同学。

婷婷有一次上课时违犯了课堂纪律被罚站一节课，并且在课后被换到最后一排。这是班级对违犯课堂纪律同学的处理办法。她感到很委屈。她也知道自己有错误，但她不能接受老师的处理方式。她说，老师不听她的解释，不调查事情的具体经过，只知道处罚。

婷婷从小在赞扬与掌声中长大。在家里她是父母的宠儿，在学校一直得到教师的器重和关爱。她没有经受过挫折和失败，也没有受到过斥责、羞辱和打击。所以她感到自尊受到了严重的伤害。

孩子是情绪化的。婷婷对数学老师的印象越来越不好，自然学习的兴趣也下降，成绩也一步步地下滑。

可看起来这位女老师确实也有需要改进的地方。据说，她经常辱骂同学。婷婷有一次上课回答问题与参考书上不一致，就被老师斥为"胡说八道"。

婷婷说："老师为什么不尊重我们？我们也是人。我要找校长反映一下这个情况。不行，我去找教育局长。"

妈妈看到女儿委屈的样子，还是希望息事宁人。但她也了解这位数学老师确实一贯以严厉和生硬著称。她这种作风也曾经有家长向学校领导反映过。很可能校领导为此批评了她，但她却在家长会上向家长们发了一顿火，声称：谁不愿意在这里上了可以走……

婷婷从此从厌恶数学老师发展到厌恶数学课，她整天考虑离开这个学校。但老师也不退让。看来老师也有相当的情绪化，她应该感觉到婷婷对自己的不满。最主要的也许是，婷婷是数学课代表，她的成绩下滑，问题更严重。于是，上个星期给家长来了电话，要求家长某天某时到学校谈谈。数学老师在电话里说到婷婷："我非要给她挖挖根不可。"

这件事情的结局尚不得而知。

在学校里，像这样的事情也许太普通了，普通到老师和学校领导大概都没有注意到。也许注意到了没有感觉到事情的严重性。在他们眼里，数学老师的态度和方法是有些不妥，但动机是好的，学生应当理解和服从。也许他们没有时间根据每一个学生不同的心理去采取不同的处理方式？

从心理学的角度，我们应当怎样分析和认识此事？1.作为老师，她选择严厉的批评和羞辱来督促学生进步。但这种做法，只适合一部分学生，即适合那些能承受的孩子，而对于婷婷这样自尊心非常强的学生，过于严厉的批评和羞辱会彻底消灭她的勇气，激发起她强烈反抗的心理，她只有选择对抗与逃避，而不愿意合作。

2.老师没有抓住肯定孩子的优点这一突破口。假如在充分肯定她学习好的基础上再来批评她偶尔的不守纪律，鼓励她在学习以外的其他方面也争取优秀，那结果会不一样。我们应当记住阿德勒的名言："教师最重要的任务——甚至可以说他的神圣的职责——就是确保学生不会失去信心。"

3.老师必须以温柔、关心和理解的态度来对待孩子，才能得到孩子们的信任。婷婷对数学教师反感的同时，说她们同学都非常喜欢另一位任课老师，那位老师对同学们非常和善和体贴，更可能是她多学习了一些生理学和心理学的知识，当她第三四节上课时，发现纪律有些不好，便问："是不是你们饿了？还是累了？现在请大家闭上眼睛，趴在桌子上休息几分钟……"

4.家长和老师都不要引导孩子过分地追求成功。孩子如果被教育培养的过于期待成功，往往不能面对生活中的困难和挫折。他们往往会过于依赖别人的赞扬，一点小小的困难和失败就会使他们丧失勇气。即使没有碰到大的挫折，过分追求成功的学生也容易对他人形成嫉妒心理，不能接受别人比自己强，不愿意去赞扬别人，不能与人友好相处。

5.家长特别要注意引导孩子学会应对困难，在克服困难的过程中增强生活的勇气、处理问题的能力与技巧。独生子女一代从小就缺乏对生活本身的学习，比如孩子们的思维往往把人和世界分为绝对不同的两类。好或坏，不能融合相通共存。家长和

老师有责任引导他们逐步摆脱这种幼稚的思考。如果他们能认识并接受"老师也是人，同样有优点和缺点"，可能就不会对老师形成极端的看法了。

6.教师和家长应该深入地研究青春期孩子的心理，采取适当的教育方法。比如这一时期的孩子时刻想证明自己不再是一个孩子了，由此常常会采取过分的行为来表现。我们应当告诉孩子，不需要过分地表现和说明。肯定孩子的看法，但引导他们采取适当的方式应对。

许多家长为孩子的厌学烦恼，千方百计地想办法挽回孩子对学校和学习的兴趣，但他们的努力有多少得到希望的回报呢？可以肯定的是，每一个厌学的学生背后，都会有一个像婷婷一样的故事。它们都是活生生的生活事件，有些事情在成人看来不成其为问题，然而，孩子毕竟是孩子，他们的心灵比成人脆弱，更需要得到大人们的理解和尊重。

写于2006年4月27日

# 案例选析（11）：一例因转移作用引起的强迫症

## 一、基本情况

来访者女性，35岁，大学文化。已婚，有一6岁女孩，与丈夫关系方面，虽然对丈夫工作方面得过且过，不爱干家务活不主动帮其管孩子不太满意外，夫妻关系总体还可以。来访者本人在金融系统工作。丈夫也是大学毕业，在电信部门工作。夫妻二人收入不低，家庭经济条件比较好。居本省某市，专程来青岛咨询。

自述因不能控制的强迫观念来寻求帮助。其认为不应有却无法消除的想法有二：一是关于"死"的恐惧。自述经常想到关于死的种种问题和情景，对于死的恐惧和无助有时使她情绪低落，生活的兴趣减低；

二是自从去年偶尔听到一女性亲手掐死了自己的孩子后，就很害怕自己也会做出这样的事情来，于是有一个时期不敢自己与孩子相处。当丈夫不在家时，自己就非常恐惧。

关于病程。本人自述五六年前（此时未结婚），为死的想法苦恼过一阵子。经服药及家人帮助，一段时间后，调整过来了。只是偶尔还会想到死的问题而恐惧烦恼。自去年以来，关于死的种种想法又常萦绕在脑海。此外，又增加了上面说过的第二点症状。最近的一次发作是半个月前，主要是第二种症状。

初步的判断，精神病学的诊断为强迫症。从心理咨询师的训练来看，描述为不能控制的强迫冲动，伴有比较强烈的恐惧、焦虑情绪。属中等程度的心理问题。

## 二、问题的根源

经了解其成长史，并无严重的创伤性事件发生。自述从小到大，从上学到参加工作、结婚、生孩子，一切都比较顺利。而目前小家庭，以及父母公婆的家庭都不错，没有来自家庭的重大应激事件。

经深入了解分析，判断其心理上现实的紧张恐惧还是来自工作环境。问题主要两方面：工作压力大，与领导及同事人际关系不太好。从压力方面看，目前金融行业虽然收入比较高，但竞争的压力也很大，她所在的团队工作业绩不是太好，经常被领导批评。从人际关系来看，她本人自述为人清高，以及工作单位存在的本地人与外地人的对立等，造成她在团体中有被孤立的感觉。故很想脱离目前的工作环境。对于换到何处？她本人向往大城市，曾就此问题与丈夫讨论，但丈夫兴趣不大，只是虚于应付。还有，自从有了孩子以后，丈夫不帮她做家务照看孩子，这一切落到她身上，她本人好学上进，既要工作又要照看孩子，感到为难，且近年来无法继续英语及其它知识的学习，也为此苦恼。

本人的性格属于比较敏感、懦弱，但又不甘于寂寞的人。后一点可能来源于她内心深处的不安全感。当年她以1分之差没能考上大学，委屈自己上了中专，后来通过自学，取得大学文凭。又苦学英语，目前在本单位英语方面一枝独秀，遇有外国客户，单位都是指定她来接待或翻译。

## 三、分析及咨询方向

S.弗洛伊德说过："症候的形成实为潜意识中他事的代替。""症候乃是两种相反的互相冲突的倾向之间调和的结果。它们一方面代表被压抑的倾向，一方面代表那抑制其他倾向而引起症候的主动倾向。（引文见高觉敷译《精神分析引论》237、255页）。"

以本例案主的情况分析：主要的心理冲突来自于：对目前的环境离开与无法离开和不想离开的冲突。不离开，不能实现自己的价值。但离开，代价又非常大。她目前还缺少勇气及付诸实际的决心，以及找不到可行的途径，想委屈求全又心里不甘。对于丈夫及孩子，爱与怨恨交织在一起。从个人的情感以及社会责任方面，她爱他们也愿意承担责任，可是对于他们影响自己的发展和追求，则有一定程度的怨恨等。

这些内心的冲突长期以来无法表达宣泄，本人不善于将想法付诸现实，对于负面情绪也不善于排解。

只得将其压抑入意识的深层。压抑的欲望不会消失，只能在潜意识里蓄积。一旦达到一定的程度，则只有通过转移作用来表现。

关于死，死其实就是离开，意味着没有矛盾和冲突，灵魂（心理）复归于平静与安宁。她本人幼年生活在农村，目睹人死亡出殡。加之农村人迷信，经常谈论人与鬼的事情。这一切在来访者心理上留过深刻印象，故潜意识中将逃避与离开的冲动借"死"这一"画皮"来借尸还魂。

关于害死孩子，其实反映的是她或一时刻对于孩子及丈夫的怨恨罢了。恨是由于孩子的存在影响了本我及自我欲望的实现，而死去就不会妨碍自己了。由于其过敏的性格，所以在听到有一女人掐死孩子后，引起潜意识中超我对于心理内容的严格检查。当发现其有恨孩子的一些想法时，遂给以无情的惩罚。由于道德中不容许有这样的想法，于是更增加了恐惧。

由于来访者本人不了解心理中潜意识、意识的区别与交叉，以及转移机制，对自己开头所述症状不理解，更增加了恐惧，而这种恐惧的保留和加重，又强化了心理内容。于是使强迫症状和恐惧焦虑的情绪益发严重。

四、咨询与辅导的方向

主要是向她解释心理内容的压抑与转移机制，让其明了这是一般人处在矛盾冲突时常有的心理过程，不必惊慌失措。应该适当接受自己的一些想法，加深对人性的了解。人固然应当不断地追求道德上的完善与提高，但同时也要容纳内心深处或某一时期的一些所谓"不好""不应该"的想法，毕竟这些仅是一些想法，并没有付诸实施。不应当对思想和感情施以惩罚。

另一方面，对于有可能通过实践来实现的愿望和要求，也要积极采取有效的行动，尽快地予以满足。比如，想到大城市工作，不妨进行实际上的筹备和努力。在一时还不能离开现在的工作环境的情况下，适当调整与领导和同事之间的关系，争取个人职务得到提升，一定程度上实现自我价值。

来访者对于以上分析表示接受，也愿意按照心理咨询师的意见从心理上和行动上开始做出改变。

咨询于2007年4月14日，记于当夜

2007年5月12日第二次来咨询。自述从总体的症状上看，经第一次咨询辅导后，症状减轻了不少。第一次来之前，每天都为恐惧所缠绕，非常痛苦。这一个月以来，只有3次的发作，且持续时间不长，没有造成很大痛苦。但本人表示，上次心理咨询师所说，潜意识里有恨孩子的观念，自己经过思考认为不存在，自己的思想里并没有云云。

咨询师向其解释了潜意识的运作机制，以及潜意识内容与意识状态下内容的区别，使其对人性的弱点有更深的认识。在这种情况下，本人又讲出一事，她在结婚生目前的这个孩子之前，曾怀孕一次，当时丈夫的工作不稳定，主要是丈夫的主张，就把孩子流掉了。她本人从心里并不愿意，但考虑到当时的实际情况，也并没有强烈反对。咨询师就此告诉她，也许流掉这个孩子产生的负罪感，正是目前强迫观念的源头。即超我以当时曾"害"死孩子而严厉责备自我，自我在沉重的压力面前，产生强烈的恐惧，尤其是当面对真正的孩子的时候，更会混淆现实与想象的界线，于是产生强烈的情感反应：由于害怕自己会害死孩子而恐惧（超我时时在监视自我，当年你曾害死过一个孩子，现在是否还会对孩子下毒手？自我的反抗是无力的，毕竟我曾经害死过孩子。为什么会是这样？我并不想害死孩子……）。

又联想：引发的原因一是听到一个母亲亲手掐死了孩子。另外她的女儿，听小朋友说，人死后变成一堆干柴样，更刺激了她。

咨询师对其进行辅导：一是不妨接受咨询师的解释，为这个问题找到一个答案。同时认识到流掉孩子并非自己的责任，也算不上一个罪恶。不必为此责备自己。二是多关注现实的生活内容。无论强迫自己想的什么，毕竟自己从女儿出生以后，一直真诚地爱和照顾抚养女儿，所以女儿现在健康地成长着。这是最重要的事实，也是自己是一个好人的最好的证明。

此外，还建议她更多地关注自己家庭自己女儿，以及自己头脑中想象的东西以外的现实的世界。询其本人的业余爱好不太多，有些枯燥。本人又有空闲的和精力，经济状况也不错。因此建议她可否参加希望工程，资助一两个农村孩子上学。借这些事情来使自己离开多虑的想象。本人说有这个想法，只是想到实施起来有许多具体问题，所以没有行动。咨询师对其进行了鼓励，向她说明"付诸行动"的重要性。并约好，她的强迫恐惧再发作时，可以电子邮件报告咨询师（其工作居住在咨询师工作的另外一个城市），以便及时辅导。

2007年5月13日记

2007年5月19日发来电子邮件

苏老师：

你好！打扰你了！

上次回来后，这几天感觉还可以。这两天有另外一个事让我压力有点儿大。我女儿2年前发现有抽动症状，一直在治疗中，症状控制得还可以，但不知为什么这周症状突然加重，面部抽动很明显也很频繁。这让我很发愁，因为已经治了这么久了，不知为何又厉害了，怕影响孩子将来。所以昨晚又有点胡思乱想，但不厉害。我不知如何缓解这种压力，我爱人这几天也是比较沉重。

因为担心孩子，所以压力大，但一想得多了，就烦，就又往那方面想了，请问该如何排解这种压力？我有时会担心会不会是自己的原因导致的，心里也有一种不安感，但是我们家里都没有这种情况，而且生孩子时，我也没什么问题，我想这不一定跟遗传有关，所以告诉自己别想多了，以免又增加压力。我希望孩子能尽快恢复。同时，看到爱人也有一定压力，我又不知该如何劝他，只是告诉他别着急，慢慢治疗看看，因为这段时间自己的情况，再加上孩子的情况，我想我爱人压力可能也不小，不知该怎么样让他放下压力，和他交流？

请指教，谢谢。

透过这封信，她与咨询师进行了第3次交流。又说出了新的情况，就是她的女儿"有抽动症状"，自述是2年前，但会否病史有更长时间？揣摸她潜意识，可能除了因流产（害死孩子）的内疚以外，可能的联想：我因为流产害死了孩子，上天对我进行惩罚，所以使这个孩子也生病。如果是这样的一个潜意识与意识交织过程，则可能强烈的内疚感产生对罪恶（杀死孩子）的认同，于是有杀死孩子冲动，以及对这种冲动的强烈反感与惩戒？这种内心的冲突便造成她强烈的情绪反应。

以此种认识，先通过电子邮件对她进行简单的辅导，然后还是让她一个月后来接受一次当面的辅导。信中的内容主要是向她指出，孩子生病这纯粹是一个生理问题，与她过去的想法做法没有任何联系，要相信科学，相信现代医学，目前最重要的是就是进一步对孩子的病进行诊断和治疗。多到几家医院进行确诊，然后坚持进行治疗。

2007年5月20日记

2007年6月27日第三次来咨询

本次自述恐惧、焦虑的症状减轻，独自与孩子在一起时，虽有些不自在，但已能控制。对于各种乱七八糟的想法，当出现时，她按照咨询师告诉的办法，做一些事情转移注意力，一般情况下也能很快地过去。对此，咨询师给她以表扬与鼓励，指出从总体上看，她在一点点进步起来，但不要太着急，进步只能是循序渐进式的，不可能一蹴而就。

关于恐惧与焦虑的潜意识来源，这次心理咨询师又与她交流了一下，看来这次她倾向于接受心理咨询师的解释。由于来访者是一个非常敏感的人，谈到这里，心理咨询师观察她有一些不快的情绪，发现这明显是阻抗产生了。为了保持和维护好同盟关系，心理咨询师也就没有要求她进一步挖掘潜意识的根源。

本次交谈，主要集中于以下两点：

1.以森田理论疏导她对于多思的焦虑。以"顺其自然"的道理，开导她人的头脑不停地思考问题，这是很正常的行为。正如不可能阻止春夏秋冬的交替一样，人也无法控制自己的思想以及情绪，当思绪来临时，不要试图阻止或控制，那样反而越发挥之不去。只要能顺其自然，并且借助做点事情，做做深呼吸，就可以让情绪平静。

2.本次来访者又谈到最近与丈夫的不愉快。她本人讲，为了孩子的将来教育考虑，她想趁孩子小比较好办，将孩子办移民国外。把想法跟丈夫谈了以后，丈夫表面上同意，但并不主动去做，她为此生丈夫的气，自己也很苦恼云云。通过这事，可以看出来访者是一个有追求不甘于平凡的人，对此心理咨询师予以充分肯定。但联系到她以前谈过，她想通过努力到青岛这样的比较大的城市工作生活，丈夫也是同样的态度等。心理咨询师指出了她的性格中存在的"想法多而不愿意从具体事情上做起"这一弱点。由此启发她，有了想法，如果考虑成熟以后，关键在于行为和实施。

丈夫不反对，就应当理解是赞成了。所以，既然你提出了，就应当一步一步地做下去。可以先进行一些基础性的工作，如了解一下移民的信息，到有关机构要来表格等，再与丈夫沟通。无论多么大的事情，都是从小事，从开始，一步步做下去的，如果只想不做，只会空有想法，任何事也做不成。

心理咨询师也表扬了她，上次来谈以后，她表示有意为希望工程捐款，当时心理咨询师给她了鼓励，这次来，她报告说，已经完成了捐款。不过当地有关部门工作不细，接受捐助的人到现在也没有与她联系等。心理咨询师告诉她，可以再向相关部门询问一下。

心理咨询师在逐步地将她的注意力、心理的着重点从她固置在内部，而引向外部的事物、外部的人际关系。相信这样她会慢慢地从自我设计的思虑陷阱中走出来。

2007年6月28日记

# 案例选析（12）：一例有异装癖好的个案

## 一、事主的基本情况

该事主为一男子，名刘某某[1]，生于1956年2月16日，现在（2012年6月）满56周岁。约1.63米身高，体型中等，五官匀称。该事主出生在并长于青岛市内，曾在江苏路小学和青岛二中上学，户口在市南区。有过婚姻史，但目前没有家庭和子女。自己生活。由于没有住房，目前居住在街道办事处暂借的位于市南区某处的一间破蔽房屋里。他的生活靠政府给的"低保"几百元钱加上他"拾荒（拣废品）"卖钱维持。

该事主自述1998年他的母亲（实即养母）因病去世后开始着女装，约在2000年左右，即完全穿着女性衣服，并化妆，留长发等。

2012年6月某日笔者访问他时的着装：脚穿一双黄色女式凉鞋，下身穿一条粉红色的便装裤子，上身是一件黑蓝白间色的、镶有白色V型花边的女式衬衫。长发，梳成两条辫子，系红绸带，头发别女式发卡。左手腕配戴一件翠绿色手镯和一件咖啡色手链。右手也配戴翠绿色手镯。脸上涂脂粉，红脸颊红嘴唇，蓝眼影，描黑眉毛，指甲涂成绿色。

同月另一次访问他时，他上衣是一件粉色女式短袖衫，下面是黑色紧身裤，外罩一条黑红间色的短裙。同上次见时一样的化妆和发型。

整个形象确实给人比较怪异、甚至有点吓人的感觉。

事主除了有异装的癖好，其他行为方面并无特别。他白天出去拣废品卖点钱，然后自己做饭吃，晚上看书和写日记。据他自己讲从小就有记日记的习惯，从小学2年级开始记直到现在未曾间断。也曾写有约十万字的《自传》，可惜在今年（2012年）初的一场大火中烧掉了。日记也烧掉大半。笔者曾翻阅他的部分日记，大多记在学生用的作业本上，包括他每天的行止。也包括与邻居及其他人交往的事。记录他与其他人的对话，他对于人事的评价等。有些篇章颇有文学意味，类似小说。

他也喜欢读书，家中有百多本书，大火烧掉约一半，目前还有几十本。他的写作有些是用繁体字来写的，他讲小时候父亲有一本《康熙字典》，因而他有机会学习并乐于使用繁体字。

他还有读报刊的习惯，自己订了两份报纸，也经常买另外的报刊来读。笔者第一次访问他时，就遇到附近报摊主来给他送报刊，有五六种之多。

该事主并不拒绝与人交往和交谈。从与他的交谈及看他接受电视和网络的采访影像，及在电视上参与的节目看，他思维清晰，说话有条理。由于读过不少书，说话中经常使用或引用成语，几乎可以用"出口成章"来形容，也不乏幽默。

2012年年初他住处着火，电视台前来报道，作为事主，他着女装的形象广为人知，又有好事者给他起名曰"大喜哥"并在网络上将他的事情发布。一时间，有各种媒体及自由写作者并同情者好奇者几十人来访，有数十篇文章发表于各种媒介。对他这种异装癖好，有少数人对其指责嘲笑，但多数人表达同情理解。并有网友自发慰问探望，捐钱捐物资助其生活和读书。特别还有女性为他送来化妆品和大红围巾。当地街道办也增加了对他的救济帮助，并对他的住房进行了修缮。某电视台还请他去做了节目等。

"火"过一阵子之后，现在他的生活基本上又恢复如往，他还是着女装，天天骑着自行车去拣废品并写日记读书等，按自己的方式过日子。

仍不断有媒体来采访报道他的事情。除青岛本地的媒体外，最近（2012年7月底）香港《大公报》也派人来采访他。

## 二、生活经历

以下该事主的生活经历主要根据他本人给笔者的叙述，小部分来自网络上的文章。

事主从小由养父母抚养，至今不知道亲生父母是谁并在何处。他的养母是他父亲的继室，在嫁给他的养父之前的婚姻中有过孩子，但与他的养父结婚之后没有孩子。据养母告诉事主，他在3岁时，由养父母将他从火车站捡回家。当时事主身上有一个纸条写有出生日期，并附有5块钱。从此，事主生活在这个新的家庭中并一直与养父母生活，直到养父母分别于1976年和1998年去世。

他的家庭中还有一个哥哥，是他母亲前一段婚姻的孩子。这个哥哥比事主大10多岁。长大后参加工作、结婚后住到妻子家。但他生活不顺利，与父母关系不好。后来下岗失业，喝农药自杀身亡。

该事主对3岁前的生活经历包括亲生父母没有记忆。由于养父母只提供了如上的信息，所以也无法查找自己的身世。

他的养父母的籍贯是山东的青州。事主的爷爷在20世纪30年代，日本人侵占当地以后从家乡来到青岛做绸缎生意。那时他们家境殷实。但到事主父亲时，虽然还是做绸缎生意，却逐渐破落。即使这样，在1949年解放时，他们家的生活是属于中等的。在青岛市中心区域沂水路上的一座三层日式小楼上有一层（3楼）住房，共有3间卧室并一个厨房和一个卫生间。

建国初，事主的父亲（即养父）出资建立了一个小型服装厂，安排了多名军属就业，抗美援朝时为部队生产帐篷和衣物等。后来公私合营，事主的父亲仍在该厂工作，但在事主几岁时，父亲就因病无法工作了。由最初的行为和说话困难，渐渐失去了说话和行走的能力，不得不卧病在床，大小便也无知觉，吃饭都要靠人喂食，直到去世。

事主的父亲得病以后不能工作，单位就只发一部分工资，但给报销药费。也由于丈夫生病，事主也需要照顾，他的母亲辞掉工作，在家做些手工加工活维持生活。从此，一家人生活非常困难。

他的父亲一直是毛时代"革命"的对象。因此每有运动就有人来家声讨问罪，但看他已重病在身，无语言行动能力，也就只能声讨一番走了。但他们的房子却被迫在1959年交给政府2间，自己只留下1间居住。

政治的冲击在"文革"时达到顶峰，事主被抄家3次。他的母亲遭到批斗。

事主到了上学年龄，由于住家在附近，得以进入青岛市最好的小学之一青岛市江苏路小学读书。

该校的前身是德国占领青岛后建立的"总督府小学"，建国后更一直是青岛市的重点小学。事主在这所小学上到"文化大革命"爆发，后进入青岛二中。在中学的几年里也是时而运动，时而复课，至1974年，事主算是毕业，离开了中学。青岛二中也是一所优秀的中学，历来高考升学率在全市排名数一数二。就这样事主在一个非常时期，接受了并不正规也不完整的小学和中学教育。推测只正规地上过两三年学。

离开中学以后，在当时必须"上山下乡"，事主与约20名中学生一起分配到莱西市（当时是县）某村的"知青点"，参加农业劳动，接受"再教育"。

据事主自己讲，他名义上在农村4年，但实际上有一半时间在青岛照顾生病的父亲。

农村几年，最重要的收获就是与同在一个知青点的一位女青年结了婚（他的妻子并非知青，而是因为她父亲挨整，遣返农村，而投靠亲友到了莱西。当知青来了以后，她获准与知青们一起居住生活），一年后生了一个女孩。生产队给他们安排了一间小房居住。

当知识青年纷纷返回城市的时候，据事主讲，他由于没有关系，是最后回到青岛的。当时他的妻子也可以与他一起回来。但她却选择自愿留下来。原因是他的父亲在运动中挨整，此时被"遣返"回山东诸城老家农村。母亲得了精神病。总之，青岛没有了亲人。

事主回到青岛，干过一段时间的临时工作以后，分配工作到街道办的"服务社"工作。这一年是1980年。服务社是由街道办的、从事服务和小规模生产的企业，一般规模都不大，生产方式落后，工人的待遇也不高。他工作的服务社，后来改成服装厂。事主在这里一直干到1996年单位破产，他"下岗失业"回家。事主从进入厂到离开工厂一直是拉地排车。这既是个力气活，也是个被人瞧不起的工作。

事主的妻子仍然在农村，母女相依为命，与事主过着两地分居的生活。当女儿7岁的时候，因为先天性心脏病发病，在当地医院治疗无效去世了。事主的妻子受此打击，终日哭泣，精神开始不大正常。她的父亲以及事主共同想办法，要求政府把她的户口迁回青岛，被安排到市北区服务社，但由于生病，很快就不能工作了。最后，在住院治疗期间，因为看病用钱等与事主发生一次争吵后，独自离开医院出走。事主当时遍寻不到，约半年后才得知，她在本市近郊投河自杀了。这一年是1984年。

事主受到严重的打击。几年后，别人介绍，他与另一位外地来青岛打工的女性谈对象。这位女性却趁机偷走了他家全部值钱的东西，然后消失了。

到他39岁，应该是1995年，事主与一位离了婚带有一个12岁女孩的女性建立了家庭。据事主讲，这位女性智力有一点问题。不久，事主的母亲病了，需要住院治疗（事主的父亲先于1976年离世），事主的工资本身不高，又要用于母亲治病，经济非常困难，为这些与妻子产生矛盾，一年后离了婚。为了给母亲治病，他卖掉了唯一的住房。买房人欺骗了他，并没有付给他全部房款。

事主的母亲1998年去世。先后两次组建家庭，都没有长久，孩子也亡故。事主心灰意冷，曾经跳海自杀，被人救活。此时他上无片瓦，下无立锥之地。于是他离开了市南区，到青岛市北部的李村、沧口一带打工维持生活。曾到建筑工地做小工，却失手从八层楼的脚手架上摔到地上，幸亏摔到了一些水泥袋等较软的物品上，没有摔死，经过约一年治疗，才基本康复。事主又回到了市南区他原先住的这一带。因为他的户口还在这里。没有了住房，只好找无人管理的地下室或自己搭建棚屋居住。其间屡遭驱赶，3年前政府给安排到现在的地方居住。

约在10年前，他开始专职"拾荒"为生了。部分原因是他年龄渐大，已不能干力气活。2012年初正值年前冬季的寒冷季节，他的住处着了一把大火，几乎烧光了他的全部家当。这对他是又一次打击。但他又顽强地挺过来了，也因为他的事情被更多的人知道，得到了各方面的关注和帮助，使他渡过了难关。

三、性取向

该事主自述小的时候，母亲有时以女孩的装束打扮他，如为他梳小辫子让他穿裙子等。

自述小学和中学时并无性别身份认同方面的异常，也并不认为自己的男性性别不好。后来正常结婚，有了孩子，也是正常的男性生活。但女儿与妻子先后死去后，对婚姻及自己的男性身份就开始不满意。自述在1990年左右，即约在他35岁左右时读到一篇变性的文章，就有了变为女性的想法。从此希望有经济能力去做变性手术。但由于经济条件一直不好，始终无法实行这种想法。

他小的时候，一直穿着比较破烂的衣服。即使是单衣也由于补了多个补钉，变成了很厚的夹衣。所以他长大以后，看到女孩穿着漂亮的衣服就很羡慕，幻想自己也能穿上好看的衣服，能享受别人羡慕的眼光。

第二次结婚后，据事主讲，在有过一段短暂的夫妻性生活的时期后，她的妻子就拒绝与他同房。她由于婚姻的失败而对男性持有非常不好的看法，延及对待现在的丈夫。再后来婚姻破裂，此后事主也就没有再找对象结婚。

前面讲过，据事主的陈述，他自1998年母亲去世以后，开始着女装。1999年的某天，事主自述第一次穿上裙子出门上街。感到刺激与快乐，并逐渐公开着女装。他说还有一个原因是，他下岗失业后，生活困难买不起衣服，就捡衣服穿，而捡来的衣服大多是女装，这也是促使他着女装的原因之一。

他有完整正常的男性内外生殖器官。现在也会有遗精。他有疝气的男科病，没有钱手术治疗，忍受着病痛的折磨。

对于着女装，他的解释是喜欢。曾有一个时期，他换上男装，但觉得不舒服、别扭，于是又改穿女装了。今年春天某电视台请他作节目，在节目最后请他穿男装亮相，他也配合。但回来后依然恢复女装。

对于通过手术变为女性，他到现在仍然有这种想法。最近又咨询过相关专家，不过由于手术费用昂贵，他付不起也只能搁置。

四、分析与讨论

我们也许可以通过事主的成长史，在一定程度上还原将他塑造成今天的那些偶然和必然的事件，以及这些事件带给事主的永久的影响。

（一）遗弃

如果我们能追溯到事主在婴儿时期与他母亲或其他抚养人建立起的某种性质的依恋关系，也许可以找到了解他今天性格的一把钥匙。

我们假设：如果他出生并生长在一个完整幸福的家庭里，与他的母亲建立起安全正常的依恋关系，那么他后来被送到其他家庭，这种遗弃的伤害，是他人生的第一个大的创伤；而如果他生活在单亲或贫穷或其他不正常的家庭里，他与母亲或其他抚养人之间建立起不安全的依恋关系，在这种情况下，被送给另外一个家庭，更使这种不安全复加上一重，形成新的更加严重的创伤。

如果是第一种情况，给予他营养与爱恋的母亲的乳房，以及作为他第一个性爱对象的母亲身体，一定会给事主留下永久的印记。在过早地失去后，重新回到母亲的身边，再次以象征的方式，重新吸吮母亲的乳房，与母亲亲近，可能成为事主一生追求的回归愿望。

而如果是第二种情况，尽管他没有实际上得到母亲的抚爱，一方面，为了补偿，也会以幻想的方式，构想出理想母亲的模样，并且像第一种情况一样希望回归母亲的怀抱；另一方面，幼年的创伤给予他心灵上的不安全感、无归属感，可能是他最终以退行的方式应对人生的心理上的源头。

这就是创伤带来的影响。并且早年的这个创伤是致命的。尽管由于压抑，事主已没有记忆。但弗洛伊德的话很可能是对的：时间不能改变被压抑物。

由于缺少稳定连续有利的发展环境，事主成长过程中的"俄底浦斯"期同样没有充分体验。3岁来到新的家庭，新的母亲与他之间，需要一定时间的适应。从事主的自身，也许早期经验的固着，使他无法与新母亲认同和亲近。而这个新母亲也许因为不是自己亲生所以无法给予合适的爱抚与吸引。

还有一个重要因素，就是事主父亲角色的缺失，事主自己讲，他从小没有得到父亲的关爱和影响，虽然有记忆父亲拉着他的手在室内走动，但仅限于此。此时父亲因为病的缘故，已不能与小孩有细腻的感情方面的交流。这样，这个小男孩，由于这些原因，与母亲与父亲，三角之间不能形成和维持适当的吸引力与张力，吸引、愉悦、拒绝、压力、惩罚、恐惧、克制、升华等情感体验，都不充分。

按照精神分析的理论，一个男孩只有通过"俄底浦斯"期，与母亲的性爱的澎湃与克制，对父亲的仇恨与和解，才能形成并强化对男性性别的认同，形成符合文化文明发展的"超我"，并成为人格发展的基础。否则，会出现种种心理与行为的问题。尽管会在很久以后才表现，可早期的经历却是最初的根源。

又有另外一方面的问题。从事主叙述的早年与他的性身份认同有关的事例，是他记忆中，母亲有时给他施以女孩的打扮。我们是否可以怀疑，她本人就有性身份认同方面的某种程度的混乱？而这种混乱又带给儿子最初的也是强大的影响？目前缺少更充分的材料，我们只能推测：她的丈夫在他时值

中年的时候，就由于疾病，变成一个废人，无法满足她生理与心理上的需要。在这种状况下，她会更加将她的热情倾注到孩子身上，终于使她的孩子终生无法摆脱严重的恋母情结。

"俄底浦斯"期的问题似乎是留给事主一生永久待解答的疑问，也成为他一生回归的目标。尤其是当他后来在遇到人生的种种不顺之后，退化退回到"俄底浦斯"期似乎是他找回幸福和安逸的唯一方式。

（二）贫穷与歧视

贫穷带来的痛苦与心理伤害是在对比中才具有意义的。事主在建国前属于中等家庭，在青岛市中心地带购置了房产。他们家与历来的市政府（从德占时期的总督府到国民党时期到建国后）在同一条路上，相隔不过一二百米。按现在的用语，这一带属于"高尚社区"。这些区域从来就是有钱有地位的人居住的，不过是建国以后，因为阶级和革命的原因，一些过去的有钱人伦落到贫民的地位，另有新的权贵来到这个区域居住。事主家的贫穷与此区域的生活条件优裕的同学或同龄人的对比，足以加强他的自卑感。

前面讲过，事主就读的小学和中学，是青岛一流的学校。笔者与事主就读过同一所中学，有过亲身的体会。在那个重视家庭出身的年代，笔者一班约50名同学，填家庭成分时，约有40人，占总数80%以上同学为"革命干部"或"革命军人"。事主作为剥削家庭出身、家里经济条件又这么差，可以想像他从小感受到的压力与歧视。

阿德勒认为，自卑感不独是人的心理、也是全部人类文化的基础。追求优越感则是人生的目标。

事主的自卑感，肯定会随着一重又一重的挫折和磨难而加重，环境得不到改善，追求优越感的内心愿望，只能一次次地压抑。

"文革"结束前，他和他的家庭在政治和经济的双重压迫下挣扎，生活在社会的底层。贫穷一直事主家庭一生挥之不去的阴影。即使事主承认母亲对他总体上是好的。但这个妇人独自承受着照顾生病的丈夫、抚养两个孩子的生活重担，也常常在面临生活困难情绪低落时，对事主发脾气甚至拳脚相加。事主的哥哥长大以后与父母关系恶化，很大程度上也是经济原因所致。再后来，事主与两任妻子的矛盾，也常是由于没钱看病，没钱买衣服等，导致吵架。

由于出身不好，事主从小忍受着社会的歧视。被

骂为"狗崽子"，经历过抄家挨斗。在办理返城过程中，尝尽了无权无钱的下层人"求天天不应，叫地地不灵"的窘困滋味。

进入新时期，政治的压迫没有了，但他的经济情况依然没有变好。综合来看，还是生活在社会的底层。是久在底层，让他失掉了奋斗的勇气，还是久受压迫使之成为一种"自觉的习惯"，而不想不会去改变？

（三）社会的责任

他是千千万万"文革"受害者之一。没有机会接受更好的教育，使他在改革开放以后，落后于时代的步伐，无法向上发展。

1980年、1983年美国医学人类学家凯博文（Arthur Kleinman）曾在我国湖南医学院第二附属医院先后进行过有关神经衰弱、抑郁的相关研究。

在刚刚结束"文革"的当时，他的研究对象中有相当一部分在"文革"中有过惨痛的经历，凯博文认为，这些经历是他们"苦痛和疾病的社会根源"。其中有一些人当过"知青"，返城后找不到理想的工作，精神上陷入迷惘与痛苦之中。

"他们还被遣送到遥远的（贫穷的）乡村去和农民一起生活……许多人就这样荒废了年华，没有完成学业。他们与家人分离，相距甚远，无法交流，也缺少资源来继续学业或者维持以前作为城里人的那些兴趣，另一方面，他们通常无法被贫穷的农村社区完全接纳。他们变得日益不满，许多人变得愤世嫉俗，……当他们最终返回城市的时候（实际上许多人未能返回城里），他们发现自己'迷失'了。

"他们没有工作，没有机会通过高考，因为他们已经落伍了，根本不是新一代学生的对手，后者有全新的科学和技术教育背景。这就是我们的病人中的一个群体的易感性的发展轨迹。

"……一些人经历了同样毁灭性的个人悲剧，导致了人格的重大变化：其中有一些困苦不堪，生活的每个方面都让他们愤怒、憎恨，带给他们异化的感觉；其他一些人因为害怕和遭受的伤害退缩进自己孤立的小圈子里，自暴自弃，不再有以前那些期望，也防止自己免受进一步的伤害。还有一些人则围绕他们所经历的重复的、各种各样的损失来组织自己的生

活，形成了延长的、甚至继续不断的悲怨反应。"[2]

上文的论述也许过于悲观和不够全面。但无疑在某种程度上分析了包括事主在内的一代青年人、尤其是那些在政治运动中"被污辱与被损害的"一部分青年人的历程。也包括事主和事主的第一个妻子一生的不幸和悲惨的结局。

（四）替代性满足？

S.弗洛伊德在《精神分析引论》中，谈到神经症患者的症状，他写道："症候可使人产生现实中所缺乏的满足；满足的方法则为使里比多退回到过去的生活，因为它和退化是不可分地联系着的。

"……神经病人常摆脱不了过去生活的某一时期；现在才知道这个过去的时期正是他的里比多得到满足和感到快乐的时期。……症候在一定程度上重复产生了那种早期婴孩的满足方式。

"……症候大都不依赖对象，因此与外界的现实失去接触。我们知道这是丢了唯实原则而返回唯乐原则的结果。……它们不去改变外界的情境，只在体内求得一种改变；也就是说，以内部的行动代替外部的行动，以适应代替活动——从物种史的观点看来，这又是一个很重要的退化作用。"[3]

一方面，我们似乎可以说，事主的未充分正常发展的性心理，当遇到连续的外在的压力，为了摆脱焦虑，便退行到幼年童年时期，以着女装的方式满足了他多项心理欲求：重回母亲的怀抱得到庇护与安慰，以与生理性别相反的方式可同时得到男性和女性的青睐，对曾欺负他骗他的那些男性的不屑，对成功、关注、赞扬的期望与渴求，还有对妻子和女儿的思念之情等。

我们再来讨论一下，何以事主会产生以母亲为模仿对象的"自居作用"？还是要回到他的早期经历。3岁前与母亲建立的亲密依恋关系，以及痛苦的离别带来的伤感，在潜意识里留下了深刻的印痕；或是不安全的依恋关系，促使他在幻想中把母亲理想化。结果都一样。他会更加珍惜与养母的情感。在他幼小时候，他被亲生母亲抛弃一次，他可不想在长大以后再一次被母亲（养母）"抛弃"。

这种强烈的隐藏在潜意识中的情感左右着他对当前生活事件的决策，谈到这点，我们可否批评他卖掉唯一的住房为母亲治病，从现实的角度是非常的不明智，也成为他日后生活更加窘迫的一个关键点？他在

做这个决定的时候，很可能完全服从了潜意识里那些在早年埋下的情感的力量，而忽略了现实的思考。意识的力量很多时候无法改变潜意识的决定。

我们注意到，每当问起事主是什么时候开始着女装，他总会毫不迟疑地回答，是在母亲去世以后。这个时间所以记忆犹新，那是因为从这个时刻起，他自觉或不自觉地切断了与现实世界的联系，回到自己思想的世界中。这样做引出下列两种结果：

第一，如弗洛伊德所说，"在自居作用中，对象已经丧失了，或被抛弃了，它后来在自我内部又重新形成起来，自我按照这个丧失了的对象在自身中又作了部分的改变。而在另一种场合，对象被保留下来，自我对该对象的高度精力贯注，而以自我的牺牲为代价。"[4]

第二，"一个神经症患者如果一人独处的话，就会被迫用他自己的症状形式来代替那个把他排除出来的庞大的集体形式。他为他自己创造了一个想象的世界，创造了他自己的宗教，创造了他自己的妄想系统，因而以一种歪曲的形式重建人际各种机构……（引文同上书）"

我们再直白地说一下，当事主在现实中得不到爱与关心，就只好到幻觉中寻找。被所有人抛弃，母亲是他的唯一。现实中这个对象逝去了，事主则在思想中以她自居，扮演着她对那个小男孩的呵护与关怀。

无疑，逝去的妻子和女儿，也是他渴望追回的"记忆"。同是下放的城市青年的妻子是他的初恋，在那个混乱的年代，两个同是来自被迫害的家庭，渴望得到心灵上关怀的年轻人走到了一起，建立了家庭有了孩子。这一段应该是事主也是他妻子一生最幸福的时光。尽管在生活方面过得艰辛，可毕竟也能品尝到生活的甜蜜。不幸的是命运却又一次将幸福打碎。当回忆过去的种种时，包括悔恨（恨自己未能尽好一个丈夫的职责，为妻子和女儿创造舒适的生活）在内的情感，左右着他的心理，让他迷失，分不清抑或是不愿意分清现实与幻想的界限。

从社会的角度来看，他也是被集体所排斥的多余人。阴差阳错，他一直是这个社会中的"另类"。早年是阶级划分的结果，伤害巨大而绵长，

为他一生的不顺定下了基调。后来当社会和人们以有钱和成功来衡量一个人的时候，他仍然不合时宜，从而一次又次地被集体排除。

生命的动力当前行遇阻，则只好后退。遁入幻觉，是一种曲折的前进。摆脱焦虑的办法。

考虑到他的经历，他也有权利利用自己的方式追求成功。也在某种程度上获得了期望的成功。当他接待诸多记者、同情者、好奇者采访时，当他站在电视台的演播厅里，面对主持人、佳宾和观众，手握麦克风展现他的男扮女装的形象讲他的曲折经历时，当他听着人们在表达了对他异装癖好的既有不解更有宽容时，当他听到人们对他同情及赞扬时，当他拿到不多不少的出场费时，可能也会获得成功带来的快乐。当然，为这种短暂的成功，他付出的代价是巨大的。

事主自己深知道隐藏在这种替代性满足后面的更多无奈、失望与绝望。没有房子、没有钱、没有妻子儿女，他说："我就像一个没有线的风筝，随风飘落，随风而去。"

从1956年某天，一个男婴来到人间，走过56年到现在。事主的一生以"文革"为中心点，既印着深深的时代印痕，也摆脱不了那些偶然事件带来的影响。正象老弗洛伊德所说："它把现在和过去的影响集于一身。"[5]

2012年6月写，7月修改

参考文献与注释：

[1] 新闻媒体在报道时已公开其起名，本人似默认或同意

[2] 《苦痛和疾病的社会根源——现代中国的抑郁、神经衰弱和病痛》，[美]凯博文著，郭金华译，上海三联书店，2008年3月第一版

[3] 《精神分析引论》，商务印书馆，1984年第一版

[4] 《弗洛伊德后期著作选.集体心理学和自我的分析》上海译文出版社）

[5] 《精神分析纲要》，安徽文艺出版社，1987年版

# 案例选析（13）：张华的个案记录

一、基本资料 张华（化名），女，1995年生，只读过初中一年级，青岛市人，中学曾先后在青岛、山东诸城的中学学习，接案时休学在家，与父母同住。

二、背景资料

1. 家庭背景：父亲腿脚微有残疾，现在某电子公司任职，与张华沟通较多；母亲是农村人，在某医院餐厅服务，平时除了日常生活照料之外很少与女儿进行心灵上的交流。爷爷奶奶同住一栋楼，每天一起吃饭。家里还有一个弟弟，上幼儿园。

2.个人经历：张华于2007年升入初一，刚入学时表现还好，但之后换了班主任，由于与班主任关系不好，渐渐失去学习的兴趣，在课堂及课后表现均得不到老师肯定，在一次长达半小时与家长的通话中，老师历数张华的缺点并批评张华的家长，之后，张华父亲一时生气就打了她，导致她第一次离家出走并一夜未归。之后，感到无法再在学校呆下去，于是2008年上半年转学至诸城一中学。在暑期中认识一22岁男孩，开始了恋爱关系，再不愿回诸城上学，并因此在学校寻衅，跟老师同学冲突，2008年11月起休学在家。张华结交的男友曾有过吸毒史，并进过监狱，现也无正当职业，父母担心张华受不良影响便苦心劝诫，可张华充耳不闻一意孤行，只要有机会就出去玩，父母也不敢太重责罚，怕其再度夜不归宿。只好将其关在家中，不让其外出。但考虑此种做法也不是长久之计，于是向心理咨询和社会工作机构求助。

三、主要问题

家庭关系：在行为和语言上对父母完全抗拒，对爷爷奶奶不理不睬或者言语相激，完全以自我为中心，对家人的担忧和关心熟视无睹。

学业问题：已经上过两次初一，均因与老师和同学不和而引发冲突导致休学。

思想观念：自我意识强烈，认为只有自己的想法是正确的。

社交方面：外向，乐于交际，但所交朋友绝大多数为混迹于社会的小青年，从19-23岁的居多，都没有受过良好的教育者。

四、问题分析

家庭关系：其一，处于青春期的孩子的主要特点是叛逆和以自我为中心，同时也是一个摆脱父母寻求同伴关系的阶段，他们的心理还不成熟，还不能够考虑到自己的未来，对于来自长者的大道理不但不能接受反而会觉得罗嗦和反感。所以，要想改善亲子之间关系，应该以理解和尊重为基础，谈话时尝试多从孩子角度出发。其二，纵然孩子之前的反复犯错让父母产生怀疑，但从心理学的角度来看，当你越是担心孩子会撒谎时，他撒谎的可能性就会大大增加，如果能敞开心扉给孩子更多的信任，相信亲子关系会有比较好的改善效果。

学业问题：张华的两次休学除了外在原因，还与老师对她的严厉与方法不当有关系，如果老师给予多一点的肯定和关注，相信结果可能会不一样。

现在的首要问题是不能让张华荒废学业，要先帮她把功课补上来，否则落下太多太久就更无心向学了；然后是要给她找一个学校，并且把她的情况跟老师讲明，并在之后跟老师随时沟通。

社交方面：擅长交际可以说是一个好的方面，但如果不能结交良友则可能近墨而黑。需要引导张华多接受一些积极正面的影响，慢慢成长自己的是非观，远离不良朋友圈。

五、服务计划

1.目的

改变服务对象的外部环境，恢复她的社会支持系统，让服务对象重获信心，重新开始新的生活，找到自己的目标。

2.目标

（1）协助服务对象改善与家人的关系；

（2）帮助服务对象脱离原来的交友圈，建立正确的交友观；

（3）让服务对象重返校园，像其他孩子一样正常生活、学习。

3.介入行动具体计划

（1）接案：张华父母来中心咨询，表示对于女儿的行为已经束手无策，希望得到帮助。我们先通过其父母了解了她的具体情况；

（2）与服务对象建立信任关系，打开她对父母封闭的心门，了解她心里真实想法，分析她现阶段状况形成的原因；

（3）与服务对象沟通的同时，与其父母及家人进行沟通，从双方角度分析问题寻找原因，并提出可行性建议；

（4）对服务对象实行无条件积极关注，多鼓励多赞扬其哪怕一点微小的进步与优点，在平时沟通中多给予语言和书面上的正面影响；

（5）跟进服务，着重关注服务对象的心理变化，避免反复。

六、介入过程

第一次见面，见到只有13岁的女孩，她个子已经长到了162cm。初见她时感觉这个女孩外表来看不像是个"坏孩子"，无论是发型还是衣着看上去都跟一般中学生无异。

我们是以她父亲同事的女儿身份去的，以帮张华辅导功课的名义。我们并没有一开始就讲功课，因为这并不明智，我们首先要做的时跟她建立起一种可以交谈的信任关系，让她能够敞开心扉接纳我们。我们注意到她的左边耳朵上打了一串耳洞，于是就从打耳洞是不是很疼开始聊，因为这个话题打开了一扇门，接下来又聊到喜欢的明星和电视节目，聊了她喜欢的运动。

此次收获在于，我们初步建立起了关系，确定了下一步的方案，并且要到了她的QQ号，可以从她的空间里面了解一些信息。我们认为，张华是一个很健谈的小姑娘，性格也属于外向，可见，她不跟父母沟通并不是因为自闭，她并不真正存在心理上的偏差问题。

第二次见面，她对我们的熟悉程度相对增加了些，开始谈及她的朋友，但是始终没有涉及到她的男朋友，原因是觉得还没有到达那个程度，怕她对

我们反感。

我们开始从英语讲起，感觉她的功课并没有想象中的差，并且，她是一个很聪明的孩子。在我们看来，她比较愿意学习。

在跟他父亲交流的时候，他说在我们第一次跟张华见面的当天下午，她就出去了，说好5点回来，结果又夜不归宿，所以回来之后父亲一生气就又打了她。但之前我们在补习功课的时候张华什么也没表现出来。

我们决定在下次见面的时候试探性的问问原因。

建议：不要打孩子，不管在任何情况下，采用暴力手段都是不明智的，这只会让父女关系更远。

第三次见面，突破点是说起了她的男朋友，她跟我们说起他们在一起的经过，但并不告诉我们她男朋友是做什么的。她还说起她一些社会上的朋友有好有坏，当问及她什么是坏朋友时，她犹豫了一下，说社会上混的那些。我想，她其实心里是有自己的是非观，知道什么朋友是坏朋友，这也是她为什么不告诉我们她男朋友工作的原因，多半也觉得难以启齿吧。据她自己讲，夜里不回家并不是跟那些朋友在一起，多数时候是自己一个人在网吧里面上网。

建议家长：每天抽出一点时间，跟张华好好交流，以一种心平气和的语气和平等的态度来对待她。

第四次见面，感觉张华的状态很好，当天学了很多东西，跟我们聊天的时候也更自如了。我们送她一个笔记本，希望她能够写一点日记或感想之类，也算是增进自己的作文能力。她对此不是很乐意，也许觉得会泄露自己的隐私吧。但我们还是把本子留下了，希望她能把在日常生活中的感受写一点哪怕一两行字也好。之后我们谈到关于书的问题，问她喜欢看什么书，她说在学校买了一系列缩写版的名著，但不喜欢看。如同多数青春期女孩一样，她也喜欢看许愿树一类的描写青涩爱情的东西。我们建议她可以看一些中国的文学作品，告诉她一个读书多的人跟不爱读书的人气质上是有很大差异的。并且，我们谈到晚上看什么电视节目。建议家长：1.慢慢放松对张华的管束，

不要给她布置作业，因为我们给她的任务已经可以了；2.希望张华妈妈可以参与进来，因为在孩子的成长过程中母亲的角色是不可替代不可或缺的，尤其这个年龄阶段的女孩子，很多话不能跟父亲说，不管跟父亲怎么亲密。如果现在母女之间没有太好的融洽

关系，则可以先从日常生活中慢慢积累，先从衣食住行方面给予细致的关心，日子久了之后再慢慢进入到心灵的沟通，当然，这需要一定的技巧和时间积累。

第五次见面，除了照常的复习了功课之外，我们花了将近一个小时时间谈论到她的男朋友，他叫王平（化名）。她提到之前也结交过一个男友孙震（化名），年龄也在22岁，社会青年。但和王结交后就跟孙分手了。张华说到这些事情时很兴奋，尤其是谈到王为了她跟孙口头上的交锋，并扬言要教训孙，她并没有流露出一丝对孙的感情，反而无比开心。是因为觉得王很在乎她呢，还是单纯地觉得很好玩？让人甚至觉得，她既然对以前好过的男友都如此不屑，那现在和王在一起是不是也只不过觉得好玩而已？我们有必要那么兴师动众草木皆兵吗？

在跟他父亲交流时，发现两个好的情况：一是，她现在开始晚上跟父亲一起看中央电视台的电视剧《走西口》，有不懂的地方会跟父亲交流；另一个就是前一天下午到爷爷奶奶家很乖的没有去上网，跟小姑出去了一个小时也没有什么异常的举动。

建议家长：

1.还是慢慢地学会放手，找机会带孩子一起出去，并协商约定。

2.约定时间父母双方一起与心理老师进行探讨，如何更好地与孩子沟通和教育。

第六次见面，我们与家长共同总结了之前那段时间孩子的变化，目前为止，张华能够跟父亲进行一定的心理交流，并开始共同看电视剧，有不懂的地方跟父亲探讨。其次张华以往一有机会就钻进小屋上网，但现在情况有所改善，比较少上网。在跟小姑一起出去逛超市的时候，不随意离开。并且，她能够完成我们留下的辅导作业，很有学习的劲头。

之后两次探访，孩子表现都还不错，我们也劝说家人积极为她联系新的学校，同时鼓励她自己也积极学习，希望通过新学校的入学考试，我们也主要给她提些如何有效学习的方法和建议。在这个过程中，父母为她联系了一所离家比较近的中学，一开始，她不愿意去，经我们与她交谈，她主要是怕这所学校的学生了解她"不光彩"的过去，担心会受到歧视。我们与她的家长一起做她的工作，对她进行很多的鼓励。后来，她答应了。

第七次访问时，学校已经开学，张华回到了学校，父母反应说孩子在学校表现很好。我们通过网络与张华沟通，她也表示在学校一切还好，老师同学处得不错，就是学习上还比较吃力，父亲已经为她请了家教，相信很快就能赶上。她还依着原来的爱好，在课余报了美术班，说以后要学美术做一名设计师。

七、服务评估

此个案比较成功，服务对象在心理咨询师和社会工作者的帮助下与家人关系改善很多，现在已经重新进入学校学习，并且有了自己的学习目标和动力。

九、反思

呼吁社会各界进一步重视这些"问题儿童"，加强对他（她）们的帮助。具体到张华，重新进入学校，是她的一个新的开始，也是我们做的社会工作个案的一个令人欣喜的结果。但是，我们也要看到，由于过去很长一段时间里，她偏离了正常、正确的成长道路，沾染了一些坏习惯，使性格也发生了一些改变。重回学校，使人也担心她会否坚持好好读书，好好做人？会不会又禁不住诱惑，走下坡路？我们对她的关注和帮助，还要继续，我们的任务还远没有完成。

十、其它

本个案服务过程自2008年12月初接案，工作至2009年2月末结案。除了对本人9次会谈，还有接案时与她父亲、姑姑的一次会谈，服务中期与她父母的一次会谈。与她父亲、姑姑的会谈，是他们来寻求帮助，我们接案并搜集资料、了解情况，商定服务方式等。与她父母那次的会谈，主要对她父母管教孩子的方法给以指导，根据过去他们教育孩子的方式，劝说张华的母亲改变过去对她关心不够的状况，多从生活上关心孩子，恢复母女之间的感情。她的母亲听从了我们的建议，几次带女儿去买新衣服，也注意以友善的态度与她交谈，这些都是促使张华改变的因素。

（本案是以社会工作结合心理咨询的方式工作的。参与个案辅导工作的心理咨询师和社会工作者为苏永生、张明月、侯玲。对个案的咨询与访问由张明月、侯玲执行。侯玲执笔撰写本个案结案记录，苏永生修改审定。）

2009年3月

# 15例画树人格测试文字解释

图1

男性，35岁，企业管理人员。已婚，有两个孩子。具体做采购工作。自述一个星期以前，因与其妹妹冲突，打了她。又对工作非常不满，感觉"环境太不好，不能忍受"而辞职。自己认为主要是"脾气不好"。母亲、妻子同来，反映他容易动怒，打人。2004年曾到青岛、济南、北京等地的精神病院诊治过。诊为"抑郁症"，不间断吃药至今。

分析：根据来访者情绪极不稳定，易激惹，看问题偏激，与任何人没有亲密的交流，固执等，似应诊为"边缘性人格障碍"。

对画树的分析：画面正中的大树、左边的小树以及右边的悬崖或植物，均显人状，表现了来访者对主客观的区分、对自我的认同存在混淆，提示"身份障碍"。张牙舞爪的树形、乌云对太阳的紧逼提示来访者强烈的攻击性。画出的太阳、矮小的植物，又表达出来访者有愿意接近人的一面。

图2

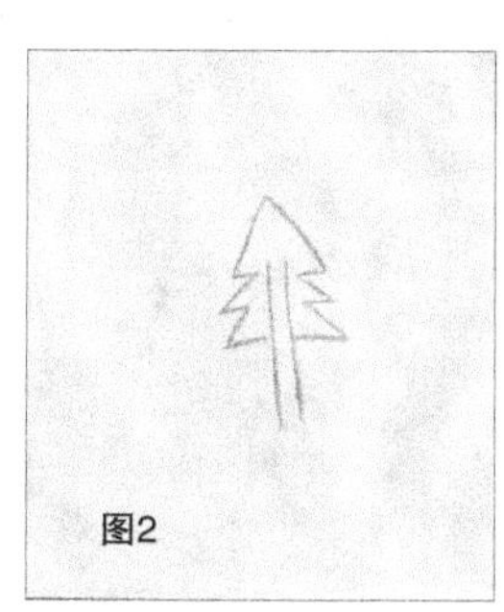

女孩，17岁，高中学生。以与母亲激烈的冲突而由母亲带来咨询。母亲最看不惯的是她的穿着，加以指责，而女儿认为干涉了她的自由，加以激烈反抗。

分析：典型的代际冲突。

对画树的分析：横放画纸，提示她性格中具有的强烈的反传统倾向。画在纸中央的小树表达着被抛弃被攻击而产生的孤独感。画出的松科树、封闭的树冠、尖硬的枝条，提示她性格中的傲慢、野心、自信。生硬的伸入树冠的树干，提示着她目前强烈的情绪反映。

图3

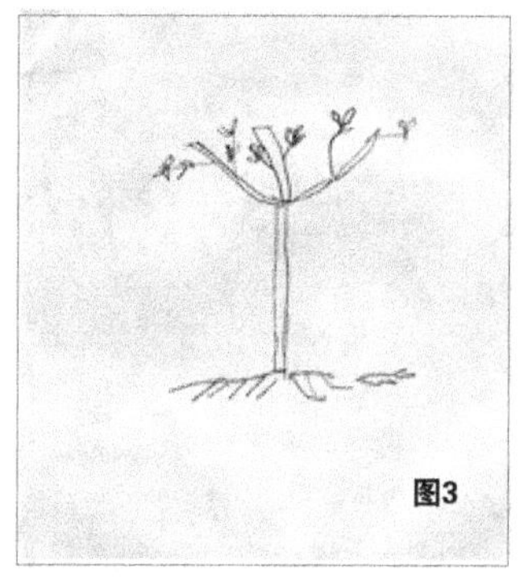

男性，29岁，IT行业。目前事业做得不错，经济收入也不低，已婚。自述最困扰自己的就是人际交往方面。因为自己的原因，没有长久的朋友。与朋友交往一段以后，发现朋友有缺点，自己不能接受，便逐渐与人疏远。因而现在不敢与人走得关系近，怕将来还会断绝。为此，经常自责。工作中效率高、创新能力强，现做企业的高层领导。

分析：智力超常，但人格方面有一定的缺陷。冲动、情绪不稳定。

画树分析：将树安排在画纸的上方，提示他对自我力量的自信，以及性格中的空想成分。笔直、刻板的树干，尖锐的树枝，提示他简单、生硬的与人交往风格。分为3个方向的树枝提示他想在几个方面努力取得成功。画出的树叶提示对自己成就的欣赏与对未来成功的预期。

图4

男性，19岁，高三学生。由于症状明显，无法上学了，其姐带来咨询。接谈时发现来访者情绪亢奋、思维破裂、无主题、跳跃、不连贯、夸大。情感平淡。家人为其焦急，他不在意。

分析：疑为"精神分裂症"或"心境障碍（躁狂发作）"，建议到精神病院接受进一步的诊断和治疗。

画树分析：似乎他主观上是想画一只鹰，抑或一匹马。不能按照"画一棵树"的指令完成工作，表现出思维障碍。

图5

女孩，14岁，初中学生。父母发现她精神与行为异常，带来咨询。有强迫行为，因家附近有寺庙，家人曾带她进去上香。但她强烈讨厌僧人，如路遇僧人，则今天穿的衣服就不能带入卧室。生活懒散，不收拾自已的房间，不爱穿戴。又喜欢读课外书，从不写家庭作业，但成绩上等。

分析：可能属于智力超常者，建议做智力测验。并进一步观察她的成长发展。

画树分析：未画出树冠，右边两个枝条不协调的伸展提示她同一性方面未完成统一：目标、方向不统一，挣扎，向有兴趣方向的发展，与本能（或父母代表的社会价值观）的冲突等。树干被带子捆绑提示她认为个性的被束缚，树枝上下垂的带子表达着失望和无奈。但粗大的树干和优雅的线条，又反映出她充沛的精力和热情。

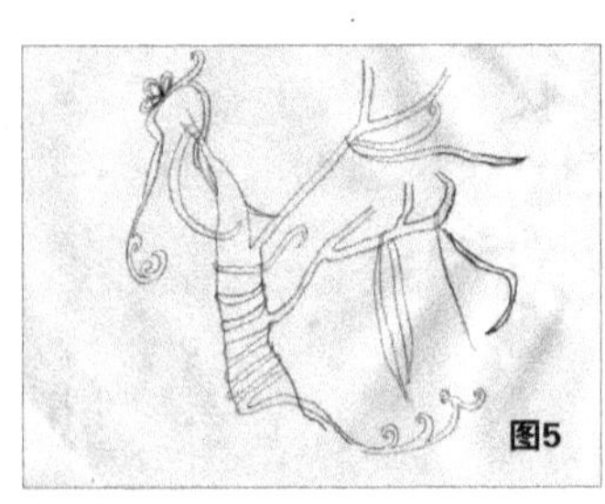

图6

男孩，17岁，高二学生。其母亲带来。因其理科成绩不好，父母非常焦虑，带来咨询。观察发现来访者又高又胖（约174厘米高，100公斤重）。

分析：似过于肥胖引发智力发育有问题，也许是智力发育的迟滞引发肥胖。建议去医院做诊断。

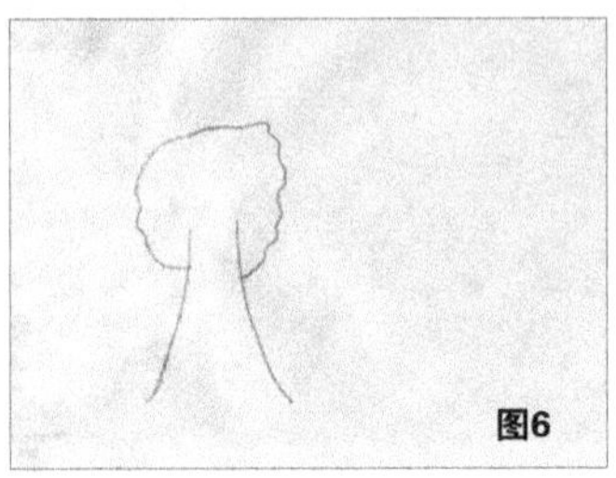

画树分析：画在左下方的小树提示他从小受母亲的影响大，受到母亲过度的保护和关注。画的树小、简单，没有画出地面等，提示他不自信、胆小，及智力的滞后发展。

图7

男性，22岁，大学3年级学生。以强烈的情绪困扰来咨询。焦虑测试得分69分（标准分，下同），抑郁分70分。表明有比较严重的焦虑与抑郁情绪。自述自卑感非常强烈，性别认同存在问题。别人指他有女子气，他既害怕别人这样说，又感到迷惑。曾到当地（县城）医院寻求药物治疗，但未诊断清楚什么病，医生让服用抗抑郁的药，效果不明显，未坚持吃药。

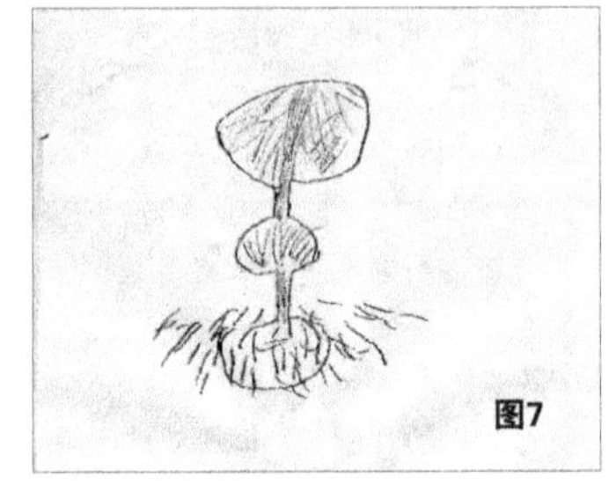

分析：建议到精神病院做进一步诊断治疗。

画树分析：画在上方的位置，提示对现实失望。硕大树根提示对本能（性）领域的强调与关注，这方面的强烈冲突。扭曲变态的树干树冠提示无法调整本能、情绪和精神的关系，无法适应现实。封闭的树冠，凌乱的线条，提示过分抑制的人格。树干中央的突出似是严重心理创伤的投射。

图8

女性，约40岁，离异，目前与一外国人同居，与他共同做一项中外文化交流的事业，对目前的处境比较满意。

画树分析：大的太阳、太阳的光芒提示她对权威、对男性的服从和依靠。通过对地面的各个方向的描画，形成立体的树形，提示她对自己人生目标的定位是确定的，自信而坚定。小鸟喻孩子，提示内心对

图8

养育下一代的渴望。简单的枝条、水平的地平线提示她性格直率、简单。

图9

男性，约60岁，欧洲白种人，图8画女性的男友。他的这幅画是横放画在纸的左侧的，推测他是家中的独子或是受溺爱的末子。经询问，他确是家中的独子。

画树分析：封闭的树冠提示他内向而不善于与人交往的个性，适当比例的树干，与地面很好结合，提示他理性、重实际的生活态度。向右上倾斜的树冠提示他积极追求人生目标。但树冠中潦草的线条，说明他对现实和未来有某种不确实感，以及由此带来的犹豫。另外，树冠像一女性的侧面形象，提示他对目前女友强烈的情感关注。

图9

图10

男性，27岁，销售人员。已婚。因失眠来寻求帮助。经向其了解，从事山东东部地区某种奶制品的销售工作，收入很高，但整天围着效益转，压力比较大，星期六、日通常不休息。现在到年底，又到总结今年工作，计划明年销售任务的时候，更觉压力大。据他自己说，每天只能睡四五小时。尤其是当第二天有会议，需要他讲话或发言时，晚上更睡不好，第二天感觉头疼、思维变慢。晚上睡觉前压力很大，怕睡不好第二天没精神等。

分析：睡眠障碍是功能性的。由于对工作的压力得不到缓解，影响睡眠是必然的。而对于睡眠不好的过

分担心，更加重了对睡眠的预期恐惧，由此形成恶性循环。

画树分析：横放的画纸。经询问他是家中唯一的男孩，上有一个姐姐。横扁的树冠提示他的压力确实很大，伸向左右平均式的树枝提示他的野心，想在不同的方向上取得成功。相对于树冠显得细的树干提示他深感基础不牢，有倒下的危险，修改（加粗了）过的树干，说明他力图求得稳定的地位。

图11

男性，28岁，从事贸易工作。与女友同来咨询。二人认识相恋七八年，最近这五六年女友到国外留学，每年回来探亲1次，他也到国外探望过女友1次。他本人在女友家开的

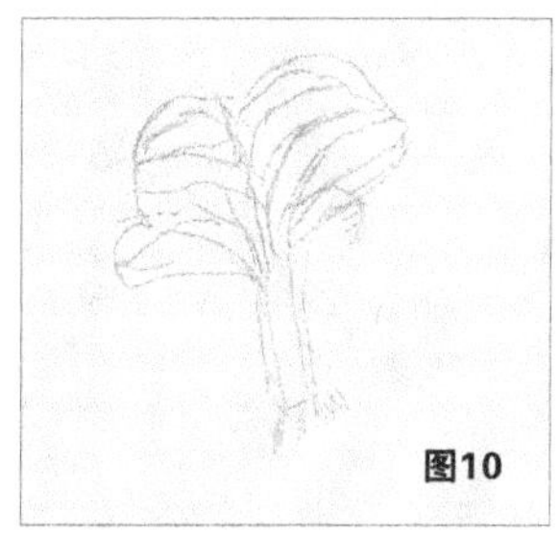

图10

公司，协助未来的岳母管理业务。将来计划在女友处理完在国外的事务以后（大约1－2年后），就回国共同生活。本来应该计划结婚的事了。但近一两年来，双方关系变得疏远，以致不经常联系，无论是通过电话还是网络。女友本次20天前回国，目前二人关系紧张，为此二人都很痛苦。据他说，最主要是无法容忍女友在国外时与另一两名男生关系密切，再就是女友在国外生活时间长了，生活习惯、价值观念与自己有相当大的差异。

分析：来访者出身于一般工人家庭，比不上女友家经济等各方面条件优越，在与女友的交往中摆脱不掉自卑感。从人格上，他又是一个有一定女人气的男生，看问题比较细，心胸不宽广，多疑，胆子小。

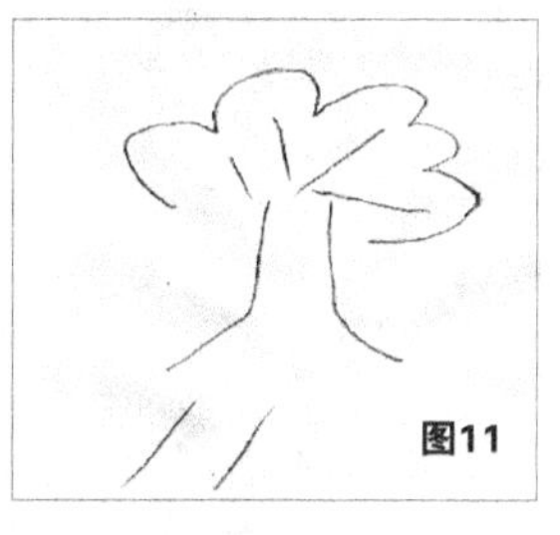

图11

画树分析：封闭的树冠提示他内向的性格，波形的树冠形状暗示他内心起伏不定。树前的一条路表明着在感情上他正在面临或者离开或者走近的选择。

图12

女孩，26岁，图11画作者的女友。高大的树冠、排列整齐的果实、笔直的地平线提示她的任性、自信。虽然树干上的两个疤痕提示她有痛苦和担心，但总体上看她对目前与男友关系出现的危机并不十分在意。地平线将树根切断提示她努力在控制本能，并且取得

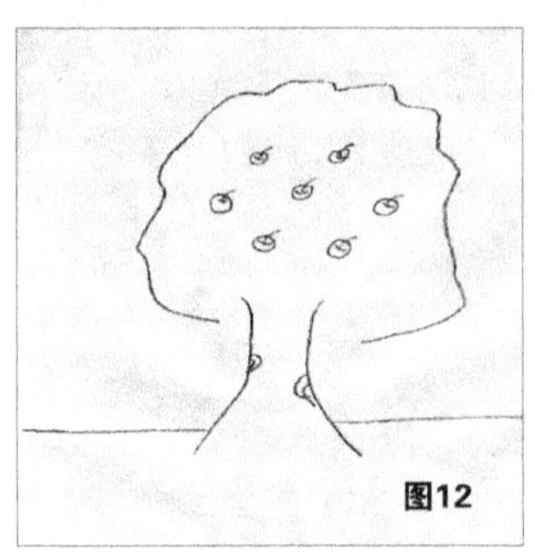


了一定的成效。树上多个果实暗示她对自己各方面的处境自我感觉不错。

图13

男，37岁，医学硕士，医生，专业为疼痛治疗，已婚，有一10岁儿子。妻子在读博士。本人、妻子及本人哥哥同来。因情绪问题，自述总是情绪低沉、抑郁，没有快乐。其实工作、家庭、经济收入都不错。SDS测试，得标准分60分，属中等程度抑郁。又述睡眠十分不好。为了解决睡眠不好的问题，近年来利用从事疼痛治疗的职业便利，经常给自己注射药物。自述2008年一段时间注射一种比嘛啡药力小的药物。注射后短时感觉头脑热乎乎的，但不是一种强大的快感。长时间不注射就会感觉情绪更低落，甚至胃口也不好。家人与同事发现他这种情况后，经家人要求，调整了工作，不再接触上面说的那种药物。这样就停止了注射。但情绪时好时坏。近几个月来，为了改善睡眠与情绪，又开始注射一或几种镇静的药物。家人更担心，促其接受心理治疗。

不好判断其是抑郁症，因为他有药物依赖，无法证明抑郁是否是药物的戒断作用。进一步了解病史及体验。自述，很喜欢自己给自己注射的那种感觉，是一种诱惑。心理咨询师怀疑来访者个性中施虐与受虐成分突出。遂向其早年成长史了解。说起，小时候（上小学之前）因为调皮，父亲多次以木棍打其手掌。类似于以前教书先生以戒尺惩罚学生的那种。每次父亲打手掌，都要把手掌打肿。分析认为，正处在铬印作用明显的时期，来访者对于父亲的打手心，既

是一种强烈的疼痛，要忍受，并从中培育出对父亲的憎恨。同时，为了摆脱疼痛必然要将感觉与认知分离，有可能以疼痛与父母的疼爱嫁接。这正是一种"投射认同"。在"强迫重复"的规律作用下，个体试图不断地重复过去被父亲打手心的感受。自我注射时的快感，是打手心的替代。

对此来访者的建议：1　接受精神科的进一步检查，如是抑郁症，实施药物治疗。2　以运动对抗睡眠不好与情绪低落。3　接受定期的心理治疗。

画树分析：画出的是一颗枯树，表达出他情绪方面的灰色色调，失落，对未来没有希望与计划。左下两个小树枝上各有一片树叶，似乎在留恋过去某一时候曾经有过的愉悦，而代表未来的右侧的树枝则全无生气。笔直的树干表达他僵硬的个性。尖锐的小树枝表达对他人、对环境的防卫，也符合他

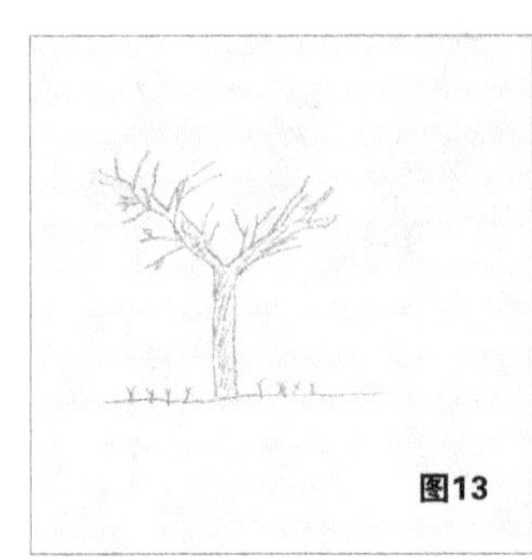


本人及家人的描述：没有朋友，与外在的环境没有良好的互动。地平线上的小草暗示出他试图掩饰某些东西。寄希望于以后进行的咨询，可以逐步消除他的防御，深入他的意识深处。

图14

男性，22岁，大专3年级学生，因最近总是回想起以前的事（主要是初高中时），影响睡眠、精神及情绪来咨询。经了解其父母在其约10岁离婚，他跟父亲生活，但与母亲保持联系。其父母因很重的伤害而离开，后来即使在儿子的教育问题上，二人也从不坐在一起或电话商量，各行其是。他本人初中时成绩前10名，高中时一落千丈，原因是上网等。还曾与一外地女孩（其时也在读高中）恋爱带女孩到家同居近2年。现已分开并不再联系。和他试图讨论父母离异对他的影响或伤害，但他否认有大的伤害。承认自己现在缺少生活的目标和方向，对任何事情少兴趣等。

初步判断，属于1.青少年时期的同一性问题困扰他，这一任务他还未完成。2.对过去的不正常生活、家庭以及给他造成的负面影响不愿面对。内心的压抑力量很大。

需要相当的时间才能使他面对现实，愿意对人敞开心扉，清理过去的情感，才能走出阴影，找到方向。

画树分析：横放画纸，表达着他对传统观念、现行道德、父母影响的强烈叛逆。没有画出树根、地平线揭示其人有某种"浮在空中"的不安定感，虽然底部扩大的树干表明在努力地站稳、固定。完全封闭的树冠、没画出枝条，看出他的感情少或不流动，似乎只是包裹和掩饰。扁形的树冠表明他目前在承受着来自上方（精神方面的较大的）压力。树冠右上原先是画得低或凹，后又补充上使与左边相称。将树冠的左右理解为对与父母关系的投射。原先画得少，可理解为对父亲的能力的看低及意识上的努力提高。交汇处的凌乱笔触理解为与父亲的冲突或纠葛。

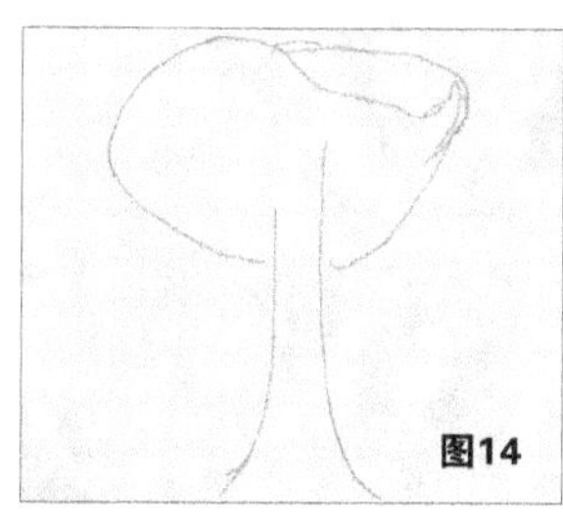

图15

女，21岁，在校大二学生。因寒假后不想去外地的在读的大学上学，其母带来咨询。据母亲介绍大学一年级时尚好，虽不愿



意去但还坚持。大二上半学期因与同学有矛盾，回来过一段时间，休息一段后返校上学。但不久情绪非常不好，每天打几遍电话给母亲，要回家。当时学校正因甲型流感封校，病情更加严重，出现幻听症状，又有强烈恐惧，怀疑有人害她，又说同学安装摄像机监视她，无法睡眠，学校恐出事就让她回来了。回到青岛后到精神病院诊治，大夫询问出她几个月来一直服用减肥药，疑与此有关。嘱其停用减肥药，并给以其他药物。据说不久幻听、妄想及强烈恐惧症状消失。

SCL－90测试总分250分，总均分2.78分，阳性项目数68，阳性项目均分3.35。提示属于中度心理障碍。最高的5个因子从高到低是人际关系敏感、抑郁、焦虑、强迫、精神病性。

与之晤谈及观察印象：逻辑清楚、表达清晰，显示思维没有问题。但与之交谈交流时，表情有些呆滞，缺少灵活性及情感的投入。

家庭情况及成长经历：据其母及本人诉说，该女孩的父母从她几岁时感情不合，约五六岁时分居，约十岁时正式离婚。从此母亲带她一人生活至今，其父前几年结婚，已有一个三四岁的孩子。但她自父母离

婚后极少与父亲联系，最近一次见也是两三年前了。其母在单位做财务工作，属于精明强干的女强人一类。从小严格要求孩子，女孩遂从小只知学习，少与人交往，至今未与男孩有更多的交往。每天就是从家到学校之间，放假时由于母亲上班，从小到大几乎都是一个人在家玩。目前也只是在家上上网，不大出门，也几乎没有朋友。

判断：关于是否属于精神疾病，或目前症状为精神分裂前兆，没有把握，所以建议其继续接受精神科的诊断与治疗。从心理的角度判断属于人格方面的障碍。初步可诊为分裂型人格障碍，符合描述的症状，如"表现退缩、孤独、沉默、隐匿、不爱交往；情绪缺乏和冷漠，不仅自己不能体验欢乐，对人亦缺乏温暖；过分敏感，胆怯"等。总之，由于从小生活在单亲家庭及其母的严厉，使她养成了孤僻、胆小、依赖的性格，自我封闭，以至极端缺少与之年龄相符合的人际交往能力，导致进一步的孤独，陷入离群索居。建议其母逐渐培养锻炼她，帮助她走出家庭，进入社会中成长。

画树分析：整个树画在左侧，提示她从小受母亲的压抑与影响非常深。完全封闭的树冠表明她的自我封闭的现状与内心。没有树根与地面，一方面表现出她的不安全感，缺少生活的目标与方向，另一方面表明她在性的发展方面的盲目，树干顶部呈一个封闭的倒三角及生硬地画出的树枝（尤其是左边两个斜伸的尖锐的树枝提示着与母亲生硬的情感联系及冲突）说明她的情感、情绪的强烈的压抑。但优美的树冠形状及画出的果实，显示出她纯洁单纯的一面及对未来的幻想与渴望。

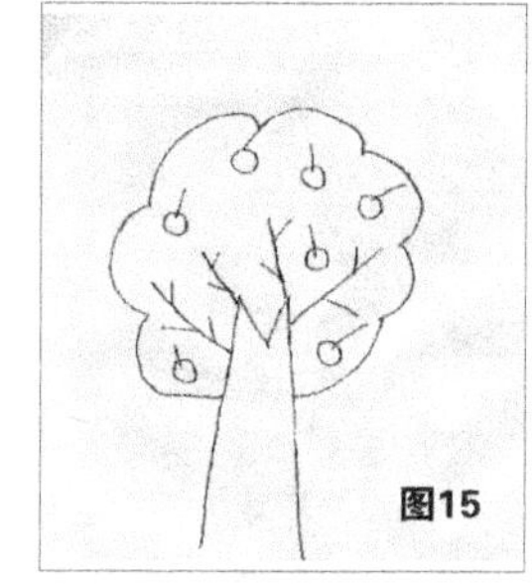

# 第五章 心理史学与文学

## 悖谬时代的记录 讴歌人性的诗篇
### ——魏世杰先生新著《禁地青春》读后感

《禁地青春》，魏世杰先生著、王月玲整理，青岛出版社2010年1月出版。在这之前，2009年10月开始，作者边创作边在"天涯杂谈"贴出，得到几百万点击量。承蒙作者馈赠，笔者在此出书刚出版后就能捧读，开始读后即被故事吸引，几乎是"手不释卷"一气读完。

一

记录和描写"文革"中知识分子受迫害、遭摧残的文学作品，魏老师的《禁地青春》的特点是：一不是写一个人而是写了一群人，221研究所是搞尖端科技的，事涉国防，如书中所说，用人用钱，不惜代价，故知识分子密集，建国后历次运动，几乎全是整知识分子的，221所的人也在劫难逃；二虽说是"自传体小说"但作者遵循现实主义写法，忠实地记录和再现了历史。对他人和自己一样，既不苛责也不隐瞒。

本书写了近百个人物，大多是知识分子，在毛发动的"文革"（以及"文革"前后的各种"运动"）中，221所的知识分子以及他们的亲属，除了卖身投靠、为虎作伥的"段"等个别人外，全都为局势所驱赶，或早或晚成为批斗的对象，遭受精神和肉体上的双重折磨。当此时，真是生不如死！中南矿大毕业的小张，上吊死，教古文学的林母投江死，留苏归国曾任南大教师的周组长跳楼死，留学美国归国的知名科学家钱被打死，技术员宋、协和医大毕业的厂医院外科主任陈、清华毕业的张等被枪毙。还有吴际林，221所的行政负责人备受折磨因病过早离开人世，董博士之妻遭严刑上吊，技术员欧阳抗议非法搜查自杀未死，留德的吴博士被整成精神病。林岗长夫人小宋死于武斗，作者高中物理老师童老师吞水银而死。

中国历史上对知识分子此种集中的大规模的迫害，以前从未有过的吧。

死者长已矣！

二

中国古人讲气节，用现代语言翻译，或可解释为对自己理想与信念的坚守。孔子曰：岁寒然后知松柏之后雕也。孟子说，三军可夺帅匹夫不可夺志。在如磐的黑暗中，小张等一些人以死抗争，为玉碎不为瓦全，令人扼腕惋惜，也令人无比钦佩。中科院化学所的谈则蓄发明志，不与恶势力同流合污。徐、林、魏、苏等一批青年知识分子先后认清形势与人性，明白处于历史上少有的混乱时代，遂相互同情支持帮助，终于迎来光明。

性欲与爱情，是此书中最重要的主线之一，也毫无保留地烙上了时代和群体的印记。子曰："君子无终食之间违仁，造次必于是，颠沛必于是。"林与魏的生死之恋，感天地而泣鬼神！他们不是处在一个正常时代，男女之间的风花雪月或者平庸之人的无病呻吟、故作多情。而是要面对外部——与恶势力的对抗，内部——对自己良心的拷问。魏、徐之间，其争也君子！徐林之间，足为朋友与友谊之楷模！古人云，食色性也。然而将人的本能升华到精神的层面，到善良人性的层面，到对人的尊重为他人奉献的层面，到共同为公平和正义而战，到共同与恶势力抗争，到共同忍受苛政的层面，就是伟大的人，他们看似普通实际有宽广的胸怀和纯洁高尚的情操。

《禁地青春》为我们展现了在一个弯曲悖谬的时代，中国知识分子保有的人性中善良一面，令我们感动，令我们崇敬！善良的人才有希望，才会在苦难中有盼望。也是死于邪恶势力的那位荷兰少女安妮写道：生活在这个时代，一切理想都被摧毁和破坏，人们暴露出自己丑恶的一面，对真理、公理和上帝都产生怀疑……但是我紧紧抱住这些希望不放，不管怎样，因为我还一直相信人的善良本性。讴歌人的善良本性，诅咒和抨击暴力攻击杀戮，《禁地青春》几乎超越了目前所见到的表现那个时代的作品。

今年距毛发动"文革"，整整过去45年；距"文革"结束，知识分子摆脱噩梦也已35年。关于这段历史，却仍有说不尽的话语。

当今国人的心理创伤还远远没有修复。别的不说，单说死于非命的那些人，还有他们活着的亲属，我们还欠他们一个明明白白的、深刻而真诚的道歉！还缺少这种勇气，那就只有如鲁迅所说继续用"瞒"和"骗"来欺骗自己和他人。或者，用遗忘——这种选择性的遗忘只是暂时的、被遗忘的那些痛苦的经历、那些为良心所谴责的事，不会真正退出记忆——来遮掩，总还不能做一个真正的人。

不正视和认真清理历史，精神的创伤便永远不能抚平。俄罗斯清理得差不多了，连"十月革命"被杀死的沙皇全家也给予了平反和安葬，也承认了"卡廷惨案"的责任并公布了有关档案。而我们，除了一些民间学者的研究寻找，成果有限。在很多方面，还是一笔糊涂账。中国的知识分子，要么还要等待；要么，自己来寻找真相。

《禁地青春》是客观记录那个时代的一部力作，横向比较似可与美国反映南北战争时代的巨著《飘》媲美。在文学表现手法上，只看它那朴实无华的叙述和文字的洗练干净，也是十分突出的一个特色。

2011年1月12日改毕

# 时代记忆的回归

## —— 评知青文学的繁荣

知青文学的繁荣，恐怕不能简单地归因于作者大多是进入了"喜欢回忆的年龄"。作为一种时代记忆，它的回归无疑更多地表达了一种历史的必然和人性的必然。

### 一、"文革"之因果

因果论者强调凡事皆有因。对于40年前的那场被称作"文化大革命"的社会变革，无论是在它如火如荼进行之时，还是在盖棺论定的官方结论做出之后，都无法消弥人们对它产生的原因，以及这样一场声势浩大的运动所必然产生的久远影响方面的分歧。

任何一个稍有点社会经验和学识，而无论是持哪一种哲学观点的人，都非常清楚地明白：单纯地把它归因于几个人，这样的几个人组成了政治联盟，他们利用自己的地位，蒙蔽了一位高高在上而又年事已高的领袖，利用领袖的声望和他的思想的某些方面，而因势利导地加入了这些人自己的某些观念和想法，并且不失时机地付诸行动以售其奸。如果我们以这样一种方式来理解这场宏大的运动和过程，似乎稍显简单。按照马克思主义的观点，历史其实是一个时期的经济基础与社会意识互动的产物。那么，什么是"文革"所由产生的经济基础和社会意识呢？

贫穷不是社会主义，却可以是一种揭竿而起的经济动力。我们是否可以将1949年以后的近20年间人民生活水平的下降，以至陷于前所未有的贫穷，看作是"文革"产生的经济原因？而意识形态领域里的无休止的斗争，也将人们本性中的攻击性充分地调动了起来，视作一种社会意识方面的动因？

作为一种动物，为了生存而养成和保留的对同种的其他个体和种群的攻击性，并没有随着进化而消亡，虽然常常掩盖在仁义道德等社会的意识形态之下，但也许永远也不可能失去。

领袖人物的一个必要的素质，就是要善于将人们的这种攻击性调动起来，并且将这种力量引向预定的方向。至于是"以革命的名义"，还是以"爱国"的名义，还是以其他种种不同的名义，完全是一种权宜之计而已。

### 二、集体对个性的剥夺

历史是人创造的。"文革"也正是一出由叱咤风云的领袖导演、无数群众参加其中的话剧。那么，一位领袖，何以能有这么大能量？何以能使无数人民有如被注射了迷惑药而不由自主地跟随这位伟大的导师去斗争、去杀戮、去自我毁灭？

杰出的法国心理学家勒邦（Gustave Le Bon 1841-1931）早在其1895年发表的《群众心理学》中就深入地分析了这种现象。

"一个心理集体表现出来的最突出的特征是：无论构成这个心理集体的个人是谁，无论这些个人的生活方式、职业、个性、智力是如何的相似或不相似，他们组成了一个集体这一事实便会将他们置于一种集团心理的控制之下。这种集团心理使他们在感情、思维以及行动上会采取一种与他们各自在孤身独处时截然不同的方式。"

"一个人成为一个有组织集体的成员这一纯粹的事实，就使他们在文明的阶梯上跌落了好几级。在孤身独处时，他或许是一个有教养的人，但在一群人中，他却成了一个野蛮人，一个按其本能行事的人。他获得了野蛮人所具有的秉性，如任性、暴戾、凶残、以及热情和侠义。"

让我们在进一步学习和转述他的观点之前，先想一想一个问题。这也是我们看待我们原先的思维惯势与勒邦的观点之间差异的一个基础。即一些政治的观点，往往是有其目的的一种"灌输"，而心理学却总是超越政治，着眼于人的本性而阐发自己的观点，而不管这种观点与一个时代占统治地位的观点有何不同。勒邦认为一个集体是被情绪所控制，而不是以逻辑思维行事的。控制集体的力量，是一种"集体无意识"。因此，一个集体是容易冲动、极易轻信、极易受影响，而又变动不居的。它有一种渴求领袖、渴求元首的被控制欲望。这个领袖如果要对集体施加影响，不需要使他的论证具有逻辑的力量，而只须危言耸听，只须夸大其词，只须一而再地重复同一件事。

集体崇尚暴力，极少被仁慈感化。集体从不渴求真理，它们需要的是错觉。一个集体是一群驯良的动物，没有统治者就无法生存。它对忠顺的渴求是那样强烈，竟至会出于本能地甘愿受任何一个自封为集体之王的人的统治。

而作为这样的一个集体中的领袖，他也必须具有特殊的素质，而其中最重要的就是：为了唤起这个集体的信仰，他自己必须深深地沉溺于对某种强烈信仰的狂热盲信之中，他必须具有某种坚强的、征服人心的意志，才能使这个毫无自己意志的集体接受他的意志。

我想，所有参加过"文化大革命"的人，勒邦的观点是不是可以使我们在回首那段尘封已久的历史，反省我们在那一时段的作为时的一种参考呢？

三、自居作用

S.弗洛伊德认为勒邦的理论尽管在许多方面是正确的，但却没有回答更根本的问题，比如，人为什么需要一个集体和领袖？人们又为什么在成为集体的一员后，会表现出"从众"的道德下降，甚至不惜与豺狼为伍。

"爱的关系（或者用一个更中性的词语：感情的联系）才是构成集体心理本质的东西。"（弗洛伊德《集体心理学和自我的分析》）

我们不能不佩服弗洛伊德天才的想象力和他的理论的独特。人类的史前时期，关于人的意识产生初期的情形，集体的产生，作为维系一个集体（或部落、国家）的那些法律的、道德的、伦理的原则、法则的产生，源于"俄底浦斯情结"的冲突，以及自我与这种冲突的妥协。

至于对那位同性的领袖的崇拜与认同，实在是人的一种"自居作用"。通过这种自居作用，人的个性、每个人的自我，消失同化在集体之中。从这个意义上上说：应该对"文革"这场悲剧和浩劫负责的是我们每一个人！

弗洛伊德与勒邦的观点是相同的：他们都认为一个集体中，起作用的是情绪、情感，而非理智和逻辑。

在论述集体中的情感联系，以及这种联系带来的后果方面，弗洛伊德似乎比勒邦更深刻。他写道："一个宗教，即便它自称是爱的宗教，对于那些异教徒也必是冷酷无情的。……对它自己的信徒来说，它是爱的宗教，对那些异教徒来说，则是残酷而褊狭的宗教。这在每一种宗教看来都是很自然的事情。"（同上书）

对于"文革"时期的集体，我们是否应该将它看作一种"准宗教"来加以理解？那种狂热的对于一个领袖、一种思想的顶礼膜拜，对于某些思想、某种类人、某类事物的极端仇恨，那种全民投入的热情，那种今天看来十分荒唐的仪式，那些与中华民族五千年文化强调的"温柔敦厚"极不和谐的偏激行为，除了用宗教狂热来解释以外，还有什么更好的理解吗？

四、被压抑的情感

在一种宗教的狂热下，个人的自我意志被残忍地剥夺。人们既被迫又自愿地将自我交给集体，换来最低的安全和保障。但仅靠着这种感情的承诺，不可能代替实在的现实，幻想的破灭是迟早的事情。

鲁迅在"《中国人失掉了自信力了吗？》"一文中写过这样一段今天几乎人人耳熟能详的话："我们自古以来，就有埋头苦干的人，有拼命硬干的人，有为民请命的人，有舍身求法的人，……虽是等于为帝王将相作家谱的所谓'正史'，也往往掩不住他们的光耀，这就是中国的脊梁。"从上面提到的勒邦、弗洛伊德这二位心理学家对于人性的弱点分析，我们似乎为人类的过去和未来伤感，但读了伟大的鲁迅先生的话，却真使人产生闻鸡起舞的热情。

"青山遮不住，毕竟东流去"啊。

以史学与文学来看，许多伟大的作品不是出于太平盛世，不是出于养尊处优的权贵之手。还是司马迁说的好："《诗》三百篇，大抵圣贤发愤之所为作也（报任安书）。"而他自己不正是由于遭受腐刑，才写出了被鲁迅称为"史家之绝唱，无韵之离骚"的《史记》的吗？

今天知青文学的繁荣，作为对那段时光的追寻和反思，似乎迟了一些。但精神分析理论告诉我们：时间不能改变被压抑物，附着在那些事件中的情感，任时光流逝，它们也仍会鲜活如新。

写于2005年12月23日

# 回归的时代记忆

## —— 对知青群体的心理分析

在《时代记忆的回归》（本文可看作其姊妹篇）一文中，我试图应用心理学的观点来解释"文革"这种特殊的现象及成因，这篇《回归的时代记忆》，仍然是从个体发生学的角度来解释社会现象。传统上认为人是一切社会关系的总和，而精神分析理论的看法却相反，它认为集体是个人的集合，同样遵循着个体心理学的规律。

### 一、心理创伤

"文革"对于亲历的人们心灵的震撼，那种冲击力，除非是具有大智大勇的人，完全不能用正常的心理方法来谋求适应。可采取的方式只有两种，第一也是极端的做法，是心理上的完全放弃，如刘少奇、彭德怀这样的人的死去，表面看是死于外部的迫害，其实以精神分析的观点来看，实是死于个体心理内部的斗争：全部信仰的崩溃，无法理解和面对的心理矛盾，精神的幻灭，结果必然是对生命的放弃！第二是普通人也是大多数人的做法，那就是压抑。

想当年，我们每一个人被调动起来的对于他人的攻击性，个人无限权力欲、控制欲的释放，个人对暴力与领袖的崇拜，以及这些心理力量的受挫折，——不要忘记，那个时代的领袖，最善于的就是调动起人们的攻击力，而一旦发现不能引向预定的目标时，便立即毫不留情地摧毁它！——许多人在这个过程中，只能感到幻灭，只能将自己的欲望和情感压抑。

我们人性中良心的存在和觉醒，不甘于毁灭的生命力的近乎绝望的挣扎，激情行为过后的"内疚感"，种种因缘造成的人与人之间的仇恨和不信任，对于社会的、对于领袖的不满，绝望的个人理想，对传统价值观的重新认识带来的矛盾等，这一切都没有来得及整理和释放而被沉入潜意识之中。我们把这些情感小心翼翼地包裹，压抑入潜意识，唯此，却永久地保留了它！"文革"已成为一代人

永远的心理情结。每一个人，如果不能很好地处理和释放这个情结，则不可能获得新的生命。

### 二、情感矛盾

我们的心理深处存在着"生"与"死"两种本能力量。它们存在于潜意识中，虽然我们常常感受不到它的存在，但它却左右着我们的生生不息的生命延续。表现在外部，生的本能代表着我们对于生命生活，对于亲情友谊爱情的追求，是我们生命的动力。而死的本能表现为人的攻击性，毁灭性。所有的人与人之间的嫉妒、种族国家之间的斗争，都是死本能的表达。按照精神分析的观点，生本能与死本能的斗争和平衡，正是生命的过程。我们难道不能将"文革"看作是死本能充分的表演而生本能的被压制被逼迫吗？不能将"文革"单纯地归因于某领袖人物的昏愦暴虐。领袖人物不过是做了每一个人潜意识里想做的事情而已。

这一代人，包括"知青群体"在内，对于"文革"怀有的一种既爱又恨的矛盾情感，可以看作是是人的本能的一种无意识觉知。我们在潜意识里爱它，怀念它，舍不得放弃它是因为，那样一个时代满足了我们个人的一切邪恶的欲念，我们可以向一切束缚我们的规则"造反"，每一个人似乎都掌握着生杀予夺的大权，可以毁灭我们仇恨的东西，而不必顾及道义和良心。我们不必为自己的行为负责，因为得到一位伟大领袖的庇护和放任。即使不是这样，负责任的也是一个集体，而非个人。

在《时代记忆的回归》一文中，我引用了勒邦的著作。针对一个人进入一个集体后，产生了不必负责任这种意识后的表现，我们再来看他的论述："个人在集体中获得了某些条件，它们使他能够摆脱对自己的无意识本能冲动的压抑。"（转引自《弗洛伊德后期著作选》，上海译文出版社1986年版，79页）此外，还有集体的感染性，以及中国人特别好面子的特性（这种特性使人从众，从俗，不允许不同个性的人

存在）也是造成个人做出与自己已往性格不同甚至相反行为的原因。

对于"文革"中个人掩盖在集体行为之中的过错，或者叫犯罪，绝大多数中国人至今没有认真的忏悔。著名心理学家、心理治疗专家许又新认为，这是我国文化、中国人性格中"自卑感"强烈所致。人为了摆脱心理上的自卑感，往往采取"过度补偿"的做法，心理学术语叫"代偿"。自卑的代偿是自大。因此中国人掩藏在过于谦虚后面的是盲目的自大和自傲。由于缺少个人尊严、缺少自信，因而也不敢对自己的行为负责，为自己的过错忏悔。（见许著《心理治疗基础》有关章节）知耻近乎勇。只有冷静如巴金者，才能在其《随想录》中对自己进行深刻的忏悔。但这样的人却不多见。

再说开去，我们看日本政要对于当年侵略战争的不能深刻反省，而德国人却能够，似乎说明东方文化中缺少一种敢于负责任的勇气？一代人对于"文革"的怨恨比对它的爱容易理解。它对于生命的摧残，对理想与人性的摧残，对知识和知识阶层的摧残，对经济和道德的破坏，都无法不使人对它产生强烈的仇恨。我们简直可以说，无论怎样表达对它的仇恨，也不足以抒发当时强烈压抑的恨的情感。这种矛盾的情感并存在人的潜意识中，于我们不知不觉中影响着今天的判断和理解。

三、"虚假记忆"

作为一种心理创伤的情感矛盾，成为我们人格的一部分。它的力量潜伏着，一旦为新的事件所激活，就以新的面目重演着历史的旧剧。没有学习过精神分析理论的人，往往将此看作是新的生活事件，意识不到它只是过去经历的复活和重复。说的再通俗一些，即被"文革"的情结所牵着没有完成真正的"哀悼"（这是个典型的精神分析术语，意即通过哀伤、悼念的方式，与过去的经验真正告别，完成感情上的充分释放）的人，以那个时代的方式思考和行为，已经成为他们的生活方式和行为习惯。他们或者使自己沉浸在"强迫性重复"之中，潜意识里仍然将现在看作当年的那个时代；或者采取一种逃避的方式，不敢充分接触与当年有类似形象的当前事件，以避免触及深藏的情感。

这两种对待"被压抑的情感"的方式，部分地可以解释一些"文革"的过来人，在改革开放以后事业和个人生活的不顺。他们本可以做得更好，如果他们及时地与过去的自我真正诀别的话。我知道我这样说，这部分朋友会不高兴，甚至骂我，指责我不去批评社会，不去要求社会承担更多的责任。但我说了，我只是从个人心理的角度来解释一个人的发展。我也不认为社会不需要为这些人承担责任，但那是另外的话题了。

我们常常相信我们的认识和判断是出于理智，恰恰相反，精神分析理论反其道而行，它认为判断更多的时候取决于感情因素，而非理性思考的结果。看一看各种论坛上，只要涉及到"文革"、涉及到对毛泽东的评价，对立的评论是那样尖锐，感情因素那样强，我们就会明白，感情而不是理智仍在左右着我们！无怪乎，我国史学界的一个惯例是，下一代人为上一代人写历史。这道理就在于，只有下一代人才能抛开感情的因素，而比较公正客观地记录和评论。对于"文革"，只能期待后人在摆脱了感情因素后，慢慢地才能做出大多数人接受的公论。

现在出现的"知青文学"，似也可这样看。它仅是个人的一种回忆，不可能完全真实地再现历史。我们要注意到，现在的作者当时都是十几岁的孩子，他们的思维和自我都没有成熟，他们当时的观察和体验是以一个孩子的不成熟的眼光来看待的，那时产生的感情留在记忆中，在今天执笔时，这种感情又一次复活，同时感情又塑造了题材和事件，使回忆产生了扭曲。或者被美化或者被丑化，都说不定的。我们没有理由批评或指责作者们故意编造，那样既不厚道，也不符合记忆的规律。虽然作者们坚持自己就是这样记忆的，事情是这样的。但我们却同意这样的观点："记忆就像是讲一个故事，是一种重建，而不是对于某个事件精确记录的读取过程。"（《弗洛伊德与虚假记忆综合症》，[英]菲尔·莫伦著，申雪海译，北京大学出版社2005年版，34页）

不同作者的笔下，知青的农村生活有的是"田园牧歌"式的淳朴风景，有的是不堪忍受的人间地狱，这些都是作者感情的产物，有的事件与其看作作者的回忆，不如看作是作者的想象加上了回忆。我们不能把它当作真实的现实，而只可看作是思想的现实。不是说一切都不可信，只是想说明真实与想象都可能存在。一切记实文学、个人的回忆录、自传，甚至历史著作，均可这样理解。

### 四、信仰

权延赤写过《走下神坛的毛泽东》。是啊，无论怎样毛泽东的时代早就结束了。但我们不能没有精神和信仰。从心理学上分析，对于信仰的需要，源于我们幼年时代对于父母的依赖，以及对于诸如死亡这类问题的恐惧。

人是理智的动物，不会满足于吃喝性等物质和自然的需求。心理学家马斯洛提出的"需要层次论"被人们广泛接受，他将人的需要划分为基本需要与心理需要两大类，基本需要是出于人的生物本能产生的需要，是低层次的，心理需要包括认知需要、美的需要和自我实现的需要，是人实现了基本需要后精神方面的追求，是一种更高层次的需要。如果没有一种精神和信仰来扶持我们本能中的生的本能，那些美好的道德情操，如爱、宽容、乐观、正义、诚信等就不能发扬光大；同样死的本能，如人性中的残忍、邪恶等东西就不能有效地遏制。文明的发展、文明社会的维系和进步，无疑需要人类克制自己的本能欲望，而有更多的精神追求。在一个物欲横流的社会风气之下，肯定不能建成和谐社会。有人提出以宗教拯救人心。现在也确实有越来越多的人将宗教作为自己的人生信仰、价值追求和道德约束。我的观点是宗教对于有些人是适用的。但它似乎也不可能推广于全社会。别的不说，各种宗教之间、各种宗教派别之间的斗争，就会使世界增加新的不安宁。

来一场新的"文艺复兴运动"，以中国传统文化来推进精神文明建设如何？现在确实也有人在做，有些地方又恢复了小学生读经，而据说我国台湾省也始终将中国传统思想文化列在小学、中学和大学教育的重要内容里。中国传统文化中，尤其是儒家思想中，确是重视人的精神修养和道德修养。仁义礼智信被当作人的人生观和道德伦理方面的最高追求，在处理物质与精神方面，也与西方的哲人一样，提倡轻物质重精神。孔夫子"仁以为己任"孜孜不倦一生追求不息。他那种"忧道不忧贫""克己复礼"的理想追求，"朝闻道夕死可矣"的气节情操，以及"学而不厌诲人不倦""不知老之将至"的求知欲等，这些人生真理永远不会过时。我个人认为，大力恢复和弘扬中华传统思想文化的精华，同时借鉴和吸纳源于西方文化中的人文精神（尤其是对人的尊重）和科学精神，就是建设中华民族新文化的方向。

瞻望中华民族的未来，我们应该充满希望。最近国家统计局公布了修正后的我国2004年国内生产总值（GDP），新的数据达到15.99万亿元，超过了意大利，跃居世界第六位（本文作者注：换算成美元为1.93万亿，同年美国为11.73万亿）。据美国高盛公司的评估，中国经济将在2016年和2041年超过日本和美国。（资料来源：新华社编《参考消息》2005年8月18日）强国之梦，中国人憧憬数代。只是在这二三十年，经过全体中国人民的艰苦奋斗勤奋工作才成为或正在成为现实。政治家讲的是政策对头，国家社会发展步入正规。从心理学家来看，首先是人性的回归，全中国人民从"集体精神病"中摆脱出来，才有正常的生活和快速的发展！

改定于2005年12月31日

# "流人" 鲁迅的内心世界

## 一

1936年9月25日，鲁迅致信老朋友许寿裳，提议由许发起收集印行章太炎先生的"与革命历史有关之文字"。但又特别叮嘱："倘进行，乞勿言由我提议，因旧日同学，多已崇贵，而我为流人……"

"流人"，流放、流亡之人也。《庄子·徐无鬼》："子不闻夫越之流人乎？去国数日，见其所知而喜。"汉恒宽《盐铁论·执务》："赋敛省而农不失时，则百姓足而流人归其田里。"

鲁迅视自己为"流人"由来久矣。写于1930年11月25日之夜的《中国小说史略.题记》，其中就有"而流徙以来，斯业久废，昔之所作，已如云烟"等语。

1929年5月，鲁迅回北京探望母亲。5月30日写信给在上海的许广平，谈到北京有人传布关于鲁许之间的谣言，鲁迅写道："这一定是几位教授所流布，实不过怕我去抢饭碗而已。然而我流宕了三年了，并没有饿死，何至于忽而去抢饭碗呢？"

流宕，流浪飘泊之意也，表达了与"流人"、"流徙"同样的意思。

鲁迅何以视自己为"流人"，视在厦门、广州、上海的生活为"流徙"与"流宕"？他有着怎样的心路历程？

## 二

古人云：人无恒产，则无恒心。鲁迅绍兴人，生长于斯，但少年即求学离乡，学成归国，在故乡短暂工作后，即离开家乡谋生创业，后来家族共同将聚族而居的老屋，售与他人，他与家乡的缘分也就到了尽头。其实他即使在家乡时，也认为"夸饰乡里，非大雅所尚"，并不特别以人杰地灵的绍兴为荣。

"屋"者，人之所居也，家之所在也。鲁迅自1912年到北京，单身时一直住在山会邑馆，后来为使全家搬来北京有地方住，于1919年秋天以3500元银元买下了新街口八道湾住宅。买这所宅院，鲁迅可以说是倾其所有，还向同事借了钱。原以为可以在此安居乐业，一大家人其乐融融。没想到几年后，兄弟失和，鲁迅搬出自己辛辛苦苦买下的房子。为使自己与家人有地方住，这时的他经济拮据，已买不起太好的房子，1923年10月底，以800元的价格买了阜成门西21号六间旧房，又花了1200元修缮翻建，来年春天住进去，在此一直住到1926年8月离开北京南下。

阜成门的房子虽无法与八道湾相比，但也毕竟是他辛苦买下的产业，保存有他来北京后购买收集的图书、文物、碑帖等，手自经营，自是别有一种感情在。即说房屋，1923年7月兄弟失和后，鲁迅立即觅屋做迁出准备。8月2日《日记》"下午携妇迁居砖塔胡同61号"。在这里还只是租住，8月16日《日记》即有"午后李茂如、崔月川来，即同往菠萝仓一带看屋"的记载。至10月30日"买定（阜成门内三条）第21号门牌旧屋六间"，共由友人陪同外出看屋22次。其后戡验房屋、办理过户手续、丈量宅地、翻建房屋等，至1924年5月25日迁入，鲁迅外出办理有关事务、至西三条视察工程等共27次。这都是日记中记载的，还有好多次友人来访或他前去拜访友人商量关于购买和修缮房屋事务的。

北京秋日的风沙、冬日的寒风中，鲁迅在部务、授课之余，仆仆道上，为居者有其屋而奔波，其中甘苦，可想而知。所以，他后来居厦门、广州、上海，但人在南方，却还是始终视北京为"家"，我想这房屋的情结，也必是一个重要的感情因素吧。

## 三

鲁迅的心中，"流人"许还有另外一层的意思，那就是远离了政界和学界，自也可以说是做了政界和学界的"流人"吧。

鲁迅自1912年经许寿裳推荐，时任教育部长的蔡元培先生邀请他到南京，入教育部当部员。同年随教育部迁北京，被任命为佥事兼社会司第一科科长，直到1926年离开北京南下就任厦门大学教授。

他做教员的生涯则开始于1909年自日本回国以后，做大学教师则是从1920年担任北京大学的讲师开始，至1927年6月辞去中山大学教授而止。

鲁迅在政界做官，虽曰做官，但供职在教育部，做的是学官，既有官僚的地位，又是从事着与学术有关的工作，既是济世之途，也是独善其身之道，这种位置也是许多读书人所羡慕的。即从学术上说，也自有许多便利之处，如到国家图书馆借阅等。做大学教授，更是知识分子心目中的理想之地。

中国的读书人，一般来说受儒、道两家思想影响最深，所谓"穷则独善其身，达则兼善天下"。学而优则仕，济世为民，辅佐圣君，安定天下，是读书人的最高理想。如不能，则学孔孟，退而求其次，得天下英才教育之，毕竟还受到人们的尊重。

鲁迅离开北京，既而离开学界，既有自己的主动选择，然则一定程度上也是不得已而为之。与章士钊打官司，虽获胜，但以下级告上级，触犯了做官的大忌，虽勉强复职，但只令在"秘书处办事"，已有点挂起来的味道，所以再干下去，也没有什么前途了。

从生活的安逸和收入的稳定方面，政界与学界还是值得鲁迅留恋的。我们看他在教育部和做大学教授时的收入，比起当时一般人的收入，算是优厚而且稳定。也可以说是体现出"万般皆下品，唯有读书高"的社会风气。

据陈明远先生研究，鲁迅后期在上海，收入较在北京时高不少。但我们也要看到，在上海的生活，全靠稿费和版税，受人家制约的地方很多，收入颇不稳定。为了讨版税，甚至与多年的合作者李小峰打官司，这是大家都知道的。所以我们读鲁迅晚年书信，常有维持家人生活的艰难与劳心的叹息。晚年经济上的压力与缺少的经济上的安全感，一定从心理上影响到鲁迅的情绪和身体健康。这一定也是他认为是"流人"的原因吧。

四

当然，鲁迅离开北京，离开政界与学界，主要还是思想上的原因。鲁迅是一个有着自己独立思考的思想者，是一位独立不羁的学者，他的思想永远在追求独立的判断和思考。在这方面，他有着浓重的理想化的倾向。以他见解深邃、疾恶如仇的个性，龌龊的政界不可能是他长期的归宿。我个人想，离开政界对于鲁迅来说，恐怕没有多少遗憾和怀念，而离开学界，也许总是他心头的一块痛处。晚年的他，大凡在失望和悲观时，不时提起要回到做学问的路上去，也曾经计划要编中国文学史、中国字体变迁史等，然而这一切的计划都因为种种原因而没有实现。

流人，流徙，流宕，鲁迅在一笔一划地写出这些词语的时候，内心该有许多的伤感和落寞。但从最终来说，他是自愿选择做一个民间思想者，宁肯像楚国的屈原一样被放逐，被迫害，也不会与恶人为伍，改变自己的操守与人格。

然而，人毕竟是有感情的动物，人一过了50岁，似乎更易思考人生归宿的问题。在大的立场与道义方面，鲁迅没有丝毫的犹豫徘徊，直到死，仍是一个勇猛的战士。但在思考到个人及家庭、子女的问题时，鲁迅也不时悲从中来，感慨系之。写于1935年底的《亥年残秋偶作》一诗，其中就有"老归大泽菰蒲尽，梦坠青云齿发寒"这样近乎绝望的呼喊。

写于2006年8月20-21日

# 朱之文的歌声

被称为"大衣哥"的山东单县农民朱之文2011年初参加了山东电视台的一档歌唱的选拔赛，由于穿着一件绿军大衣登台，与其他选手衣着华丽讲究形成鲜明对比，显得非常寒碜。但他的嗓音及歌唱却令评委刮目相看。又由于网络的传播，竟使他一夜成名。后来又登上中央电视台，成为全国人民熟悉的农民歌手。

一

朱之文的嗓音（本人不是搞声乐的，以下所谈，纯粹是门外话，个人体会而已），除了多位网友评论的"深沉""浑厚"之外，我以为最突出的特点是"明亮"。音乐的本质是阐发人对自然和人生的理解。"深沉""浑厚"，说明了对自然和人生的伟大、复杂、莫测的理解与敬畏，但"明亮"却进一步表达出积极的、乐观的情绪。此明亮的声音，既是天生，也离不开长期的练习与融入感情。

还有一点，是他长期生活在农村，空气好，对于保持他优美的嗓音有极大的好处。生活在大城市中的人，由于愈来愈严重的空气污染，声带很可能受到伤害。笔者孤陋寡闻，近年来，除了朱之文的好嗓子被专家称道，还有一位女声，是江西台的"红歌会"某年冠军得主、藏族歌手曲措，被阎肃、滕矢初、牟玄甫等几位老师誉为"天籁之音"。

她与朱都是刚从没有或少污染的"穷乡僻壤"出来，能给我们带来清纯、明净的声音。久居城市的歌唱家，似乎声音越来越"暗"。你可以做到像朱之文一样，不抽烟不喝酒，但你不能不喘气。以上为本人臆测，不对之处请高人批评。说到曲措，很可惜，江西台夺冠后，没有更大的发展，快被人遗忘了。但她当年演唱达到的水准，至今来自民间的歌手也还没有人超越。也许她没有朱之文的幸运，当时网络没有今天发达，另外，她没有于文华老师这样的伯乐，不遗余力地推荐。这是题外话了。

本人认为朱之文唱得最好的"滚滚长江东逝水""最美不过夕阳红""月之故乡""送别"这几支歌，恰是最好的发挥出他"明亮"的声音特点，所以引起人强烈的共鸣。杨洪基唱的"滚滚长江"，早有网友评论了，充分表现出美声唱法的技巧，也非常好地阐释了"不尽长江滚滚来"喻证的人生哲理。但与朱之文的演唱比，声音中缺少朱的"明亮"。不知是"廉颇老矣"，还是本来就是嗓音上的差异。杨老师唱得让人荡气回肠，朱之文除此之外，更有一种参透人生之后的乐观与积极情绪。也许是人们听杨洪基唱得太久了，有点审美疲劳，朱之文的新声（刚才说到他声音的明亮，他的年轻人的气势，他对这首歌的积极理解）超越了杨老师。

说到杨洪基老师，本人在此赞一笔：长者风度，大家胸襟！几次见朱之文，诚心指导，多有夸奖，到今晚（2011年6月2日）又一次称赞朱的演唱后竟说：（滚滚长江东逝水这首歌）今后我要让给你唱了。

林则徐题联有句："海纳百川，有容乃大"。是之谓也。

二

朱之文的歌以情感人，这情最主要的是对美好人性的理解与赞美。无论别人赞成与否，本人赞成梁实秋所说的"永久不变的人性"，尽管在很多方面，本人也非常崇敬鲁迅先生。"滚滚长江东逝水"，唱出人生如梦，功名宝贵与滚滚长江之比，那渺小与短暂，以及对平民生活的向往与称颂。"最美不过夕阳红"虽有些无可奈何，但哀而不伤。"月之故乡"，表达游子思乡的情感。思故乡，因为那往往是童年、少年的记忆所在，实是对青春的追忆与珍惜。"送别"歌颂友情。有李白"孤帆远影碧空尽，惟见长江天际流"的意境与韵味。说到这首歌，实际上在许多人的眼里心中，恐怕已剥离了它特定的背景，只当它是一般意义上的送别罢了。李叔同的"送别"歌词也非常好，但文人气太浓了，也太伤感（知交半零落等）。

对这些歌，我认为唱与歌颂的就是人性中美好的东西，再加上优美的旋律，就能感动人。人们需要娱乐，但需要高雅的娱乐，朱之文的歌满足了人们对近年来低俗艺术甚嚣尘上的不满。

许多人论述过了，同样的歌，为什么朱之文现在唱，特别令人喜爱？那就是朱之文的伟大之处了。是因为他对于这些歌（歌词与旋律）出色的理解与诠释！

再问，为什么他能做出出色的理解与诠释？

第一，他无疑是认真的、长时间、虚心地学习、模仿了先前多位歌唱家的演唱，并在此基础上创新，形成了自己的唱法。此中甘苦，只有他自己知道。比如对于杨洪基老师唱的"滚滚长江"，他恐怕能唱过一万遍吧，没有时间的打磨，不可能把握得那么好。最近某报的采访，写出朱之文对于其他歌唱家不敬的话，说明记者根本不理解朱之文，也不理解他的学习过程。谁也不能无师自通。朱之文没有条件当面向他崇拜的歌唱家求教，但他是每一位他喜欢的歌唱家的"私淑弟子"，在他那破屋里，他是怀着神圣的心情听歌唱家的磁带、光盘，并跟着练习的。他是在用心与他们交流，用心向他们学习。所以他学得好，学得像。哪里会轻薄他敬仰的歌唱家？

孔子曰：君子成人之美，不成人之恶，小人反是。包括我在内，我们都先学学朱之文的这种品格吧。

第二，他的性格与环境使然。善良、真诚、自然、对人谦让、认真执着、安于贫困、甘于平淡等，许多朋友也总结过了。这就是他的本性。以本性融入歌声，这是装不来的。演唱好抒情歌曲，需要的就是这些品质，才能理解好和演唱好。数一数，现在有几位主流中的歌唱家能有朱之文的这些品质？

古语说得好"礼失求诸野"，在当前这个浮躁的社会里，也只有底层民间，才能保有这些品质吧。

这就是环境的作用。张爱玲有句话："时代是仓促的，已经在破坏中，还有更大的破坏要来。"生活在城市里的人，这几十年来，面对快速变动的时代，有一种全民的恐惧感（不独中国，但也许处

在我们这样激烈变革的社会中的人更容易感到此种情绪。也不尽然，西方人中"末日论"一直很有影响）。相比之下，朱之文一直生活在农村，他们家乡又是远离大城市的、发展比较慢的乡村。还保有比较传统的生活方式和思维方式。总之是与现代的"文明"社会，保持了一定的距离，方能保有他的一颗赤子之心。

第三，有人说，歌者要学习"文化"加强修养。此话对也不对。中国古人（文人，尤其是诗人），伤感颓废的多，浸润其中，少有能不受其害者。现代的教育与文化，莫名其妙、是非不分的东西更多。而朱之文，正因为读书少，反而被灌输少。因此之故，他的歌声，深沉但不颓唐，紧紧围绕讴歌美好人性这一"主旋律"，给人以向上的力量。我们这些读了多年书的人，在不知不觉间，一定程度上早就失掉自我了。不但失掉了本应该发自自然与生俱来的人性，失掉了自然的思维方式，甚至有人认为也失掉了我们的母语——连说自己的话也不会了。（参考：http://xys5.dxiong.com/xys/netters/others/comments/muyu.txt）

以我上面提到的朱之文演唱的四首歌看，只有第一首"滚滚长江"，杨洪基老师唱的与朱之文的演唱在同一个水平上，有得一比。另外几首，听过多位歌唱家的演唱，比之朱之文，都差得远了。廖昌永也是位出色的歌唱家，但他与朱之文都唱的几首歌，感觉还在朱之下。这也许是个人好恶，不一定对。只有一首，就是廖唱的"老师，我总是想起你"，那真是他用心在唱或说是唱的是心里的情（对周小燕教授）。所以能有那样感动人的效果。

郭沫若在他写的《蔡文姬》一剧中，写到曹操看到蔡的诗，钦佩感慨之余，问儿子曹丕，你们这些人为什么写不出这样的好诗来。曹丕嗫嚅：我们没有她那样的经历啊！

真是经典之语！我们没有他那样的经历！朱之文四十年春耕夏锄秋收冬藏的劳作生活，养成他那种恬淡、从容，"不以物喜，不以己悲"的胸襟，何人能及？

于文华听过朱之文歌唱之后说的，在你面前我不敢唱了。人多以为谦虚，我相信那是她的真心表白。

据说一位老禅师讲完道，座中有人说，道理很浅，三岁童子都知道。老禅师回答：三岁童子都知道，八十老翁做不到！

人在江湖，身不由己。

三

人民群众对于朱之文、对朱之文演唱的歌的喜爱，又何尝不是表达着对于美好人性的追求与向往？

第一，人性是善还是恶，自古争论不休。中外古今的哲人们，给出不同解释。孟子主张人性本善，他说过：所以谓人皆有不忍人之心者，今人乍见孺子将入于井，皆有怵惕恻隐之心。（《孟子·公孙丑章句上》）

信人性善恶，虽是个人之事，但作为人最基本的信仰，是人性的基础。简言之，相信人性为恶，则或归于消沉，或成为"反社会人格"者，于人生发展不利。而信人性为善，则虽也不免罹难，但却不只自己怀抱希望，也能给他人以鼓舞。

尤其是自身处于苦难之中的人，能不愤世嫉俗，怨天尤人，而是乐天知命，随遇而安。更进一步能有所追求，以给他人带来欢乐为任。以孔孟之说来形容，是真正的仁人。

又是孔子，他表扬学生颜回："贤哉，回也！一箪食，一瓢饮，在陋巷，人不堪其忧，回也不改其乐。"

《安妮日记》为什么感人，不也是这种精神吗？1944年7月15日，15岁的安妮写道："生活在这个时代，一切理想都被摧毁和破坏，人们暴露出自己丑恶的一面，对真理、公理和上帝都产生怀疑，我们年轻人得花费加倍的力气才能维持自己的见解。……没有理想、梦想、憧憬，或者它们被最残酷的现实撞得粉碎，这就是这个时代的困难。真奇怪，我还没有放弃我的全部希望，这些希望看来是荒谬的、无法实现的。但是我紧紧地抱住这些希望不放，不管怎样，因为我还一直相信人的善良本性。"（中译本高年生译，人民文学出版社）

朱之文对人性善良的坚信，他以自己行动为人性本善所做的示范，给我们这些懦弱的人以力量。他用自己的歌声和行为，弘扬人性的光辉，引导人们向善，所以人们爱他，爱他的歌。

第二，朱之文的经历是一篇真实的、感人的励志故事。他不是书本上的、离我们遥远的异国的故事或古代的故事。那些，由于经过了文人的加工，真实性总是令人有些怀疑。而朱之文就在我们身边，就在我们生活的当下。眼见为实，不存在虚假。他的人生经历，不复杂，但沉重而不平凡！

人人在他身上能读出自我。我们与他有一样的记性，也一样经历过许多艰难困苦，但我们的"选择性记忆"不如他，生活中很多感人的事，我们没有充分体察，没有像他那样用心去体验，也没有他的用心记忆。我们只是让那些美好的东西随风而逝了。想抓住时，有些已来不及了。

朱之文讲到他生活中的三件事。

1.他十多岁时，用地排车拉着父亲去看病，看到卖包子的、卖冰棍的，父亲想自己生病花了许多钱，哭着对儿子说自己拖累了全家。

2.朱之文结婚后多年生活困难，有一次一个多月的时间里，家里只有两块钱。孩子要买东西吃，只能哄他们说，将来有钱了，你想买什么就给你买。

3.她妻子卖掉头发给他治牙的故事。

这三件事恰好表达出人性中最美好的感情！父子之情：父亲的内疚，背后是对儿子的爱与不舍，他大概自知不久于人世。而朱之文说到今后有钱了，给孩子买新衣服。因为以前都是穿别人给的旧的。他与妻子这对贫贱夫妻朴素但坚贞的爱情，简直是传奇。（只有小说中有，如欧·亨利《麦琪的礼物》）

我们这些人太普通了。也可以说上帝没有给我们机会，让我们能在窘迫中体会、表现对父亲、对儿女、对妻子或丈夫的真爱。然而，如果真是来临，我们会像朱之文一样，经受住命运和时光的考验或者说是拷问吗？

尤其是他几十年来对于歌唱的追求。人生面临各种困难和诱惑，人立志容易但坚守却不容易。朱之文三十年不改追求，他早年到北京打工，工作之余，寻求过名人指教，旁听过音乐学校的课程，到地铁通道里唱歌，有了钱就买相关书籍和磁带。在家乡，因陋就简安排了自己的练歌室，买来旧的教材学习。也尝试过组织"草台班"演出。参加过一些地方上的比赛和选拔等（这些说法，可能有误，希望有心人能在朱之文稍闲时，求得一个精确，以免以讹传讹）。

正是经过了几十年的艰辛努力，才有了美好的结果。他经历了常人想象不到的失败、艰难，才有了今天的收获。固然可以说他是一夜成名，但背后是几十年的努力。即如他的发音来说，许多评委、歌唱家惊奇，他是怎么做到在歌唱时，摆脱乡音，字正腔圆？

那是长年累月的练习所致。有专业人士评论朱之文在歌唱时，运用"共鸣"非常出色，以他独自摸索，该付出多少艰辛！中国古语说：功夫不负有心人。又说：只要功夫深，铁杵磨成针。从朱之文的身上，印证了这些真理。

四

艺术欣赏，据S.弗洛伊德的看法，是人人运用了"自居作用"，想象中以剧中人物自居，在幻想中经历种种在现实生活里不曾经历过的传奇事件，并接受命运对于心灵的拷问，从而实现道德上的升华。

"观众是一个经历不多的人，……他渴望根据自己的愿望去感觉去行动和处理事情，——简而言之，他渴望成为一个英雄。剧作家和演员通过让他以英雄自居而帮助他实现了这一愿望。他们还为他省掉了一些麻烦。因为观众相当清楚地知道，要是不经历痛苦、灾难和强烈的恐怖，剧中的英雄的实际行为对他来说是不可能的，而这些经历几乎会把快乐抵消掉。况且他还知道，他只有一次生命，他也许会在这样一次反抗恶运的斗争中夭折。因此，他的快乐建立在幻觉上。……在这些情况中，他可以充分享受做'一个伟大人物'的快乐，毫不犹豫地释放那些被压抑的冲动，纵情向往在宗教、政治、社会和性事件中的自由，在各种辉煌场面中的每一方面发泄强烈的感情，这些场面正是表现在舞台上的生活的各个部分。"（《戏剧中的精神变态人物》，张唤民等译，知识出版社）

凡事经哲学家、心理学家一说，有时候简单的事说复杂了。对于弗洛伊德这个奥国老头子的话，我们就姑妄听之吧。

我觉得，除了前面说过的一些主题之外，朱之文在以下两个方面给人们以震撼，以启迪，让我们警醒。一是爱情，一是对于幸福的看法。

人们赞扬朱夫人卖发救夫体现出的婚姻的真谛：承诺和牺牲。完整地看，我们更要领会到婚姻是双方的，说句大白话：朱夫人的牺牲，也一定是朱之文的牺牲换来的！

不独中国，在全世界范围里，真实的爱情还存在吗？很多人在怀疑。"执子之手，与子偕老"，婚姻天长地久的秘诀是什么？

美国小说《廊桥遗梦》的作者在开篇中写道：在方今这个千金之诺随意打破、爱情只不过是逢场作戏的世界上，这个不寻常的故事还是值得讲出来的。

诺奖得主高锟在自传中回忆与妻子婚礼：我们交换过誓言，确信能矢志不渝，亲吻新娘的时候，我只充满喜悦和满足。两个不同的个体融合而为一，将面对世界的风风雨雨。现在，我们携手迈出了第一步。40年后，只有像我们这样维系了长久婚姻生活的人，才可以回过头来指出，成功和快乐的婚姻，需要双方都付出努力。我们必须彼此了解，互相扶持，使大家在智慧和能力上都能与时并进，最重要的还是互相尊重，平等对待。纯粹建基于肉体关系的婚姻，在这日趋复杂的社会里恐怕难以持久。（参见：http://www.qdxlzx.com/post.php?smid=5&upid=3&treeid=2&mbid=3&mid=472）

在这个变化莫测的社会里，让我们每一个人都学习朱之文，珍惜和创造爱情，让家真正成为心灵的港湾。

再说一说关于幸福。现在全世界的人都在关注幸福，由此甚至产生了专门研究幸福的学科。关于幸福的定义，众说纷纭。但有一点确定，那就是幸福更多的是个人的主观感受，而非金钱。

朱之文一家全年收入不过几千元，无疑达不到幸福必需的收入标准，但他比我们许多人都幸福。他实践的正是研究幸福的科学得出的结果：幸福来源于内心的满足，来源于对理想的追求。不过于看重目标，而是在追求的过程中体会到幸福。也就是人们常说的"只管耕耘"，如《圣经》说，到了时候，就要收成。

最近在美国学习的一位中国学生，在博客里记录了他参加毕业典礼的感受，一位美国女生在发言中说：We have to remember, that success is not the key to happiness, but the happiness is the key to success.

是呵，朋友们，让我们不要为成功与否苦恼吧，只要有追求，就有幸福和快乐。

写于2011年5月30－6月8日<br>改于2012年4月10－17日

# 春节（小说）

**作者声明：本作品为虚构的小说。故事情节如与生活中某人某事雷同，纯属巧合。**

周宏生是在腊月29日傍晚回到家的。父母都迎了出来，母亲一把拉住宏生媳妇，

"可回来了。说是今天晚上要下雪呢。"

"妈，要不然可以早回来几天。我们明天才放假，怕下雪咱这一段公路不通车，给领导说了一下，早走了一天。"

"回到家就放心了，再下雪也不怕了。"

宏生的父亲没有说话，帮着把儿子儿媳带来的两个大箱子搬到屋里去。回过头来，才对光顾说话，还没有进屋的3个人，说：

"孩子们坐了一天车，也累了饿了。快吃饭吧。"

老夫妻膝下有3个儿女。宏生是小儿子，他上边一个哥哥、一个姐姐，都在农村，只有他考上了大学，毕业后在青岛工作。两年前找了城里的对象，结了婚。尽管城里的媳妇是独生女，她的父母也希望过春节留他们在青岛过节。但宏生觉得趁春节回来不但与父母过节，那些从小就与他生活在一起的本家、亲戚等，也要按照礼节去看一下，对长辈尽尽孝心。毕竟自己是亲戚朋友圈里引以为骄傲的人物啊。

一家人正准备吃饭，宏生的大娘推开门走了进来。宏生的父亲哥仨，他是老二。

"听说宏生回来了，我没顾上吃饭，先过来看看孩子。"

大家停止了吃饭的准备，宏生妈妈、宏生还有他媳妇赶忙站了起来。

"孩子刚才还说，吃完了饭过去看看他大爷和大娘，"宏生的妈妈笑着说。大娘接过话来，一边左手拉起了宏生爱人的手，右手拍打着宏生的肩膀。"俺宏生不是小时候的宏生了，那天俺那儿子从青岛回来，说宏生哥现在发了大财了，住了高级住宅里，那楼二三十层呢。坐上电梯，腾一下，就上去了。他大爷说宏生刚回来，不让我来，我说俺

可得先看看俺大侄子。"

"大娘，大爷和您身体都还好吧？"

"别提了，去年一年就是不顺。你大爷不是那个什么……高血压吗？一年光这药就是两千多块。"

"那地里的活怎么办？"

"地也种不了了。让给他们种了。你说这日子。你那弟弟你也知道，就是不争气。今年春天，你不是帮他在青岛找了工作？我寻思着要能一个月挣个一两千，我们还有个指望。"

这话说的宏生心头格登一下。他的这个叔伯弟弟从小好逸恶劳，初中毕业以后就不上学，让他学个技术，也学不来。混了几年，到了20岁。春天宏生回家的时候，把他带到青岛，给他找了个工作，是在一家电脑公司，先帮人家跑跑腿。宏生的意思是想让他熟悉一段，慢慢地能学习一些计算机技术，也算是有个一技之长。可这弟弟干了两个月，说什么了不干了，说活太累，挣钱太少。回到老家，还是整天瞎混。听父母说，为这事，大爷大娘对他不太满意。宏生想找个机会再跟大爷大娘解释一下，商量一下怎样再帮帮这个弟弟。

现在不是说这些事的时候。宏生便打开提箱拿出了一大包东西，这是他与爱人抽空买好的年货，有青岛的香肠，还有一些糖果，没有忘给大爷买了一条好烟、一瓶酒。年年回家，算来需要带礼物的就有五六家，这是他想了几天仔细盘算不能再少的一个名单。他和爱人白天没有时间，就晚上跑超市买好的。

"哎呀，你这孩子，还带这么多东西给俺。"大娘一边说着，一边赶忙接下。好像还在等什么。宏生这才想起来了，每年回家都是给大爷、叔叔、姑妈、两个舅舅、两个姨妈一些现金，表示一点孝敬的意思。

"大娘，这是一千块钱，你们留着买点好吃的吧。"

大娘愣了一下，脸上的表情并没有特别高兴，"哎，你说我那儿子不争气，要是干着活，一个月不

就能拿回来两千么？"说完这话，也没道别，就推门走出屋外了。

宏生望了一眼母亲，她的脸上有些茫然和不悦。去年给大爷两千，今年减了一半，大爷大娘的不满是自然的。宏生不知道母亲对自己不满意还是对大娘不满。

"先去你叔叔家一趟吧，怕再不去，你婶子一会儿又过来了，"父亲说。

"好吧，"宏生答应着，让媳妇又一次打开提箱拿出了另一包东西，向门口走去。他媳妇看他脸色不太好，连忙穿上大衣跟了出去。

不知何时外面下起了雪，地上已经是一片白色了。雪是一阵紧一阵慢的，北风也吹得大了。尽管都穿了大衣，可细碎的小雪花还是钻进脖子，让人感觉到丝丝的凉意。大爷和叔叔家都在同一条街上，不太远。

"大娘不高兴，你看出来了吧，"宏生问妻子。

"也可能吧。你别在意。"

"是不是还是应该按去年那么多给他们？"

"你还有钱还房贷吗？"

"也是啊。过了年，咱俩的工作还不一定马上找到。"

"谁想到外贸现在这么不好干？像前儿年就好了。"

"早知道今年效益这么不好，咱们也不敢买房子。"

"嗯嗯。"

说着，到了叔叔的门口，宏生踌躇了几秒钟，腿也不由得颤抖了几下，还是敲了门。

回来了，孩子，听说你这一年干得不错，你叔叔可惨了。嗯，是跟人合伙做生意，不是倒腾酒吗？前几年还行，今年没拿准，哎，一言难尽。非说是假酒，都给拉走了。你婶子说的是，工商局腊月二十三小年那天查的。连以前赚的都赔上了。过了年，你弟弟上大学的学费一年就六千多，过了十五就要带着走。你妹妹在县中学也要一千多。

叔叔一口气说了这么多，宏生心头又是一震。他从心里同情叔叔一家。他们这一个大家族，一直比较亲。小的时候，他是在这些长辈的呵护下长大的，即使现在他也觉得与他们亲如一家，也应该尽量帮助他们才是。如果是往年，他一定会马上接过话

来，主动提出给叔叔一笔钱，先交上学费。可今年，面对自己未来的不确定的收入，他不能这样做。一种内疚的感觉在他心头滋生，当亲戚们对他寄予厚望，望着他们渴望与失望的眼神，宏生的心里真是不好受啊。

从叔叔家出来，回到自己家。终于吃饭了，宏生这时反倒感不到一点饥饿的感觉了。他向父母说了到叔叔家送年货和钱的过程，说了叔叔缺钱但并没有张口向他借。父亲在一旁憋不住，告诉儿子，其实在他们回来前一天晚上，叔叔婶婶一同来他们家，郑重其事地对宏生父亲说了，让他给宏生说说，过了年借给他家一万块钱。宏生的父亲不好拒绝，已经答应了。

听到这里，宏生的头一下子大了，他觉得似乎头上的屋顶旋转起来，望着饭竟然一阵阵恶心。妻子看他的样子，对公婆嗫嚅着说："爸妈，我们拿这钱确实有困难。房贷……""我知道你们也不容易，"父亲脸有些红了，停了一会，抓起馒头咬了一口，"怕人家说你发达了，就忘了亲人。你婶婶，你也知道，什么事也攀着你大娘。前年，你大爷前盖房，你不是帮了1万块钱吗？""前年我生意还可以，爸，今年一年我，"宏生抬起头，有气无力地说。他媳妇看这情形，知道宏生不好意思说，开了口："一年我们一笔单也没有，白赔上了参加广交会的花费。"

"快吃饭，明天再商量吧，"宏生的妈妈看气氛不对，开口说。

宏生的情绪不好，晚上几乎没有睡着觉。他媳妇劝他，好一阵，但总是翻来覆去地想这些事。

太阳升起来。年三十，再也不能等了。宏生强撑着身子，要到姑妈、舅舅和姨家去，妻子看他精神不太好，劝他别去了。刚下过雪，虽然不是太大，但可能有些路上会不好走。可父亲、母亲都没阻拦，也许那意思还是不能破了旧例。

宏生去年把车已卖了，只得骑自行车。偏这天起了大风，这风在农村显得特别大，吹起路上的积雪，抛撒在行人身上。他这几家亲戚都离得不远，不过分布在几里地的周围。宏生紧赶慢赶，总算在午后两点左右送完了礼物和钱，回到了自己家。

也许是大家都在忙年，宏生感觉这些亲戚不如以前对自己热情，有些还是一味诉苦。这些事把宏生有些搞糊涂了，他几乎不能判断到底自己给这些亲戚这么多礼物和钱，他们满意还是不满意？

回到家，累得立刻倒到床上。妻子走进屋来。

"累坏了吧？"

"嗯，我怎么觉得姑妈像是对我有意见？"

"不会吧。她女儿结婚这才几天，我们不是送了一千块钱礼金吗？"

"可这次，我就给她五百块钱。"

"五百块钱也不少，"宏生妻子有点生气，"这家五百，那家一千，过个年我们花多少钱了？他们还是不满意，我们不能不活了吧？"

"舅舅那边，说过了年要买化肥，那意思也是给咱们借点钱。"

"都把咱当成发了大财的，"妻子眼圈有点红，"咱们连孩子都不敢要。"

"大过年，你可别哭，"宏生安慰妻子。可他这么一说，妻子似乎受到了鼓励一样，眼泪真的流了下来。

"你这人，听到这么一点事，就发愁。你再哭有什么用？我还没跟你说咱姨呢！"

咱姨这人，你不是不知道，平时说话总是阴阳八卦的。上午我先去的她家，说她老了，表哥表弟都不愿意养她。她丈夫不是早去世了吗？问我买的房子多大，我还没说咱们贷款的事。她就好像我早就答应了似的，说过完正月十五就到青岛咱家住，听那口气要住个半年一年的，还说顺便到大医院看看她关节炎的老毛病。宏生把他姨的话转述了个大概。

"什么？你没说咱们都上班，没人照顾她？"

"我还没来得及说这话，她就说我上大学时，我妈有一次生病，她怎么来照顾等。这也是真的。那次，也幸亏了她帮忙。想到这，我怎么能拒绝她？"

"你看咱们现在都没工作，还要还房贷。再养着咱姨，怎么能行？"

"我要是不答应，人家会说我忘本。怕咱妈也不高兴。"

"咱爸妈不能不为我们考虑一下啊？"

"我怎么好意思跟爸妈说呢？"

"你不说，这么硬撑着。人家还以为咱多么富有，其实……"说着，宏生妻子的眼泪又流下来。

总之，这夫妻俩讨论了一番也没有个结果。

除夕之夜，特别热闹。一大家子人都来了，连下一辈的一些孩子，无忧无虑地说着闹着。等电视里中央电视台的春节联欢晚会进行到了午夜，村子里开始放爆竹了。这农村里的爆竹不比城市里的。城市里到处都是高楼，爆竹声传不远、传不开，一出来响就被前后左右的高楼挡了回来，四下里反射，搞得像是有几种乐器在那里胡乱演奏，特别刺耳。农村里房子矮，间隔大，所以那爆竹声传得远，声音由大到小，像是有和声的乐队，发出的声悠长。那声音不伤人耳朵，有余音不绝的效果。

这些年，农村里也恢复了祭祖的习惯。当列宗列祖的牌位摆好，香烛点上，准备行礼的时候，宏生却突然口吐白沫，倒在地上失去意识了。家人吓得不轻，慌忙去请了村里的医生。这医生幸亏是本家，否则大年三十晚上，人家是不来的。据他诊断认为是白天出去，着了风寒的关系。于是打了几针，宏生就睡去了。但没过一会儿，他醒了过来，竟然告诉家人，说有人要害他，他要立即逃走云云。

妻子心里明白丈夫心量窄，许是被周围亲戚朋友无法满足的要求逼的，怕精神上出问题。可一时也没有好办法。就抱着他，边安慰他。宏生就这样一时好一时坏的，好歹过了初三，趁他这天意识清醒、情绪稳定一些，匆匆离开老家返回青岛。

究竟他的病怎么样，还要到医院诊断再说。

2010年3月1日

# 第三把刀（小说）

**作者声明：本作品为虚构的小说。故事情节如与生活中某人某事雷同，纯属巧合。**

引子

胶澳市某住宅小区一户人家室内。下午的阳光还是很明亮。从窗外射进来的光线，照出一个年轻的女孩的身躯，光线集中在她的手，那是一张漂亮的手，正一把一把又一把地把刀子分别装进上衣、裤子口袋。

她穿过街区，路过商店，看到橱窗里模特穿着的时装，驻足看了一会儿。然后又毅然走下去。走进心理诊所，迎面走到一位年长的女心理医生面前，心理医生正在与年轻的男助手交谈。年轻女孩面无表情地走近，当心理医生和助手发现她时，她手从裤袋中抽出，刀落在地上。女心理医生弯腰捡起来，这时，年轻女孩又用左手从上衣口袋里掏出第二把刀，被男助手夺下。她没有反抗，谁也没有料到的是，她沉着冷静地从右上衣口袋掏了第三把刀，刺向女心理医生。心理医生倒地。在这个过程中，年轻女孩没有出声，表情也出奇地平静，不，应该是冷酷。当女医生倒地时，她舒了一口气，好像完成了一件大事。

时间是2008年5月17日。

当地的报纸当天进行了报道，凶手姓方，是位20岁的年轻女孩，也是女心理医生诊所的患者。这一事件立刻成了大新闻。也引起了心理咨询界的关注。有关凶手是否精神病人？为何要杀害医生？医生的咨询与治疗有无不当等，成为人们议论的焦点。案发后，凶手立即被警方拘留。

第一节

年轻的女心理咨询师吴珊自己刚刚做了几年心理医生（心理医生是大众对从事心理咨询与心理治疗的专业人士的称谓，国家正式的名称是心理咨询师），她是一位对心理咨询这个职业很投入的人。听说了女心理医生被杀的事情后，她得知自己曾与凶手同住在一个院落，尽管那是很久以前的事。

那是一处日占胶澳时代盖的电业局的职员宿舍，共有两栋前后排列的二层楼房。吴珊家住前面一栋，方家住后面一栋。由于两家不在一栋楼，加上年龄的关系，她与凶手并没有交往。吴珊上高中时搬到另外的地方，再没有听说过方家的情形。这样一种联系，或者说是缘分，更促使吴珊研究这个案例。她通过联系曾经为凶手做过心理咨询的焦老师，了解到这个女孩的一些情况，以她女性的人际交往优势，终于与方倩（凶手）的母亲取得了联系，她访问了方母儿次，进一步了解到方倩的成长经历，并得到了一本方倩写的所谓自传。说是自传，其实是方倩自己写下的一些不连贯、很多地方不通顺的文字。方母在出事后，从原先住的地方搬了家。但吴珊得到允许，到了她们母女原先住的地方，在一种特定的环境里感受了方倩的个性。她越来越同情这个女孩。她对这个事件的兴趣，以及从心理咨询专业的角度进行研究，得到了焦老师的鼓励，但焦老师提醒她不能因为同情这个女孩（因杀人是死罪，该女孩可能被叛重罪甚至极刑），而偏离心理医生的中立立场。

警方委托胶澳市的精神病专家对凶手进行精神鉴定。

胶澳市心理咨询师协会组织了对此案例的专门讨论。认为方倩患有精神疾病是真实存在的，但应该诊断为哪一种精神疾病，还需讨论确诊。这些从事精神医学与心理治疗的专业人士还认为，她的病情长时间不愈，除了疾病本身的原因以外，在她治疗和康复期间，她的同学、朋友，以及其他人对她的歧视与贬低，加重了她的心理上的偏执。还有，她没有得到最好的心理方面的辅导与治疗。

吴珊继续了解方倩的家庭及成长情况。

第二节

方倩出生在一个普通的工人家庭，父母都是工厂里的工人。

父亲在她9岁时因病死去。从此她与母亲相依为命，母亲再也没有嫁人。但即使9岁以前，方倩对于父亲除了几次让自己恐惧的事情以外，再也没有过多的印象。时间一久，他好像没有存在过一样。总之，他对方倩她们母女，不能说是有意的虐待，也算不上有暴力，却也没有关心和体贴，他很冷漠，缺少亲情。方倩的母亲告诉吴珊，方倩的父亲几乎没有朋友，终日默默地上班下班，路上遇到人也不打招呼。

吴珊来到她自己、也是方家曾经住过的楼院，找到了过去的邻居，了解方家的情况。她了解到，方父在单位做房屋及管道的维修工作，也会电工。他的性格是那种一般人认为的老实人。然而正像人们说的，老实人发起怒来更厉害。曾经有一次，在厂更衣室里，工友开他的玩笑，把他的工作服藏起来了。他竟随手拿起一把椅子砸向工友，要不是那几个人跑得快，说不定受伤成什么样。还有更严重的，有一次他被厂里安排修理厂办公楼的窗户，这一层楼上，有厂长办公室。在厂长的印象里，他是一位老实听话的工人，正巧厂长办公室的电灯坏了，厂长发现方父在修门窗。就让他把电灯修一下。方父这个人，虽不是专业的电工，但他也会一些普通的修理技术。但他这一次不知为什么，说什么也不去干。厂长也来了气，说了几句不好听的话，又是一个谁也没想到，方父一怒，飞起一脚踢在厂长肚子上，还好，虽然厂长摔到了地上，但幸运的是没什么大碍。这事后来虽是经过了公安局，但也就平息了，方父继续在厂里做工。从此，他更孤僻了。大约经历了这些事件，人们在背后里议论方父，说他是精神病。

### 第三节

吴珊回到原先住过的街区，租了房子住下来，她下决心了解清楚方家的过去。但令她没有想到的是，吴珊不但得到了许多方家几代人的故事，也不断地回忆起有关自己童年的许多往事，这却是她始料未及的。

方倩这个女孩的遥远的过去的印象在吴珊的头脑中越来越清楚，从开始的几乎没有什么印象，到似曾相识，现在简直有些事情就像泉水一样，咕咕地冒出来了。吴珊记忆中有一次，自己12岁，也许

13岁的时候，她和一群同龄的小女孩一起在院子里玩。她们看到方倩从外面回来，一个人低着头踽踽独行。吴珊她们小声地约好，等那个倒霉的女孩走到近前，就一齐喊：精神病！精神病！小方倩发怒了，但没等她抢起书包，女孩立刻跑开了。小方倩无奈地走回家。吴珊的记忆里，这样的事情发生了不止一次。但今天，这件事情涌上心头，令她震惊，她感觉到像针扎在心上。也令她感到内疚。

吴珊访问了她童年时代的玩伴，她们告诉她，由于没有了父亲，家里又穷，方倩本来就有些孤僻的性格更加明显了。在学校里，同学们也常拿她父亲的事情耻笑她，当面或背后里喊她是精神病人的女儿。小方倩激烈地反抗过，她听到这样的嘲笑就追打这些同学，但更多的时候，他们人多势众，小方倩打不过他们。只得忍受这样的侮辱。

一个人如果成了心理咨询师，无疑，无论他（她）在理论上认同、属于哪种学派，但都比一般人在判断一个人时，重视他或她童年时代的经历，并且习惯于把一个人现在的性格、行为与他（她）早期的生活经历联系起来。想到这，吴珊有一种向方倩或她母亲道歉的冲动。但她目前还没有决心实施行动。

### 第四节

吴珊不厌其烦地访问邻居，了解更多的方家的情况。同时，从焦老师处得知，据方母说，结婚第一晚，丈夫并没有与她同房而是坐在椅子上，直到天亮。她不能满足正常女人的需要，但为女儿，她忍受了下来。一直到方父去世，夫妻之间很少有鱼水之欢。

方母认为，方倩爸爸性格与精神方面出现的问题，与他的父亲在"文革"时期挨整有关。其实，方父本出生在贫农的家庭，后来过继给了族内的一个长辈，即他的继父。这个继父家里是地主出身。在那个强调"阶级斗争"的年代。方父因为他的父亲（继父）的成分，连带着受了很多侮辱与伤害。据方母从她公婆那里听到，方父当时还是个三四岁的孩子。有一天半夜，"红卫兵"和"文攻武卫"的成员来家闯进家里抓他父亲，那些人头戴柳条帽，手上拿着棍棒，进门来强光手电乱照，口里喊着："地主分子方××！我们今天对你进行专政！"方父吓得用被子蒙着头。从此，他恨他的继父，羡慕他的弟兄，他们留在生父家中，由于出身好，没有受歧视的经历。

方母视女儿是她的一切，尽可能在让女儿吃好穿好，一心想把女儿培养成有出息的人才。同时，她也对女儿的管教十分严格。从小开始，她不让女儿穿太时尚的衣服，她让女儿按母亲的要求留发型，不让女儿与男孩交往。

父亲的缺位是否造成方倩没有在与父母的三角关系中体验到最初的情与爱、矛盾与冲突？也就没有学到与异性交往？老弗洛伊德所说的"性蕾期"的"俄底普期情结"没有开始，是否也就没有圆满解决？吴珊思索这些问题。她想，青春期的方倩又是什么样呢？

她走进方倩就读的小学、初中。在这里，通过方倩的老师、同学，她又听到新的故事。

吴珊自己这时恋爱了。当然，这不是她第一次，但总好像是又重演相同的故事。"每一个人都是心理疾病患者，"吴珊想，"为什么总是没有感觉，很难产生激情？"她这才认真地思考自己的过去。她没有方倩那样痛苦的童年，相反，她生活在经济优渥的家庭中。父母都是干部、知识分子。然而，在表面的夫妻相敬如宾之下，她从小就感觉到父母之间有着深深的隔阂。她们不吵架，但不亲密。好像生活在一个屋檐下的两个陌生人。

她自己也陷入情感的纠葛中不能自拔。她感到无法统一自己的思绪，混乱的就像纠缠不清的一堆线团。

## 第五节

这一节的内容是根据方倩自己写的自传，连接补缀而成，没有添加事实，只是做了文字上的加工，使叙述的事实清楚，读起来通顺。

母亲对我的要求很严厉，我做事比较慢，写作业也比较慢，常常被母亲斥责。写作业时，母亲在身边就特别紧张和害怕。父亲懦弱，不爱说话，母亲与他关系不好。父亲脾气暴躁多变。心情好时对我还好，有时不知为什么会突然发火。也许那时他已经是病比较严重吧。有一次母亲不在家，我和他一起吃饭，我记不清说了什么让父亲不高兴的话，他顿时勃然大怒，将饭碗摔在地上，碎片打到我胳膊上，鲜血直流，但父亲看也不看，离开了家。我很恐惧，不敢包扎受伤的胳膊，先去打扫地上的东西。

后来，父亲去世了。我说不上难过，到今天还是这样感觉。我就是自卑，我没有朋友，我害怕孤独可没有办法摆脱。只好把精力都放在学习上。我嫉妒那些家庭条件好的男生女生，嫉妒那些被男生喜欢的女生。我也像父亲一样脾气不好，我不高兴时会向母亲发火，自己用头撞墙，咬自己的胳膊。平静几天我就要发火。现在我大了，知道向母亲发火不对，可我控制不了自己。

我的这一切，起源于倒霉的那件事！

那件事我永远忘不了。11岁。那个坏男孩15岁，也许16岁。他逼我到院子里的小棚子后面，我害怕不敢叫，不敢跑，能听到心在怦怦跳。他脱下我的裤子。我感到再不喊就会憋死了。那尖叫声不像从我的嘴里发出来。轮到他害怕了。他丢下我，跑了。我哭着回了家，把这事告诉了妈妈。后来，那个的男孩的妈妈竟对人说，她们一家精神病。她爸爸就是精神病死的。

我是精神病吗？精神病就让人欺负？

我不知道人们为什么总欺负我？我早就不想活了。我割过手腕。我不想活了。割腕自杀，血流到床下，妈妈发现送我到医院。看到妈妈伤心，我不想死了，我要报复！

## 第六节

半年后，方倩的案子一审判决，她需入狱10年。她的母亲被判巨额赔偿金。她家没有上诉，没有多久，方倩就被押入省女子监狱改造去了。据说，自入狱后，方倩的情绪时好时坏，为防止她自杀，监狱只好安排同室的犯人轮流日夜看管她。

精神病院的鉴定为法院采信，作为"精神分裂症"患者，法院认为，案发时，方倩在精神状况的影响下，对自身行为的控制能力削弱，可予以减轻处罚。

吴珊又一次访问了方倩的母亲。

"初中时候的方倩怎么样？"

"初一的时候还是可以的，"方母回答，"没有闹什么事。也是我管得紧，不让她跟男孩玩。"

吴珊禁不住用质问的口气问道："那样对她的成长不利啊。"说完以后，立即感觉到作为心理咨询师，虽然方母不是咨询的对象，但为了访问的便利，也要与她结成同盟，不是治疗同盟，也是一种合作的同盟吧。正确的态度是"不批评"。她便又立刻改口说："我想您的意思是鼓励她不管男女，多跟同学们交流交往，对吧？"

"我们的家庭不幸啊。方倩不到10岁就死了父亲。她进去以后，我才慢慢地理解到，她从小得到的关爱少，对人不放心不信任，又经常被欺负，她就更防备人。受点欺负，就想报复。

"这孩子是有志气的。升中学以后，身体发育了，个也高了，她说要身体强壮才能不受欺负。她那时，可下功夫锻炼身体了。听说练跆拳道能防身，就去练习。你知道，我们家经济条件不好，就我一个人带着她，上班时每月挣几百块钱，前年退休，才拿到一千块钱。可我还是让她去学习了。你知道不，也是从那个时候开始，她从来不坐公交车，无论多远一律是下步走！

"别人不明白，我自己知道。这孩子是凭着一口气去练跆拳道，李小龙是她最佩服的人，你也看到了，她屋子墙上挂着他的像。我们这孩子就是想不受人欺负。她是拼着命练习，这一段时间我看是她最开心的一段时间。教练可喜欢她了，想把她培养成跆拳道的高手。谁想到，初二就出事了。

"还是老问题。那些女生看她不顺眼，她也不理人家。她们背后喊她'精神病'。她与那些人打起来。双方都受了伤，但不是很严重。老师在处理事时，偏向那些骂她的女孩。其实我也知道的，包括老师在内，人们都把我们倩倩看作精神不正常的人。她的班主任怕倩倩再闹事，逼她休学。倩倩哭了好几天，没有办法就休学了。我也想趁这个机会，集中精力看看病也好，就带她去精神病院，也吃了不少药。你知道，这段时间，也请焦老师为她作咨询辅导。

第七节

"我赞成焦老师的意见，"吴珊的督导老师、长于精神分析理论研究与实际操作的范老师说，"方倩的问题是人格方面的问题，基本上可以判断为'边缘性人格障碍'。焦老师为她做过较长时期的心理咨询。他为我们提供了很多很好的资料啊。"

一群心理咨询师正在进行业务学习，今天他们讨论的就是方倩的案例。

焦老师在对大家讲话之前忽然低下头来，悄悄地对身边的吴珊说："我觉得你有些忽视了被害

人。"之后他才对大家说："我们需要回顾一下被害的心理医生对方某某咨询与治疗的情况。"

大家讨论起来。

有人说："她对于职业的风险估计不足，从新闻媒体上公布的案发时的情况看，当凶手的前两把刀先后被她的助手夺下，实际上这时凶手已经被制服，是我们这位可敬的心理医生，命令助手放开她，凶手才得以拿出第三把刀，刺向女医生。"

有人说："也可能是她对于该女性的问题，估计不足。"

一位女性："对，是这样。私人开业的心理诊所无法处理这种带有冲动和暴力倾向的个案。她应该被送去精神病院，那里当需要时，可以强制性地管制她。"

大家得知吴珊在调查方倩的情况，请她发言。她自己倒觉得，关于方倩及她的家庭的过去，当她得到的资料很多，反倒有些沉溺于资料之中而理不出头绪了。特别是最近，她自己的恋爱如谚语说，如"穿湿布衫"。欲弃不舍，穿着又很不舒服。

看她不想说，范老师给她解了围，说："也许她还没有整理好有关的材料。我们希望将来她会拿出详细深刻的对此案例的分析。方某某从童年一直生活在同性单亲的家庭中，从她与母亲的关系中可能会解释她的一些行为。"

吴珊这时禁不住跳起来。

"你是说，"吴珊有些激动："她对母亲充满着强烈的既爱又恨的感情？在治疗中，她把对母亲的恨移情给女医生，当这种恨达到顶点时，终于要除之而后快？"

"你忘了另一面，她开始是把爱移情给女医生，"范老师说。

第八节

初中算是毕业了，方倩的母亲想方设法把她送进了一所中专学校。开始她也想在一个新的环境中与同学形成友好的关系，但事情总不尽人意。当然，论学习，她一直是班上的优秀学生，尤其英语学习出类拔萃。她希望与过去的自己告别，更希望在别人的印象里，能与大家一样。然而，还是有人把她的过去，传给了同学。于是，又有人偷偷地在背后议论起她那些与"精神病"能挂上钩的故事。

她想结交男孩，交男朋友。但早年的伤害经历，让她对男孩有一种恐惧，也许还有些憎恶？大家知道，尤其在中专学校，男女同学形成这些少男少女们自己意义上的恋爱关系，是很普通的事。有人介绍方倩与另外一个班的一个男生交往。有一天放学后，在别人的撮合下，她与他在一起呆了一段时间。他与她说话，但她当时的脑子像出了故障的机器停止了运转，她什么也没说。一句话也没说。谁也搞不清楚，她是不想说，还是不会说。谁也说不清，她对这个男孩是看不上，还是喜欢而不好意思说？

总之，这次见面，也是方倩从初中到高中，到她出事入狱以来，第一次也是唯一的一次与男孩的约会。竟是这样一种"无言的结局"！从成长的角度看，这些孩子终究是孩子。事后，那个男孩把他与她短暂的简直不能称其为约会的约会，在同学间传播。方倩又一次受到强烈的心理伤害。我们可以想象的到，她内心的愤懑：从小到大，无数的伤害，一个接一个，究竟是谁的错？她最怕的是受人欺负，被人嘲笑，被人以"精神病"之名打入另册。她似乎永远也逃不掉命运的捉弄。

青春的强劲生命力被压抑、被曲解，爆发是迟早的事。不过是一次比一次更强罢了。

她的脾气更加不好，情绪越来越不稳定。在家里，她经常为一点小事与母亲争吵、发火，甚至动手打她的母亲。事后她又会痛哭流涕，向母亲表达强烈的歉意。有时，她非常想也努力表现做一个好女儿，母亲有病，她主动去买药。但她又经常变得喜怒无常，情绪经常失控。半夜，她常常一个人跑到海边，坐在被海水半淹没的礁石上，在黑漆漆的夜色中，听海浪咆哮，感受大海那种把巨大的海浪抛起，又推向海滩的排山倒海般的力量。她内心有说不出的欲望在折磨她，她处理不了、压抑不住了。

担心一个年轻的女孩深夜在海边遇到危险，受到伤害？那是普通人的心理。方倩是无所畏惧的，曾有一次，一个男人总是跟着她。当她发现了时，不但没有逃跑，反而是转过身来，迎着那个男人走去。结果怎么样？那个男的反而掉头跑掉了。

说到这次经过。方倩难得的笑起来，这一笑的最初，让人惬意。可当她变成一种狂笑时，让人感到恐怖，也为她揪心。

对于一个十几岁的女孩，我们有什么理由要求她的心智如老人般成熟？我们又怎能期望她对于压力、挫折的承受能力像那些谙于世故的成年人那样强？

### 第九节

似乎感情也可以传染。当吴珊阅读方倩这一段的生活时，引起了她的身世之感。父亲由于长时间在外地工作，与母亲和自己关系疏远。在她久远的印象里，有一次爸爸从外地回来，她那时大约三四岁？爸爸一见面，要抱她，可她竟吓得哭了起来。母亲是个女强人类型的人，在机关里工作，后来提拔成了局长。工作对于她是第一位的，而吴珊排不到第一，所以从小时候开始，她辗转在爷爷奶奶、外公外婆和自己家之间。她感觉受到的是与方倩不同的另一种虐待，是亲情丧失。只在一点上与方倩相同，那就是父爱的缺少。直到现在，虽然父亲回来工作了，但他与母亲之间隔阂太深，感情的修补进行得很慢。吴珊对此无动于衷。

她知道不能再拖下去了，她需要在导师的帮助下，先完成对自己的分析。这一切不是连贯的吗？她对父亲不亲，对母亲有怨恨。道理她明白，对父亲的感情直接影响了她现在与男朋友的关系和感情发展，而对母亲的不理解和怨恨，使她不能更好地宽容他人，不能理解一个人身上同时存在的高尚的东西和相当的缺憾。

立即开始。在吴珊要求下，范老师同意对她进行为期一年的个人回溯式的分析与督导。

而方倩这一段时间里，精神更加迷惘。她终于鼓足勇气，向妈妈说出了当年她被侮辱的事。

"那个男孩是谁，叫什么名字？"方倩问妈妈。

"不要问这个了，"妈妈说，"难道你还想报复？"

方倩没有回答妈妈。

她用了几个月的时间，搞清楚了那个男孩的姓名，还知道他爸爸当时是军人。至于他的母亲干什么，她没有打听到。

### 第十节

任何事情的发生，总是有预兆的吧。高二的上学期，又是被人当作精神病嘲笑，方倩又一次无法遏制愤怒，她狠狠地打了学校的一个女生，又用刀划伤了那个女生的男友。这一天，是5月17日，只有方倩自己知道这一天，对她来说具有的特殊意义。对于10年前的她，这一天是她忍受屈辱，被人欺负而不得不自己吞下苦水的日子。在她的内心，10年磨一剑，她为此练习跆拳道、练长跑、练意志，都是为的出这一口气。她不再是那个吓得说不出话来，哭不出声的小女孩，今天，她在碰到攻击时，那种早就郁积在胸中的怒气，经过触发，立即强烈反弹，爆发出巨大的能量！

她下手之重，令老师和同学为之震惊，为她感到恐惧。学校做了处理，责令方倩检讨、道歉、赔偿。起初学校很担心，她不会同意。但她都照办了。她这一类人，似乎当推动暴怒产生的动力在将这种力倾泄到一个对象身上后，便迅速平静下来。这时的方倩，又似乎是非常通情达理的一个女孩。

然而，如果没有给以及时的疏导与救助，平静，只是又一次爆发的积蓄期。2008年一开始，方倩开始了在那位女心理医生处的诊治过程。冬天，她踏着冰雪，坚持接受心理辅导与那位女心理医生的传统医学的治疗。逝者已去，我们无法还原整个治疗的过程。但吴珊为此，访问了许多当事人，她了解到，最初的一段时间里，方倩对女心理医生非常有好感，甚至发展起了某种依赖。她十分配合治疗，病情也似乎在一天天好转。

无意中，方倩听女医生说起她的家庭情况。当听到那个熟悉的名字时，心都几乎停止了跳动。那是一个她刻骨铭心的名字，那个改变了她一生的人的名字！而且，她了解到，女医生的丈夫正是一个军人！

她不由感叹"踏破铁鞋无觅处，得来全不费功夫"！

随着那个叫她刻骨铭心的日子的来临，她出现了幻听的症状。她说经常听到一个女孩的哭声，这个声音似乎是从她头脑里生出。哭声折磨她，让她恐怖，使她发疯。她的仇恨又在生长，积聚。终于，那一天来到了，她似乎是被某种力量引导，做出了那惊人的举动：用她携带的第三把刀刺进了女医生的胸膛！那位她本该感谢的人，如果不是这件事情发生，很可能她会带这位苦命的女孩走出心理阴影，重新开始新的人生。

范老师在学术交流会上针对方倩的案例有一段发言："有学者研究认为，充满敌意的内部世界是边缘性人格障碍的病理学基础。"

看来，文明社会如果想要保持和发展，处理好"仇恨"这种人性的一部分内容，是相当重要的事啊。不过，范老师接着说，作为心理医生，我们有能力帮助个人认识人生存在的意义，升华人性中可能发展成邪恶的动机，然而，对于社会层面上的举措，我们又能有多大的影响力呢？

方倩在法庭上也没有说出她内心的这个秘密。也许是她不想让人知道她是为了报复杀人，也许她不想让人都知道她屈辱的、也是深藏在心底的那个不堪回首的往事？所以法庭的判决，只是认为她患有精神分裂症而在失控的状态下杀害了女医生。

尾声

转眼到了2009年底。方倩的事情渐渐被人们淡忘了。

吴珊继续接受督导，她与父母的关系比以前亲密了，她努力试着在父母之间做些沟通的工作。她会经常找一些报纸上的资料给他们看，她搜集了不少事例。关于婚姻的好处，那些保持了长久和谐婚姻的人，比没有婚姻、离婚的人更幸福、长寿。她与男朋友的关系也进展得不错。他们几乎要谈婚论嫁了。

经过这一段的工作，吴珊与方倩的母亲和被害女医生的家人都建立了很好的关系，她现在每月一次陪同方倩的妈妈去监狱探望方倩，顺便对她进行一次心理辅导。这一点，得到了监狱方面的支持，所以她们去探监时，经过特许，方倩被允许和她们一起在招待所住一夜，以便多做一些交谈。方倩还主动给女医生的家人写了一封信，忏悔她做过的事。她称之为"不能饶恕的残忍的冲动"。可以预期，漫长的刑期里，她对自己的反省和思考还会更加深刻。吴珊自己也在同时成长。

（鸣谢：我的学长李怡宁心理咨询师为此篇作品提供了基本的、重要的素材。）

第一稿完成于2010年1月21日夜<br>第二稿修改完成于2010年2月20日

# 莲叶田田（小说）

**作者声明：本作品为虚构的小说。故事情节如与生活中某人某事雷同，纯属巧合。**

### 第一节

从导师办公室出来，下楼梯差点摔跟头，走出生物楼大门，还险些撞到大门上，那门是有两扇，一扇开一扇关，池一方竟都当是开着的，一头撞上去，好在那门并没有插住，被他一撞，开了。

池一方，博士的第二年了，论文早就开题了，说起来，选的题目他不是太满意，不过导师执意这样，他也只好听命了。进了实验室，望着架子上那些瓶瓶罐罐。上次那个实验，培养液比例没有配好，还是菌苗放在冰箱里，温度调得不对？竟然什么也没长出来。

自己这一段真有些恍惚了。

想着想着，他信步离开实验室回到宿舍。这宿舍其实也是他的办公室，学校为博士生提供的宿舍是两人一间。每人一床、一桌、一书柜而已。电脑是自己买的，不过学校提供免费上网。"还算讲点良心，"池一方想，"简直就是免费的苦力，整天为老板做实验，写自己的毕业论文倒成了业余的了。"

与其他同学一样，池一方当面叫导师，背后就叫老板。

瞅了一眼电脑屏幕，早变了屏幕保护，一群红鱼尾随着，从屏幕的右边慢慢地游到左边出了屏幕，等会又在右边出现，复向左游。

"你们要游到什么时候才停下？"池一方不愿再看这些永远以同一个速度和面孔游来游去的鱼们，随着他的食指点了一下鼠标，它们即时消失了，如同人幻梦的破灭。

屏幕上出现他的论文稿子，题目：
蛋白质折叠与结构生物学及技术手段的发展
[摘要]本文对蛋白质折叠……

池一方脑子更乱了。导师这次似乎比以往对他更不满。连连问他，上次看了写成的那部分论文指出占有材料不充分，要他看美国密歇根州立大学生物化学系、Rochester大学生物系、Salk生物研究院网站上的有关论文，为什么没有看过。"还不是因为莲，"池一方心里想着却决不能说出来。

他想抓紧时间再写一段论文。唉。写一点是一点吧，积少可以成多啊。

坐在电脑前，还没把输入法调成智能ABC，鬼使神差地又进了校内BBS，进入账户，看到有站内消息，打开，发件人：莲叶田田。屏幕上仿佛显示出的是莲那可人的笑脸。

池一方笑了。不愧是学文科的，多的是文学的修养和浪漫，不似自己这一直搞理科的，整天是逻辑思维，缺少想象力。这个评价还是莲这师妹给的。

"这几天心里太乱了，上午我去图书馆查资料，竟忘了带借书证，不得已又跑回宿舍去拿。下个月我要去上海一趟，记起来了？其实我已经给你说过了要去上海了吧。每次决定了要走，可又听到一个声音对自己说过几天再走吧。我不晓得谁在对我说，四周也没有人。仔细听，才听出，声音发自自己的体内。哎，我倒希望毕业早一天到来，我好离开学校。无论是到天之南还是到地之北，只要离开就好。"

看着这留言，池一方的心里也很乱。脑子里浮现出一些幻象，这就是心理学上说的白日梦吧。莲在大学的图书馆里找资料，楼上楼下的跑。但不知怎的，画面切换成，她换上职业装，坐在某个机关的办公大楼里上班了，就是人们说的公务员。池一方没有做过公务员，他的一个舅舅是公务员，多年的媳妇熬成婆，现在做到了副局长，有专车接送上下班。莲或许早晚也能升上去。

又上到MSN上，莲没在线。池一方猜想，此刻她在干什么呢？

下午2点钟，春末夏初。北京这个北方的城市有"春困秋乏"的说法，也许莲还在睡午觉。

正说着，屏幕右下角方框内有文字的提示：莲已上线！

池一方的心陡然跳动了一下，下意识地点开了MSN，画框里莲的头像——那株白色的莲花。

"Hi,刚上来？"

"我决定了。后天就走。"

"只多几天不行吗？抽个时间，我把帮你找的资料给你，也说说我对你论文修改的建议？"

"可惜你的专业离我太远。"

这倒是实话。莲的专业是"文化传播"，研究方向是"媒体与文学"，论文的题目是"数字媒介影响下的文学转型"。正像莲对池一方的专业提不出意见一样，池一方对莲的论文也起不到实质的帮助作用。

"不管怎么说，我不希望你走得这么急。我觉得你就像是在逃避。"

"有那么严重吗？"

接下来，莲发上一个小笑脸，那个小卡通画小人，用手抿着嘴笑，一副让人忍俊不禁的样子。

池一方的心情恢复了，他想趁着彼此心情好，干脆告诉她那件事算了。

"莲，听我说，"池一方快速打上字，按一下上传按钮，这几个绿色宋体字立即从下方的对话框跑到了上面，接到他们一来一回的对话后面。

"什么事，这么着急，博士。先帮我看一下修改的论文开头，晚上见面再说你的事吧。"

不等池一方回答，莲一下子复制上来一大段文字，那是她论文的开头。

"进入21世纪以来，互联网为代表的数字媒介把我们带进了一个'数字化生存'的世界。随着媒介文化的风生水起，文学网站遍地开花，网络文学的生成与生长已成为文学世纪性大转折的重要学术课题，数字媒介与文学转型研究正受到越来越多的关注。"

是啊，池一方想，要不是互联网，我和莲也许走不到现在这么近。毕竟如果天天上女生宿舍去找她不太方便，看门的大妈对进入女生宿舍的男生，总是多看那么几眼，似乎要看穿衣服与皮肉里面的心一样，让人觉得不舒服。

"嗯，这一改，有气势多了。高处落笔，好，"池一方说。

他还是想说一说妻子怀孕的事。但试了几次，没说出口。

正在这时，莲那边打出来："同学找我出去一起做头发，我先下了昂。"

还没等池一方回答，又传来一个小人脸，这次是抹着眼泪的。池一方也只得回应上一个挥手告别的。本以为就结束了。没想到，莲竟然写来这么几句：

"杨柳枝，芳菲节，可恨年年赠离别。"

池一方还在等下面两句，莲却下了。头像已从彩色变成黑白。

毕竟要离别了。池一方默念着自从与莲认识以来，半年了，他受这位习文学的师妹的影响，又经常回到了文学的海洋畅游，复习了许多古典诗词，也翻了一些原先看过或没看过的小说一类。其实上小学中学时，池一方还是喜欢文科的，不过后来听父亲的话，改学了理科。

瞅了瞅桌上的那本《分子遗传学》教科书，他想该看的书必须抓紧，再也不能似这样拖下去了。

第二节

"难道我们也是一见钟情吗，"池一方躺在宿舍里，回味着刚刚经历的那一幕。

他与莲竟是萍水相逢。她是他同门师兄的老乡，以前听这位师兄介绍起她，说是位很有才华的女子，读硕士的，明年就要毕业了，正在修改论文准备答辩。待到聚会上见了，池一方觉得她虽说不上漂亮但也许是研究文学，尤其是长于古典文学的，竟有一种古典的美人的样子，似乎有点怯怯的，在池一方的脑海里，好像竟和陈晓旭扮演的林黛玉有一点相像。

席间，出于礼貌，池一方主动与她攀谈了一会儿。结束后，大家一起回学校。中间需要跨过一道栅栏，这栅栏原先是隔断教学区与宿舍区的，不高，属于那种防君子不防小人的，就这样后来也被贪图走近路的人做了一点破坏，使人可以经过。池一方走在后面，看到莲婀娜的身影在前面走。在她的前面有一个推着自行车走路的老人，他在推过栅栏的时候，有些力不从心了。莲很自然地从后面帮这位老人抬着自行车的后架，使他可以从容地走过去。她做这些的时候，毫没有有意做的样子，并非是老人请求后才做，甚至连那动作，随着身体重心向左稍稍移动，右手扳住车架轻轻地一抬，那车在空中停留了数秒，莲的脚跟上去，手落下，自行车也恢复正常的行驶，这个过程，池一方在后面看得清楚，他竟觉得莲的动作如冰上芭蕾般优美。

回到宿舍后，或许是因为喝了一点酒，池一方睡不着。索性起来打开电脑，上了BBS，想着聚会时，他的师兄介绍莲时说的话，记住了莲在BBS上的昵称：莲叶田田。查看了她最近发的帖，那些轻灵的文字，又激起了他对于文学的喜爱。他的思想久没有这样了，自从学了理科以来，头脑越来越缜密，几乎没有了那些飘逸的情思。忽然来了兴致，他想告诉自己对莲帮老人抬车的感想：她的善良，出于内心的不经意的一个动作，让一个男子看透了她的内心，引起了他的怜爱。

他后悔没有问她在MSN上的名字，不过他想也许与BBS上是一个名字，让我来搜索一下吧。以不可思议的快速度，在朋友搜索里打上"莲叶田田"，跳出了一株白色的莲花。竟然在线！

立即发出申请，留言里写上："我是你刚认识的师哥，哈，读博的池一方"。

"是你？"莲很快就回了话。

"没想到，你是那么善良的女孩。"

"？"

池一方说了他刚才看到的莲帮老人推车的事。

"师哥表扬我了。我不过感觉他像我的父亲，顿时起了怜悯之心。"莲打字出奇的快，池一方觉得自己有些跟不上。

"越是不经意做的事，越能看出一个人的内心啊。"

"我看了一些你的文章，啊，不愧是搞文学的，我觉得有些美文可以编到教科书里了。"

"做师哥的不可以讽刺师妹的。要不，我可要生气了，"莲发过来一个生气的表情卡通。

"我是真心的。说实话，正是看到这件事，我才决定马上跟你联系的。"

"好的。谢谢你对我的表扬了。小妹善良，师哥可要爱护小妹啊，"莲调皮地说。

"我对你开始有兴趣了，能不能告诉我一些你的情况？"

"第一次聊天就调查女孩子，这可不好啊。"

"不过是问一问，你也可以问我的情况啊。"

"是吗？"莲追问，"那我可要问了，第一个

问题是——结婚了没有？要老实交待。"

池一方没有想到，她会直接问这么"尖锐"的问题。结没结婚，没有。但很快就要结婚，国庆节。跟谁？恋爱了7年的同学。经过了很多的波折，去年爱人终于来到青岛，池一方是青岛人，父母为他结婚买了房子。想到这一点，池一方内心里泛起一丝歉疚，过去的十几年他全读书了，从小学到读博士，结婚还要靠父母，生活上现在竟靠爱人帮助一些。

在池一方思索的时候，莲那边沉默着等待。

"好哇，红袖添香夜读书，师兄好幸福啊，"待池一方经过短暂的思考，还是终于把真实的情况告诉了莲以后，莲回话说。

池一方的心有些乱，就说了一句："师妹嘴好厉害，小心我对你不客气。"那边只回过一个笑脸，池一方也就下了网。

第二天，他的头还有点疼，许是昨晚上喝得多了一点。池一方不太能喝酒，昨天有几位女性在场，初见莲有一点紧张——酒就喝得多一点，但也许是"酒不醉人人自醉"，所以早上醒了，躺在床上不愿意起来。

手机响了，池一方拿到手上接起来，差一点跳起来，是莲打来的。他没有想到莲会主动给他打电话，尤其是听说了他有爱人，今年晚些时候就要结婚的消息之后。本来，昨晚在线上，莲问他结没结婚，他是犹豫过的，他想不说有爱人，这样与这个小他两岁的小师妹的交往，彼此会少一些负担，也许在他的潜意识中，也期望着发展出一段浪漫的感情？他还是告诉了莲他有爱人的事实。

他凭感觉，莲这样问十有八九是没有男朋友的。不过这一点，他估计错了，莲正谈着男朋友，这是后来他从莲那里知道的。

无论如何，他没有想到莲会主动打电话给他。

原来她还是约他上网交谈。她没有个人电脑，就到了系里的微机室，上了网，BBS的后台服务通知她有一条站内消息，她立即打开了看，以为是池一方的，却是她男朋友的。说是男朋友实际上还谈不上，只是两个月前认识的外校的一个老乡，和她一样是读硕士的。他也没有什么事，不过是问星期天有什么安排，他想请他出去玩云云。这信本来是昨天发的，约今天的活动，昨天莲没有上BBS，也就没有看到，现在已是明日黄花了。她的心有点乱，也就没有回。上了MSN，看到池一方在线，名字换了一个，昨天用的

是"海边人"，今天换成了"脉脉流水"，但头像没有变，还是一头大马，雄纠纠的样子。

没等莲开口。对话框里提示："脉脉流水"正在输入。莲想干脆等着吧，就不再往上打字。一会儿，池一方那边传过话来。

"How are you doing, My friend?"

"博士师兄，别炫耀你的英文了好不好？"

池一方这边换成了中文，接着回过来："Sorry, my dear friend."

"啊，不许你用英文来欺负小妹，怎么用了 dear 了？"

"小妹不喜欢，今后不敢了。可以了吧？"

莲这边接着发来一个 flash，是一个三四岁的小女孩抱着一个玩具熊在哭，池一方看了忍俊不禁，也笑了。

莲这边换了话题："师兄，想什么了，怎么不说话？我放一首歌给你听。"

还没等池一方同意。歌声已传了过来。池一方觉得那旋律有点熟，正在想，莲发过来歌词。

月亮在你的眼睛太阳在我心现在我唱这首歌，ohh 只为你

……

池一方忽然想起来了，这是顺子唱的歌，歌名好像是"写一首歌"。还没将自己的思路确认，来了电话，接了，是同门的师弟，通知他晚上在实验室开会。他想今天见到导师，上次让阅读的材料不能再拖了，只得跟莲打了招呼，下了网。

### 第三节

下午路过校园边的池塘，莲正开得好，他忽然有些诗意涌现出来，不过没有自己作诗，只是想起古诗的句子，"接天莲叶无穷碧，映日荷花别样红"，他想，这是最好的描写荷花的诗句了。又忽然明白了莲的网名："莲叶田田"也是古诗中的句子，不过一般人是通过朱自清的散文"荷塘月色"学到的。

思路又回到了现实中来。想着荷上午来电话，与他商量一些结婚的事务，拍婚纱照、婚宴的安排等，又问他何时回青岛，荷的哥哥下周要来北京，是他们单位自己开车过来，荷问他到北京以后，车怎么走到学校，池一方很不耐烦，告诉他们可直接到网上搜索电子地图，会直接给出路线，十分省事。

池一方无心再赏花。这是他这几个月来一直踌躇的，自从认识莲半年多，他也知道不能再拖下去了，他必须在两个女人之中取舍。荷与他相恋7年，感情可以说是很深了，但那热情却已不似早先那样热烈，尤其是最近因为结婚的事，二人也发生了多次的争吵，以致看到是荷的电话，他都心里一跳一跳的。

他到了莲她们系里的微机室，莲让他帮助装一个软件，好方便突破一些关键词的限制，搜索到大陆以外的中文资料，这些事对于学理工科计算机算是精通的池一方来说，不是大问题，可对于文科生，又是女性的莲就有些为难了。

最近莲的系里申请了新的机器，每人可以一台了，所以可以安装一些私密性的软件。池一方进去时，莲正坐在电脑旁，一会儿工夫，池一方就替她从网上下载了软件安装上，进行了调试，不费什么事就进到了原先不能进的网站。池一方还自己做主，给莲的机器安装了加密的软件，告诉莲以后给自己发邮件可以加密，莲笑了，说有什么保密的，又不是做地下工作。

看看时间已是晚上了，莲问了池一方，正好他俩晚上都没有什么重要的事情做，于是一同到校外吃了一回肯德基，回到校园已是10点多了，走到莲宿舍的楼下，莲问池一方是否上楼坐坐，池一方问了宿舍里的舍友都实习去了，就莲一个人，就上了楼。

那天晚上，池一方没有回到自己的宿舍去，但也没有与莲彻底地突破男女友谊的界线。莲对这些事，不主动也不反对，倒把主动权全交到池一方的手上。池一方还是下不了决心，他的内心对这些事没有想好，所以说"人生识字忧患始"，如果我们的池一方没有读多少书，也许一切就顺其自然不会顾虑那么多了。这令人想起在哲学上争论不休的一对命题："知难行易"还是"知易行难"？

池一方事后想到，一个女性似乎愿意用此测试男人的感情，还是讨好和控制男人的手段？随着时间的推移，他越来越倾向于认为自己在这个测试面前，得了不及格。这到底是他的道德高尚，还是他的性格优柔寡断对爱不能全心投入？他自己说不准，也越来越不满意了。他感到，在莲的面前，他的优势正在失去。

倒是莲并不怎样有负担，事前事后她没有什么大

的情绪起伏变化。不过这次事后，她告诉池一方，的确是认识了他，并将原先的男朋友与池一方比较后，她终于决定与男朋友分手。

听到这里，池一方的心里面有一丝的快意。先前，虽然他有女朋友，实际上是未婚妻，但他仍觉得摆脱不了对于莲男朋友的嫉妒，当他知道莲去找她男朋友的时候，他就有莫名的烦闷。

那一天，莲去了男朋友学校，池一方坐在电脑旁，他今天应该理清一下"分子伴侣的作用机制"在论文中的表述思路，但思绪又到了莲的身上，于是他给莲发一个短信："不要忘了下午的课。"莲回了"谢谢。"过了一会儿，池一方还是放心不下，又发了"中午回校吃饭吗？"这次莲没有回，不过快到12点的时候，莲在餐厅门口给池一方打了电话，池一方赶紧跑过去，他们又一起吃了饭。

吃饭的时候，池一方问她对男朋友的印象怎么样，莲反问他，池一方只见过一次，那是一起看足球赛，他想说她男朋友的好话，但又觉得没有什么说，就不说了。反倒是莲自己说，感觉到他似乎不太在意自己。池一方也没再说下去。吃完饭，下午莲有课，池一方要去实验室他们就分手了。这事没过几天，莲主动与男朋友结束了恋爱的关系。

### 第四节

结婚的日期越来越近了，池一方经过这一段时间的思考，还是下定决心要结婚，他没有理由抛开荷，况且青岛的父母都认为荷是非常好的女孩，现在又有了工作；此外，房子也是考虑的因素。如果不与荷结婚，会被人说成是"负心"，读了博士就抛弃原先的爱人？那么，莲呢？她与荷比，她年轻，比荷说不上漂亮但似乎更温存可人，学历高当然是明摆着的。但也许是来北京读博，荷不同来，寂寞了所以移情别恋？甚至有时候，池一方会想，旧社会和现在世界上有些国家实行一夫多妻制，以自己与荷和莲的处境而言，一夫多妻制简直应当赞美和实行了。当然这只是头脑中忽然一现的想法，随即自己也就谴责自己了。

不管怎么说，池一方还是十分相信自己的良心和道德的。他自信自己处理的好与莲的关系，就是做一个异性的朋友，当好哥哥，尽量帮助她。

认识莲这半年，池一方真是这么实行的，刚认

识莲不久，发现莲连个MP3也没有，第二天池一方就上街买了一个送她。他自己每月能从学校和导师处领到600元，荷时不时地往他的卡上打三百五百的。父母每次见他也总是告诉他用钱就向他们要，原先池一方光生活的话，学校里发的钱也就够了。认识莲以后，他觉得莲家在农村生活困难，既然自己有能力就应当尽力地帮助她，当然他向荷和家人不能说明白，于是他只好以各种借口从荷与家人那里多要一点钱。

这天他给莲打了好几个电话莲也没有回，他放心不下，因为这几天莲说她总感觉浑身没劲，还经常晚上发低烧。走到莲的宿舍前，看到莲正与舍友往外走，池一方迎上前去，先与舍友打了个招呼，这舍友小于也是他认识的，小于就说了声，我先走了，在系里等你，转身离开了。没等池一方问，莲告诉他，自己的手机欠费被停机了。池一方就折回学校的商店去买充值卡，莲红了脸，但也没有拒绝。等池一方到了商店，发现竟下班了。

第二天，他抽空去给莲的手机充上款，发短信约莲上网，告诉了她。

莲说了"谢谢"，放来顺子的歌"我心动了"。

我怎么形容心中的感受用一个眼神一个动作你都懂越来越渴望遇到会懂得我的人

……是顺子与一个男歌手的对唱。顺子那略沙哑的女声与男歌手高亢嘹亮的歌声浑然交织，默默诉说着那些感情的纠葛，引起人的共鸣。池一方动情写道：

"感谢上帝，让我遇到你这样一个好妹妹。"

莲竟然打出了："爱上一个人是我的幸运也是我的权利。"

这晚上，他又去找莲，还是那样，他与她主要进行着感情的交流与冲撞，两个人肉体接触如微风拂过水面，只是掀起轻轻的涟漪。池一方对自己也有些不满意，他开始怀疑自己是不是以道德为借口来为自己的懦弱掩饰。

### 第五节

夏天终于过去了。

池一方回青岛结婚，在家里住了10天，就借口导师追得紧，论文要抓紧作，匆匆返回了学校。从火车站回到学校，没有回宿舍，直接约莲出来见面。他发现莲的态度并没有大的变化，他原先心里非常放不下。他认为可能莲在自己结婚后就不会理自己了，他

不愿意这样。虽然自己也觉得这样做有些自私，不过他像过去一样安慰自己：只是把莲当成一位异性朋友、一位红颜知己。他们所有的是——用知识分子的话来说——是一种柏拉图式的爱。

回到青岛回到爱人身边，在筹备婚礼、在婚礼当天，那么紧张的情况下，他还十分强烈地惦念着莲。他不停地给她发短信，竟没有顾及到其他人会不会发现他的反常。好在，妻子和家人都丝毫没有怀疑他。

当他与妻子在床上时，短时间里也有一些莫明其妙的感觉。他一方面为自己面对两个女性巧妙地周旋而兴奋不已。这不知是不是心理学上讲的潜意识里的性本能的表达与发泄？另一方面，他又对自己这种似乎是两面的性格而内疚，在心里责备自己。他有时也觉得累，他在妻子面前要装，对她说好话，帮她干活，与她过性生活。在莲的面前，他也在装，对她好，关心她，克制着自己的嫉妒。享受着情人式的感情愉悦，只是在肉体上，他保持着不越过最后的界限。

池一方与莲计划过多次，也实行过多次。结束目前的关系，池一方没有理由不同意。他同意甚至劝莲再找一个朋友，明确地说这一点是那天在MSN上。

池一方问莲在干什么。莲很快回了："在读一本小说。"

池一方就问是什么小说。

莲打字很快，回的是："日本当代短篇小说选。"

"我正在读其中的一篇，名字叫'割草姑娘'"，莲回答。

池一方就问："有意思吗？"

"写一个叫茂代子的姑娘，"莲写道，"她到了当嫁的年龄，有一天她看到了一个少女被人杀害了的尸体，又听别人说这个姑娘要是早一点出嫁，就不会遭到这样可怜的下场了。于是她想，没有长大成人的天真处女，真是缥缈无常、孤苦伶仃的存在啊！"

池一方就想起，他听莲谈起过她的家庭和身世。她们家在农村，生活条件差不说，她的父母一直关系不好，她从小就生活在父母无休止的吵架带给她的恐惧当中。她说，她的母亲似乎是有神经质的特点，情绪不稳定，对孩子不亲，所以她从小从来没有感受到母爱……

"也许你真是应该尽快找到一个终生的依靠了，"池一方写这些话时，内心有一时的颤动和不自然，好在不是对面聊天，莲看不到自己的表情。

第二天，莲给池一方打来电话，告诉他有人给她介绍了一个男朋友，在烟台上学的。本来莲是没有义务告诉池一方的，但从另一个角度，毕竟这半年来，池一方一直在用心呵护着莲，有些像扮演着她男朋友的角色。池一方有点言不由衷地说："祝贺祝贺。"又问了一些他的情况。

不知为什么，也许是潜意识里要考验一下莲对两个男性的态度。当晚，在莲的宿舍，他们有了鱼水之欢。池一方不明白，莲想用这种方法与自己做一个决断，还是其它？

一个星期以后，那个男生来北京与莲见面。来之前，池一方主动提出，来校以后可以住在他房间里。因为他们博士是两个人一个房间，不像硕士四个人一房间。而池一方的室友是本市人，大多数时间不在学校住。莲正为安排男友来校住哪里踌躇，池一方帮他解决了困难自然是很高兴。

她的男朋友来了，池一方很好地安排他的住和吃等。他不知这样对莲的男友好是不是一种补偿？是不是一种歉疚的表达？但也克制不了自己的嫉妒，当莲与男友出去的时候，他猜想他们是不是关系发展得很快，现在发现到接吻了，甚至发展到性的接触？他虽然觉得这样想可笑，不应该，但他仍不时地给莲发短信，即使明明知道，她与男友在一起。池一方的这种做法自然引起莲的不满，他们开始有时争吵。

男友走后，池一方与莲的关系还是像往常一样，但莲要走的决心更大了。池一方觉得迟早这一切要结束，但又觉得不应该或说他内心不情愿结束。

那天早上，手机铃声刚响起的时候，池一方在恍惚中以为是在梦境中，但持续的响声终于让他确认铃声响在现实的世界，这才从床上爬起来，接了电话。原来昨天晚上他写论文到夜里12点多，本来是想多睡一会儿的。

听完莲的电话，池一方的睡意一点也没有了。他以最快的速度起床穿好衣服，也没洗漱就直接到了莲的宿舍。莲自己没有起，见到池一方，哭了起来。看得出，她在池一方没来以前，哭过的，眼睛有些肿。

"你昨天去医院，为什么不让我陪你去呢？"池一方听她说昨天去了医院，责备她。

莲没有说话，池一方忽然觉得自己不应该在她生病的时候埋怨她，也就不说了。于是，他打车陪莲到了医院，根据症状医生让化验血。

结果出来后，医生马上安排莲住院。原来，莲的血液中白细胞数量极少。医生怀疑她有其他疾病。起初医生不愿意告诉怀疑莲有什么病，在池一方与莲的追问下，又看到这是一对有文化的夫妇（这是医生说的）就不隐瞒了。

那位中年女医生说："很多疾病表现为白细胞的极端减少，比如'再生障碍性贫血、某种白血病等'。"

莲的情绪很低，池一方这时才感觉出自己作为一个男性的责任。莲的生命遇到了威胁，他要挺身而出。莲身边没有亲人，虽然通知了家人和男友，他们来到需要时间。

池一方做了全职的陪护。安排莲住院、做骨髓穿刺检查等。莲住院的费用，也是池一方给出的。直到莲的妈妈、姐姐和男友来到，池一方才退到第二位。

好在最后确诊莲并不是再生障碍性贫血等要命的大病，只是她身体太弱极需加强营养。莲的妈妈和姐姐看到池一方忙前忙后，似乎也看出与莲不一般的关系。

### 第六节

莲在医院里住了半个月，出院了。男友来住了一个星期回了烟台，是池一方接她出院。同宿舍的室友都实习或找工作去了，只有莲在。当晚，池一方留在莲的宿舍过夜。本来，池一方想回去，宿舍里只她一个人，有些令人放心不下，莲才从医院回来，情绪比较低沉，说她感到孤独，希望池一方留下来，池一方也就服从了。这夜，莲由温存可人变得一反常态，燃烧起干柴烈火般的激情，她渴望、或者可以说是渴求池一方。她诉说着她内心的寂寞和伤感，简直有些及时行乐的感觉。也许是这次住院，虽然不是重病，但开始时怀疑患上不易治疗的大病，使她对人生有了新的感悟。一个人，不单是女性，身体健康时、年轻时整日想的往往是事业、前途、名利等，而一旦发现自己青春已逝或罹患了

大病，是可以在一夜之间改变看法的。这时人才发现原先视为最重要的、可以说是生命之核心的那些东西也不过如此。与生命相比，那些在以前看来价值连城的东西竟可以说是那么虚幻而变得轻如鸿毛。

两个年轻人激情的肉欲代替了绵绵情话。她不似荷的胴体，那是丰腴的，弹性那么好，透过表面的肌肤看到血液充满浸透着的肉体。莲的肌肤黑一些，摸上去一下子就触到骨头，简直可以说是骨瘦如柴的。有些男性对于女性的身体似乎总愿意尝试不同，这不同带给他刺激和冲动。可池一方不是这样，他在与莲身体接触的时候，摆脱不了与荷一起的感觉。即使与莲睡在一起，荷的影子也无时不在，笼罩在他与她的头上。

第二天，他上了MSN，想跟莲谈话，就发短信约她上网。

莲发来短句："多少恨，昨夜梦魂中。"

池一方想着不能再拖了，无论如何应该今天就告诉她妻子怀孕的事，否则对莲不公平对自己也是一种折磨。

不觉间，几个月又过去了。有一天，他们在网络上交谈，莲说："昨天路过荷塘，才发现真是冬天了，荷花早没有了，只留下些枯叶在水上。"

池一方还没有来得及回，莲又发来伤感的诗词，是南唐中主李璟的"山花子"。

"菡萏香消翠叶残，西风愁起绿波间。还与韶光共憔悴，不堪看。细雨梦回鸡塞远，小楼吹彻玉笙寒。多少泪珠何限恨，倚阑干。"

池一方想起昨晚莲告诉他，明天真的要走了。这时，他才真正觉得莲在某些方面比自己处事要果断得多。一想到这些，他就索性立即把妻子怀孕的事告诉了莲。

似乎早已在所料之中，莲的回答很得体。

"祝贺你啊，师兄，你要做爸爸了。"

池一方感觉不出她是在恭喜还是在挖苦自己。也许是自己敏感，莲是真诚的。

"谢谢你，"池一方有些心神不定，"记住，小妹，无论怎样，哥一定对你好，我们还是朋友啊！"

"好哥哥，放心吧。只要你愿意，我当然需要有这样一个关心爱护自己的哥了。"

这回，喇叭里传过来莲给自己放的歌，是一首外国的老歌"夏天最后一朵玫瑰"。池一方不知道是谁

唱的，是一个女声，肯定是中国人了，因为她先用英文唱，后用中文唱的。

夏天最后一朵玫瑰/还在孤独地开放/所有他可爱的伴侣/都已凋谢死亡/再也没有一朵鲜花/陪伴在他的身旁……

到这时，他才确认莲是真正爱自己的。

### 第七节

还是清晨，他接到莲的电话，莲让他马上到她宿舍里去一趟。到了那里，莲告诉他她怀孕了，池一方连忙说："我陪你去医院打胎。"莲的脸色变得很难看，说："难道你以前对我的感情都是假的？"池一方便连连解释，说不是这样的，只是孩子绝不可以保留。莲便说这是在我身体里孕育的第一个生命，对我来说十分重要，况且一旦打胎，保不准我将来还能不能怀孕。

池一方急得出了一身汗，这时荷从外面进来。手里拿着一张纸，让他签字。池一方瞅了一眼，是离婚协议书，就知道一切事情荷已经知道了。他慌了神，但毕竟还有些主意，觉得事到如今，只有请自己的父母帮忙，或者只有自己去求荷的父母也许能挽回。见到老人，他努力想表达，但嘴不听话，只是嗫嚅着，连自己也听不清自己究竟说的什么。从表情上看，自己的父母和荷的父母都很冷淡和轻松，甚至有一些幸灾乐祸的样子，一时间，池一方觉得如同从天空坠到地底，感到万分的无助。

一时，他没有了主意。就去求莲。但莲却什么也不说，出了门，上了门口停着的汽车，却是一辆救护车。

池一方正奇怪，也就醒了。

### 第八节

又是莲叶田田的季节，今年的荷花比去年开得早，也开得多，可以说是荷花的大年了。这天夜晚，池一方从池塘边走过，月色正好，他望着月下荷塘，听着荷花吐蕊，或者还是风动莲叶相碰发出的毕剥之声，有些陶醉了。

触景生情，不觉想起莲来，虽然记忆已有些遥远，但毕竟时时浮现在心头。她的境况如何？报考上海的公务员被录取了吗？如没被录取又到何处了？与男友定婚、抑或结婚了？

没有想到去年离别后，双方竟都没有兴致、或者说是没有勇气保持联系，在他，是怨恨，还是愧疚？他总觉得，他应该向她道歉才是。

他觉得打电话和发短信太突兀了，还是利用MSN吧。上了网，发现莲的头像消失了，那么是她删除了自己。

他开始感到早知现在何必当初。经过了长时间的犹豫，他决定冒引起更大误会的风险，给莲打电话。

也是他预料中，莲的电话早换掉了。

他终于从师兄处得知了莲的消息：她竟于春节之前自杀身亡了！池一方这时感到仿佛是神谕，因为最近一连几天他心绪不宁。他这才清楚地认识到，那感情的债他永远无法偿还了。

2008年2月26日初稿完成，2009年7月8日改成

www.ingramcontent.com/pod-product-compliance
Lightning Source LLC
Chambersburg PA
CBHW070110260726

48658CB00001B/63